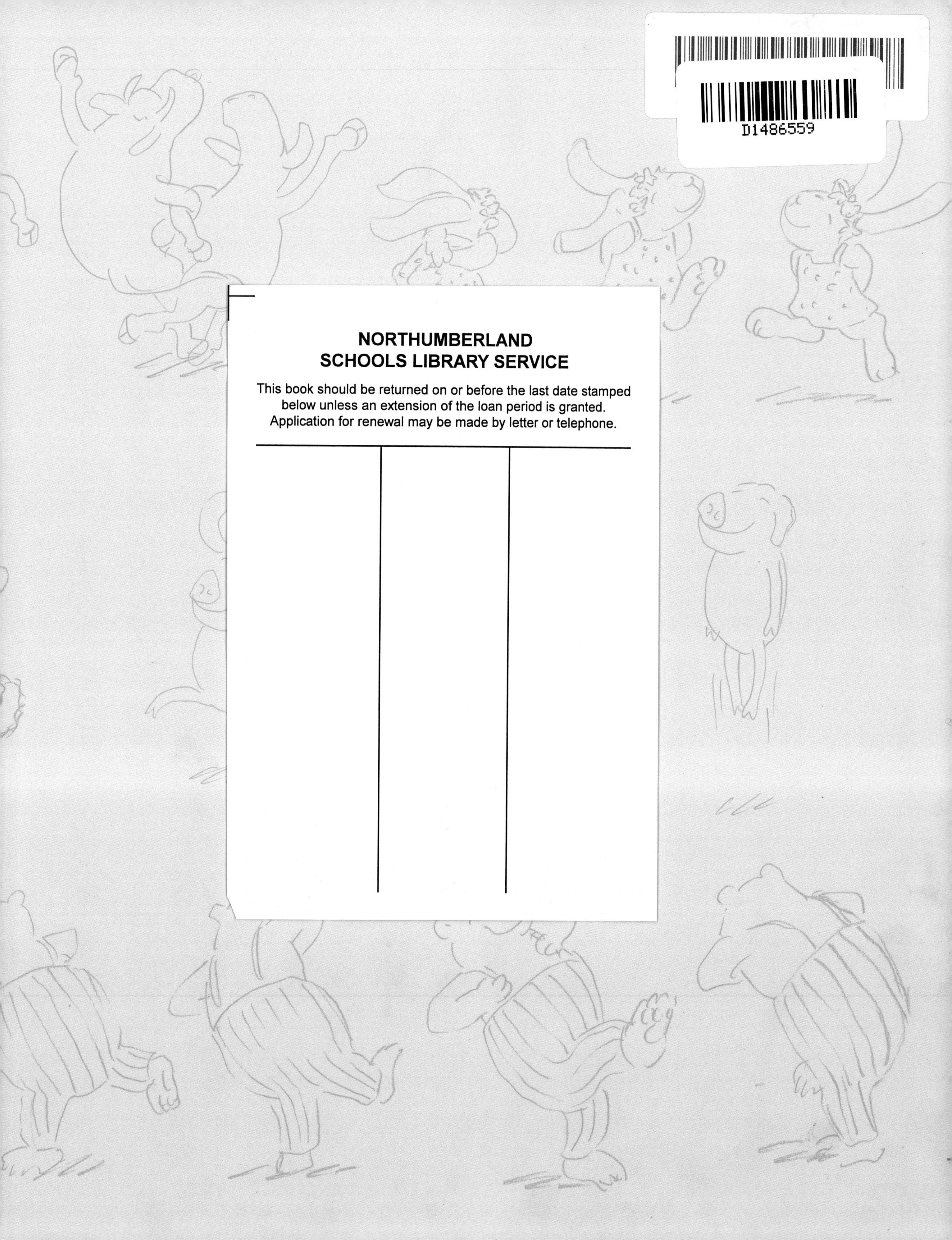

FARMER JOE and the Music Show

To Alice Blacker, The Old Crow Medicine Show
and The Hot Bang – T.M.

For Dylan,
with special thanks to Liz Johnson and Tim Rose,
for their wit and wisdom – G.P-R.

ORCHARD BOOKS
338 Euston Road, London NW1 3BH
Orchard Books Australia
Level 17/207 Kent Street, Sydney, NSW 2000

ISBN 978 1 84616 340 1

First published in 2008 by Orchard Books

A CIP catalogue record for this book is available from the British Library.

1 3 5 7 9 10 8 6 4 2

Printed in China

Orchard Books is a division of Hachette Children's Books, an Hachette Livre UK company.

www. hachettelivre.co.uk

FARMER JOE
and the Music Show

lyrics by
Tony Mitton

illustrations by
Guy Parker-Rees

ORCHARD BOOKS

Down on the farm of poor old Joe,
the hens won't lay and the crops won't grow.

The cows won't graze and the pigs won't feed,
and Joe just can't think what they need.

But suddenly Joe has a bright idea:
music has the power to cheer!

He puts on his hat and yells, **"Yee-har!"**

Then he starts to pluck on his old guitar.

Pluck-pluck,
plick-plick,
diddle-i-oh,
listen to the picking
of Farmer Joe.

The hens start flapping and clucking away...
then they all sit down and start to lay!

Along the trail comes frisky Fox.
Joe

He pulls out a fiddle from a battered old box.

He tunes the strings

and he lifts the bow . . .

. . . then he fiddles to the picking of Farmer Joe!
Pluck-Pluck, plick-plick,
yiddle-yiddle-yiddle,
Joe on guitar and Fox on the fiddle,

playing it nifty, playing it neat,
till the pigs start scoffing to the music's beat.

Out of a burrow pop two big ears.
Rabbit just loves
that stuff she hears.

She hops from her hole and starts to play
on a concertina, right away!

Concertina,

wheee-hee-hah,

skiddly fiddle and old guitar.

The crops like the music. Me-oh-my!

Look at them stretching up to the sky!

Now, what's that rumbling, grumbling sound?
Something **big** is stumbling round.
Soon we'll see it face to face . . .

Wow! It's Bear with a double bass!

Doom-doom-doo

and

whoom-

whoom-

whum,

Bear's bass booms with a deep, low thrum.

The bass makes a buzz and the day looks sunny . . .
so out come the bees humming,
"Let's make honey!"

Joe's on guitar with Fox on the fiddle,
Rabbit's concertina fits in the middle,

the bees go buzz as they hum around
and Bear's bass booms as he stomps the ground.

Bull wakes up. What's this he hears?
"Herd!" he bellows.
"Now, lift your ears!"

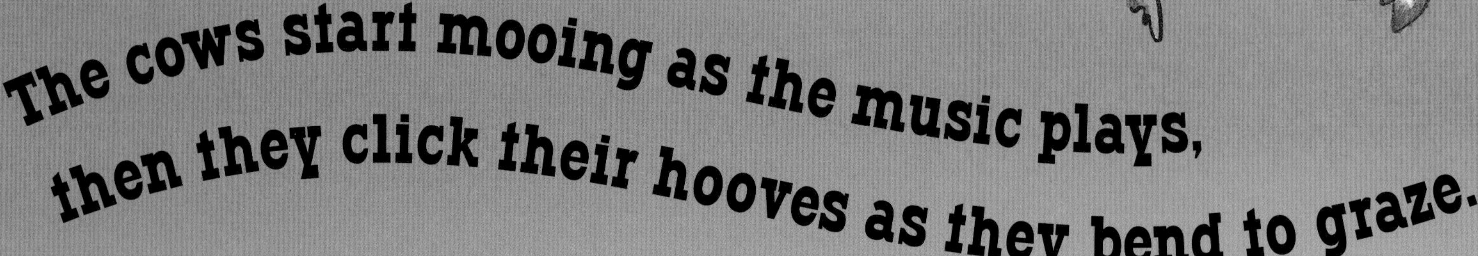
The cows start mooing as the music plays,
then they click their hooves as they bend to graze.

The creatures caper – look at them go –
to the thrill of the hillbilly music show.

They jump and jive.
They leap and bound.
They love the rhythm of the country sound.

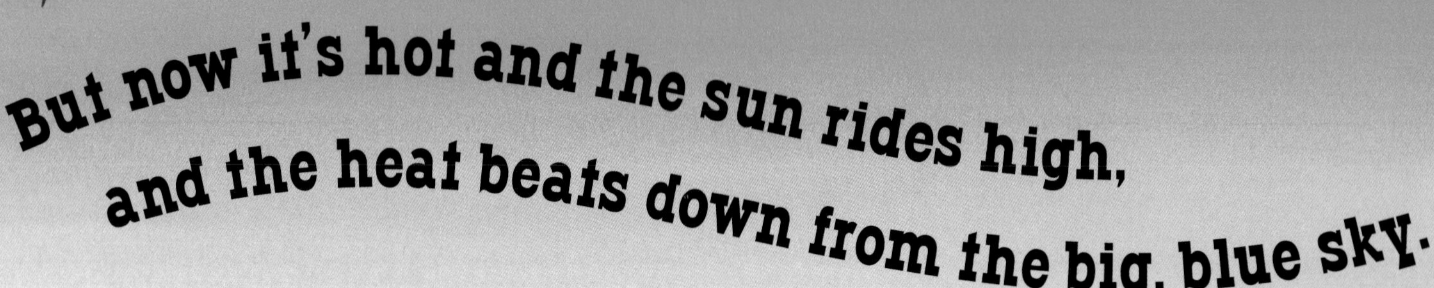

But now it's hot and the sun rides high,
and the heat beats down from the big, blue sky.

What'll they do now?
What do you think?
Sprawl in the shade with a nice, cool drink.

And Farmer Joe can smile and strum,
and say, "Just let those
sweet tunes come.

No need to mope and moan around.
We've found the power of music's sound.
If the pigs won't feed
and the hens won't lay...

"... I'll get my little old band to play!"

He thanks his friends
for the good they've done.
Then they play some more now,
just for fun.

So down on the farm of clever old Joe,
the hens all lay and the crops all grow.
The cows all graze and the pigs all feed,
as Joe knows just the thing they need.

經典秩序的重構

·廖平的世界觀與經學之路·

魏綵瑩 著

目次

第六章 文質彬彬——大統理想的經學實踐進路 441

序

黃克武
中央研究院近代史研究所特聘研究員

過去十多年我在台灣師範大學教授「中國思想史」、「中國近代思想史」等課程，每年都有將近十位的學生選課，遇到不少優秀的學生，魏綵瑩是其中的一位。她從碩士班開始就對近代經學史、思想史感興趣，持續的參與由學生自行組織的「經學讀書會」，用數年的時間讀畢《春秋》三傳、《尚書》等儒家經典，奠定了經學研究的扎實基礎。她在文化大學的碩士論文由我的好友李朝津博士指導，撰寫《王闓運春秋學思想研究》（二〇〇三）。該論文研究王闓運《春秋》學與當時政治及社會秩序的關係，新意疊出、深獲好評。

二〇一〇—二〇一一年她獲選為中央研究院博士候選人培育計畫學員。在這一段期間，她常常參加本院的各種演講與學術討論會，隔一陣子就會來我辦公室，跟我分享她在學術上的心得與感想。二〇一三年六月她在朱鴻、李紀祥教授的指導下，完成台師大的博士學位，我（和王汎森、蔣秋華教授）也參加了她的博士論文的口試。她順利獲得博士學位之後，申請到中研院文哲所博士後的職位，繼續從事中國近代思想、經學史方面的研究課題。同時她又多次旁聽我在台大博士班所開的「二十世紀中國史專題研究」的課。最近幾年她參與我在科技部有關近代知識分子與政治、天演與宗教等研究計畫，並協助我編輯《思想史》雜誌。在多年的共事之後，我發現她學術興趣廣泛，對於做學問有一種驚人的執著，而且讀書與做事都十分細心。這些人格特質是成為一位傑出學者的先決條件。

本書是由她的博士論文改寫而成。在口試時，此一論文獲得老師們一致的好評，譽之為在質與量方面都是多年來少有的一篇佳作。但是她仍然感到不滿意，又經過多次修改、字句琢磨，才完成這一部著作。這一本書以近代中國四川的一位思想家廖平為例，探討經學的現代轉型。她所關懷的核心議題是在傳統到現代學術的建立過程之中，特別是根植於經學思維的中國傳統學術思想，在受到西學（特別是天文、地理等自然科學知識）碰撞之後，所產生的新舊知識的交涉過程。一生大多數時間都在四川廖平如何來回應時代的挑戰呢？在處理的手法上，她既從事思想內涵的細緻分析，又處理時代背景與思想家之間的比較工作，來凸顯廖平思想的特點。

她指出廖平與康有為雖有思想的繼承關係，也有根本的歧異。康有為的思想中，對於文野、夷夏的界定已發生轉變，屬於「文明」的「諸夏」已轉為歐美諸國，中國則落入「夷狄」的範疇，對康氏而言，政體的改變正是扭轉中國在世界中的位置的關鍵，可使之由夷狄再進為文明。因此康有為的思想在表面上尊崇傳統，而在骨子裡卻有強烈的西學掛帥的傾向。然而廖平的思想則有所不同，充滿了對文化傳統的自信心與對全世界的使命感。廖平主張以三綱為精神、〈王制〉為架構的天子、諸侯體制普及於世界，讓世界成為具傳統文化特色的倫理共同體，各國以禮序來相互對待，而不以權、力彼此角逐。因此中國不但可以維繫固有傳統，且可立足於世界的中心地位，而不被邊緣化。換言之，廖平深信孔子所揭櫫的理想會在未來實現，而中國永遠處於「萬邦歸極」的地位。因此廖、康兩人的孔子改制內容並不相同，這也點出了近代《公羊》學者內部思想、政治理念的多元面相。她的觀察對了解近代以來公羊學的復興，以及學術與政治之關係，具有重要的意義。本書對廖平思想的觀察也呼應了李文孫（Joseph Levenson）、墨子刻（Thomas Metzger）等西方學者所說的中國近代國家主義的特殊性在於它所環繞的問題不是民族滅亡的危險，而是中國在世界上遭到「邊緣化」的命運。中國在建立現代「國家」的努力中從不曾忘記「天下」的理想：天下應該是賢人在位的世界，而中國必須是世界的核心。（參見墨子刻教授為拙著《自由的所以然：嚴復對約翰彌爾自由思想的認識與批判》所寫的序）

再者，廖平也建構了一套天學系統，來解釋天人關係，並作為政治秩序之基礎。雖然在他的主觀意識上，認為「天人合一」的秩序不可撼動，但是為了要讓孔子思想可以立足於當代，在將西學新知引入天學的過程之中，無形的也使「天」的性質發生轉化，有朝向現代自然天發展的趨勢，而造成天與人的關係逐漸的疏離，而走向世俗化（secularization）。廖平的例子顯示，在傳統至現代的轉型之中，經學家具有一方面維繫傳統、另一方面肆應新局的轉型特徵。近代中國主流思潮之中雖然是從嚴復、康有為、梁啟超等人的改良主義到孫中山所領導的革命思潮，致力追求科學與民主，建立以歐美為模型的現代國家，然而我相信廖平所代表的想法一直存在，並將影響到中國未來的走向。

這一本由博士論文改寫的專書，結合了經學史與思想史的手法，以豐富而深入的文本解析與思想脈絡、人際關係的梳理，來分析廖平的思想經歷，並折射出中國近代知識轉型的複雜過程。

書中有許多精彩的論斷，讀者可以慢慢咀嚼、細細品味。我相信無論是廖平個人經歷有好奇心，或對近代思想變遷、學術轉型，乃至中國文化未來感興趣的讀者，都會和我一樣對此書愛不釋手。我也期盼以魏綵瑩博士沉潛的個性與對知識的熱忱，她的下一本書很快就會與讀者見面。

經典秩序的重構

·廖平的世界觀與經學之路·

引論

一、經學與世界——一個文化傳承者的本願

廖平，字季平，生於咸豐二年（一八五二），卒於民國二十一年（一九三二），四川井研縣人。一生研究經學，思想轉折歷經六變，這六變的大要與轉變初始時間如下：初變，光緒九年至十二年，論「平分今古」。二變，光緒十三年至二十二年，論「尊今抑古」。三變，光緒二十三年至二十七年，論「大統小統」。四變，光緒二十八年至三十一年，論「人學天學」。五變，光緒三十二年至民國七年，論「人天小大」。六變，民國八年至二十一年，以《黃帝內經》解《詩》、《易》。

廖平一生以研究經學、推闡孔子之道為本願，欲把經學扮演成時代的舵手，為中國開導新的方向，在清末民初時期於學術思想史上別開生面。尤其是大約在甲午戰爭後的光緒二十三年進入了經學三變以後，強烈的時代責任感更是其學術創作的原動力，他殷切的致力於以傳統經典的義理，欲為多難的中國乃至整個世界提出理想未來的指南。然而經學三變之後的學術思想正是前輩學者鮮少措意的層面。那麼從較深層的意義來看，為什麼這個時期的廖平經學思想值得探索，我們先從他早期學術的建樹及影響談起。

廖平早期的經學一、二變之著作，在其當世已享有聲譽。經學一變的代表作《今古學考》，對今古文經學之爭的千年聚訟之梳理可謂獨樹一幟；蒙文通指出當時論者將《今古學考》的主要學理：「平分今古」，與顧炎武的古音學、閻若璩的《尚書古文疏證》並列為近三百年經學史上的三大發明。[1] 經學二變的辨偽古學及孔子改制之主張，更廣為時人認定影響了康有為的《新學

偽經考》、《孔子改制考》。侯堮在一九三二年廖平剛過世時發表於《大公報》的〈廖季平先生評傳〉中有一段對其學術的評價：

> 先生在中國經學史上，既具有相當地位，而在晚清思想上，亦握有嚴重轉捩之革命力量。由先生而康南海，而梁新會，而崔觶甫，迄至於今日如疑古錢玄同、馬幼漁、顧頡剛諸先生，均能倡言古文學之作偽，更擴大而為辨偽之新運動。……回憶四十年來之中國思想界，類似霹靂一聲者為康南海之《孔子改制考》、《新學偽經考》等等，而廖平先生則此霹靂之前之特異電子。[2]

把廖平比喻為康有為掀起新學說這一霹靂震撼前的「特異電子」，肯定廖平在近代辨偽源頭有重要的一席之地。梁啟超也說：「有為之思想，受其（廖平）影響，不可誣也。」[3]雖然當代學者劉巍、劉芝慶對於康有為受廖平真正影響的情況如何已有全新且具說服力的考辨，[4]但是清季以降的人們相信康有為的兩《考》與廖平關係匪淺也是一個普遍的現象。至於經學三變以後的理論，包括以經典結合中國與世界的小統、大統之說，以及天學、孔經哲學的建構，卻常讓許多學者覺得矜奇炫異、穿鑿附會或不知所云，甚至被評為歷史上的「經學畸人」，[5]他中晚期的經學

1 蒙文通，〈議蜀學〉，收入廖幼平編，《廖季平年譜》（成都：巴蜀書社，一九八五），頁一七七—一七八。
2 侯堮，〈廖季平先生評傳〉，《大公報》，一九三二年八月一日，文學副刊。
3 梁啟超，《清代學術概論》，《中國近三百年學術史（與《清代學術概論》合刊）》（台北：里仁書局，一九九五），頁六六。

也被籠統的概括為「空幻」，這是造成廖平經學三變以後直到晚年的著作甚少被問津的主因。又學界對近代今文經學家的學術多聚焦於康有為，反觀被馮友蘭稱為近代經學「殿軍」的廖平，大家對其興趣更多關注在他經學二變時的學說如何啟發康有為的變法學理上。因此長久以來，廖平在學術上的地位也可說大半是由康有為烘托出來的，被認識的著作成果也僅限於經學前兩變。事實上，筆者認為廖平三變以後（約甲午戰後）未被深入了解的經學乃是其學術的亮點，尤其表現在以經學詮釋世界方面，而這方面的思想又和晚清政局及西方地理學知識的傳入有密切之關係。

近代西學與傳統學術的交會造成儒學與思想的轉型，關鍵時間在甲午。

葛兆光曾指出：「知識的變動是思想變動的先兆。」[6]晚清西方地理學在中國的傳播擴散，與中國傳統的知識體系發生激烈碰撞，改變了中國人認知結構下所形成的天下觀信念，也刺激催發廖平經學邁入第三變的大轉折。因此甲午戰爭的衝擊與西方地理學的傳入這兩個主題，在本書的廖平研究裡是綰合在一起的問題意識。蓋傳統天下觀的圖景和禮儀系統原本建立在中央與邊緣、內與外關係的模式上，這種封貢體系在甲午戰後遭受嚴重挑戰。中日衝突起因於日本對朝鮮的侵略，中國作為宗主國行使保護權，最終戰爭失敗，《馬關條約》的簽訂在近代歷史中造成極重要的轉折。條約的締結是使用歐洲國際法的模式，讓原來的朝貢國脫離宗主國而成為新世界體系的主權獨立國家之一員。中國封貢體系的崩潰同時也是傳統天下觀禮儀與秩序規範的終結，因此清朝面臨的挫折遠不止於敗給日本的難堪，更嚴重的是一種價值體系與信念的崩解危機。清朝在迫於現實外力下必須改變兩重結構的制度體系：一方面只能承認原有朝貢國的主權和平等地位；另一方面中國自身也被轉變成世界上多國並列中的某個國家。如此一來，對中國而言，「天下」的圖像改變了，中國不再居於「中心」的位置。[7]既然本有的天下秩序模式無法再處理對外關係、維持宗主的尊位，那麼這套文化的思想根源：經學，特別是其中的內外觀、華夷觀等論述便成了受質疑而首當其衝的對象。具體的說，如果經學的永恆大法不能再將「天下」或「世界」納入其規範中，則經學與聖人學說也就難以成為普世性的真理或公理依據，中國也不再能回復到往日的地位，且必須屈從於西方的國際規則。

在此「天崩地解」的時代背景下，晚清嘗試用經學來系統回應上述這個重大議題的學者，廖平可說是個獨一無二的人物。當代學者汪暉首先點出廖平企圖用《周禮》結合疆域、輿地學的視野，欲把經學和西方地理學知識融為一體以成新的世界觀，[8]這個觀察非常重要，相當值得做進一步專題式的研究。而且廖平這套思想涵蓋五經，牽涉的內容也相當龐雜豐富。廖平窮盡大量時間所構築的新世界圖像是他價值觀的精髓，同時涉及整個時代的脈動。本書在呈現廖平後半生這

4 劉巍雖然相信廖平曾適時的影響過康有為，但認為康有為的思想仍是以他自己原有的經世理念為引導。劉芝慶考證康有為的抑古思想在與廖平接觸之前已經產生，因此《新學偽經考》完全是康氏個人的創發，非受廖平影響。參見劉巍，〈《教學通義》與康有為的早期經學路向及其轉向——兼及康氏與廖平的學術糾葛〉，《歷史研究》，二〇〇五年第四期。劉芝慶，〈論康有為與廖平二人學術思想的關係——從《廣藝舟雙楫》談起〉，《中國歷史學會史學集刊》，第四十一期（二〇〇九年十月）。

5 舒大剛，〈經學畸人——廖平〉，收入舒大剛主編，《中國十大名儒》（延吉：延邊大學出版社，一九九二），頁二〇九，二一九。

6 葛兆光，《七世紀前中國的知識、思想與信仰》（上海：復旦大學出版社，一九九八），頁二九。

7 汪暉，《現代中國思想的興起》（北京：生活．讀書．新知三聯書店，二〇〇八），上卷第二部，頁七〇五—七〇七。

8 汪暉，《現代中國思想的興起》，上卷第二部，頁七二六—七二九。

個中心價值的學說時，有兩大問題特別想要探究：第一，在世界觀的建構過程中，廖平對中國與世界的秩序安排是什麼型態？經學的根本精神為何？扮演什麼角色？第二，廖平要讓「孔子」走入新世界，也是為了使孔經為主體的傳統學術能夠適應當代，如此一來，就勢必要重釋經學及以經學為主軸的整套儒學體系。廖平這個時期的學術正是中國近代文化轉移的樞紐，[9]張灝也曾提出所謂「轉型時代」的意義，是指一八九五—一九二五年前後大約三十年的時間，這是中國思想由傳統過渡到現代、承先啟後的關鍵時代，這時代無論是思想知識的傳播媒介或是思想內容均有突破性的巨變。[10]從廖平三變的始年（光緒二十三年，一八九七）到五變的結束（民國七年，一九一八），正是完全處於轉型的年代，他於經學重釋的過程中，除了具個人的特色還加上濃重的時代性。是故，根植於廖平思維裡的中國本有思想，在受到西學碰撞之後的知識交涉過程如何？怎麼與轉型時代輸入中國的近代文明對話？這也是本書要去發掘之處。這些新舊過渡的複雜歷程，表現在廖平身上是與近代經學史、學術史、思想史相互交融的課題。以上的問題意識，皆是促成筆者撰寫是書的重要動因。

二、「變」與「不變」——研究範圍

廖平思考如何讓「孔子」走入當代，以經典重構世界秩序是他甲午戰後學說的重點，即使三變之後的四變（一九〇二—一九〇五）、五變（一九〇六—一九一八）闡說天學，仍是延續規劃世界的論述；到了經學六變，將著述的重心放在以《黃帝內經》解《詩》、《易》的同時，也未曾改變他三變以來的信念。仔細分析經學六變的內容，第一、二變是對今文經與古文經的論辨。從一變的「平分今古」到二變的「尊今抑古」，以及從二變的「抑古」到三變的承認古學（主要是《周禮》）價值，這個過程的確是自我否定的轉變歷程。但是從三變開始到六變，則是一路堅定的要建立理想新秩序圖景，當中的變化並非連根拔起式的轉變，而是在大方向上，從內部不斷的加入更新穎的學理發揮。所以從這個角度來說，廖平的經學其實只有兩大階段：從「今古之辨」到「以經學面向世界」，而積極謀求經學面向世界又是他個人心靈、生命志業的歸宿。我們藉由這樣的意義結構，了解了在他「變」的過程中，何者是他的「不變」，即較能掌握內容看似繁複多變，素稱難治的廖平經學。

雖然廖平從三變直到晚年過世前始終沒有否定他心目中理想秩序的基本信念，但是開始於民國八年（一九一九）的經學第六變，相較於三、四、五變則較為特殊。第六變的學術內容是以《黃帝內經》的五運六氣解《詩》、《易》二經，主因有兩個：一是這年的春天廖平不幸罹患中風，遂將心力更多的投入《內經》等醫書的解說上。其次是當時正處於歐風美雨的新文化運動時代，傳統的學術技藝，包括中醫、風水都受到嚴厲的挑戰批判，故廖平此時的關懷也偏重於維護

9 傅斯年曾將近代中國學術劃分為「復興」和「再造」兩個階段，在這兩個階段的中間之轉型過渡，可說是中國近代文化轉移的樞紐，他認為康有為和章太炎可視為此時期的代表人物。見傅斯年，〈清代學問的門徑書幾種〉，《新潮》，一卷四號（一九一九年四月），收入婁子匡校纂，《景印中國期刊五十種．第八種》（台北：東方文化書局，一九七二），頁七〇一—七〇二。雖然傅斯年提到這個文化轉移樞紐的代表人物是康有為、章太炎，然而筆者認為廖平亦可視為此一時期具代表性學者的又一典型。

10 張灝，〈中國近代思想史的轉型時代〉，收入氏著，《時代的探索》（台北：中央研究院．聯經出版公司，二〇〇四），頁三七。

闡發中醫與風水這些「國粹」上。所以本書研究的廖平世界觀之範圍段限，雖然時間上從三變涵蓋到六變，但是使用的文本與詮釋重心主要放在三變到五變的內容上。由於三變到五變的思維有其連貫性，而非漫無根荄的變化，因此本書並不特別以經學各變的分期來作為章節的劃分。

也因著研究內容與範圍，在此有必要針對本書的題目「經典秩序的重構：廖平的世界觀與經學之路」多做一些解釋。由於經學本身蘊含傳統天下觀的秩序理念，現在廖平要把這套秩序從「天下」轉換到「世界」，就是一番「重構」的過程。至於所謂的「經學之路」有三義：第一，廖平自己劃分年代的經學六變。第二，筆者認為他從早期的「今古之辨」到中晚期以後的「以經學面向世界」也是很明晰的經學轉向之路。第三，即使僅聚焦於本書重點的三變到五變之間的整體學說，我們會發現廖平在三至五變這段學術歷程中仍有不少內部的思想轉變，他自己沒有明白的用分期來告知人們，有可能他也未曾清楚的意識到自己的轉變，但是這些轉變卻饒富意義。以上第二、三點尤其是本書所謂廖平「經學之路」所欲強調的重點。

三、「歷史中的經學思想詮釋」——研究取徑與先行成果

本書採用的研究取徑是「歷史中的經學思想詮釋」，討論廖平經學思想的論述意向與目的。要明白一個歷史人物的言行著作，是無法將其所處的時勢抛開、抽離的。今日的學者也傾向鼓勵研究思想學術不要忽略社會視角的觀察，除了文本的分析，還要兼顧文本和所在環境的互動，[11]筆者認為廖平三變以後的學術尤其應做如是的考察。在此有必要稍為敘述過往的研究，一方面了解前輩的先行成果，另一方面也能較清楚的對照本書的取徑如何有別於過往的研究方式。

重點回顧過往的廖平研究成果，一九八〇—二〇〇〇年間主要集中於經學六變的遞變過程以及各變內容的分析上。此時最具代表性的兩本力作分別是黃開國的《廖平評傳》[12]與陳文豪的《廖平經學思想研究》。[13]黃開國寫作此專書之前已有了一系列的研究：〈廖平經學第一變的思想準備〉[14]、〈廖平經學六變時間略考〉[15]、〈駁廖平思想變化的賄逼說〉[16]、〈廖平與經學的終結〉[17]、〈廖平與經學六變的變因〉[18]、〈廖平經學六變的發展邏輯〉[19]、〈廖平早年思想變化及其對經學六變的意義〉[20]，這些文章多已修改收入《廖平評傳》中。黃開國與陳文豪都廣為蒐羅廖平的著作，重視考辨經學各變的時間、變因，並提出各變發展的外在環境狀況與內在邏輯。其他分析各變內容的文章還有向楚的〈廖平學術思想之演變〉[21]，舒大綱的〈廖季平經學第三變變

11 羅志田，〈事不孤起，必有其鄰——蒙文通先生與思想史的社會視角〉，收入四川大學歷史文化學院編，《蒙文通先生誕辰一一〇周年紀念文集》（北京：線裝書局，二〇〇五），頁一三七，一四五。葛兆光，〈置思想於政治史背景之中——再讀余英時先生的《朱熹的歷史世界》〉，收入田浩（Hoyt Tillman）編，《文化與歷史的追索：余英時教授八秩壽慶論文集》（台北：聯經出版公司，二〇〇九），頁三七一。
12 黃開國，《廖平評傳》（江西：百花洲文藝出版社，一九九五）。
13 陳文豪，《廖平經學思想研究》（台北：文津出版社，一九九五）。
14 見《重慶師院學報》（哲學社會科學版），一九八五年第三期。
15 見《成都大學學報》（社會科學版），一九八七年第一期。
16 見《四川師範大學學報》，一九八七年第五期。
17 見《哲學研究》，一九八七年第十期。
18 見《中國哲學史研究》，第三十五期（一九八九年四月）。
19 見《四川大學學報》，第七十三期（一九九二年二月）。
20 見《天府新論》，第五十三期（一九九三年九月）。

因雛議〉[22]，鄧萬耕、張奇偉的〈廖季平經學第四變及其哲學思想〉[23]，劉雨濤的〈廖季平「天人學」探原〉[24]，林淑貞的〈廖平經學六變所建構的歷史圖像〉[25]，鍾肇鵬的〈廖季平哲學思想與經學的終結〉[26]等。單獨研究經學一變、二變之著作或思想的文章不少，探討一變的《今古學考》主要有三篇：李學勤的〈《今古學考》與《五經異義》〉[27]，路新生的〈廖平《今古學考》經學思想體系中的幾個問題〉[28]，以及黃開國的〈清代學術三大發明之一——廖平的平分今古之論〉[29]。探討二變思想方面，陳其泰、馬增強各有一篇同名的文章：〈廖平與晚清今文經學〉[30]，以及陳德述的〈廖平關於孔子托古改制的思想〉[31]。此外，廖平與康有為的學術糾葛也是被關注的議題，例如李耀仙的〈廖季平的《古學考》和康有為的《新學偽經考》〉[32]，黃開國的〈廖康羊城之會與康有為經學思想的轉變〉[33]、〈評康有為與廖平的思想糾葛〉[34]，徐光仁、黃明同的〈論廖平與康有為的治經〉[35]。這幾篇文章共同的要點都是將廖平二變的《古學考》（《闢劉篇》）、《知聖篇》和康氏的兩《考》互做比較，說明兩人有學術淵源，康有為曾受廖平啟發，但也有自己的創見。房德鄰的〈康有為和廖平的一樁學術公案〉[36]，說明廖平對康有為的影響在於兩人會晤時的「闢劉之議」，使康有為自此完全轉向今文，但在兩人相遇之前，康氏已有一些接近今文學的觀點形成，故仍有自己的學術淵源。

總論上述一九八〇—二〇〇〇年間的廖平研究，多從今古文經學的範疇分析其經說的遞變，或是針對某一變的研究，而且明顯的較重視肯定前兩變的價值；一旦廖平學說進入三變以後跳脫出今古文經學的理路，便常讓研究者覺得不易掌握其中的語境，致有「牽強」、「無稽」或「空疏」的批評。

到了西元二〇〇〇年後海峽兩岸的廖平研究，無論從廣度、深度或數量上都有大幅度的進展。這時期新增的成果，包括深入廖平的某些專經之研究，以及某部專著或專題的探討；討論廖平的特色時也注意到巴蜀地域文化的影響。又廖平與同時代學者的交流互動也是新的研究議題，而廖平、康有為的學術關係，此時也有新觀點的提出。最後，學者們也開始試著為廖平整體的經學思想提出新的定位。以下分成六點簡介：

第一，廖平的專經研究。丁亞傑的《清末民初公羊學研究：皮錫瑞、廖平、康有為》[37]，廖

21 見《社會科學研究》，一九八三年第五期。
22 見《社會科學研究》，一九八四年第四期。
23 見《社會科學研究》，一九八六年第一期。
24 見《社會科學研究》，一九八四年第二期。
25 見《中國學術年刊》，第十八期（一九九七年三月）。
26 見《社會科學研究》，一九八三年第五期。
27 收入張岱年編，《國學今論》（瀋陽：遼寧教育出版社，一九九二）。
28 見《孔孟學報》，第七十六期（一九九八年九月）。
29 見《南京大學學報》（哲學、人文、社會科學），一九九二年第四期。
30 分別見《清史研究》，第二十一期（一九九六年三月）；《華夏文化》，二〇〇〇年第二期。
31 收入陳德述，《儒學文化新論》（成都：巴蜀書社，一九九五）。
32 見《社會科學研究》，一九八三年第五期。
33 見《科學研究》（成都），一九八六年四月。
34 見《社會科學輯刊》，一九九〇年第五期。
35 見《廣東社會科學》，第十七期（一九八八年八月）。
36 見《近代史研究》，第五十八期（一九九〇年七月）。

平的《公羊》學占此書的三分之一，是最先有系統探討廖平《公羊》思想的第一部專著。丁亞傑另有〈制度與秩序：論廖平《春秋左氏古經說疏證》——晚清今古文經學的融合〉[38]一文，分析廖平的《左傳》學中，由制度所建構的秩序。黃開國的〈廖平《公羊三十論》的《春秋公羊》學〉[39]，從廖平的《公羊解詁三十論》一書探討廖氏早期的《公羊》學。趙沛的《廖平春秋學研究》[40]與胡楚生的〈廖平《春秋三傳折中》析評〉[41]則將研究範圍擴大到廖平的《春秋》三傳上。以上的文章都著重於《春秋》三傳研究，不過學界在廖平的專經方面也初步觸及了《詩經》與《論語》的領域。例如張遠東的〈廖平的《詩經》研究〉[42]，探討廖平《詩經》學的發展及孔子托於其中的「微言大義」；李長春的〈《知聖篇》中的《論語》詮釋〉[43]，說明廖平證成素王論的主要經典依據是《論語》，而非今文家們習慣依據的《春秋》。

第二，針對廖平某部專著或專題的研究。郜積意的〈漢代今、古學的禮制之分——以廖平《今古學考》為討論中心〉[44]，質疑廖平《今古學考》中，《穀梁》全合於〈王制〉、且為素王改制的論述有諸多邏輯上的問題。崔海亮的《廖平今古學研究》[45]，認為廖平的今古學包括學術史與政治思想兩層含義。就學術史意義上的今古學來說，本書主揭示廖平以禮制區分今古學存在的一些問題，從而對經學史上的今古學問題重新認識。就政治思想意義來說，強調廖平在中西衝突的背景下對制度思考的積極意義。崔海亮另有〈中西衝突背景下傳統經學的困境——以廖平的《地球新義》為中心〉一文，[46]透過廖平經學三變的《地球新義》說明廖平對經典的創造性詮釋，表達中國在地理上雖非世界的中心，但在文化上並未喪失優越性。李長春的〈孔子「述而不作」嗎？——廖平對今文經學「制作」說的改造與發展〉[47]，主要從《知聖篇》闡發廖平對今文學孔子「制作」說的改造與發展。

第三，巴蜀文化對廖平的影響。劉平中同時發表於二〇一二年的兩篇文章：〈試論巴蜀文化對廖平學術的影響〉[48]與〈廖平經學多變的社會文化成因〉[49]，皆提到巴蜀自古有富於幻想與追求開新的色彩，廖平經學縱橫馳騁正是此地域文化的影響。其次，巴蜀自古不乏成道的奇聞異說，成為廖平揉雜佛道傳說、飛仙神游以建構天人之學的又一文化基礎。曾加榮、黃進的〈「時風」與「士風」影響下的廖平與郭沫若〉[50]，認為廖平與郭沫若皆繼承蜀學「重文史」和「崇實」

37 丁亞傑，《清末民初公羊學研究：皮錫瑞、廖平、康有為》（台北：萬卷樓圖書公司，二〇〇二）。
38 原發表於《經學研究集刊》，第三期（二〇〇七年十月），修改後收入丁亞傑，《晚清經學史論集》（台北：文津出版社，二〇〇八）。
39 見《華西大學學報》（哲學社會科學版），二〇一二年十月。
40 趙沛，《廖平春秋學研究》（成都：巴蜀書社，二〇〇七年八月）。
41 見《經學研究集刊》，第三期（二〇〇七年十月）。
42 見《南京師範大學文學院學報》，二〇〇九年六月，第二期。
43 見《社會科學研究》，二〇一一年三月。
44 見《中央研究院歷史語言研究所集刊》，第七十七本，第一分（二〇〇六年三月）。
45 崔海亮，《廖平今古學研究》（長沙：岳麓書社，二〇一四）。
46 見《西華大學學報》（哲學社會科學版），第三十卷第四期（二〇一一年八月）。
47 見《蘭州大學學報》（社會科學版），第三十九卷第一期（二〇一一年一月）。
48 見《學理論》，第二十三期（二〇一二年）。
49 見《文史博覽》，二〇一二年八月。
50 見《郭沫若學刊》，二〇〇九年第四期。

的特徵，也秉承了蜀人重統體、觀大略，善自創新說、開風氣之先的傳統。

第四，廖平與重要學人的學術關係。主要包括廖平與兩位師長張之洞、王闓運之間的學術互動與異同；同輩章太炎對廖平的評價與廖平對劉師培的影響；以及廖平對其弟子蒙文通治學方向的啟發傳承。胡竹東的〈志在立言的廖平與揚抑損益的張之洞〉[51]，敘述張之洞對廖平的提攜情分，但是兩人對今文學看法存在著不小的紛歧。吳龍燦的〈廖平和王闓運學術異同考〉[52]，重點放在王闓運對廖平治學方向、研究門徑和著作形式的影響上。吳仰湘的〈論廖平一八八〇年並未轉向今文經學——「庚辰以後，厭棄破碎，專事求大義」辨析〉[53]，考證廖平在一八八〇年後的學術進入專求大義的新境界，要歸功於他對專治小學訓詁弊端的自省，以及長於悟思的個性發展結果，與前人認為的王闓運影響沒有直接關係。曲洪波的〈略論章太炎對近代今文經學者的學術評論——以對康有為、廖平、皮錫瑞的評論為例〉[54]，敘述章太炎對康有為、廖平、皮錫瑞的不同學術評論。章氏對廖平的治學態度與人品給予較高的評價，學術方面肯定早年的「平分今古」之論，但對他的尊孔尊經信念則說不上讚賞。張凱的〈「今」「古」之爭——四川國學院時期的廖平與劉師培〉[55]，探討一九一〇年代初年，廖平、劉師培在四川國學院論學的經歷，以及劉師培學術深受廖平影響的情形。王汎森的〈從經學向史學的過渡——廖平與蒙文通的例子〉[56]，探討廖平經學對蒙文通古史多元論的啟發。蔡方鹿的〈廖平與蒙文通——以經學為中心〉[57]，討論廖平以禮制分今古，並將今文學分成齊、魯兩派的說法被蒙文通繼承與轉化的情形。劉耀的〈經術與諸子——廖平、蒙文通的經史傳承與民國學術〉[58]，指出蒙文通治學宗旨在於強調經學對中國歷史、文化之特殊價值，從而為經學正名；而廖平將諸子作為經學的注腳，為蒙文通打破諸子、儒家的界限創造了條件。

第五，廖平、康有為學術公案的新考辨。崔泰勳的《論康有為思想發展與廖平的關係：以康、廖兩人相關著作為例》[59]，認為康氏兩《考》都襲用了廖平的說法。不過較晚成書的《孔子改制考》已可看到不少有別於廖平思想的成分，例如「民主」、「平等」觀念、立憲的主張、孔教的提出等，說明康有為順著潮流有自己獨創的思想。劉巍、劉芝慶則進一步提出了新穎的觀點，他們共同看法皆認為前人太過著重於廖、康之間的糾葛，忽視了康有為自身思想的內在理路。劉巍的〈《教學通義》與康有為的早期經學路向及其轉向——兼及康氏與廖平的學術糾葛〉[60]，著眼於康有為早年就有濃重的「經世」觀念，但未有偏今文學的想法。到了一八九〇年上書受挫後，對孔子欲以匹夫改制感同身受，立場開始傾向今文，此時廖平的出現也適時的影響了康氏，但康

---

51 見《宜賓學院學報》，第十一卷第七期（二〇一一年七月）。

52 見《宜賓學院學報》，第十二卷第十一期（二〇一二年十一月）。

53 見《湖南大學學報》（社會科學版），第二十三卷第三期（二〇〇九年五月）。

54 見《孔子研究》，二〇〇九年第五期。

55 見《四川大學學報》（哲學社會科學版），二〇〇九年第二期。

56 原發表於《歷史研究》，二〇〇五年第二期。後修改發表於蒙默編，《蒙文通學記》（增補本）（北京：生活・讀書・新知三聯書店，二〇〇六年十一月）；又收入王汎森，《近代中國的史家與史學》（香港：三聯書店，二〇〇八）。

57 見《經學研究集刊》，第三期（二〇〇七年十月）。

58 見《四川師範大學學報》（社會科學版），第三十九卷第五期（二〇一二年九月）。

59 崔泰勳，《論康有為思想發展與廖平的關係》（台北：國立台灣大學中研所碩士論文，二〇〇一）。

60 見《歷史研究》，二〇〇五年第四期。

氏思想仍是以自己的經世理念為引導。劉芝慶的〈論康有為與廖平二人學術思想的關係——從《廣藝舟雙楫》談起〉[61]，考證康氏的抑古思想在與廖平相會之前已經產生，所以《新學偽經考》完全是康氏個人的創發，非受廖平影響。作者能發掘鮮少被注意的《廣藝舟雙楫》，識見頗出新意，實屬可貴。

第六，廖平學術思想的再定位。黃詩玉、駱鳳文的〈辨說廖平治學研經的理念宗旨和學問境界——兼論廖平與張之洞、王闓運、康有為治學之不同〉[62]、〈近代國學大師廖平「學術六變」之成因〉[63]，以及駱鳳文的〈六譯先生廖平之「齋軒堂舍館」的理念境界考說〉[64]，這三篇文章均欲對廖平整體學術思想賦予新定位。兩位作者共同提到，廖平的學問在建構華夏學術體系，以傳揚中華文化命脈的宗旨為志向，增強中國自身的文化自覺和自信。

根據以上六點介述可以得知，西元二〇〇〇年後的廖平研究在質與量上都有很大的進展，尤其對於廖平的專經及專著研究、廖平與重要學人的學術交涉或是廖、康學術糾葛的新論上，都不乏見解精闢的文章。另外，廖平經學三變以後的思想也開始有愈來愈受到重視的傾向，例如崔海亮對廖平《地球新義》的研究就是一個例子，這是值得期待的事。然而經學三變後的研究仍相對稀少，還有相當大的空間值得被系統的了解與深入的闡發，這正是今日有志研究廖平的學人當下重要的課題。

筆者試著超越以往「以經學遞變論廖平」，或是純粹深入某部經典分析的經學史研究模式，相對的欲用更寬廣的視角審視廖平學術。綜觀廖平中年以後的學思歷程受整個大時代的影響甚鉅，諸如甲午戰爭、維新變法、立憲與革命風潮、西方政治文化理論、進化學說、地理天文新知等各種西學，這些政治背景與知識學理都是他的經學亟欲回應的內容。又廖平既然時時回應近代的思想新知，故他的「閱讀世界」，包括不少譯著、報刊、雜誌，還有晚清的出使日記等都是需要關注的部分。總之，惟有留心廖平本人也甚為關注的時代動向，並注意其人際社會網絡，才能更得著其學說的核心，明瞭他透過古典與當代對話過程所欲傳遞的信息。

四、本書結構

由於這部書的選題、範圍與研究取徑，涉及經典詮釋、近代學術與思想的領域，因此寫作過程中，以經典的解讀為主軸，並嘗試打通經學史、學術史、思想史的界線，期待能凸顯廖平以經典面向世界的本懷，以及蘊藏其中的豐富學術思想內涵。此外限於篇幅等因素，有些方面尚無暇顧及。例如行文中盡量以廖平所處的歷史情境來說明其主張的用心處或某種說法之原由，主旨在讓人「理解」廖平學說的「心意」所在，而沒有特別著墨討論他經典詮釋的方式能否立足，以及理論內在邏輯的合理性或學術真偽性問題。這也是目前本研究的侷限。

全書呈現兩個層面的重點，首先是廖平如何用經典安排中國與世界的關係與位置，其次是廖平學術在近代的意義。書中除了引論與結論，正文部分共分六章：第一章〈從今古之辨到面向

61 見《中國歷史學會史學集刊》，第四十一期（二〇〇九年十月）。
62 見《哲學研究》，二〇一一年第五期。
63 見《學術交流》，第八期（二〇一二年八月）。
64 見《作家雜誌》，二〇〇八年第十期。

世界的經學之路〉，勾勒廖平經學一變到三變的產生因緣、轉折過程，以及各經的今古文論述，最終歸結到其三變以後的經學觀與特色。第二章〈讓孔子走入新世界〉，主旨闡述廖平如何將經學含攝整個地球、與海外世界打成一片，並預示未來世界合一的願景。第三章〈經學理想的世界文化空間藍圖——兼論近代學術上的意義〉，廖平以《尚書》為孔子昭示大一統的藍圖，討論中國文化在世界所扮演的角色；在經典重釋的過程也涉及到經史關係、陰陽五行宇宙觀等學理在近代的轉變。第四章〈傳統與西學交會下的天學新論〉，來自傳統「天人合一」的信念，以人事價值必定有天道的根源，這是廖平在提出大統秩序的學說之際，還要架構一套屬「天」的理論之原因。內容包括哥白尼對廖平的影響，以及對廖平傳統天學的轉化性詮釋。第五章〈《春秋》撥正下的世界秩序與中國——從「二伯」的理想談起〉，在弱肉強食的國際現實下，廖平反思要以經典重構不同於西方主導下《萬國公法》的國際關係圖景；他以《春秋》的制度設計了一套國際新秩序模式，《春秋》的「二伯」是這個秩序模式下的核心制度內容。第六章〈文質彬彬——大統理想的經學實踐進路〉，在說明世界必可依照孔經的普世價值線性臻於大統的境地時，廖平也有一套支持自己想法的史觀，以及中國當下該如何實踐經典的方式。而且他的實踐方式理論也隨著時間而轉變，透露了經學於近代所面臨的問題。

第一章

從今古之辨到面向世界的經學之路

廖平經學雖然歷經六變，但仔細探究其中的內容，一變是「平分今古」，二變是「尊今抑古」，大約甲午戰後的三變以後，直到六變，則拋開了今古之辨的思維，改以「小統」、「大統」的制度詮釋中國與世界的關係，因此三變到六變的今古文觀基本上是一致的，只是在內部做更細緻的發揮。本論文研究的主要範圍是廖平經學三變以後關懷時局的思想，然而三變後的經學觀並非憑空出現，仍是從一、二變逐漸發展而成，因此本章擬就一變到三變之間各變的出現因緣、轉折過程，以及各經的今古文觀，從學術內在理路詳細的探索，最終歸結到本書的重點：經學三變以後的經學觀與特色。由於經學各變的內容是以五經為主，而五經之中，《易經》之古文無存，可以不列入今古之辨的討論，故本章將焦點放在廖平對《詩經》、《尚書》、三禮以及《春秋》三傳的今古文觀之分析上。

在行文的過程中，筆者也同時注意到兩個與廖平學術基調相關的問題。第一，有學者稱「井研學派」（廖平學術）出自常州學派，[1]也有不少學者直接將廖平置於常州學脈的系譜下；[2]事實上，廖平學術歷經多次轉折，亦多有自己的創見，與常州學派的關係也非一成不變，兩者之間的離合究竟如何呢？第二，康有為、梁啟超曾批評廖平在經學三變後，認同《周禮》一經，混淆了今古的界限。然而群經之中，《詩經》、《尚書》等也都有今古文的問題，接受了《周禮》是否就代表完全沒有了今古文家派的意識，可以接受古文《毛詩》與古文《尚書》？這些都是前人未曾釐清的問題，也是我們要深入廖平經學三變後的思想學術時所必須先理解的重要課題。以下分為三節，針對上述的問題意識詳細的分析與探討。

第一節 平分今古：經學一變與對群經的今古文觀（一八八三—一八八六）

今文經學和古文經學是漢代經學的兩個基本派別，後來經學的發展與漢代經學又有密切的關係。然而漢代就無人洞明今、古文經學相區分的根據，再經東漢末年的鄭玄及三國時的王肅注經混淆今、古文經學，使這個問題在後代變得更為蒙惑。清代乾嘉興起的漢學重訓詁，推崇東漢古文經學家賈逵、馬融、許慎、鄭玄，卻不脫古籍整理的工夫。後起的常州學派重在探求經傳中的微言大義，推本漢代今文學大師董仲舒、何休，是以今、古文經學之爭在清末被重新提起。廖平早年因博覽考據而涉獵了大量漢代古文經學材料，之後又專求今文大義，[3]因而能克服前人囿於今文與古文經學的侷限，提出了今、古文經學相區分的根本在禮制的平分今古之論。[4]同時代的學者將之與顧炎武發明古韻、閻若璩考辨《古文尚書》三者並譽為清代學術的三大發明之一。[5]

1 《六譯先生追悼錄》，收入劉家平、蘇曉君主編，《中國歷史人物別傳集》（北京：線裝書局，二〇〇三），第七十一冊，頁四八七。

2 李新霖，《清代經今文學述》，《國立台灣師範大學國文研究所集刊》，第二十二號（一九七八年六月），頁一八四。

3 廖宗澤編撰，駱鳳文校點，《六譯先生年譜》，收入四川大學古籍整理研究所編，《儒藏・史部・儒林年譜》（成都：四川大學出版社，二〇〇五—二〇〇九），頁七二五—七二六，七三二—七三五。

4 關於廖平早年精通考據與轉向今文經學的過程，又見黃開國，〈廖平經學第一變的思想準備〉，《重慶師院學報》（哲學社會科學版），一九八五年第三期，頁九二—九四。

5 蒙文通，〈議蜀學〉，收入廖幼平編，《廖季平年譜》（成都：巴蜀書社，一九八五），頁一七八。

廖平經學初變始於光緒九年，[6]代表作為著成於光緒十二年的《今古學考》。一變產生的主因是為解決自身所遭遇今古文混淆的疑問。對於分別今古文，其實清代學者已有不少人注意到這個問題，廖平也承認他曾受過前賢的影響：

> 至陳卓人、陳左海、魏默深，略知分古、今。孫氏亦別采古文說，專為一書，然明而未融。或採師說，尚未能獵取精華，編為成書；即有成書，冀圖僅據文字主張今、古門面，而不知今、古根源之所在。[7]

引文指出陳立（卓人）、陳壽祺（左海）、魏源（默深）、孫星衍等人已意識到分別今古文經說的重要，特別是二陳已略知今古的本源，對廖平的啟發尤多，但他們終究「未能瑩澈」，[8]還不能真正明瞭今、古根源之所在，而廖平經過長年思考，終於悟出應以禮制「別戶分門」。他認為今文經學和古文經學固然存在不少差異，不可淆亂，但二者並無輕重之分，不可偏廢，為此他十分反對經學史上今、古文經學相互攻訐的門戶之見。正是在這層意義上，他把以禮制為根本區分今文經學和古文經學的理論，稱之為平分今古之論。那麼造成解經困擾的今、古文經學混淆始自何時呢？

在廖平看來，在東漢末的鄭玄以前，今文經學家立論，不取古文經學為說，古文經學家立論，也不取今文經學的隻字片語，直到鄭玄遍注群經時，二家的界限才被全面破壞：

今學盛於西漢，屏斥古學不得顯。古學盛於東漢，今學寖微。二學積為讎敵，相與參商。馬融指博士為俗儒，何休詆古文為俗學。可見鄭君以前，二學自為水火，不苟同也。[9]

因此在鄭玄之前今、古兩家迴避對方如洪水猛獸。事實上，在鄭玄之前的漢代學者說經是否真的如此界限嚴明，還有很多可議的空間，[10]而且鄭玄合通今古文經學，也是漢代經學兩家之爭的長期發展之必然結果。但廖平卻認為講經應篤守家法，雖有疑義，也不可兼採他說，因而對鄭玄的注經大加筆伐，指責鄭玄尊奉古學而兼收今文，遍注群經，破壞了經學家法的原則，再加上之後的王肅又繼鄭玄混亂今古文之路，遂使今古二家之分「並其堤防而全潰之」。[11]既然今古學已遭混合，破壞了本來的面目，平分今古之論則是欲對兩家原貌恢復擴清，至於如何釐清今古，廖平獨有的創獲是應以禮制作為區分的依據。那麼為何經學內部會衍生出今、古文二派及彼此之間禮

6　陳文豪，《廖平經學思想研究》（台北：文津出版社，一九九五），頁一一六—一二一。

7　廖平，《四益館經學四變記．初變記》，《廖平選集》（成都：巴蜀書社，一九九八），上冊，頁五四七。

8　廖平，《經話（甲編）》，《廖平選集》，上冊，頁四〇〇。

9　廖平，《今古學考》卷上，《廖平選集》，上冊，頁六三。

10　例如李學勤從許慎的《五經異義》考察，發現許慎說經並沒有嚴分今古或是古非今的問題。路新生也認為，漢代的學者對今、古文經一直存在著混說、互用的情況，並非如廖平所說的冰炭難容。見李學勤，〈《今古學考》與《五經異義》〉，收入張岱年，《國學今論》（瀋陽：遼寧教育出版社，一九九二），頁一二五—一三五。路新生，《中國近三百年疑古思潮研究》（上海：上海人民出版社，二〇〇一），頁四六二。

11　廖平，《今古學考》卷下，《廖平選集》，上冊，頁六七、七二。

制上的差異呢？今、古禮制所各自宗主的文本又是什麼？

在廖平的《今古學考》中，漢代今、古學的實質性分歧被歸納為禮制的問題，他是通過分析研究《五經異義》的材料得來的。己酉年本的〈四益館經學四變記〉云：

> 初變分今古，……專主《五經異義》，嘉道以來學者皆以分今、古為主。而《今古學考》集其大成，劈分兩門，始有專書。[12]

《今古學考》卷下又說：

> 《異義》久亡，今就陳氏輯本考之，所存近百條。今與今同，古與古同，各為朋黨，互相難詰，以其門戶原異，故致相歧也。[13]

《五經異義》是許慎所撰，其後鄭玄針對是書，著《駁許慎〈五經異義〉》，[14]兩書均大約佚於唐代。[15]清王復輯有《駁（五經異義）》，陳壽祺又著有《五經異義疏證》，廖平所依據的，就是陳氏書中所輯的今文經學與古文經學經說之百餘條材料。由於許慎的《異義》對於今、古兩派不欲牽合混同，該書按經學問題一一分條，每條皆列有今文經學和古文經學的不同說法，從而客觀上保留了漢代今文和古文經學的材料，也獲得廖平極高的評價。不過廖平對於許慎分今古的方式有所未安，不能苟同之處尚多，原因是許慎誤以立學官與否分判今、古，[16]而且許慎所錄的今文與古文經學之說，依據除了有經傳明文，還有一半是後師附會之說，許慎卻未能明白分辨這一點，也沒有提供區分今、古學的穩定基礎，[17]究其原因是「今、古分別，兩漢皆不能心知其源」。[18]陳壽祺在疏證《五經異義》時，已觸及今、古文經學的禮制之分，雖然他仍未能認識禮制就是二者區分的根本，但無疑對廖平的平分今古論之提出，起了一定的影響。廖平在體悟到禮制為分別今古根源下的具體創見，就是以〈王制〉、《周禮》各為今學、古學的統宗；而今、古學的產生又與孔子早、晚年的異說與地域學風的不同密切相關，以下分別敘述之。

---

12 廖平，〈四益館經學四變記〉，收入《孔經哲學發微》，《廖平選集》，上冊，頁三一一。

13 廖平，《今古學考》卷下，《廖平選集》，上冊，頁六八。

14 范曄撰，楊家駱主編，《新校本後漢書并附編十三種》（台北：鼎文書局，一九八七），卷三十五，〈張曹鄭列傳〉，頁一二一二。

15 《隋書．經籍志》著錄《五經異義》十卷，《舊唐書．經籍志》與《新唐書．藝文志》所記與《隋書》同，但言許慎撰，鄭玄駁，是將二書合而為一，以便觀覽。《宋史》始不見著錄，故推測大約佚於唐代。又見黃開國，《廖平評傳》（南昌：百花洲文藝出版社，二〇一〇），頁六〇。

16 廖平曰：「予言今、古，用《異義》說也。然既有許義而更別有異同者，則予以禮制為主，許以書、人為據。許以後出古文為古，先出博士為今，……此大誤也。」見廖平，《今古學考》卷下，《廖平選集》，上冊，頁一〇二。

17 例如廖平提到：「《異義》採錄今、古說，多非明文，後師附會蓋居其半。夫今、古異同，當以〈王制〉、《周禮》為綱領，《公》、《穀》、《左氏》為輔佐。但據經傳，不錄晚說，唯議明文，不徵影響。今許所錄，可據者半，不可據者半。」見廖平，《今古學考》卷下，《廖平選集》，上冊，頁九五。

18 廖平，《今古學考》卷下，《廖平選集》，上冊，頁九五。又依據郜積意對《五經異義》的深入探討，認為許氏確實沒有提供區分今、古學的穩定基礎。見郜積意，〈漢代今、古學的禮制之分——以廖平《今古學考》為討論中心〉，《中央研究院歷史語言研究所集刊》，第七十七本，第一分（二〇〇六年三月），頁四五—四七。

第一，《周禮》與〈王制〉各為古學、今學統宗。

廖平發現今文經學和古文經學的內容雖然繁雜，但在有關封國、爵祿、官制、選舉、喪葬、祭祀、巡狩等禮制大綱方面，卻「今與今同，古與古同，各為朋黨，互相詰難」，[19]而今、古學所言禮制的本旨，又分別宗主〈王制〉和《周禮》，廖平由此主張：「〈王制〉為今學之主」，「《周禮》為古學之主」。[20]至於兩者所言的禮制時代，廖平認為《周禮》所言多本周代禮制，〈王制〉則是兼採虞、夏、殷、周四代，且以殷禮為主寫成的禮制。此種說法當然是他個人的一家之言，事實上此二書在歷史上的爭論頗多，若能稍微了解這個背景，或許更能見出廖平經說的立場。

《周禮》原名《周官》，劉歆改為《周禮》，是古文經學的根本經典，漢代古文家推尊為周公所著，認為是真正周代禮制。然而《周禮》的內容與傳承譜系一直存在很大的問題，從漢代直到清初，懷疑此書的學者不計其數。[21]清中葉以後，常州學派的學者進一步將《周禮》帶入了更激烈的今古文經學論爭中。常州學派開創者莊存與雖然也懷疑《周禮》的真實性，但是仍重視它內容的重要性，其三《禮》之學講的就是《周禮》。莊存與之後，其外孫宋翔鳳始明確的把今文經學的研究與《周禮》辨偽史連繫在一起考察，批評《周禮》沒有師承流傳，可能為戰國時人託周公之作，故價值不足道。[22]莊綬甲、劉逢祿等皆為莊存與的侄、孫輩，他們對《周禮》的評價已有顯著的貶抑，今、古文經學門戶的壁壘日漸分明，可以從這個地方看見端倪。[23]到了龔自珍更詆《周禮》為偽書，認為它本非經書，是劉歆為助王莽篡位而加以經名。[24]總之，愈後來的今文經師，愈因為《周禮》的作者與傳承譜系不明而益加的否定其地位與價值。

廖平在經學一變時認同《周禮》的內容主周代禮制，接近古文經學一派的看法，又有所不同。他以《周禮》成書於六國時，作者為燕、趙人，且不止一人。作者是因周代禮制不存，採周典冊據己意而成，因而其書可謂宗周公之意，但又非周本制；[25]這一觀點可解釋《周禮》既近周制，又不盡合周禮的問題，與古文經學家的真信為周公所著的看法有很大的差別。

〈王制〉為《禮記》的一篇，《史記．封禪書》記載，文帝時「使博士、諸生刺六經，作『王制』，謀議巡狩封禪事」，漢代古文經學家多據此說，認為〈王制〉是漢文帝時的作品，[26]這一說法帶有貶低今文經學的含義，以〈王制〉並非出自聖人的一手著作。鄭玄、孔穎達等人則推測此書成於周秦之際，約孟子之後。[27]而今文經學家以〈王制〉為孔子所著的經典，對其書極為推崇，與文帝時博士所著的「王制」為同名的兩部書。例如司馬貞《史記索隱》引劉向《別錄》指

---

19 廖平，《今古學考》卷下，《廖平選集》，上冊，頁六八。
20 廖平，《今古學考》卷上，《廖平選集》，上冊，頁四二。
21 王葆玹，《今古文經學新論》（北京：中國社會科學出版社，一九九七），頁一五〇。林慶彰，《清初的群經辨偽學》（台北：文津出版社，一九九〇），頁二九九—三五八。
22 宋翔鳳，《論語說義》，《皇清經解續編》（台北：藝文印書館，一九六五），卷三八九，頁三。
23 蔡長林，《常州莊氏學術新論》（台北：國立台灣大學中文所博士論文，二〇〇〇），頁二二一。
24 龔自珍，〈六經正名答問一〉，《龔自珍全集》（北京：中華書局，一九五九），頁三九。
25 廖平，《今古學考》卷下，《廖平選集》，上冊，頁八六。
26 例如東漢馬融弟子盧植著有《禮記盧氏注》十卷（今亡佚），即認為漢文帝令博士諸生作〈王制〉之書。見唐晏，《兩漢三國學案》（北京：中華書局，一九八六），卷七，頁三四八。
27 鄭玄注，孔穎達疏，《禮記注疏》（台北：藝文印書館，一九八九），頁二一二。

出，文帝所造書（指「王制」）有〈本制〉、〈兵制〉、〈服制〉篇，又文帝時的《王制》「謀議巡狩封禪事」，但《禮記．王制》沒有言及封禪，雖談到巡狩也非主要的內容。黃開國認為，照這些資料看來，若說文帝時的「王制」與《禮記．王制》應是不同的兩部作品，也不是無稽之談。[28]但是儘管今文家抬高〈王制〉的地位和價值，仍然提不出論據證明它與孔子的直接聯繫。

廖平否認〈王制〉為漢人所作，斷言此書是「孔子所作」。[29]他自述體悟這一心得的過程，是在研究《穀梁》的同時，發現《穀梁》與〈王制〉的制度完全相合，再加上之前俞樾曾有〈王制〉為《公羊》禮說之論，因而益加堅定〈王制〉為《春秋》禮傳，為素王改制之書的結論。[30]廖平亦提及接續孔門傳承的《孟子》、《荀子》皆依〈王制〉立說，作為〈王制〉確是孔子手定的制度綱領之佐證，雖然這個立論並不嚴密，也未必客觀，[31]卻可看出他跟隨今文經學推崇〈王制〉的立場是很明顯的。只是前人一般多言〈王制〉為殷制或先王之制，說是孔子所立、以殷禮為主而折衷虞、夏、殷、周四代之制，則是廖平的創說。

綜而言之，古文經學宗主《周禮》，今文經學宗主〈王制〉，這兩種制度又不完全是現實社會的實有禮制，而是帶有作者某種理想的制度。那麼為什麼在經學內部會有兩種不同的制度，廖平認為是孔子早、晚年的異說有以致之。

第二，孔子早、晚年之說與地域學風的差異。

廖平把今文經學和古文經學的產生，都上溯到先秦時代孔子的學說及其弟子對師說的不同流傳；今、古文經涇渭分明的源頭，產生於孔子早年、晚年學說的不同。孔子早年心慕周公與周禮，是尊王命、畏大人之意。到了晚年感嘆周禮實行已久，積弊太深，為了救弊補偏，於是主張改變周禮，書為〈王制〉，[32]故〈王制〉內容即是針對周禮制度的弊端而發：

> 如因尹、崔世卿之事，乃立選舉之政；因閽弒吳子之事乃不使刑者守門；因諸侯爭戰，乃使二伯統制之；因大易為亂，乃限以百里；日月祭之瀆祀，乃定為四時；祫祭厚葬之致病，乃專主薄葬。凡其所改，專為救弊，此今學所以異古之由。[33]

正因為孔子前期從周、後期改制的不同，其弟子也分為兩批。早期的授業弟子僅聞孔子的「從周」之說，便辭而返鄉，他們多為燕趙人。而魯乃孔子鄉國，晚年的授業弟子多魯地人，因不曾聽聞孔子早年之言，故專祖晚年之論，篤守〈王制〉，並傳述師說，時間大約在春秋末年，是今文經學一派產生的源起。今文經學傳播開來之後，那些早年歸鄉的燕趙弟子有見於今文經學的內

---

28 黃開國，《廖平評傳》，頁六七—六八。

29 廖平，《今古學考》卷下，《廖平選集》，上冊，頁九一。

30 廖宗澤編撰，駱鳳文校點，《六譯先生年譜》，收入四川大學古籍整理研究所編，《儒藏．史部．儒林年譜》，頁七三五—七四三。

31 例如黃開國認為《孟》、《荀》雖有合於〈王制〉者，但也不排除〈王制〉較晚出，依《孟》、《荀》立說的可能；路新生也承認《孟》、《荀》中雖不難尋繹到與今文說或〈王制〉相同的觀點，但《孟》、《荀》中同樣也存在引用古學或與古學相通之處。這些都說明廖平的論點還有很大的可議性。見黃開國，《廖平評傳》，頁六八—六九；路新生，《中國近三百年疑古思潮研究》，頁四四七—四四八。

32 廖平，《今古學考》卷下，《廖平選集》，上冊，頁六八—六九。

33 廖平，《今古學考》卷下，《廖平選集》，上冊，頁七八。

容異於孔子早年之說，遂疑魯弟子偽為此言，依託孔子，故篤守前說，與魯學相難；而私淑於孔子、習聞周家故事的隱君子，亦相與佐證，不信今學而攻駁之，乃有《周禮》、《左傳》、《毛詩》之作，以求合於孔子初年之說，[34]時間大約在戰國，是古文經學一派產生的源起。因此，今文經學的產生先於古文經學。

廖平在論及孔子早、晚年兩批弟子傳播經學時，也涉及地域的問題，即今文經學主要傳自魯地，古文經學主要傳自燕趙之地。事實上，孔子學說是否有早晚年之異，以及是否有不同聞見的兩批弟子，都於史無據，這只是廖平為了解釋何以漢代形成的經學文本內部會有《周禮》、〈王制〉兩種互相矛盾的制度，所試著提出的一家之言。就漢代經學來看，例如傳述《穀梁》、《魯詩》的先師出於魯，《公羊》、《齊詩》出於齊，故魯、齊為今學源起之地是合於事實的。但是廖平以燕趙為古學正宗發源地的推論卻相當的薄弱，僅有簡單的論據，即傳《毛詩》的毛公是趙人，故推測古學必定位在齊北的燕趙之地。[35]然而燕人韓嬰傳《韓詩》，廣川人（今河北棗縣）董仲舒治《公羊》，俱為今文經學，這是明顯的事實，廖平亦對自己的說法不能自安，此點在後文會再提及。不過廖平以地域作為先秦經學不同派別的劃分，卻仍然有著特殊的價值與意義，因為他已發現古代經學並不是一個有機的整體，它們之中至少有兩個相異的系統，他把長期以來爭訟不決的今、古之分換成齊、魯與燕趙學問之異，把經學主張的不同化為地域文化的差異。這一說法已經開始具有學術史的眼光，其弟子蒙文通後來的「古史多元論」即是延續乃師思維模式的突破所得；這也是廖平《今古學考》的價值在近代影響深遠而為學界推重的又一面。[36]

以下則針對廖平於經學一變時期的《詩經》、《尚書》、三禮、《春秋》三傳之今古文觀做分析。

一、同等重視古文《毛詩》與今文《三家詩》

廖平在經學一變時，以古學為孔子早年從周時的思想，制度上以《周禮》為宗；今學為孔子晚年作《春秋》改制後的思想定論，以〈王制〉為主，《詩經》的今古學問題，也是由此而起。孔子晚年講學於魯國時，早年的燕趙弟子已辭而先返，篤守從周之說，聽聞魯地弟子所述孔子改制之言，以為違背師說，故起而攻之。再加上當時習聞周朝之事的隱君子附和佐證，乃有《周禮》、《左傳》、《毛詩》等古學的著作，目的是要合於孔子早期的學說。[37]故《毛詩》可說是代表了孔子早年的《詩》學思想，相對的，孔子晚年的《詩》學思想則是今文學的齊、魯、韓《三家詩》。廖平並未交代他對《三家詩》的各別看法，不過他此時以魯學為今學正宗，對《魯詩》的評價應高於其他二家。總體說來，他此時視古學《毛詩》與今學《三家詩》具有同等重要的地位，並從《漢書．河間獻王傳》中的毛公其人，推測古學的發源地應在燕趙的原因：

34　廖平，《今古學考》卷下，《廖平選集》，上冊，頁七三。

35　廖平，《今古學考》卷下，《廖平選集》，上冊，頁一〇六。

36　王汎森，〈從經學向史學的過渡——廖平與蒙文通的例子〉，收入氏著，《近代中國的史家與史學》（香港：三聯書店，二〇〇八），頁一一四—一二一。

37　廖平，《今古學考》卷下，《廖平選集》，上冊，頁七三。

> 或疑古學出于燕趙無據，……然古學秦前無考，漢初不成家，先師姓名俱不傳，又何能定其地？西漢古學，惟《毛詩》早出成家，今據以立說者，特以《毛詩》為主。毛公趙人，又為河間博士，且魯無古學，齊則有兼採，以此推之，必在齊北，此可以義起者也。……至於實考其源，則書缺有間，除《毛詩》以外，未能實指也。[38]

廖平解釋何以自己推測古學源自燕趙之地，因為古學在先秦的授受源流不明，可資找尋的線索，是依據《漢書．河間獻王傳》中說的，河間獻王求得古文體的一批先秦舊書，包括毛公所傳授的《毛詩》，毛公自謂承子夏之學，獻王立為博士。[39]傳古學的毛公本身為趙人，而魯地無古學，齊與燕地鄰近，齊學的內容又是今古兼採，因此古學的發源地應在燕趙之處。姑且不論廖平如此的推論是否正確，這個現象反映的意義，在於他此時相信《毛詩》源自子夏、孔子，只因秦火而「書缺有間」，使得《毛詩》亡佚，造成源流不明，所以他要溯本探源。不過或許是古學傳授源流記載太模糊，出自燕趙的證據太少，誠如他在引文說的「除《毛詩》以外，未能實指」，甚至也對古學抱著幾分存疑，這樣的困惑也為他在經學二變之後，全盤否定包括《毛詩》在內的古文經之真實性，埋下了伏筆。

二、接受《尚書》殘缺的觀點

廖平在經學一變以前，已經思索過古文經典的真偽問題，何以漢初惟傳今學，不傳古學？他也曾受前輩今文學者影響，懷疑古學是否西漢末期哀、平之際的學人所出？不過他當時選擇相信古學在漢初曾與今學並傳，皆有先師授受，只因文帝、武帝時所求或重用的學者伏生、公孫弘皆是今文先師，黨同伐異，而古學世無顯達，遂致衰微。[40]因為相信、看重古文經學的真實性，廖平也接受了漢代古文家的說法，認為今文經學的文本是秦火之餘，因此後出的文本，如孔壁古文，可以彌補原來文獻的缺憾。在一變的代表作《今古學考》中，敘述《尚書》的部分，廖平全文著錄了班固《漢書．藝文志》中的觀點：

> 班曰：「秦燔書禁學，濟南伏生獨壁藏之。漢興亡之，求得二十九篇，以教齊魯之間。訖孝宣世，有歐陽、大小夏侯氏，立於學官。《古文尚書》者，出孔子壁中。武帝末，魯共王壞孔子宅，欲以廣其宮，而得《古文尚書》及《禮記》、《論語》、《孝經》凡數十篇，皆古字也。孔安國者，孔子後也。悉得其書，以考二十九篇，得多十六篇。安國獻之。遭巫蠱事，未列於學官。劉向以中古文校歐陽、大小夏侯三家經文，〈酒誥〉脫簡一，〈召誥〉脫簡二。率簡二十五字者，脫亦二十五字；簡二十二字者，脫亦二十二字。文字異者七百有餘，脫字數十。」[41]

38 廖平，《今古學考》卷下，《廖平選集》，上冊，頁一〇六。
39 廖平，《今古學考》卷上、卷下，《廖平選集》，上冊，頁三六，九九，一〇六。
40 廖平，《今古學考》卷下，《廖平選集》，上冊，頁九六。
41 廖平，《今古學考》卷上，《廖平選集》，上冊，頁三五—三六。

這段引文具有重要的意義，班固《漢書．藝文志》的內容來自劉歆的《七略》，代表廖平接受來自劉歆的看法：孔壁《古文尚書》多出的篇章，以及劉向取《古文尚書》校對今文，發現今文有脫簡者，都是今文《尚書》有殘缺的論據。廖平當時閱讀《漢書．儒林傳》，見到劉歆爭立古文經學，遭今文博士排擠的過程，甚至還為古文抱屈：「予讀〈儒林傳〉，未嘗不歎學人之重利祿也。古今本同授受，因古文未立學官，不惟當時先師遺說不可考，其有無是學，亦幾不能決。」[42]惋惜古學未能發揚的態度十分明顯。

廖平除了跟從劉歆、班固的論點外，對孔壁所出的《尚書》也有自己特殊的看法。他以魯恭王壞孔子宅所得之書，因出自魯地，故其制度內容應屬於今文的魯學，有別於源自燕趙之地的古學。所以孔壁《尚書》為魯學《尚書》，與伏生的齊學《尚書》同為今學，但魯學《尚書》的授受中絕，東漢諸儒未能詳審它的淵源，遂以古學說之。[43]不過即使廖平認為東漢儒學錯把孔壁的魯學《尚書》當作古文，他此時仍然不否定東漢《古文尚書》內容及版本的真實性；但是到了經學二變之後，卻有了完全不同的見解，後文將再做分析。

三、平分今古之下的三禮觀

（一）《周禮》：孔子早期「從周」思想的古學制度專書

經學一變時期的「平分今古」，對今古學採持平的態度，視古學的《周禮》是燕趙後學接受了孔子早年從周思想而產生的著作。他說：

《周禮》之書，疑是燕趙人在六國時，因周禮不存，據己意，採簡冊模仿為之者，……非周初之書也。何以言之？其所言之制，與《尚書》典禮不合，又與秦以前子書不同。且《孟子》言：「諸侯惡其害己，而去其籍。」無緣當時復有如此巨帙傳流？故予以為當時博雅君子所作，以與〈王制〉相異。……其書不為今學所重，故《荀》、《孟》皆不引用。[44]

廖平以《周禮》一書非周初之書，原因有二：第一，其中的典禮與《尚書》不合，又與秦以前的子書不同；第二，周室衰微後，諸侯們懼怕古籍內容被援引來干擾自己的作為，而有湮滅古籍的行為，因此周初若有如《周禮》般的巨著，應難以流傳久遠。所以廖平推測，屬孔子燕趙後學的「博雅君子」，未聞孔子晚年的改制思想，因著孔子早年從周思想的驅使，欲追源與傳揚周代之禮，但文獻已經不存，故依據己意，採簡冊，模仿以成《周禮》一書，以異於重改制的〈王制〉。因為「從周」、「改制」的觀念不同，這也是造成今文學派不重視《周禮》的原因。

（二）《儀禮》屬於古文經學

廖平在經學一變時，將《儀禮》劃為古文經學，這事較為特殊。《儀禮》在漢代被立於學

42 廖平，《今古學考》卷下，《廖平選集》，上冊，頁九七。
43 廖平，《今古學考》卷下，《廖平選集》，上冊，頁八三。
44 廖平，《今古學考》卷下，《廖平選集》，上冊，頁八六。

官，有清楚的學術源流，人們以今文學視之，何以廖平將它歸於古學？根據漢代文獻，劉歆〈移太常博士書〉曾指出《逸禮》一書是魯恭王得自孔子舊宅中，相傳有三十九篇，與《儀禮》十七篇合為五十六篇，《漢書．藝文志》亦明言「禮古經五十六篇」，這是否廖平視《儀禮》為古學的原因？然而經學一變的今、古學認定，是以合於〈王制〉、《周禮》為依準，廖平當時必定覺得《儀禮》的制度內容有同於從周的《周禮》之處，只是詳細情形，他並沒有多加著墨。

（三）今古文篇章相雜的《禮記》

廖平對於《禮記》，無論各變時期看法如何不同，有一個不變的前提，就是以《禮記》為孔子的七十弟子所傳，可代表孔子的思想，而且是群經的傳記。[45]廖平以前的學者多以《禮記》為孔子定《禮經》（《儀禮》）之記，[46]但廖平強調禮制存於群經，非僅止於禮類經典，故《禮記》為群經之記，這是他見解的特殊之處。

經學一變時期認為大、小戴《禮記》的內容，今古混淆，自古以來未有人能分別其說。《今古學考》中指出，兩戴《禮記》是個複雜的問題，因為內容包括先師經說、子史雜鈔，十分駁雜，有今學也有古學。廖平提到鄭玄以前的學者注經之慣例，往往是嚴分家法，而杜預、賈逵這些古文學家注解《左傳》、《周禮》，對於《禮記》的篇章有引用者，也有不引用者，可見《禮記》在漢代雖被目為今文經學，但實際內容應是今、古文並存的。[47]他也說明並反駁《禮記》在漢代被當作今文學的原因，並強調分別今古的準則，應在於群經中的制度：

予言今、古，用《異義》說也。然既有許義而更別有異同者，則予以禮制為主，許以書人為據。許以後出古文為古，先出博士為今，不知《戴記》今古並存，以其先出有博士，遂目為今學，此大誤也。……《大小戴記》凡合於《周禮》、《左傳》、《毛詩》者，盡為古學；合於〈王制〉者，盡為今學。一書兼存二家。[48]

廖平自謂受許慎《五經異義》分別今古的啟發，但觀點又有別於許慎。他說許慎《五經異義》以《禮記》為今文學，但未說明《禮記》何以被當作今文學的原因。廖平推測可能因為《禮記》的原始資料出現於西漢前期，早於《周禮》等古文經典，經過二戴整理之後，又被立於學官，為博士之學，故許慎及其他漢代學者便目之為今文經學。

但今日我們質諸事實，大、小戴《禮記》在兩漢均未曾如廖平所言的被立於學官，從有提到兩漢所立博士官的相關資料，如《漢書．儒林傳贊》、《後漢書》〈儒林列傳〉、〈章帝紀〉，以及司馬彪《續漢書．百官志》等的內容來看，其中提到被立於學官的大、小戴《禮》博士，指的是

45 廖平於《今古學考》中說：「《戴記》一明，則群經無不大明，……經不得記不能明，記不得經無以證……。」又於《古學考》中說：「《戴記》者，群經傳記。」「《左》、《國》、《戴記》、諸子所言，均以孔子為主。」「《國語》本為七十弟子所傳，與《戴記》同也。」見《今古學考》卷下，《廖平選集》，上冊，頁七五，一一九，一三一，一四〇。

46 元代學者熊朋來（一二四六—一三二三）與晚清皮錫瑞均持此說。見皮錫瑞，《經學通論》，〈三禮〉，頁二八—二九。

47 廖平，《今古學考》卷下，《廖平選集》，上冊，頁七二，七四。

48 廖平，《今古學考》卷下，《廖平選集》，上冊，頁一〇二—一〇三。

戴德、戴聖分別整理的《禮經》（《儀禮》）十七篇，而非《禮記》。因此廖平應是把《禮經》與《禮記》混淆了，這一個失誤，現代學者路新生也曾注意到。[49]不過無論如何，他要表達的是今古文學的判準應以制度為依歸，不在於早出晚出、立學官與否；大、小戴《禮記》的篇章凡合於《周禮》、《左傳》、《毛詩》的制度者劃入古學，合於〈王制〉的制度者劃入今學。這就是他經學一變時期對《禮記》的今古文態度。

四、平分今古之下的《春秋》三傳觀

（一）對今文二傳的態度：崇重《穀梁》、稍抑《公羊》

廖平在經學一變時，對於同屬今文的《公》、《穀》之態度，認為《穀梁》優於《公羊》，將傳孔子《春秋》今文正宗的地位封給了《穀梁》。一變時期的代表作《今古學考》說：「〈王制〉無一條不與《穀梁春秋》相同。」視《穀梁》之制與〈王制〉的禮制全合，這是《穀梁》為今學真傳，優於《公羊》的一個因素。廖平讚《穀梁》而抑《公羊》，還與他以地域劃分今古文有關係。蒙文通在〈井研廖師與漢代今古文學〉中說：

> 廖師於今文一家之學立齊、魯兩派以處之。古文一家所據之經，奇說尤眾，則別之為《周官》派、《左傳》派、《國語》派、《孝經》派以處之。而總之曰今文為齊魯之學，古文為燕趙之學。此廖師於漢儒家法既明之後，又進而上窮其源，於是立齊魯、燕趙以處之，……此

廖師之欲因兩漢而上溯源於周秦，……而啟後學用力之端亦偉矣。[50]

以齊魯、燕趙之地來劃分今古文學，又劃分今文內部為齊、魯兩派，把燕趙古學內部劃分為《周官》、《左傳》、《國語》、《孝經》等派。對於將今文學派分為齊、魯兩派，廖平指出：

今（學）派全由鄉土致歧異，故以齊、魯兩地分處今文一家之學，以《穀梁》為魯學，《公羊》為齊學。而魯乃孔子鄉國，弟子多孔子晚年說，學者以為定論（自注曰：漢人經學，以先師壽終之傳為貴，亦如佛家衣缽真傳之說也），故篤信遵守。……此魯之今學為孔子同鄉宗晚年說，以為宗派者也。燕趙子弟，未修《春秋》以前，辭而先反，惟聞孔子從周之言；以後改制之說未經面領，因與前說相反，遂疑魯弟子偽為此言，依託孔子。故篤守前說，與魯學相難。[51]

雖然古學、今學都是孔子的學說，但畢竟以晚年所傳的定論為貴。魯地是孔子鄉國，晚年弟子多為魯人，得聞孔子晚年在家鄉的講學，因此屬於魯學的《穀梁》最得孔子《春秋》之旨。燕趙之地的學子僅聽聞孔子早年的從周思想，未及面領後來的《春秋》改制之說，便辭而返鄉，遂懷疑

49　路新生，《中國近三百年疑古思潮研究》，頁四五七—四五八。
50　蒙文通，〈井研廖師與漢代今古文學〉，收入氏著，《經史抉原》（成都：巴蜀書社，一九九五），頁一二九—一三〇。
51　廖平，《今古學考》卷下，《廖平選集》，上冊，頁七三—七四。

魯弟子所言為偽。至於《公羊》是鄰近魯地的齊地所傳授之學，[52]《公羊》先師為齊人，至魯地受學後，歸齊教授，形成了獨特的風格。廖平說：

> 《公羊》先始師齊人，受業於魯，歸以教授，齊俗喜誇好辨，又與燕趙近，游士稷下之風最盛，故不肯篤守師說，時加新意，耳濡目染，不能不為所移。[53]

又說：

> 三傳著錄，皆先秦以前。《穀梁》魯人，《左傳》燕趙人。故《公羊》出入二家，兼收燕、魯，特從今學者多耳。……蓋以齊居魯燕之間，又著錄稍晚，故其所言如此。[54]

廖平推測，《公羊》先師受業於魯地，與《穀梁》同源，但是回到齊地教學後，受了齊地民風誇飾好辯、不肯篤守師說的影響；又因地處於魯（今學）與燕趙（古學）之間，今、古參雜，故雖仍以今學為主，究竟不如《穀梁》得孔子《春秋》真旨也是自然有以致之。因此，對於同屬今學的《公》、《穀》二傳來說，廖平此時是推重《穀梁》勝於《公羊》的。

（二）平等看待與今學二傳有別的古學《左傳》

1.《左傳》表徵孔子早期的從周思想

廖平於治《春秋》之初，即視三傳著錄，皆在先秦以前。[55]經學一變時主張「平分今古」，以《左傳》為古學，是燕趙人所傳，禮制有別於出自魯地，為今學正宗的《穀梁》，以及齊地兼采今古，但仍劃歸今學的《公羊》。他於光緒十二年刻於成都的《春秋左傳古義凡例》中說：

> 戰國時學有二派：有孔子派，以〈王制〉為主，弟子皆從此派，孟、荀以及漢博士所傳是也。而當時博雅君子如左丘明者，則以所聞見別為派，與孔學別行。《傳》中稱孔子為仲尼，經亦有異，此皆別派遙宗孔子之證也。[56]

戰國時的學術分為今、古二派，但兩者僅是孔子早、晚年思想變化的結果，沒有是非優劣之分。

52 廖平，《今古學考》卷下，《廖平選集》，上冊，頁八三。
53 廖平，《今古學考》卷下，《廖平選集》，上冊，頁八二。
54 廖平，《今古學考》卷下，《廖平選集》，上冊，頁八二。
55 廖平，《今古學考》卷下，《廖平選集》，上冊，頁八二。
56 廖平，《春秋左傳古義凡例》（清光緒丙戌【十二年】，成都刊本），頁二a。

《左傳》古學與《公》、《穀》今學雖然有著禮制上的不同，但它也是私淑於孔子的學人之著作，表現孔子早年的從周思想。[57] 廖平並將《左傳》古學與《公》、《穀》二傳今學做一個對比：

> 二《傳》今學，《左傳》古學；二《傳》經學，《左傳》史學；二《傳》質家，《左傳》文家；二《傳》受業，《左傳》不受業；二《傳》主孔子，《左傳》主周公；二《傳》主〈王制〉，《左傳》主《周禮》；二《傳》主緯候，《左傳》主史冊；二《傳》魯、齊人，《左傳》燕趙人。學雖異端，未可偏廢。[58]

所謂《左傳》為孔門之別派，即是說《左傳》與《公羊》、《穀梁》雖然存在著說禮之不同，但三傳均是先秦舊說。儘管《公》、《穀》主〈王制〉，且為孔子嫡傳；《左傳》主周公與《周禮》，為博雅君子遙宗孔子之作，但古學《左傳》仍然學有源流，也是傳承孔子的思想。所以《左傳》與《公》、《穀》二傳不過是孔子早、晚年學術變化的結果，並無是非、優劣之分，廖平認為皆應平等視之，不可偏廢。

2.《左傳》成於先秦，亦為傳經之作

廖平推斷《左傳》成書於先秦，憑什麼如此認定呢？由於《左傳》沒有明白的授受源流，它被漢代學者歸為古文經學，但言及古文學的各個典籍，如《史記》或《漢書》的〈藝文志〉、〈魯恭王傳〉、〈河間獻王傳〉等，對於《左傳》來源出處的記載，也呈現不一致的狀況，在學術

史上存在著爭議。廖平十分關注並思考這樣的問題，[59]自謂因《漢書．河間獻王傳》有立《左氏春秋》博士的記載，遂曾懷疑《左傳》是否為漢初河間人所偽造，[60]不過後來仍是推定《左傳》同其他二傳一樣成書於先秦。他推論《左傳》出於先秦的幾種理由，主要包括其書體大思精，如此一部巨著若是出自漢初，必能得到傳授，而不致藏在祕府。又西漢今文學《公》、《穀》二家盛行，若《左傳》為西漢人所作，必定會依附二家說法，不敢如此立異。[61]這是他推論《左傳》成於先秦的重要原因。

在《史記．十二諸侯年表序》中也有《左傳》出於先秦的資料，司馬遷說明左丘明懼怕孔子《春秋》為後王立法的大義，在弟子們口耳相傳的過程中，曲解了原意，因此依據孔子曾經編撰《春秋》的史冊，著作成《左氏春秋》。依《史記》的說法，《春秋》與《左氏春秋》的關係非常密切，[62]這是廖平所認同的，不過他反對後人將《左氏春秋》與《左傳》淆誤為同一部著作。

---

57 關於廖平經學一變時期對《左傳》的今古文問題，又見沈玉成、劉寧，《春秋左傳學史稿》（南京：江蘇古籍出版社，一九九二），頁三四七—三五一；趙沛，《廖平春秋學研究》，頁一八八—一八九。

58 廖平，《春秋左傳古義凡例》，頁一a—一b。

59 《今古學考》提到古籍中對《左傳》記載不一致或不明確的狀況，見廖平，《今古學考》卷下，《廖平選集》，上冊，頁九九。

60 廖平，《今古學考》卷下，《廖平選集》，上冊，頁九三。

61 廖平，《今古學考》卷下，《廖平選集》，上冊，頁九三—九四。

62 現代學者多有認為司馬遷視《左傳》是為《春秋》而作的。見趙伯雄，《春秋學史》（濟南：山東教育出版社，二〇〇四），頁一五六；金德建，《司馬遷所見書考》（上海：上海人民出版社，一九六三），頁一〇五—一一一；趙沛，《廖平春秋學研究》，頁一九〇。

他認為司馬遷所說的《左氏春秋》，其實就是《國語》，為左丘明所輯，此書專為記事，就如同《虞氏春秋》、《晏子春秋》的得名一樣，稱「左氏春秋」。[63]後來習《左氏春秋》／《國語》的弟子將此書依著《春秋》編年，加以說微來解經，乃成傳本，[64]「以先師氏其學」，稱為「左氏傳」，亦為解經之書。所以《春秋左氏傳》／《左傳》不等於《左氏春秋》，只是後人不察，遂將兩者混淆。《左傳》成書於戰國時期，漢初藏入祕府，故無人傳誦。廖平也反駁了《漢書．儒林傳》中所記載的漢初張蒼、賈誼傳《左傳》學的說法，認為沒有淵源根據。因為漢初若真有《左傳》之學與師說流傳，為何劉歆校書以前無人見過此作？所以《漢書》的說法「皆後人偽撰」，不可依據，[65]實情是《左傳》從漢初以來從未曾流傳過。總之，廖平論及《左傳》的淵源、作者與傳承問題，最後導向的結論，就是《左傳》出於先秦（戰國），漢初即被送入祕府，直到漢末劉歆校書時始發現此書，甚喜好而為之傳揚維護，倡言求立學官未果。[66]然而即使《左傳》傳於劉歆之手，但是「歆愛古籍，不忍亂之」，[67]所以劉歆未曾更動過《左傳》的內容。

廖平論《左傳》的淵源性質及其與劉歆的關係，與常州今文學者劉逢祿及後來的康有為有很大的不同。劉逢祿《左氏春秋考證》中，認為《左氏春秋》本來是如《晏子春秋》、《呂氏春秋》一類的雜史，與《春秋》經沒有關係；今日所見的《左傳》是劉歆將《左氏春秋》編年，加以己意說經而成，全名應作《春秋左氏傳》，是偽造而成的。康有為沿著這個思路繼續攻擊《左傳》，視之為劉歆偽助王莽篡位的「新學偽經」之一。[68]這樣的看法又影響到顧頡剛、崔適一脈的學者。[69]反觀廖平，雖然自謂早年（經學一變之前）也曾相信劉逢祿的說法，[70]不過他早在一變時就已經否定劉氏的觀點，[71]採取了不同的推理與結論。這時期所作的《春秋左傳古義凡例》

中有一段話頗能表明這種想法：

> 或謂（左）《傳》不解經者，此門外言也。……《傳》則全依據經文而作，毋論義例、禮制解經，即議論、空言亦解經。……劉申綬《左傳考證》，以傳釋經為劉氏所加，備列考證案：其說非也。……《左傳》無處不解經，豈特「書曰」數字？申綬之言未審矣。[72]

廖平否認劉逢祿的《左傳》本來不解經之考證，強調《左傳》原就是為傳經而作，無論義例、禮

63 廖平，《今古學考》卷下，《廖平選集》，上冊，頁九三。

64 廖平，《古學考》，《廖平選集》，上冊，頁一三九。

65 潘祖蔭，〈左氏古經說漢義補證序〉，收入高承瀛等修，吳嘉謨等纂輯，《光緒井研志》（台北：臺灣學生書局，一九七一），〈藝文志〉，頁七三九。

66 廖平，《今古學考》卷下，《廖平選集》，上冊，頁九三。

67 廖平，《古學考》，《廖平選集》，上冊，頁一五二。

68 康有為，〈偽經傳授表第十二上〉，《新學偽經考》，頁二五六—二九七。

69 康有為，《新學偽經考》，頁三九—四〇。崔適，《史記探源》（北京：中華書局，一九八六），頁七〇—七一。崔適，《春秋復始》（北平：北京大學，一九一八年鉛印本），卷一，頁三。

70 廖平曾言：「初用劉申綬說，以《左傳》傳劉例，即本傳所為經傳出於劉歆。……」可見廖平最初相信劉逢祿的說法。見廖平，《古學考》，《廖平選集》，上冊，頁一三五—一三六。

71 廖平早在光緒十二年經學一變時期已說：「劉申綬《左傳考證》以傳釋經為劉氏所加，備列考證，案，其說非也。」廖平，《春秋左傳古義凡例》，頁六a。

72 廖平，《春秋左傳古義凡例》，頁二a。

制或是議論、空言，都「無處不解經」。廖平也同樣視《左氏春秋》有別於《春秋左氏傳》／《左傳》，但左丘明撰《左氏春秋》的目的，是要保存《春秋》的大義，本來就有依經立傳的意味，非如劉逢祿所謂的雜史之流。接著誦習《左氏春秋》的弟子又將之編年，使其與《春秋》經文結合而成《左傳》。所以在廖平的理路下，從《左氏春秋》到《左傳》，都是完成於先秦，是為解經而作，且未經劉歆的更動，完全沒有作偽的成分，這也是廖平終其一生對《左傳》不變的看法。

由以上的敘述以及對各經的今古文觀之分析，可以看到廖平想要走出前人今古文之爭以外的另一條同時肯定今文與古文價值的持平之路。正因為視古學、今學都源自於孔子，這是他覺得兩者應該被平等對待的理由。而今學內部有齊學、魯學的差異，他以魯學為孔子晚年改制思想的正宗，價值相對高於駁雜不純的齊學，這也是一變時期的特色。最後，在平分今古思想體系的建構過程中，諸如以制度判分今古，為漢代以來經學家們的疑惑，提供了一套有系統的理論依據，以及用地理環境的差異來解釋地域學風的不同，啟發了蒙文通的古史多元論，無疑都具有重大的影響。然而平分今古的代表作《今古學考》儘管稱譽的學者甚多，但是對廖平而言，它的內部仍有許多「未定之論」，是書於光緒十二年刊出之後，廖平身旁師友的異議也不少，這些都是促成他於光緒十三年後開始啟動經學二變的原因。

第二節　尊今抑古：經學二變與對群經的今古文觀（一八八七—一八九六）

廖平的經學二變始於光緒十三年，迄於光緒二十二年。[73]會從一變的「平分今古」轉向二變的「尊今抑古」，最初的契機在於友人的異議。《六譯先生年譜》光緒十二年條下記載著：

> 刊《今古學考》於成都。此書既刊布，於康成小有微詞，為講學者所不喜。友人遺書相戒，乃戲之曰：劉歆乃盜魁，鄭君不過誤於脅從。……[74]

友輩對於前人曾論說過的劉歆造偽古文一事之提點，讓廖平重新省思這個問題。其次，更重要的是他對自己經學一變的理論內部尚有不能自安之處。例如廖平在推測古學出自燕趙的同時，也承認古學傳授源流記載太模糊、證據甚少，「除《毛詩》外，未能實指」，已透露了些許的懷疑態度；[75]《今古學考》卷下亦云：「中多未定之說，俟有續解，再從補正。」[76]因為有不少觀點自覺

---

73 經學二變的始年，依據廖平著作內容的記載共有三個不同的說法，分別是光緒十二、十三、十四年。經過廖宗澤的考證以及陳文豪的推定，認為較合理的時間點是光緒十三年，筆者跟從這個說法。見陳文豪，《廖平經學思想研究》，頁一四〇—一四三。

74 廖宗澤編撰，駱鳳文校點，《六譯先生年譜》，收入四川大學古籍整理研究所編，《儒藏．史部．儒林年譜》，頁七五〇。

75 廖平，《今古學考》卷下，《廖平選集》，上冊，頁一〇六。

76 廖平，《今古學考》卷下，《廖平選集》，上冊，頁六七。

尚非定論，仍有修正或改易的空間。他在《四譯館經學四變記．二變記》也談到對平分今古理論的疑慮：第一是經學內部為何同時存在周公與孔子的兩種不同禮制，仍啟人疑竇。第二是既然古學源於周制，然而從周人言周事的典籍，如《左傳》、《國語》、《孟子》、《荀子》來看，其中的制度反而與今學的〈王制〉切合，卻無一條與古學（特別是《周禮》）的說法相同，是否古學的內容淵源有問題呢？這些都是令廖平有所未安而不能自堅前說的原因。[77]

從《今古學考》完成後的疑慮未安，到經學二變新思想的逐漸形成，也與他當時裏校尊經書院和同學共同討論，有極大的關係：

> 蓋當時分教尊經，與同學二、三百人，朝夕研究，折群言而定一尊。於是考究古文家淵源，則皆出許、鄭以後之偽撰。所有古文家師說，則全出劉歆以後，據《周禮》、《左氏》之推衍。又考西漢以前，言經學者皆主孔子，並無周公；六藝皆為新經，並非舊史。……故據〈王制〉以遍說群經，於《周禮》中刪除與〈王制〉相反者若干條。[78]

廖平在尊經書院合二、三百人之心力，歷經數年，共同推究古文經學疑義，二變的代表作《古學考》於光緒二十年正式成書，書中多處經話之下列出對自己觀念有所啟悟的師友，達十七人之多，序中自謂：「敬錄師友，以不沒教諭苦心。」[79]種種資料均說明經學二變是群策群力、集思廣益，經過多年研討的成果。這些隸屬於尊經書院的一批學友，會特別措意於劉歆與古文經學的關係，是因為自從王闓運到四川，在尊經書院傳播了今文學之後，院中諸生多已接觸了常州學派的學說。廖平當初在讀《續皇清經解》時，就曾注意過辨偽古文的常州學者劉逢祿、魏源、邵懿辰諸人著作，[80]也曾於二變之後自云：「李申耆、龔定菴諸先達，乃申今而抑古。則鄙人之說，實因而非創也。」[81]蓋廖平最初並不認同今古文互相攻駁的學風，對常州諸子未能心服，思欲走出一條較持平的道路，故有經學一變及《今古學考》的產生；但因前述各種原因，促使他再回過頭來，重新思索前輩今文學者的考證與批評劉歆的言論，在前人的基礎上續做探討。

二變思想的核心——抑古之論，是建立在《周禮》為偽書的基點上進行立論。《古學考》指出古文群經以《周禮》的制度為宗，然而《周禮》所言在古代文獻中無一佐證，應是劉歆羼改《逸禮》而成的偽書。[82]雖然前人已有不少辨偽《周禮》的著作，但廖平將《周禮》作為整個古文經學制度的統宗，把劉歆作偽《周禮》和全部的古文經連繫起來，相較於前輩今文學者之說，更具有不可比擬的影響與意義。他認為西漢的十四博士皆為今學，同祖〈王制〉，「道一風同」，並無古文經學可言。[83]劉歆在漢末要作偽古學有兩個原因，第一是為報復昔日求立《左傳》、《逸禮》、

77　廖平，《四譯館經學四變記．二變記》，《廖平選集》，上冊，頁五四八。
78　廖平，《四譯館經學四變記．二變記》，《廖平選集》，上冊，頁五四八—五四九。
79　廖平，《古學考．序》，《廖平選集》，上冊，頁一一五。
80　李耀仙，《廖平與近代經學》（成都：四川人民出版社，一九八七），頁五。
81　廖平，〈與宋芸子論學書〉，收入廖宗澤編撰，駱鳳文校點，《六譯先生年譜》，收入四川大學古籍整理研究所編，《儒藏．史部．儒林年譜》，頁七八〇。
82　廖平，《古學考》，《廖平選集》，上冊，頁一一六。
83　廖平，《經話（甲編）》，《廖平選集》，上冊，頁三九九，四〇六，四一六，四一九—四二〇，四三〇，四三五。

《逸書》於學官遭博士阻撓之恨，[84]轉而作《周禮》以與博士立異；第二是要迎合王莽私意，為新室制法。[85]至於劉歆掩護自己作偽的手法也有兩個，第一是引周公以敵孔子；[86]第二是宣傳五經為曾遭秦火而殘缺不全，目的是為了便於上下其手，妄增不實的材料雜糅入經學之中。[87]

承上可知廖平此時的觀念裡，先秦至漢末之間本來沒有古文經學的存在，所謂「古文」是西漢末葉劉歆始作俑者逐漸作偽出現的。既然對今、古文的認定標準已經不同於一變時期，對群經今、古文的歸屬也和先前有所差異。例如原先劃為古文經學的《左傳》、《國語》、《儀禮》等，因為此時以它們皆出於先秦而未經劉歆羼亂，所以一律改歸於今文經學；《禮記》也非之前以為的雜有今古兩家，而是純為今學。漢末之後晚出的《毛詩故訓傳》、《古文尚書》等「古文」，則出自東漢受劉歆遺毒的後學如謝曼卿、衛宏、杜林、賈逵諸人之手，與真正出自孔子的今文相對立。至於《七略》、《漢書》〈藝文志〉、〈劉歆傳〉、〈河間獻王傳〉或是《後漢書》〈儒林傳〉中，有不少關於古文經學的出處或是傳授源流的記載，廖平認為這些多是「劉歆所改」，或是後來的校史者依據偽說所做的誤補。總之，文獻中凡有劉歆時代之前的古文經學相關記載皆非其實，不可據信。

與今、古文經學判定標準的改變相聯繫，二變時期的今文經學範圍也相應擴大，從孔子改制著六經後，迄劉歆作偽之前的一切學派均包括在內，「自春秋至哀平之際，其間諸賢諸子、經師博士，尊經法古，道一風同，皆今學也。……譚六經必主孔子，論制度必守〈王制〉，無有不同」。[88]因此他認定先秦以來的經學為孔子所傳，而其他的先秦諸子、經師博士之說也無不是孔學支流，論制度亦皆以〈王制〉為宗。另外，由於今文經學的範圍相較於一變時期要擴大，〈王制〉與今文群經之間的關係也稍有不同。

經學一變、二變論今文經學雖然都是以〈王制〉為宗，不過一變時期認為〈王制〉為孔子親作，是《春秋》禮傳，為孔子晚年的改制定論。到了二變則認為孔子一生並無早、晚異說之事，改制是孔子一生不變之說；孔子改制見於六經，〈王制〉是孔子弟子據六經而作，為群經大傳與綱領。〈王制〉既為群經「大綱」，就不能完全具體明列六經制度的細目，更仔細的說，今學的制度內容已經擴大，超出了〈王制〉所呈現的項目甚多。所以廖平這個時期講今學雖然不改變〈王制〉為宗的信念，實質上卻更主張合通六經，整個六經的所有制度都是今文經學的制度內容，並強調今學禮制範圍涵蓋十分廣博。[89]

下文即將重點放在尊今抑古意識下，對《詩經》、《尚書》、三禮、《春秋》三傳的今古文觀做詳細的探討。

84 劉歆早期求立諸經於學官之事，詳見班固撰，顏師古注，楊家駱主編，《新校本漢書并附編二種》（台北：鼎文書局，一九八一），卷三十六，〈劉歆傳〉，頁一九六七—一九七二。

85 廖平，《古學考》，《廖平選集》，上冊，頁一三七。

86 廖平，《古學考》，《廖平選集》，上冊，頁一三一—一三二。

87 廖平，《古學考》，《廖平選集》，上冊，頁一三二。

88 廖平，《古學考》，《廖平選集》，上冊，頁一三〇。

89 例如廖平就曾在二變時指出《春秋》、《詩》、《書》、《儀禮》、《禮記》的細目，諸如〈明堂〉、〈靈臺〉、〈月令〉等今學制度，都是超出〈王制〉之外者，可證今學禮制的廣博，〈王制〉僅是統言綱領而已。見廖平，《古學考》，《廖平選集》，上冊，頁一一七—一一八。

一、否定《毛詩》與推崇《三家詩》

經學二變時期的《詩經》學，重點放在對《毛詩》的辨偽上。他此時一反前期的承認《毛詩》，指出東漢所出現，號稱毛公所作的《毛詩故訓傳》，實際上是宗於劉歆的古文家以劉歆羼亂的《周禮》推闡說之而成。《古學考》指出，劉歆欲與今文家博士對抗，誣稱六經為秦火之餘，並羼改《佚禮》以成《周禮》，劉歆的弟子再以《周禮》的制度推衍出古文群經。其弟子們又在史書如《漢書》〈劉歆傳〉、〈河間獻王傳〉、《後漢書．儒林傳》中刻意羼入《毛詩》、《周禮》等古文經典的名目，謂河間獻王曾得《周禮》、《毛詩》，這些說法均非事實。[90] 廖平也跟從范曄《後漢書》的看法，以《毛詩序》是東漢衛宏受學於謝曼卿共同偽作而成，非來自子夏、毛公，[91] 因此他也認為鄭玄給《毛詩》所作的箋及鄭玄弟子所輯的《鄭志》，其中有《毛序》是子夏、毛公所作的說法，也必然是後人的記識誤入正文。從具體內容來說，劉歆偽說《詩》有六義，東漢謝曼卿又依《詩》之六義偽《毛傳》，謝曼卿的學生衛宏則偽《詩序》，至六朝而有大、小毛公之依託。總之，廖平在經學二變時，一改之前經學為秦火之餘的看法，轉而相信經典未曾亡缺，而古文《毛詩》為劉歆及其後學所偽。[92]

廖平並從解經的方式比較了今文《三家詩》與古文《毛詩》的優劣，他說《三家詩》的詩說詳明，禮制俱備，《毛詩》解經簡陋粗疏，不如今文：

> 六藝皆孔子作，禮亦為孔子所傳，本同一源，纖毫悉合。……《古書》、《毛詩》本以立

異，意主釋經，今禮即由經文推出，欲樹別義，必背經文，……所改既於經嫌強合，又與不變之條每相齟齬，此《古書》、《毛詩》之所以不如今學也。……古學乃以《周禮》推說《詩》、《書》，自張門戶，……先錄經文舊說，不能驟改，取可以通融之條，簡略注之。……今本《毛傳》略存訓詁，禮制缺略，此謝、衛開宗之本，……說者不識此意，以為古學簡略。[93]

又說：

《三家詩》師說詳明，禮制俱備，非祇言訓詁而已。粗言訓詁，不足以為經說。謝氏初繙經文，未有《詩》說，欲變博士則不能臆作，欲襲三家則無以自異，……《毛詩》簡陋，正其門戶初立，窮窘無聊，非得已也。[94]

90 廖平，《古學考》，《廖平選集》上冊，頁一三〇—一三一，一三四。

91 事實上，《毛序》的來源已難考證，誠如皮錫瑞所言：「平心論之，《毛序》本不知出自何人，尊之者推之毛公之前而屬之子夏，疑之者抑之毛公之後而屬之衛宏，其實皆無明文。」見皮錫瑞，《經學通論》（北京：中華書局，一九九八），〈詩經〉，頁三四。

92 相關的論述，見廖平，《古學考》，《廖平選集》，上冊，頁一一六，一二二，一二五，一三二，一三四—一三五，一四三，一四三。

93 廖平，《古學考》，《廖平選集》，上冊，頁一二二—一二三。

94 廖平，《古學考》，《廖平選集》，上冊，頁一四六。

上述兩段引文要表達者為《毛詩》是東漢古文學者謝曼卿、衛宏等推《周禮》解之，因為刻意立異以自成一家，為了要有別於已經首尾完備的今文禮說，所以多所拘牽，不敢承襲《三家詩》之說，又無法驟然發展成完整的體系，造成禮制缺略，僅存訓詁，這正可令人看出造作的痕跡。故孔子《詩》學備於三家，那麼廖平對於齊、魯、韓三家的看法如何呢？前文已提到，在經學一變時，他以魯學為今文正宗，稍貶駁雜兼採今古的齊學之意味明顯。但在二變時，因重新認定何謂今、古，漢末後出偽造者為古，《齊詩》既源於先秦，自然同屬於今文正宗，此時今學禮制範圍也隨之擴大，「不尊魯而薄齊」。另外，《韓詩》與《齊詩》一樣均被他劃歸為齊學，[95]因此二變時期，他對齊、魯、韓《三家詩》的態度，是一律的推重尊崇。

二、《尚書》廿八篇為備，百篇《書序》為偽

廖平經學二變以後，否定東漢《古文尚書》為西漢孔壁所出的真本。他仍相信曾有孔壁所出的《尚書》，且經孔安國寫成隸字，但與經學一變時不同的是，一變時以為孔壁《尚書》為魯學，有經文並有解說，二變時則改為「有經無說」。而無論如何，曾出現的孔安國本《尚書》已經亡失了，東漢杜林所傳、賈逵為之作訓的《古文尚書》，則是杜林、賈逵偽託於孔安國本，以與西漢今文經學相抗，均是劉歆的徒黨。[96]這些劉歆的後學援引劉歆所作的《周禮》內容說《尚書》與群經，因而形成了一批後起偽造的古學，非西漢以前之書。[97]

自經學二變以來，廖平即主張《尚書》自西漢博士所傳二十八篇為孔門足本，而論辨百篇《書序》為偽，可說是他具代表性的創見。他指出劉歆襲張霸偽作的《百兩篇》篇目立名，創為

百篇《書序》，羼入《史記》。在他看來，百篇《書序》之作，開啟了《尚書》二十八篇為秦火之餘不全的說法，後來東晉偽古文《尚書》的產生，始作俑者即是劉歆偽作的百篇《書序》。因此廖平認為清代辨偽學的經典之作——閻若璩的《尚書古文疏證》，只有揭發東晉偽孔安國的《尚書古文》，尚未疑及造成後人《尚書》不全之錯誤觀念的罪魁《書序》。[98]至於存在《史記》中的《書序》，是古文家引《序》以校《史記》，後來刊寫誤入正文者，非《史記》原文所有。廖平對於自己考證《尚書》二十八篇為備，以及百篇《書序》為劉歆所偽的成果頗為自得，視為與閻若璩之書價值不相上下。[99]

《書序》為偽的論點與康有為在《新學偽經考．書序辨偽》中的說法頗為同調，[100]《新學偽經考》的出版年是光緒十七年，早於廖平的《古學考》與《二十八篇為備考附百篇序正誤》等書，究竟是康有為影響了廖平，還是康有為先受廖平觀念的啟發？顧頡剛曾在其讀書筆記提到《書序》為偽的說法始於廖平，並盛譽之。[101]其實廖、康之間思想的交涉過程本來就是一樁複雜的學

95 廖平，《古學考》，《廖平選集》，上冊，頁一二五。
96 廖平，《古學考》，《廖平選集》，上冊，頁一一七。
97 廖平，《古學考》，《廖平選集》，上冊，頁一二二—一二四，一三八。
98 廖平，《古學考》，《廖平選集》，上冊，頁一四三。
99 廖平，《二十八篇為備考附百篇書序正誤．序》，收入高承瀛等修，吳嘉謨等纂輯，《光緒井研志》，〈藝文志〉，頁六四四—六四六。
100 康有為，《新學偽經考》，〈書序辨偽〉，頁三二四。
101 顧頡剛，《顧頡剛讀書筆記》（台北：聯經出版公司，一九九〇），第五卷（下），頁三六七八—三六八一。

術公案，所以此處不討論孰先孰後的問題，只能說二十八篇為備與《書序》為偽，是廖平頗為重視與強調的見解。

在廖平、康有為之前，也曾有其他清代學者對《書序》提出過懷疑，劉逢祿已有「《尚書序》為東晉人偽作」的說法；[102]譚獻也談到龔自珍之子龔橙（字孝拱）「斷《書序》為偽」。[103]劉逢祿、龔橙雖視《書序》為偽，但劉氏以之為東晉人所偽，龔氏未說明何時何人之偽，廖平、康有為皆認為是劉歆的造作。錢玄同曾說：「在康氏以前，斷《書序》為偽者，僅龔孝拱一人而已。」[104]其意是清代以《書序》為偽者，第一是龔橙，第二是康有為。他未提到劉逢祿，蔡長林先生認為是因《書序》問題不是劉逢祿《左氏春秋考證》的重點，[105]至於沒有談到與康有為同調的廖平，可能是康有為的著作出版早於廖平著作的緣故。

由於對百篇《書序》的否定，廖平也直接面對魏源《書古微》的內容。《古學考》中說：「魏默深以《孟子》、《史記．舜本紀》之文為〈舜典〉，據而補之，……皆誤於偽《序》之故。」[106]魏源以《史記》、《孟子》、《尚書大傳》等書徵引者輯補〈舜典〉、〈湯誥〉、〈泰誓〉、〈牧誓〉、〈武成〉諸篇，[107]此為廖平所詬病，視魏源受惑於偽《序》，故欲增補本來就不曾存在的古文篇章。從廖平批評魏源誤信《書序》的問題，亦可從側面略窺廖平經學二變時對《書古微》及今文學理路的整體態度。魏源指出，清代諸儒只知東晉晚出之《書》為偽，卻不知東漢馬、鄭本亦為偽，所以魏源要申張《史記》、伏生《尚書大傳》及《漢書》所載歐陽、夏侯、劉向遺說而排斥東漢的馬、鄭之說，是欲以西漢替代東漢，可說是一種「迴向原典」的努力。[108]廖平也是要回到西漢的《尚書》家法，才有博士所傳的二十八篇為備之說；他之所以批評魏源者，在於《書古微》尚未注意到《史記》中的《書序》為偽，至於魏源欲返回西漢的態度，他基本上是默認的。所以廖平經學二變時對《尚書》的態度，其實是站在前輩今文學者的基礎上繼續發揮。

三、尊今抑古之下的三禮觀

（一）《周禮》為劉歆羼改《逸禮》而成

廖平經學二變時，視《周禮》為劉歆助莽所竄亂的偽古學，失去了價值。《古學考》以《周禮》制度的可疑處，在於未見古代曾實行過，且制度雜亂、首尾不相連貫；其他如封國、爵祿、職官之類的制度皆不完備且自相矛盾，因此必定不是真正周朝的制度。[109]在成於光緒二十

102 劉逢祿，《左氏春秋考證》（台北：復興書局，影印《皇清經解》本，一九七四），頁一四一八三。

103 譚獻，《復堂日記》，《復堂類集》之四（台北：華文書局，影印清光緒十五年刊本，一九七〇），卷七，頁二〇。又見蔡長林，《論崔適與晚清今文學》（桃園：聖環圖書公司，二〇〇二），頁八九—九〇。

104 錢玄同，〈左氏春秋考證書後〉，收入《古史辨》（台北：藍燈文化事業公司，一九八七），第五冊，頁三。

105 蔡長林，《論崔適與晚清今文學》，頁八九—九〇。

106 廖平，《古學考》，《廖平選集》，上冊，頁一四三。

107 見《書古微》，卷三〈舜典補亡〉；卷六〈湯誥補亡〉；卷七〈泰誓補亡〉上中下，〈牧誓補亡〉上下，〈武成補亡〉上下。魏源，《書古微》，《續修四庫全書》（上海：上海古籍出版社，一九九五），冊四十八，頁五〇一—五〇四，五六六—五六七，五八〇—五八二，五八五—五八八。

108 王汎森，《古史辨運動的興起》（台北：允晨文化，一九八七），頁八二。

109 廖平，《古學考》，《廖平選集》，上冊，頁一一六。

三年前，屬經學二變時期的《經話（甲編）》中也提到《周禮》內容於古無據：「不惟《孟》、《荀》、諸子不見引用，即《左》、《國》亦與相反，西漢以前毫無明證……」[110]基於這些原因，廖平遂認定《周禮》是劉歆羼改出自孔壁的《逸禮》而成。劉歆會有這樣的舉動，源於他在〈移書讓太常博士〉中的最初訴求，希望求立《左氏春秋》、《逸書》、《逸禮》於學官，但遭博士擯斥，遂懷怨於心，乃挾《逸禮》的內容羼以臆說，改稱《周禮》，以周公敵孔子。[111]劉歆偽託《周禮》為周公所作，以之遍說群經，與今學分庭抗禮，群經皆歸於周公，泯滅了孔子的微言，這就是古文經學出現的緣由與造成的遺毒。而劉歆欲助莽篡位而偽經亦有跡可循，例如王莽居攝以前，所採用遵行的都是今文經說，居攝以後則變制求新，改用《周禮》制度；又例如天子可娶一百二十女；漢疆域廣大，於是《周禮》中有九服萬里的大疆域說，足見《周禮》是後起的著作，內容多是王莽私意所欲為者，劉歆為了迎合莽意而作。[112]廖平也強調，古文經學與周公的地位是從劉歆以後才成立的，這從學宮長久以來只祀孔子、不祀周公的史實，便可證明古學與周公的地位是後起的。[113]

（二）「經本為全」：對《儀禮》十七篇為備的繼承與創新

《儀禮》在經學一變時期劃歸為古學，視為孔子早年的從周之學說。到了經學二變，改歸之為今學，廖平的重點放在闡發並接續清代邵懿辰的《儀禮》十七篇為備之說。

1. 對邵懿辰學說的推崇與繼承

廖平《知聖篇》云：「邵《禮經通論》以經本為全，石破天驚，理至平易，超前絕後，為二千年來未有之奇書。」[114]這個被廖平推崇備至的核心理論，在於「經本為全」，就是五經為完備之本，非秦火之殘。邵氏的學說對廖平的影響，之於近代學術的進程，具有重要的意義。

邵懿辰的《禮經通論》要點有二，一是辨《儀禮》十七篇為足本，未曾亡缺，二是辨《逸禮》三十九篇為劉歆偽造；他的論辨目的是要突出今文《儀禮》十七篇的價值。《儀禮》在西漢時期名為《禮經》，是今文禮學的主要經典。到了西漢末，劉歆欲使古文群經皆立於學官，在他的〈讓太常博士書〉中說：「魯恭王壞孔子宅，欲以為宮，而得古文壞壁之中。《逸禮》有三十九篇……。」承襲劉歆《七略》思想的《漢書．藝文志》也說：「禮古經五十六卷，合十七篇與三十九篇言之。三十九篇無師說，遂至亡佚。」這是說明漢武帝時魯恭王壞孔子宅，發現了《禮古經》五十六篇，其中有十七篇與今文《儀禮》／《禮經》的文字相似，其餘三十九篇是當時人們未曾看過的文獻，稱為《逸禮》。儘管《逸禮》沒有流傳下來，但後來的古文學派卻以《逸禮》

110 廖平，《經話（甲編）》，《廖平選集》，上冊，頁四九七—四九八。
111 廖平，《古學考》，《廖平選集》，上冊，頁一三三。又見廖平，《經話（甲編）》，《廖平選集》，上冊，頁四九七。
112 廖平，《古學考》，《廖平選集》，上冊，頁一三七。
113 廖平，《經話（甲編）》，《廖平選集》，上冊，頁四〇六。
114 廖平，《知聖篇》，《廖平選集》，上冊，頁二一〇。

三十九篇為可信，並以現存的《儀禮》十七篇為秦火的殘燼，是闕佚不全之書。

邵懿辰反對古文學派的看法，認為《儀禮》十七篇是完整的經典，主因是它的內容已經包括一切禮儀。他說《儀禮》不全的觀念是來自於《漢書．藝文志》及劉歆的《七略》，但是漢初傳禮的學者高堂生、后蒼、二戴、慶普都不以十七篇為缺略，必定是有所取證。[115]邵氏提出以下的論據證明《儀禮》為備。首先，邵懿辰視冠、昏、喪、祭、朝、聘、鄉、射八者為禮之大端，而《禮記》的〈冠義〉、〈昏義〉、〈問喪〉、〈祭義〉、〈祭統〉、〈鄉飲酒義〉、〈射義〉、〈燕義〉、〈聘義〉、〈朝釋〉、〈四制〉等篇，正好證合《儀禮》十七篇範圍中的內容，可視為《儀禮》之「傳」。[116]其次，邵氏指出〈禮運〉中，孔子兩度告訴子游：冠、昏、喪、祭、射、鄉、朝、聘八者為「禮之經」，天下的人、事一切禮儀盡包於此八端之內，這些內容《儀禮》已俱全，所以無庸置疑為一完備之書。[117]最後，按照邵氏之意，《大戴禮記》十七篇的編排，與《儀禮》的冠、昏、喪、祭、射、鄉、朝、聘八個禮儀節目正相吻合：一至三篇冠昏，四至九篇喪祭，十至十三篇鄉射，十四至十六篇朝聘，而〈喪服〉通於上下。這樣首尾完整的篇序，應是從孔子傳至高堂生、后蒼以來就已如此，天下之禮已盡在是焉。[118]

邵懿辰的《儀禮》為備之說指向一個論斷，即秦焚書而六經未曾亡缺，如《史記．儒林傳》或《漢書．儒林傳》的六藝亡缺之說，極可能是劉歆一輩人潛藏某種動機的竄入或說詞。事實上，《禮經通論》的推論客觀與否還很可議，[119]不過「經全」之說對廖平卻有莫大的啟發。他批判劉歆等古文家誣指六經為秦火殘餘之說如同洪水猛獸，使後人可以對古書妄補篇章、虛擬序目，所以廖平視經殘一說為「儒門第一魔障」。他甚為認同邵懿辰的經全之說，因為惟有先立下一個經典皆為全文的命題，才能專心致志於經義的探求，大義微言乃可從中發掘出來。[120]此處可以隱然察覺到，廖平很著重的是經典微言大義的闡發，在這個前提下，視五經為一套規劃完整無缺陷的聖人著作就有其必要性。

邵懿辰突出《儀禮》的價值，同時也是要打壓《周禮》的地位。因為東漢人崇重《周官》，所以改題《周官》為《周禮》，又將《禮經》改題為《儀禮》，[121]邵氏的目的是要把《儀禮》之名回復為西漢通稱的《禮經》，重新取得在經學上的地位。廖平在經學二變時「尊今抑古」，以《周禮》為劉歆羼改《逸禮》而成的「偽古文」，不承認其價值，因此可以確定他在二變時的態度，是繼承邵懿辰的理念，要將《儀禮》重新取代《周禮》。

2. 廖平的創新之說

廖平雖然跟隨邵懿辰的《儀禮》十七篇為備之說，但是他的《儀禮》學也有自己的獨特性。

115 邵懿辰，《禮經通論》，《皇清經解續編》（台北：漢京文化，一九八〇），冊九，頁六〇四一。
116 邵懿辰，《禮經通論》，《皇清經解續編》，冊九，頁六〇四一。
117 邵懿辰，《禮經通論》，《皇清經解續編》，冊九，頁六〇四一。
118 邵懿辰，《禮經通論》，《皇清經解續編》，冊九，頁六〇四一。
119 例如清代的丁晏即曾批評曰：「斥《逸禮》為劉歆誣偽，頗嫌臆斷。」見邵懿辰，《禮經通論》，《皇清經解續編》，冊九，頁六〇四九。
120 廖平，《知聖篇》，《廖平選集》，上冊，頁二一〇—二一一。
121 邵懿辰，《禮經通論》，《皇清經解續編》，冊九，頁六〇五八。

首先，廖平對三十九篇《逸禮》的真偽、出處與邵氏存在著不小的歧異。邵氏視《漢書．藝文志》及《漢書．劉歆傳》之〈移太常博士書〉中的《逸禮》為劉歆所「偽」，但是廖平承認它曾存在的真實性。廖平在《古學考》中，把《禮經》／《儀禮》十七篇與《逸禮》三十九篇的材料視為原是一體的，《儀禮》既然是今學，《逸禮》自然也是今學，在劉歆之前已經存在，因此不能當《逸禮》是劉歆偽造的「古學」。[122]他也相信魯恭王壞孔子宅曾得《禮古經》與《逸書》之事，《禮古經》除去與《儀禮》重複的十七篇，剩餘的三十九篇為《逸禮》。《逸禮》與《逸書》都被廖平視為本已存在的今學，這與邵懿辰、康有為視孔壁《逸書》、《逸禮》為劉歆偽造有很大的不同。[123]那麼，廖平既然承認孔壁《逸禮》三十九篇曾存在過，又認為《儀禮》十七篇完備無缺，這兩者是否有矛盾呢？對廖平來說，這矛盾是不存在的，因為他以《逸禮》為《儀禮》之「傳」，非「經」，所以《儀禮》仍為孔子所定的首尾完整之足本。更重要的是，廖平承認《逸禮》的真實性，也為他在三變之後可以接受《周禮》一書埋下了伏筆，這在下文討論三變以後的《周禮》問題時會再詳細的提到。

廖平論《儀禮》的第二個特色，是以〈王制〉證《儀禮》為備。經學二變時，以〈王制〉為孔子弟子所作，是群經之制，《儀禮》之制自然也包含於〈王制〉之中。他先引用《禮記．檀弓》說孺悲傳孔子作《儀禮．士喪禮》，以此證明《儀禮》其他篇章亦為孔子所著，接著說明《儀禮》內容主〈王制〉的「司徒六禮之教」，[124]此語出自於〈王制〉的「司徒修六禮，以節民性」一句。所謂六禮者，孔穎達疏曰：「六禮謂冠一、昏二、喪三、祭四、鄉五、相見六，……以六禮而節其性也。」廖平以此六禮推論《儀禮》十七篇為全本，因為〈王制〉六禮不出《儀禮》十七篇之外，故可以推論經本無缺，這仍是沿繼邵氏的說法。[125]但廖平仔細推考後，又提出自己的心得，用〈王制〉進一步證明《儀禮》的首尾連貫：

班《志》云：推士禮以合於天子。以士為今鄉里儒生，非也。《禮經》之士，當為五長之男，以今品例之，當為五品以上，非指鄉序士。人有十等，士在其中，舉中以立法，可以上下相推（廖平自注：亦如《春秋》，以魯為主，上有天子二伯，下有卒正連帥，亦舉中以示例），則《禮經》非專詳士禮可知矣。[126]

由於《儀禮》以士禮為主，自劉歆以來，人們也因此常指責《儀禮》太偈限狹隘，這亦是漢代古文經學者要提倡《周禮》的原因之一。[127]廖平以為《儀禮》中的「士」，並非指鄉里儒生，而是人有十等，士在其中，舉中以立法，可以上下相推，已經包含了所有人的禮儀了。他認為「上下相推」的精神又來自於〈王制〉的制度：天子、二伯、方伯、連帥、卒正；《春秋》以魯國（方

122 廖平，《古學考》，《廖平選集》，上冊，頁一一九。
123 廖平，《古學考》，《廖平選集》，上冊，頁一三四。
124 廖平，《古學考》，《廖平選集》，上冊，頁一一六—一一七。
125 廖平，《儀禮經傳備解．序》，收入高承瀛等修，吳嘉謨等纂輯，《光緒井研志》，〈藝文志〉，頁六七八。
126 廖平，《儀禮經傳備解．序》，收入高承瀛等修，吳嘉謨等纂輯，《光緒井研志》，〈藝文志〉，頁六七八—六七九。
127 王葆玹，《今古文經學新論》（北京：中國社會科學出版社，一九九七），頁二九四—三〇〇。

伯）為主，居於其中，上有天子、二伯，下有連帥、卒正，要呈現一個上下相維繫的秩序，並非只詳於魯國（方伯）制度，《儀禮》的情況亦復如此，非僅專詳士禮而已。

從以上《儀禮》與〈王制〉關係的論述，可以看出廖平又比邵懿辰更進一步的說明《儀禮》十七篇的內容理想包含宏富，為前人所未知，更可得證其禮制完備的價值，以及經學未經秦火而殘缺的真實性。

（三）《禮記》各篇全屬今學

經學二變後，廖平對「今學」、「古學」的定義有所轉變，凡出於先秦，源於孔子或孔門弟子之學的稱為今學，而古學是劉歆助王莽篡漢所作的偽學，產生於西漢末至東漢間。由於廖平一貫相信《禮記》為孔子七十弟子所傳的群經傳記，未經莽、歆之手，當然全書都源自於先秦，屬於今學。不過如此一來，也面臨了一個內容上的矛盾：他從一變以來就看到了《禮記》內部有參差不齊的制度，為了解決這個群經所共同面臨的制度問題，所以才有了孔子早年從周、祖《周禮》，晚年改制、立〈王制〉的說法。現在古學《周禮》的制度既然已成偽說，今學〈王制〉的有限禮制內容又不能涵容整個《禮記》各篇章中紛歧的制度。廖平的處理方式，是擴大「今禮」的範圍，解釋自己已發現今學的禮制內容十分廣博，不僅僅侷限在〈王制〉一書中。他於《古學考》指出，〈王制〉的制度僅是群經的綱領，並未包括細目，例如《禮記》之〈明堂〉、〈月令〉，或是《詩經．靈臺》等內容中的儀節制度，都是〈王制〉所未具備，以往（一變時期）被自己誤解為孔子早期思想的古學；現在因為重新定義「古學」為漢末晚出之偽學，而《禮記》各篇成於先秦，故屬今學。這麼一來，今學禮制就擴大到〈王制〉以外，範圍廣博。[128]所以相較於一變時期的主張《禮記》今古學參雜，現在二變則認為全屬於今學。

四、尊今意識下的《春秋》三傳觀

（一）「不尊魯而薄齊」：《公羊》、《穀梁》皆為今學正宗

經學二變時期，廖平因為對今、古文學的認知有所不同，連帶的影響了對《公羊》的觀點。一變時，以古、今學為孔子早晚年不同的思想，表現在地域上分屬於齊魯（今）、燕趙（古）的鄉土異學。但二變時，否認孔子之學有早、晚年之異，「古學」為西漢末年劉歆所偽造，因此著錄於先秦以前的《春秋》三傳自然不可能有古學的內容摻雜其中。他在《古學考》中說：

> 舊以魯、齊、古為鄉土異學，今、古為孔子初年、晚年異義。同年黃仲韜不以為然。今按：西漢既無古學，則無論齊、（趙）（魯），既立參差例，孔語實歸一途。《公羊》與《穀梁》異義，舊以為《公羊》用古學，今合勘之，乃得其詳。[129]

128 廖平，《古學考》，《廖平選集》，上冊，頁一一七—一一八。

129 廖平，《古學考》，《廖平選集》，上冊，頁一一九。

在過去一變時，廖平因《公羊》之義有異於孔子鄉土魯學的《穀梁》，遂認《穀梁》為今學正宗，《公羊》摻用古學，有駁雜不純的問題，故推崇魯學的《穀梁》而稍貶抑齊學的《公羊》。二變時，以古學並不存在於先秦，《公羊》就沒有雜糅的問題了，《公》、《穀》同出於先秦，一樣宗祖孔子的改制之說，皆屬今學正宗，不必再分高下。齊、魯之間的差異，廖平也重新解釋是學術傳授過程中，難免因地域不同而產生的差異，不必「尊魯而薄齊」（只尊崇魯學而菲薄齊學），他還欲會通齊、魯，以合為一家。[130]

由以上的分析可以見到《公羊》從經學一變到二變時地位提升了，是一個從尊《穀梁》抑《公羊》到《公羊》、《穀梁》地位同尊的轉變。

（二）《左傳》未經劉歆羼亂，故改歸今學

在經學一變時被廖平歸為古學的《左傳》，在二變時，將它改歸為今文學，主因是廖平以《左傳》為先秦舊作，未遭劉歆附益，於是便從古學「歸還」為今學。[131]廖平在將《左傳》歸入今學的同時，也有必要解釋它的制度屬於今學範疇的原因。

1.《左傳》禮制全同於今學

在經學一變時，廖平將《周禮》、《左傳》均視為出自燕趙之地的古學，不過廖平以古學內部的禮制參差不一，所以又再於古學中析分出《周禮》、《左傳》、《國語》派、《孝經》派。[132]從這裡也可以看出，廖平在一變時期已經約略注意到《左傳》與《周禮》的禮制不同，所以才會將

兩者分屬不同派別，這或許也是他在二變以後會堅持《左傳》未經劉歆羼亂的原因之一。到了二變時，《周禮》成為劉歆在漢末羼《逸禮》所成的偽經，劉歆並以《周禮》的制度遍說群經，所以原屬古學的諸多經典自然也成了劉歆所偽。《左傳》因為被廖平認定為成書於先秦，所以改歸今學。

但是如何從制度層面再去證明被劉歆等古文家據為古學的《左傳》是今學？《古學考》中說，《左傳》的制度無一條與《周禮》相合，足見未經劉歆改動，保留了今學的制度。劉歆既然偽造《周禮》，並遍改群經，為何不一起改動《左傳》呢？因為劉歆喜愛《左傳》這部體大思精的著作，不忍亂之，卻反而凸顯了作偽他經的破綻。[133]而《左傳》既然是今學的制度，為什麼廖平在經學一變時會將它劃入古學呢？他在《經話（甲編）》中有回顧性的言論可供參考：

> 《左傳》舊以為古學，與二傳異，丙戌（一八八六年）曾刊有《凡例》（即《王制集說凡例》），專主此義。己丑（一八八九年）以後，專力治之。五年以來，愈覺水乳交融，無一不合。[134]

130 廖平在《古學考》中也說：「《公羊》、《穀梁》本一家也，由齊魯而分。……今會通齊魯，合為一家。」見廖平，《古學考》，《廖平選集》，上冊，頁一二五，一四二。

131 宋育仁，〈左傳漢義補證序〉，收入高承瀛等修，吳嘉謨等纂輯，《光緒井研志》，〈藝文志〉，頁七四二。

132 廖平，《今古學考》卷上、卷下，《廖平選集》，上冊，頁四七，五六—五九，七〇，七七，七九。

133 廖平，《古學考》，《廖平選集》，上冊，頁一五二。

根據這段言論，他在一變時期把《左傳》當成了制度迥異於《公》、《穀》的古學，原因是當時對《左傳》研究還未深入，這種情況下，他在分別《左傳》的今古文歸屬時，很自然的跟從漢代以來的看法，將之列入古學的行列；但後來鑽研益深，就愈覺得它與《公》、《穀》二傳與〈王制〉的今禮「水乳交融」了。

總之，強調《左傳》禮制全同於今禮〈王制〉，與《周禮》截然相異，這是《左傳》屬於今學不可或缺的原因。

2. 因《左傳》解經與今學的特性，更強調三傳會通

經學二變也延續一變的理念，繼續論證《左傳》是解經之傳，並非僅是史冊之文。這時期所作的《劉申綬左氏考證辨正》、《左氏古經說漢義補證》、《左傳漢義證》、《古學考》等著作中，還有甚多類似的論述，[135]這是他終生堅持的信念，也是與其他清代今文家視《左傳》不傳經，且為劉歆所偽的觀點，有很大的違異之處。

由於認同《左傳》與《公》、《穀》均為解經之傳，再加上將《左傳》歸為今學，制度與《公》、《穀》二傳同樣的宗祖〈王制〉，因此促成了他主張三傳可以會通的基礎。廖平堅信三傳可以會通，當然也與他此時因緣際會深入研究《左傳》有關。他在《四譯館經學目錄．序》曾說：「昔治二傳（《公》、《穀》），隔膜《左氏》，南皮（張之洞）師令撰（左氏）長編，因得三傳會同之效。」[136]張之洞令其作長編，根據《年譜》記載是在光緒十四年冬天，廖平於光緒十七

年約同人分纂《左氏長編》，是年初冬完成，上呈張之洞。[137]而從光緒十四年底一直到光緒十八年之間，廖平完成了《左傳》學重要的多部著作，例如《春秋古經左氏說漢義補證》、《左傳漢義證》等等，可見他會深入《左傳》，肯定受張之洞的影響很大，也就是在精研《左傳》的基礎上，才能有會通三傳的工作。

不過廖平會致力於三傳會通，也與他自始以來看待《春秋》三傳的態度有關。早在光緒十一年，經學一變時期，廖平就著有《三傳師說同源異流表》、《左傳變易今學事實傳例禮制表》、《三傳異禮異例異事三表》。[138]從這三部著作來看，可以見到他這時雖然視《左傳》為古學，事實、傳例、禮制不同於今學的《公》、《穀》二傳，但他仍認為《左傳》解經，而且三傳的師說是同源的。就在這個大前提下，再加上二變初期張之洞對他《左傳》研究的督促，就更促成了廖平三傳合通理論的成熟。在此之後的《左傳》或三傳著作，都可以看到他這方面的努力。例如完成於光緒十五年的《春秋古經左氏說漢義補證》中，再三強調《左傳》解經，而且三傳之事相同，

134 廖平，《經話（甲編）》，《廖平選集》，上冊，頁四四八。

135 《劉申綬左氏考證辨正》一書成於光緒十六年，刊刻於光緒二十五年，今雖已佚，但廖平對劉逢祿主要觀點的反駁，均可見於廖平其他《左傳》的著作或相關論述中，所以此書的主要內容，也可約略推測得知。又《左傳漢義證》今亦無存，然而宋育仁為此書所作的序文，很明白的呈現了它的要旨。見宋育仁，〈左傳漢義證序〉，收入高承瀛等修，吳嘉謨等纂輯，《光緒井研志》，〈藝文志〉，頁七四一—七四三。

136 廖平，《四益館經學目錄·序》，收入高承瀛等修，吳嘉謨等纂輯，《光緒井研志》，〈藝文志〉，頁八五五。

137 廖幼平編，《廖季平年譜》，光緒十七年。

138 廖幼平編，《廖季平年譜》，光緒十一年。此三書今未見，或者亦有可能未完成，但從書名可清楚的見到著作的本意。

「凡屬事傳，三傳可以從同」，研究《左傳》，「不惟昌明《左氏》，並有裨《公》、《穀》」。[139]又廖平一變時雖視三傳同源，但仍認為他們的事實、傳例、禮制是不同的，但到了光緒十六年經學二變所成的《左傳漢義證》中，得出新的結論是「三傳事、禮、例，舊說以為不同者，今考證其互文，參差隱見諸例，不惟不背，反有相成之妙。」[140]總之，廖平就是要破除自來說三傳者的門戶之見，他於光緒十八年又成《三傳事禮例折衷表》，[141]融通三傳的意向十分明顯，這也是他終其一生的信念。

（三）不承認《漢志》著錄的《春秋鄒氏傳》、《春秋夾氏傳》之真實性

《漢書．藝文志》中著錄《春秋鄒氏傳》、《春秋夾氏傳》二家《春秋》之傳，廖平在二變時期否認此二家的存在，視為劉歆為攻西漢博士家法而偽造。他說：

> 博士以《尚書》為備，本出微言。劉歆憤激其語，極力攻之，遂以五經皆為不全。《連山》、《歸藏》之說出而《易》不全，六義之名立而《詩》不全。鄒、夾之書錄而《春秋》不全。（原注：鄒、夾無師無書，何以為學？又何以自立？此出歆偽說，欲以攻三傳不能盡《春秋》耳。）《周禮》出而禮不全。於五經之外，臆撰經名；於博士經學之外，別出師法，後人遂疑孔子之經不全，博士之本未足，經學雜而不純，博士缺而不備。[142]

五經本為完備，劉歆偽為秦火不全之說。在《春秋》方面，廖平也堅信傳此經者只有《公羊》、

《穀梁》、《左傳》三傳，至於沿襲劉歆《七略》的《漢書．藝文志》所載的鄒氏、夾氏二家《春秋》之傳，是劉歆欲藉以攻三傳不足以盡傳《春秋》而臆撰的名目。[143]不過到了經學三變以後，廖平又有新的觀點，轉而承認《鄒氏傳》，以下談到廖平三變後的《春秋》學時會再述及。

綜上所說，經學二變有幾點重要特色，以下簡要的敘述：

第一，此期對常州今文學派辨偽古文的理論多有繼承與創新，但亦有一己的特色。例如《尚書》方面，他默認肯定魏源《書古微》要以西漢今文學替代東漢古文學的努力；但又進一步的批評魏源誤信百篇《書序》的存在，強調《尚書》二十八篇已是完備，可以說是站在辨偽古文的方向上續做發揮。在《周禮》方面，他接續常州學者宋翔鳳、龔自珍、魏源等人對此經的懷疑與攻駁，並推到極致，將《周禮》的制度與所有古文經學的制度連繫在一起，因此整套古文經都成了劉歆有意識的作偽而成。《儀禮》方面，他讚賞並跟隨邵懿辰《禮經通論》中，以《儀禮》十七篇為備，證明經本為全的說法。再者，他以《儀禮》制度合於〈王制〉，說明《儀禮》非僅詳於「士禮」而已，目的是要進一步論證《儀禮》的制度宏富，可見經學未曾殘缺的理念。這些都是

139 潘祖蔭，〈左氏古經說漢義補證序〉，收入高承瀛等修，吳嘉謨等纂輯，《光緒井研志》，〈藝文志〉，頁七三八。

140 宋育仁，〈左傳漢義補證序〉，收入高承瀛等修，吳嘉謨等纂集，《光緒井研志》，〈藝文志〉，頁七四三。

141 廖幼平編，《廖季平年譜》，光緒十八年。

142 廖平，《古學考》，《廖平選集》，上冊，頁一三二。

143 廖平於二變的《古學考》中曾多次批判《漢書．藝文志》中所著錄的鄒氏、夾氏《春秋》為劉歆所偽造，見廖平，《古學考》，《廖平選集》，上冊，頁一三一，一四二，一四五。

廖平在常州學者的基礎上續做發揮者。

但是廖平也有全然不同於常州學人的觀點之處，例如承認《逸禮》曾真實的出於孔壁之中，並非劉歆所偽造，與邵懿辰持相反的立場，為自己日後接納《周禮》埋下了伏筆（後文將再詳述）；以及視《左傳》解經，為今學，未經劉歆的更動，也與劉逢祿的看法迥異。因此儘管二變時期的理論與常州學派關係密切，但也頗具個人一己的特色。

第二，齊學地位提升了，與魯學同等重要，顯示今學制度範圍的擴大。在經學一變時，廖平對同樣是今學的齊、魯學兩者的態度，是尊魯學為孔子改制思想的正宗，視齊學融進了部分的古學以及齊地的誇誕之風，駁雜而不純，故崇魯學而稍抑齊學。到了二變，今學制度範圍擴大了，齊、魯學都是孔子改制思想的正宗，因此「不尊魯而薄齊」，這也是此期的重要特色之一。

第三，相較於一變，二變時期孔子之於經學有更重要的地位。一變的古、今文劃分，是分別以經典中同時存在孔子早年從周、晚年改制的思想，雖然都是以孔子為主，但畢竟「從周」仍表達了追隨周代制度與周公之志，不完全是孔子個人所創。而二變之後，古學為偽，今學才是真經，都是孔子一人的改制之作，因此孔子在經學中的重要性無形中又加強了。

第四，劉歆偽造經典的提出。廖平以劉歆作偽《周禮》兼及群經，而且貽害後人「由偽生偽」。如劉炫作《連山》、《歸藏》，朱子之賦、比、興，《漢書》之鄒、夾，《尚書》之《百篇序》，以及馬、鄭之《詩》、《書》注，降而至於《釋文．序錄》、《隋書．經籍志》，謬誤百出，皆根源於《周禮》，[144]可以說劉歆的遺毒成為兩千年來經學的主導。

第三節　面向世界的經學：走出今古之辨後的群經觀（一八九七—一九三二）

廖平從光緒二十三年進入經學三變時期，說經跳脫出今古文的辨偽或判分，將重點置於大、小統的論述，原屬今學的〈王制〉是孔子設定的「小統」制度，規劃中國小一統，原屬古學的《周禮》是孔子設定的「大統」制度，規劃世界大一統。在進入經學三變內容的探討之前，有必要先說明的是廖平雖然學經六變，但是從三變之後，說經與世界的視野相結合一直持續到終生，四變（光緒二十八年）、五變（光緒三十二年）、六變（民國八年）都可說是在三變的小統、大統概念下做更細緻的論說。而他對群經的今古文觀，從三變開始，基本上已經定型了，因此本節的研究結果，也可以視作廖平從光緒二十三年起，一直到晚年對各經今古文的態度與世界關係之基本理論。

廖平說經會從先前的二變轉入以經學結合大小統的原因，根據廖平自道，可以感覺得出社會與時代的因素，是主導他學術思想轉變的關鍵：

> 以上二說（筆者按：經學一、二變），大抵皆就中國一隅言孔子，……以〈王制〉遍說群經，於疆域止於五千里而已。《中庸》所謂「洋溢中國，施及蠻陌（筆者按：「陌」應為

144 廖平，《古學考》，《廖平選集》，上冊，頁一二五，一三一，一四四—一四五。

> 「貊」）」，「凡有血氣，莫不尊親」；《禮運》所言「大同」之說，實為缺點。嚴又陵上書，所謂：「地球，周孔未嘗夢見；海外，周孔未嘗經營。」亦且實蹈其弊。[145]

廖平以後來的往前回顧，視自己經學前兩變用〈王制〉遍說群經，是僅以中國一隅言孔子的教化。何以他這時會突然「意識」到孔子教化不應僅止於中國疆域呢？廖平日後引用嚴復當時的言論，說明自己欲彰明的傳統經教並未過時：「嚴又陵上書，所謂『地球，周、孔未嘗夢見；海外，周、孔未嘗經營。』亦且實蹈其弊。」此事出自嚴復的〈擬上皇帝書〉，嚴復清楚的表明，傳統的聖人之道，如周、孔、程、朱的思想教化已經不適用於當今的局勢。[146]此文連載於光緒二十四年正月初六至十四日（陽曆一八九八年一月二十七日至二月四日）的《國聞報》。[147]廖平經學三變的時間，從其學術內容來看，較合理的推定是從光緒二十三年開始逐漸的轉變，[148]尚比嚴復的〈擬上皇帝書〉早一年，而《四益館經學四變記・三變記》的敘述是出自四變之後，對自我過往學思歷程的回顧。但這兩者未必矛盾，可以肯定的是，廖平在甲午戰後即已開始思考憂慮傳統經教與世變、經學如何存續的問題，緊接著嚴復這些對廖平而言具有代表性的言論出現，更對他的內心有甚大的衝擊，所以多年後他會以嚴氏的言論作為促使他經學轉向的「逆增上緣」，原因在此。自光緒二十年甲午戰敗後，廖平欲解決中西矛盾，深信中國所長在孔子之道，[149]強調推孔子之道於天下才是中國自強圖存的途徑。他要維護孔子一尊的地位，於是引《中庸》所說的「洋溢中國，施及蠻陌」，將「蠻貊」指為西方，以為聖人用夏變夷，欲教澤所及能遍乎地球。

既然孔經教化能遍及全球，廖平就必須說明經學內容已經包舉宇內的問題，他認為這表現在經典中有疆域小、大兩種不同的制度之中。廖平過去一、二變時因《周禮》與〈王制〉的制度不合，為了解釋這個經學上的大問題，故先以孔子早、晚年學說的不同說之，接著又反過來視《周禮》為劉歆羼改《逸禮》而成。但他現在（三變以後）發現《周禮》的制度中有能夠符合當今世界的大疆域之制度，這是他認同此書的開始。廖平過去只承認〈王制〉代表孔子改制的總綱，現在則認為孔子經典中同時存在著小、大兩種不同疆域的制度，〈王制〉與《周禮》分別對應著一小一大。他因著《詩經》與《尚書》的經文，更加證明《周禮》的大疆域制度是孔子的思想：

> 戊戌（一八九八）在資中，因《詩》之「小球」、「大球」，與「小共」、「大共」對文。（廖平自注：「共」作「貢」，九州之貢。）〈顧命〉之「天球」、「河圖」，緯說以「河圖」

---

145 廖平，《四益館經學四變記．三變記》，《廖平選集》，上冊，頁五四九。

146 嚴復，〈擬上皇帝書〉，《嚴復合集編年》（一）（台北：財團法人辜公亮文教基金會，一九九八），頁一三三—一三四。

147 嚴復的〈擬上皇帝書〉於《國聞報》分九次登完，並未署名。據光緒二十四年八月四日《國聞報》載光緒召見嚴復的新聞，知為嚴復所作無疑。又嚴璩所撰《侯官嚴先生年譜》云：「未及進而政變作。」見《嚴復合集編年》（一），〈擬上皇帝書〉一文的附注。

148 關於經學三變的初始之年，陳文豪指出廖平著作中的自道，存在兩種說法，一是光緒二十三年（丁酉，一八九七年），一是光緒二十四年（戊戌，一八九八年），似乎廖平晚年憑著自身的記憶追溯，覺得是在丁酉、戊戌之間的事，故時而言丁酉，時而言戊戌。陳文豪根據光緒二十三年冬，廖平已舉《周禮》與〈王制〉對比，並且已有大統制度在《周禮》，為《尚書》之傳的說法，故認為經學三變的始年應定於光緒二十三年為佳。見陳文豪，《廖平經學思想研究》，頁一六四—一六七。

149 廖平，〈改文從質說〉，初登於光緒二十四年的《蜀學報》，又收入廖平，《四益館雜著》（一九一五年，四川成都存古書局印行），頁六五a—六八b。

為九州地圖。據《詩》、《書》「小」、「大」連文者，「小」字皆在「大」字之上。定「天球」為天圖，「小球」、「大球」為地圖。先小後大，即由內推外。[150]

《詩經．商頌．長發》中有「受小球大球」之詞，《毛傳》解「球」為玉綴，故「小球大球」當為「小玉大玉」，孔穎達《疏》曰：「此小玉大玉，是天子之器，……湯既為天所命，則得用之……。」[151]因此根據經解，「受小球大球」意為商湯受天命，執用天所賦予的玉器與諸侯會同，結定其心。但廖平則以中國小疆域來解釋「小球」，以世界大疆域來解釋「大球」。又《尚書．顧命》中有「河圖」、「天球」，廖平也依著這兩個詞彙發揮。首先，何謂河圖？《尚書．顧命》記載周康王即位時的陳設說：「大玉、夷玉、天球、河圖，在東序。」將河圖與美玉等珍貴的東西並列，可見河圖似乎也是種珍貴之物。除了《尚書》外，先秦到秦漢的古籍中，如《論語．子罕》、《管子．小匡》、《禮記．禮運》、《禮緯．含文嘉》，以及《漢書》〈武帝紀〉、〈溝洫志〉、〈五行志〉都曾提到過河圖。由這些古籍的敘述內容來看，多認為河圖的出現是祥瑞的表徵，[152]但河圖究竟是什麼，仍然十分的模糊。劉歆時對河圖開始有不一樣的看法，以為八卦是根據河圖而來。[153]晉代出現的《尚書孔傳》，為《尚書．顧命》的「河圖」一詞作傳說：「河圖八卦，伏羲王天下，龍馬出河，遂則其文，以畫八卦，謂之河圖。」可見《尚書孔傳》承繼了劉歆的觀點。孔穎達《正義》曰：「河圖八卦，是伏羲氏王天下，龍馬出河，遂則其文以畫八卦，謂之河圖。」[154]也是接續了八卦根據河圖而畫的說法。但廖平以九州地圖、世界地圖詮解「河圖」，[155]並解「天球」為天圖，目的在論地球形狀與天體的關係。其實大地為球體、天體的形態等都是晚清新式地理學所介紹的重點，[156]足見廖平在吸收了新知之後，轉而重釋經典，有一個很明顯的意圖，就是要把經典與地球、世界地圖與新宇宙觀結合在一起，說明孔子的經教並未過時。

廖平又特別在完成於光緒二十四年的《地球新義》中作〈釋球〉一文，仔細說明古人錯解「球」字為「玉」，其實「球」乃「地球」之義：

> 「球」字古無定解，……《書》鳴球外有「球琳」、「天球」，《詩》有「小球大球」，諸家箋註，大抵望文生義，未得其實。……〈顧命〉「天球」與「河圖」相連，……則天球亦必有圖形。……《詩》之「小球大球」，更可借證明末西人入中國，刊《職方外紀》，有地球之說，至今環遊地球一週之人甚多，圖更詳備。蓋地與天相對，天地之圖皆作圓形，……西人又謂地形橢圓。……可見西人之說，中國古實有之，後王不能及遠，乃僅就禹州言之。……非地球之圖出，終不知大球小球之為何語也。考全《詩》之例，凡言小、大者，皆以小為

150 廖平，《四益館經學四變記．三變記》，《廖平選集》，上冊，頁五五〇。

151 毛亨注，鄭玄箋，孔穎達正義，《詩經正義》（台北：藝文印書館，一九八九），頁八〇二。

152 林慶彰，《清初的群經辨偽學》，頁六五—六六。

153 班固撰，顏師古注，楊家駱主編，《新校本漢書并附編二種》，卷二十七，〈五行志〉，頁一三二五。

154 孔安國傳，孔穎達正義，《尚書正義》（台北：藝文印書館，一九八九），頁二七八—二七九。

155 在廖平之前，也有其他學者用地圖的概念來理解河圖者，例如黃宗羲就認為河圖乃地理之書，與畫卦無關，以河圖即後世之圖經。

156 郭雙林，《西潮激盪下的晚清地理學》（北京：北京大學出版社，二〇〇〇），頁二〇〇—二一四。

中國，大為海邦。……蓋言小球者，中國〈禹貢〉之小九州也。言大球者，合大九州言之，全地球也。然則地球之名，雖出自晚近，而實古義早已垂明文於〈商頌〉。……何得以球名之？曰：地形圓，凡一山一水，皆有圓義，大既曰球，小不得不曰球。[157]

廖平指出歷來諸家對於經文中「球」字的箋、注、疏往往都以「玉」解之，是望文生義。明末西洋傳教士刊《職方外紀》，有大地為球形之說，今日地球與宇宙的實相已被了解，更可說明《尚書．禹貢》的「球琳」、《尚書．顧命》的「天球河圖」，以及《詩經．商頌．長發》的「小球大球」之「球」的本義所指為何。所謂「小球」是〈禹貢〉小九州，為中國；「大球」是「大九州」，為全地球。因為大地本為圓球之形，因此「地球」之名雖出自晚近，但這個概念是經典早已有之的。如此一來，孔經不止規劃小疆域的中國，還規劃大疆域的世界。

因為孔經中同時存在著「小」、「大」兩種疆域的制度，廖平也自認為解決了長期以來〈王制〉、《周禮》不合的學術矛盾。他自謂過去（經學三變前）以〈王制〉說《詩》、《易》十餘年，一直有不可通解之處，後來以《周禮》大疆域的制度解之，乃豁然貫通，編為《地球新義》一書。此書一出，見者大譁，以為穿鑿附會，但廖平不顧非議，繼續以《周禮》為根基，論證孔經已預定經營地球。[158]廖平將〈王制〉與《周禮》制度的差異，特別鎖定在「疆域」的小大，具有很明顯的目的性，可說是為了讓經典有「地球」的大疆域存在而承認了二變時期視為偽作的《周禮》。也由於對《周禮》態度的轉變，讓廖平從此走出了今古學的框架。

但是，認同《周禮》是否就代表廖平從此以後已經完全沒有了今古文家派的意識橫於胸中？

他對前輩今文學者的說法有何繼承與轉變？以下從廖平所析論的群經觀，做分別的探討。

一、面向世界的《詩經》學觀

三變以後，廖平上承二變的觀點，繼續發揚《三家詩》，貶抑《毛詩》，但論述的內容、方向已有不小的差異。他在作於此時期的《詩緯經證．序》中表明，他此時不再談劉歆作偽群經，也不再攻駁《毛詩》的源流不明問題，這是與二變時期不同之處。但是他依然不認同《毛詩》，畢竟《毛詩》承自漢代古文經學重視史事的特質，以《詩》的內容，事非一代，作者非一人，甚至引起後世學人誤以《詩》為文學作品，這與廖平心目中孔子作《詩經》的理想根本不合。故廖平仍然認為孔子的微言只存在於《三家詩》中，《毛詩》不能明白孔子的奧義。[159]而《三家詩》中，他特別推尊《齊詩》以及與《齊詩》內容同質性很高的《詩緯》，尤其對《詩緯》的讚揚與發揮更多。以下從廖平對《詩緯》的看法探討起，而這個過程也包含了他對《齊詩》的態度。

《詩緯》是西漢末到東漢讖緯思潮籠罩下，對《詩經》做出的新詮釋，它的一個特色是走上通往天道的神祕之域。清代學者陳喬樅曾撰有《詩緯集證》，在序言中他稱《詩緯》是「聖門言《詩》之微旨」，以為一般人對「經」所詮釋的，是表象上的「義」、「理」，而「緯」所窮究的，是「數」、「象」，這其實是把「緯」歸於天道。此種《詩緯》為聖門之微言的思想為其後

157 廖平，〈釋球〉，《地球新義》（一九三五年孟冬，開雕版藏，現存於北京國家圖書館），頁七a—八b。

158 廖平，《四益館經學四變記．三變記》，《廖平選集》，上冊，頁五五〇。

159 廖平，《詩緯經證．序》，收入高承瀛等修，吳嘉謨等纂輯，《光緒井研志》，〈藝文志〉，頁六五一。

的廖平所繼承。廖平在為四川今文學者胡薇元的《詩緯訓纂》（成於一九一八年）所作的序言中說：「《詩》為知天，……為孔子性與天道。比之佛法，《詩》為大乘華嚴三界諸天。若《毛傳》所言，皆屬人事，不過佛法之戒律，所謂下乘。」[160]廖平「《詩》為知天」的觀點，是以《詩緯》能理解孔子天人合德的一套內涵，為「上乘」之經解，而《毛傳》只言人事，境界自然屬於「下乘」。那麼《詩緯》有什麼具體信息讓廖平在這個時期願意如此闡揚呢？當然《詩緯》涉及漢代陰陽五行災祥的整套思維，內容包羅深邃廣大，這裡僅能就某個大體處，特別是廖平所關注的層面切入，簡明的論說。

廖平談論《詩緯》時，常提到十五〈國風〉之差異，邶、鄘、衛、王、鄭五國居中，以及十二律呂與人民情性好惡喜怒等，這些內容多來自於《詩緯》的〈含神霧〉、〈推度災〉等。在上古時期，詩歌與宗教巫卜之間仍保持著聯繫，《詩．含神霧》說「詩者，天地之心」，《詩緯》成了「天道幽微」的展現，可說是古老歷史與信仰流傳下來的變形。在這種神祕意識主導下，《詩緯》雜糅了神話傳說與陰陽學說，勾勒了一個宇宙世界圖式。在這個虛幻的宇宙圖式中，天地東西二億三萬三千里，南北二億一千五百里，天地相去一億五萬里，地下則陳列著《詩經》中〈國風〉所提到之國度。《詩．含神霧》云：

> 齊地處孟春之位，海岱之間，土地污泥，流之所歸，利之所聚，律中太簇，音中宮角。
>
> 陳地處季春之位，土地平夷，無有山谷，律中姑洗，音中宮徵。
>
> 曹地處季夏之位，土地勁急，音中徵，其聲清以急。

秦地處仲秋之位，男懦弱，女高瞭，白色秀身，音中商，其言舌舉而仰，聲清而揚。唐地處孟冬之位，得常山、太岳之風，音中羽，其地磽确而收，故其民儉而好畜，此唐堯之所起。

魏地處季冬之位，土地平夷。

邶、鄘、衛、王、鄭，此五國者，千里之域，處州之中，名曰地軸。鄭，代己之地也，位在中宮，而治四方，參連相錯，八風氣通。[161]

《詩緯》依據五行學說，於方國、十二律、五音、四時之間建立起了聯繫。例如齊在東方偏北，在五行配置中，東方屬木，春屬東方，故曰「處孟春之位」。十二律與十二月相配，太簇屬正月，正月即春，故曰「律中太簇」。五音與五行、五方相配，角屬木，為東方，與齊所在之東方相稱。其餘各國的方位與音、律的聯繫，皆依此理論推說。同時，地上的方國與天上的星宿之間，還有著玄妙的聯繫。《詩．推度災》云：

邶國結蝓之宿，鄘國天漢之宿，衛國天宿斗衡，王國天宿箕斗，鄭國天宿斗衡，魏國天宿牽牛，唐國天宿奎婁，秦國天宿白虎，氣生玄武，陳國天宿大角，檜國天宿招搖，曹國天宿

160 胡薇元，《詩緯訓纂》（清光緒至民國間刊本），廖平序。

161 安居香山、中村璋八輯，《緯書集成》，上冊，頁四六〇—四六一。

張弧。[162]這樣天上天下，萬物之間，在這個空間有序的排列之中，便構成一個天人合一的意象。[163]

再仔細分析這些地上方國的相對位置，以及上應到天上星宿的意義。《詩緯》以齊、魏、唐、秦、陳、檜、曹、豳八國居於周邊八方，邶、鄘、衛、王、鄭五國居於中心為「地軸」。所謂五國居中為「地軸」者，非僅是地域之中心，另有更深層的文化意識。蓋殷、周俱王，《詩緯》共尊之，有《公羊》家「新周故宋」之義，而王者居中，以御四方（或八方）。此義理亦築基於天上之星象，故《詩緯》以衛應天宿斗衡、鄭應天宿斗魁示北斗；以邶應結蝓之宿、鄘應天漢之宿、王應箕斗之宿以明三正，猶王者居中，授時頒曆，以為天下準，又如《史記．天官書》所謂「斗為帝車，運於中央，臨制四鄉，分陰陽，建四時，均五行，移節度，定諸紀」之意。[164]行文至此，若把《詩緯》中，〈國風〉的外圍八國與中央的五國相對位置，以及所上應的星象用示意圖呈現出來，見圖1.1：

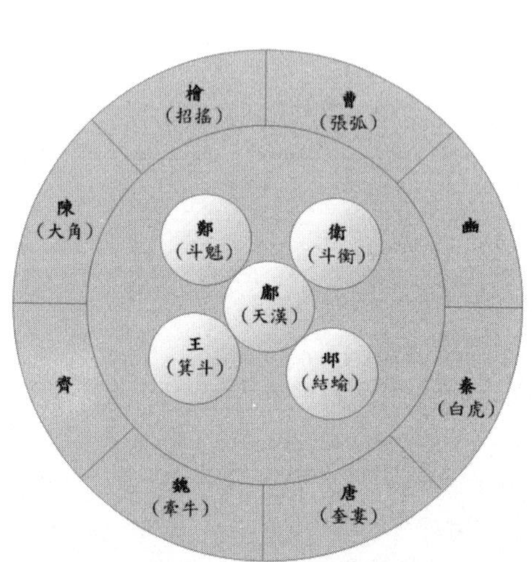

圖1.1　《詩緯．含神霧》的天人合德圖

圖1.1這個圖像更明確傳達了《詩緯》具有文化內外層次意義的，以及天人合德的宇宙世界圖式。

至於《含神霧》中提到各地的人民特性、律呂音聲，則關係到一個中央的王者如何統治之術。緯書與《齊詩》都談到《詩》有六情、十二律的問題。《春秋緯．演孔圖》云《詩》含「六情」，漢代著名的《齊詩》學者翼奉云：

> 知下之術，在於六情十二律而已。北方之情好也，好行貪狼，申子主之；東方之情怒也，怒行陰賊，亥卯主之。……南方之情惡也，惡行廉貞，寅午主之；西方之情喜也，喜行寬大，巳酉主之。……上方之情樂也，樂行奸邪，辰未主之；下方之情哀也，哀行公正，戌丑主之。[165]

162 安居香山、中村璋八輯，《緯書集成》，上冊，頁四七二。

163 劉毓慶，〈由人學到天學的《詩》學詮釋——《詩緯》詩學研究〉，《文學評論》，二〇〇五年第六期，頁一六—一八。

164 林金泉，〈詩緯星象分野考〉，《成功大學學報（人文社會篇）》，第二十一期（一九八六年十一月），頁一八六，一九〇，一九三，一九七，二一四。關於邶、墉、衛、王、鄭五國的地理位置是否接近的問題，徐公持有不同的看法，以這五國皆在黃河中游的兩岸，漢代屬河南、河內郡，確實處於「〈禹貢〉九州」的中央部位。不過，徐氏也認為地理上的說法並非《詩緯》的主要著眼點，他也以漢代學術文化的角度，指出所謂「處州之中」用意是要與五行裡居於中心的「土德」相對應。見徐公持，〈論詩緯〉，《求是學刊》，第三十卷第三期（二〇〇三年五月），頁八五。

165 班固撰，顏師古注，楊家駱主編，《新校本漢書并附編二種》，卷四十五，〈翼奉傳〉，頁三一六七—三一六八。

依翼奉之說，乃分別以六方：東、西、南、北、上、下，合以六種內在情緒：怒、喜、惡、好、樂、哀，各自對應六種外在行為：陰賊、寬大、廉貞、貪狼、奸邪、公正。這六方又各自合於所屬的音律：東方主亥（應鐘）、卯（夾鐘）；西方主巳（中呂）、酉（南呂）；南方主寅（太簇）、午（蕤賓）；北方主申（夷則）、子（黃鐘）；上方主辰（姑洗）、未（林鐘）；下方主戌（應鐘）、丑（大呂）。按照《漢書．翼奉傳》所記載的翼奉之說，「六情」是帝王面對百姓的御情之方，有利治道的王者之術，因為音律與人情相類，推律可知人之性情，即是翼氏所謂的「以律知人情，王者之祕道」。[166]因此緯書與《齊詩》皆共同談到的「六情」，是要人主能具備一套陰陽律曆之學，以作為「知下之術」，深觀民風民性之差異，用不同而靈活的方式，統理各地人民。

理解了上述的理論背景，再看看廖平三變以後的說法，更能見出其心意所在。他在寫成於光緒二十三年至二十六年間的《詩緯古義疏證．序》中說：

> 六藝皆有緯，班《志》之所謂微，魏氏以「古微」自名其《詩》說，而實未盡其義。六經以疆域廣狹言之，莫小於《春秋》，莫大於《詩》、《易》。《春秋》就禹州分中外，《書》則以五千里為主，至於《易》、《詩》則合地球五大洲言之。……以四始之例言之，木始為東帝，金始為少昊，水始為顓頊，所謂改正革命者，即羔緇之革敝又改為也。又喜怒哀樂，緯皆託之律呂聲音，不指人事。又十五〈國風〉，緯以十二月律呂，必如此而分之；又以邶、鄘、衛、王、鄭五國居中，所謂貪狼、廉貞，好惡喜怒，亦分四方五帝。考舊說，宗《緯》

者惟《齊詩》，家法久微，佚文甚少。平為此編，鉤沉繼絕，……或以其說太新，……顧、閻二家之書，身後是非定矣。[167]

綜觀廖平引文所論，在學理的繼承上，不脫《詩緯》本有的思想：居於「地軸」的王者如何統御各方不同地域民風性情之人的大一統意識，以及中央、周邊關係的方位觀具有濃厚的文化意義。唯一特殊的是，他強調孔子這個義理所對應的空間範圍是「五大洲」，居於中心地軸者為中國，未來將統理世界，也將面對世界各地不同地理的風土民情，孔子已經預知並指導了一切，只因過去地球、地理知識未明，因此古人不曾體會，現在廖平要來代替孔子發言。廖平經學三變之後，皆以疆域廣狹言六經，《詩》在三變時期是屬於表徵地球五大洲的經典，在四變以後講「天學」時，又將地球的疆域上應於天際，用《詩緯》中星象分野的理論，把地球五大洲的大疆域與文化空間秩序呈現於天上，天上地下彼此相應，這也是《詩緯》本有的天人合德思想之發揮。[168]另外，在學術史上，《齊詩》與《詩緯》是同一種思維模式下的產物，[169]因此廖平認為他所體悟到的《詩經》「微言」存在於《詩緯》中，今文《三家詩》裡宗《詩緯》者又只有《齊詩》，所以他特

166　班固撰，顏師古注，楊家駱主編，《新校本漢書并附編二種》，卷四十五，〈翼奉傳〉，頁三一六八。

167　廖平，《詩緯古義疏證．序》，收入高承瀛等修，吳嘉謨等纂輯，《光緒井研志》，〈藝文志〉，頁六四九—六五〇。

168　關於廖平的《齊詩》學、《詩緯》學以及天學理論下的《詩經》學，現今的專門研究成果還很少，較具代表性的有張遠東，《廖平《詩經》研究述評》（重慶：西南大學高校教師碩士學位論文，二〇〇八年四月），頁八—一四。

169　劉毓慶，〈由人學到天學的《詩》學詮釋——《詩緯》詩學研究〉，《文學評論》，二〇〇五年第六期，頁一九。

別突出《詩緯》與《齊詩》的價值。

廖平此時也直接批評魏源的《詩古微》，從其批評的言論也可以看到他對《詩經》的微言之體認與二變時期不同。廖平在二變時默認《詩古微》欲返回西漢尋求今文學義理的理想，而廖平此時（三變以後）雖然看似一樣的提倡今文《三家詩》，但是他批評《詩古微》「未盡其義」，即是魏源未能體會孔子最深層的「微言」是面向世界。而且，廖平視孔子微言寄託於《齊詩》與《詩緯》也表現了與魏源的歧異性。魏源為復西漢之古，要伸張《三家詩》說，因而將三家視同一家，以為各家之義並無太大分別，遂忽略了西漢時三家所以分立之由；[170]但廖平除了提倡《三家詩》，又特尊《齊詩》與《詩緯》，主因是《齊詩》與《詩緯》俱屬齊學，齊學本身有強調「大一統」的理念，正可被廖平援引作為世界大統理論的資糧。對照魏源，他並非不重視《詩緯》，但魏源之所以有取於緯書，只在於緯書的著作時代起於西漢，見識聖人本意的可能性遠大於後世的注疏，[171]他當然不可能如廖平一般將《詩緯》與地球、世界作聯繫。總之，魏源重視《三家詩》與《詩緯》的目的，是欲復西漢之古；廖平經學二變也是循著這條往上溯源的路，將重點放在對西漢東漢、今學古學的純粹學術史方面的整理、辨偽。但是三變以後，廖平把眼光放到世界，在這個意識下重視《齊詩》、《詩緯》，其出發點和目的，自然和魏源有異，也與自己二變時期不同，足見他此時要回溯的，已經不僅止於西漢今文經學，而是他心目中的「孔子」本身。

二、面向世界的《尚書》學觀

經學三變以後直到晚年，廖平對《尚書》皆延續二變的今文學觀點，強調百篇《書序》為偽，以及《尚書》未嘗亡缺之說。[172]所當注意者，是他三變以後屢稱《尚書》有「二十九篇」，對照二變時的「二十八篇」有所不同。《尚書》二十九篇之說出自《史記．儒林傳》：「秦時焚書，伏生壁藏之，其後兵大起，流亡。漢定，伏生求其《書》，亡數十篇，獨得二十九篇，即以教於齊、魯。」《漢書．儒林傳》說法與此略同。然而今文《尚書》二十八篇，二十九篇是怎麼計算的呢？劉向《別錄》與王充《論衡．正說篇》皆云〈泰誓〉後得，加上原來的二十八篇為二十九篇。但是其他的學者意見亦不甚相同。皮錫瑞舉出清代三位學者的看法：其一，今文二十九篇，當合〈顧命〉、〈康王之誥〉為一，而以〈泰誓〉當一篇者，王引之《經義述聞》是也；其二，以〈書序〉當一篇者，陳壽祺《左海經辨》是也；其三，分〈顧命〉、〈康王之誥〉為二，不數〈泰誓〉、〈書序〉，龔自珍《泰誓答問》是也。皮錫瑞本身則認同跟隨龔自珍的觀點。[173]

廖平即使三變之後不再多談劉歆造偽，不過他依然以今文學的角度認定《尚書》不曾亡失，《史記》及《漢書》記載的秦朝焚書使《尚書》有缺是被後來古文家增入的，對於所謂的二十九

170 賀廣如，《魏默深思想探究》（台北：國立台灣大學出版中心，一九九九），頁一六一—一六二。

171 賀廣如，《魏默深思想探究》，頁一一三—一一四。

172 廖平，《書經大統凡例》（一九一六年，四川成都存古書局刊），頁一 a，二五 a。

173 皮錫瑞，《經學通論》（台北：臺灣商務印書館，一九八九），〈書經〉，頁五一—五二。

篇，他也有獨特的看法。《書經大統凡例》中說：

《書緯．璇璣鈐》曰：「書者，如也。」上天垂文象、布節度，書如，天行也。孔聖作《書》，上法天道，以二十八篇取象列宿經天，顧伏生《書》二十九篇，班《志》亦云經二十九卷，大小夏侯章句及解故皆各二十九卷，蓋〈帝典〉中寓有「皇篇」（黃鎔識：乃命羲和五節），象天之北斗居中……西漢以後，乃以晚出傳說之〈泰誓〉當之，則誤也。[174]

廖平從〈堯典〉中析出「乃命羲和」至「鳥獸氄毛」一段，獨立成為一篇，自題為「皇篇」或「皇道篇」，[175]加上原來的二十八篇，為二十九篇，並指出前人所稱的「二十九篇」為二十八篇加上後得的〈泰誓〉，是不正確的。他此時特別作了《尚書今文新義》一書，全書內容僅是對〈皇篇〉的注解，可見其對於此篇的重視程度。他承續漢代今文家以《書》二十八篇法天象的二十八宿，又進一步的推尊〈皇篇〉可比擬居於列宿中央的北斗；將注解〈皇篇〉的著作命名為「尚書今文新義」，也是要藉著此篇彰顯前輩今文經師所不曾有過的見解。何謂「皇」？廖平曰「皇為天，為上帝」，「皇以天道，轉命於人」，又曰：「天道以五紀為例，《公羊》元年春，王正月，大一統也。」[176]簡單的說，就是大一統的王者受命於皇天，將以道治天下。〈堯典〉的「乃命羲和」至「鳥獸氄毛」，即廖平所謂的〈皇篇〉內容講的是帝堯命其天官觀察天象、推算曆數，目的是要頒曆、敬授民時。歷代君主，稱天治民，掌握推算天象的權力，被視為王朝統治合法的象徵；而人民接受了某朝廷所頒行的曆法，也代表奉行某家的正朔，有著濃厚的政治色彩。廖平在

〈皇篇〉闡發孔子的微言，是要以新曆頒行全球，[177]如此一來，他詮釋〈皇篇〉與整部《尚書》的理想便昭然若揭了，欲將全球一統於孔子之道的正朔之下。

其次，廖平也重新安排《尚書》的篇目次序，將《尚書》二十九篇分為《尚書》與《中候》兩部分，前者有十一篇：〈皇道〉、〈帝典〉、〈帝謨〉、〈禹貢〉、〈洪範〉、〈甘誓〉、〈湯誓〉、〈太誓〉、〈高宗肜日〉、〈西伯戡黎〉、〈微子〉；後十八篇為《中候》：〈金縢〉、〈君奭〉、〈多方〉、〈多士〉、〈召誥〉、〈立政〉、〈毋佚〉、〈雒誥〉、〈盤庚之誥〉、〈大誥〉、〈康誥〉、〈酒誥〉、〈梓材〉、〈顧命〉、〈甫刑〉、〈文侯之命〉、〈費誓〉、〈秦誓〉。[178]這個篇目的一個重要特色是對「中候」的強調與重視，「中候」一詞來自於《尚書緯》，廖平於《書中候弘道編》自序云：

> 《書緯．璇璣鈐》：孔子刪《書》，以一十篇為《尚書》，十八篇為中候，候通侯，《開元占經》引作中侯。中侯謂中鵠，孟子稱孔子集大成，猶射於百步之外，即《論語》執射之

174 廖平，《書經大統凡例》，頁一a。類似的言論，又見廖平，《書經弘道編》（一九一八年，四川成都存古書局刊），頁一a。按：《書經弘道編》又名《書尚書經弘道編》、《書尚書弘道篇》、《尚書弘道篇》。

175 廖平於《尚書今文新義》裡稱此篇為「皇篇」，《書經弘道編》中則名為「皇道篇」。

176 廖平，《尚書今文新義》（一九一八年，四川成都存古書局刊），卷一。

177 廖平，《尚書今文新義》，卷一。

178 廖平，《書經弘道編》，目錄。

> 義。經立正鵠以待後王射中，故中候乃俟後之書，託古周公、成王，推為大統。《荀子．勸學篇》：《詩》、《書》故而不切；《列子．仲尼篇》：吾修《詩》、《書》，將以治天下、遺來世。皆中候之說也。[179]

將「中候」解為「俟後」，為後世制法，意味著孔子規劃當今的世界。在這個前提下，「周公」、「成王」等角色都是經典的符號，經史有別，《尚書》的意義不在古代史事，而在於未來性上。

最後，透過廖平二變與三變以後這兩個時期對魏源《書古微》的批評比較，也可以見到廖平思想的轉變。前文已說過二變時期他指出《書古微》未注意到《史記》中的《書序》為偽的問題，到了三變時期，他轉而將焦點放在經典的「疆域」問題上，以魏源既然詮釋《書古微》，卻沒有真正明瞭「微」為「緯」，緯以輔經，緯書中有許多孔子面向世界的微言，可惜魏源的《書古微》、《詩古微》都「未盡其意」。[180]從廖平二變、三變對魏源批評的不同角度來看，二變較純粹討論今古文的學術史問題，三變以後則跳脫今古文傳統的框架，建構更具自己特色的經典解釋。

從對《尚書》的今古文觀來說，如果說廖平經學三變以後已經完全沒有今古文家派的意識，這樣的說法並不正確，因為他並沒有接受古文家的《書》缺有殘之說，仍是沿著今文家的理路繼續發揮，而且比之前更加重視屬於今學系統的緯書。我們只能說，他自謂的三變以後「不再立今古名目」，是指為學目標已經不再是專心致力於分判今古與辨偽古學，而是要回到孔子本身的

「微言」來詮釋面向世界的經學。

三、走出今古之辨後的三禮觀

（一）《周禮》非偽造，乃孔子的大統著作

如前所述，廖平經學三變後，經典上最核心的概念，就是拋開了今文、古文經學的劃分，走出了今古學的框架，這個關鍵就在於對《周禮》態度的轉變。此時不再攻《周禮》為偽，但也不是認同於古文家派以《周禮》為周公所作，而是把《周禮》「收編」在孔子的著作體系之下。廖平雖然認同《周禮》的內容，但也未盡如梁啟超所謂的自駁尊今的立場而轉向「古文學」，[181] 因為他不同於古文家的認同周公之地位，而且他以孔子為至尊的立場始終沒有改變。不論是經學二變或三變，廖平之於《周禮》的學術，始終都存在一個要試圖去解決或解釋的問題，即是《周禮》與〈王制〉不合，並且於史無據的問題。在經學二變時期，廖平跟隨今文經學的路線，將這個現象理解為《周禮》是劉歆所造的後起之書；到了經學三變時期，由於意識到海外開通，世界遼闊，《周禮》中的九服之制，超過中國的疆域甚大，正好可成為將孔子經典與世界／地球作聯繫的契機，因此在選擇接受《周禮》之際，也同時要重新去詮釋何以《周禮》的制度與〈王制〉

179 廖平學，黃鎔筆述，《書中候弘道編》（一九二一年，四川存古書局刊本），頁一a。
180 廖平，《詩緯古義疏證．序》，收入高承瀛等修，吳嘉謨等纂輯，《光緒井研志》，〈藝文志〉，頁六四九—六五〇。
181 梁啟超，《清代學術概論》（台北：臺灣商務印書館，一九九四），頁一二七。

或其他典籍不合的問題，他此時有了完全不同於二變時期的看法。在曹立三為廖平《周官大統義證》一書所寫的序文中說：

> 四益先生《古學考》以《周官》為《逸禮》，經莽歆改竄而成。丁酉（筆者按：光緒二十三年）以後，乃以為海外大統之書。〈大行人〉以九千里開方為九州，正合鄒衍九九八十一州之說。……諸侯五等封建大於〈王制〉，與《孟子》、《左傳》不合，故以為海外之制。……以《周官》證之小統，固未免矛盾，求之大統，則若合符節。平既於六藝中分二派，大統典制則以《周禮》為歸，大統之有《周禮》，亦如小統之有〈王制〉，……以為將來治海外之典章。[182]

曹立三於此序文說明廖平對《周禮》制度的合理與否有前後不同的解釋。在經學三變後，廖平承認了《周禮》中不同於〈王制〉、於古無據或不切實際的制度（如九服疆域過大），他的處理方式是將孔子的制度分為〈王制〉的「小統」與《周禮》的「大統」，分別治理中國一隅以及未來整個海外。兩種制度既然並存，就解決了《周禮》及〈王制〉的矛盾以及真偽問題。因此諸如《周禮．大行人》的九服之制，經學二變時期認為是劉歆因著漢朝疆域廣大而改之，[183]到了三變時期則理解為孔子的未來治理海外之制；又如《周禮》中的諸侯五等封建大於〈王制〉的制度，與《孟子》、《左傳》等古籍記載不合，經學二變時視之為劉歆所增，到了經學三變則認為是孔子的大統之制。所以此時《周禮》不再是劉歆羼改《逸禮》所成，而是孔子親自制作的經典了。

值得一提的是，廖平能夠承認《周禮》一書，除了政治時局刺激的外在原因以外，另從廖平學術的發展脈絡，以及與其他今文學者的比較上，或許也能看到他最終能接受《周禮》的一些端倪。首先，談廖平對《逸禮》的看法。今文學者如邵懿辰、康有為都視《逸禮》為劉歆偽造，惟獨廖平相信真有孔壁《逸禮》的存在，是《禮經》／《儀禮》之「傳」，仍具有某種程度的價值。廖平經學二變時以《周禮》的底本是《逸禮》，劉歆在《逸禮》中擅自增入者僅千餘字而成《周禮》。另觀康有為，他沒有視《周禮》源自《逸禮》，對康氏來說，《逸禮》、《周禮》兩者都是劉歆分別徹底的造偽。如此一來，廖平和康有為對《周禮》本質的認定就有差異：康有為是一竿子打翻《周禮》的內容，而廖平即使是在批判《周禮》為劉歆所羼亂的經學二變之際，仍承認其底本《逸禮》具有真實性，代表他不是徹頭徹尾的排斥整部《周禮》的內容。[184]這也不自覺的為他自己後來接納《周禮》亦是孔經的論點埋下了一個較能夠轉寰的餘地。

經學三變後，《周禮》雖然已經沒有作偽的問題了，但廖平仍必須解釋為何前人未曾知曉《周禮》是孔子的著作，以及何以歷來學者不懂《周禮》是規劃未來海外的經典之原因，他把這個咎責歸諸於後世注解《周禮》的鄭玄身上。

---

182 曹立三，〈周官大統義證序〉，收入高承瀛等修，吳嘉謨等纂輯，《光緒井研志》，〈藝文志〉，頁七〇五—七〇六。

183 廖平，《古學考》，《廖平選集》，上冊，頁一三七。

184 廖平於《古學考》中曰：「《周禮》真古書，真者多，偽者少。劉歆刪去博士名條，參以臆說，以至真偽相雜，彼此兩傷。今刪去劉說，據博士明文以補之，則針芥相投，合之兩美，以復《逸禮》舊觀。」見廖平，《古學考》，《廖平選集》，上冊，頁一五一。

廖平指出，鄭玄一生以自己所曲解的《周禮》制度遍說群經，是巨大的謬誤，然而六朝以後經學以鄭注盛行，無人能質疑此種學術上的權威。到了近代的李兆洛、魏源，站在今文經學的角度攻擊鄭玄淆亂今古文家法，但廖平認為這樣的批評仍失之淺薄，沒有打中鄭玄解經過誤的要害。[185]廖平認為鄭玄解《周禮》的失誤有二，第一是以《周禮》為周公所作，第二是「以時制說經」，把《周禮》當成了周代的典章制度，兩者都是沒有體會到孔子為後世制法的用心，尤其是不能理解孔子面向「地球」的觀念。例如《周禮》的「地中」一詞，表天下之中，鄭玄解為當今洛陽附近的穎川陽城，廖平則批評鄭玄誤把中國當成了天下，才會把中國之「中」的穎川陽城當成天下之中，其實《周禮》的「地中」（天下之中）意指整個地球之「中」。[186]

對於《周禮》態度的轉變，廖平在光緒二十三年經學三變後，曾有回顧性的言論簡要交代此一轉變歷程，自謂在光緒十二年之後（即進入經學二變之際），力攻《周禮》內容，與專治《周禮》的宋育仁觀點不同，相持不下，後來逐漸領悟過往的攻擊並非正確。到了光緒二十三年，經學三變前夕，一再與宋氏討論切磋，終於決定將《周禮》歸於至聖孔子的著作；自謂以往認為《周禮》不能通解之處，是經文本身有問題，後來改歸於後世注釋者如鄭玄、賈逵者的誤解。所以「昔之所疑在經，今之所攻在說」，從此以後「不再立今古名目」。[187]這誠然是廖平學術上的一大轉折，因為經學二變的「尊今抑古」，立基點就在於劉歆以其所偽的《周禮》制度遍說群經，一旦《周禮》不再為偽，整個「偽古學」存在的基礎就根本動搖了。

康有為在民國六年的〈重刻偽經考後序〉中，曾對廖平於經學三變後承認《周禮》的立場給予嚴詞批評：

今世亦有好學深思之士，談今古之辨，或闇有相合者。惜其一面尊今文而攻古文，一面尊信偽《周官》……，矛盾自陷，界畛自亂，其他所在多有脈絡不清、條理不晰，其為半明半昧之識，與前賢雜糅今古者無異。何以明真教而導後士！或者不察，聽其所言，則觀其尊偽《周禮》一事，而知其道不相謀，翩其反而也。[188]

在近代學界多有以康有為思想係受廖平啟發者，廖平自亦堅信如此，但是康有為始終深諱之，[189]只說廖平在談論今古之辨時，與自已的持論「或闇有相合者」。接著，康氏話鋒一轉，對廖平三變以後闡發《周禮》為孔子經典的說法大加反駁，斥之為混亂今古文理路，自陷矛盾的境地。在此不討論學術上的是非，重點是從這段文字可以看出，廖平從經學三變以後，與康有為最大的分歧所在。同樣是以尊孔為旗幟的康有為，或是後來的今文經學家崔適，繼續走的是辨偽古文的道路，但廖平已經不再立今古名目，為學重點轉向了建構以孔子之道居地球之「中」的大統理論，

185 廖平，《周禮鄭注商榷．序》，收入高承瀛等修，吳嘉謨等纂輯，《光緒井研志》，〈藝文志〉，頁七〇七—七〇八。

186 曾子俊，〈官禮驗推補證序〉，收入高承瀛等修，吳嘉謨等纂輯，《光緒井研志》，〈藝文志〉，頁七〇二—七〇三。

187 廖平，《古學考．跋》。與宋育仁商議《周禮》的過程，又見廖幼平編，《廖季平年譜》（成都：巴蜀書社，一九八五），頁五三—五五。

188 康有為，〈重刻偽經考後序〉，《新學偽經考》，頁四〇一—四〇二。

189 康有為與廖平的學術關係，以及兩個當事人如何看待這個問題，可參錢穆，《中國近三百年學術史》，頁六四四—六四九。

這關鍵的起始在於對《周禮》態度的轉變。

（二）不再對《儀禮》多做闡發

在經學二變時期，廖平站在今文家的立場，大力推尊邵懿辰《禮經通論》的經典完備之說，而且承繼漢代今文家的想法，要以《儀禮》／《禮經》取代《周禮》。然而經學三變以後，轉而承認《周禮》是孔子的著作，因此也不再談劉歆偽造古文的問題了，此時廖平幾乎沒有《儀禮》的相關著作，對於邵懿辰的說法，態度也是曖昧不明的。例如他依然認定《尚書》不曾因秦火而亡失，《樂經》存於《詩經》之中，也不認同《毛詩》，這些似乎都是跟隨邵氏的經典完備之說；然而認同《周禮》一經，已與邵氏的聖人之禮僅存於《儀禮》十七篇的說法完全相背。由於廖平的為學目標已經不再是分判今古與辨偽古文了，對於二變時被他援引以佐證古文不可信的《儀禮》便不再多做發揮，也是勢所必然的。

（三）大、小統視域下的兩戴《禮記》

廖平看待大、小戴《禮記》，也歷經三次的變更，前兩次是站在分判今古文經學的角度，第三次則是跳出了今古文意識的框架。他此時所關注的，是如何用經學安排中國與世界，從這個角度出發，提出了《小戴禮記》與《大戴禮記》內容的根本區別，在於小統與大統的差異，例如他於《周禮兩戴大小統考．序》云：

> 考《周禮》大統海外諸說，文不見於《小戴》，而《大戴》則俱有之。如〈盛德〉篇之六官，〈朝士〉篇之典禮是也。考大、小兩《戴》，舊說皆以為叔姪，今細案按其書，凡言王道者入《小戴》，言帝道入《大戴》。（廖平自注：如〈五帝德〉、〈帝繫〉、〈主言〉篇、〈盛德〉、〈誥制（原作「志」）〉、〈朝士（原作「事」）〉、〈曾子〉十篇、〈易本命〉、〈本命〉為大統……）《小戴》惟〈郊特牲〉言大同帝道，然仍以王道禮制為主。（廖平自注：是《兩戴記》之分，一如《周禮》大、小名官，以大、小二字為題目。）今平特撰此書，專辨此義，其中雖小有出入，然無害大體。[190]

廖平的《周禮兩戴大小統考》一書今未見，僅存序文，有可能原書已佚，也有可能並不曾完成這本著作。雖然現今未見到他對兩戴《禮記》各篇內容的具體發揮，不過從引文中，他所提到的《大戴禮記》內容解說，大概可以約略體會到他所謂大統的共通性特色。例如〈五帝德〉提到上古五帝的盛世景象，四海之內，莫不賓服；〈盛德〉論王者之德；〈主言〉以王者若有德，則蠻夷諸夏「雖衣冠不同，言語不合，莫不來至，朝覲於王」；〈朝事〉論天子以禮朝諸侯之事，各方諸侯依其尊卑親疏，定其位次，以及天子如何撫四方，使四方歸附於天子之德；〈誥志〉、〈本命〉、〈易本命〉都提到王者應法天時、順陰陽以布政，[191]廖平把這些都歸於世界一統時，王者所

---

190 廖平，《周禮兩戴大小統考．序》，收入高承瀛等修，吳嘉謨等纂輯，《光緒井研志》，〈藝文志〉，頁七一五—七一六。

191 王聘珍，《大戴禮記解詁》（台北：文史哲出版社，一九八六），頁五，一二五，一四二，一八〇，二二五—二三九，二五〇—二五二，二五六—二六〇。

應具備的德政與結果。當然，以大、小戴《禮記》分別隸屬於大、小統的說法完全沒有客觀學理上的依據，純粹是個人附會的一家之言。

四、面向世界後的《春秋》三傳觀

（一）特重齊學的「大一統」思想

1. 發揚「恢宏」的《公羊》解經風格

經學三變後，廖平對《春秋》之傳的看法又有新的詮釋。此時他特別推崇《公羊》，重點在於對「大一統」之義的發揮：

> 經學傳於齊、魯，魯學謹嚴，《穀梁》、《魯詩》篤信謹守，多就中國立說。齊學恢弘，《公羊》與《齊詩》多主緯候，詳「皇帝」大一統治法。……鄭君所云，《穀梁》善經，《公羊》善讖。[192]

引文指出魯學《穀梁》解經謹嚴，篤守經學本身的文義，齊學《公羊》解經風格恢弘，重視發揮讖緯內容，能闡明孔子「微言」的一面，鄭玄的「《穀梁》善經，《公羊》善讖」一語可以說明這種情形。在經學三變以後，廖平將孔子經學學說內容分為大、小統，分別規劃中國與世界，他也依著《穀梁》魯學「謹嚴」，《公羊》齊學「恢弘」的不同解經風格，劃分《穀梁》為中國小統的學說，《公羊》為世界大統的學說，尤其《公羊》「大一統」的理念，是廖平要強調的重點，認為這是孔子傳達整個世界一統的微言所在。

《公羊傳》明揭「大一統」一詞，既然被廖平當作孔子預知整個世界的「微言」，他在學術上就要說明齊學《公羊》大一統所指涉的範圍，是當今的地球與世界，他處理的方式，就是讓齊學《公羊》與倡「大九州」說的鄒衍產生學說上的聯繫。在廖平學術的脈絡下，遊學於齊地，承繼孔子大統思想的鄒衍，傳海外「大九州」之學，與同屬於齊學的《公羊》家法同源，那麼《公羊》的「大一統」指的也是今日地球的「大一統」。

2. 承認與肯定《春秋鄒氏傳》為《公羊》別派

廖平經學三變以後對「大一統」這個概念及對齊學與《公羊》的重視，還可從他對《漢書·藝文志》中的《春秋鄒氏傳》一書態度的轉變看出端倪。《漢書·藝文志》著錄《春秋鄒氏傳》、《春秋夾氏傳》，廖平在二變時期否認此二家的存在，視為劉歆為攻西漢博士家法而偽造。到了三變時，廖平對於鄒、夾二氏的態度，是不再提夾氏，但對於《鄒氏傳》則轉而承認與肯定。他在《大統春秋公羊補證》中說：

192 廖平，《大統春秋公羊補證》，〈凡例〉，頁一b。

〈藝文志〉有《鄒氏春秋》。〈王吉傳〉，初好學，通五經，能為《鄒氏春秋》，上疏曰，《春秋》所以大一統者，六合同風，九州共貫也。……董子曰，《春秋》大一統者，天地之常經，古今之通誼。與吉說同。[193]

《漢書．藝文志》著錄《春秋鄒氏傳》十一卷，此書在古籍中罕有提及，較具體的線索是在《漢書．王吉傳》，記載「（王）吉兼通五經，能為《鄒氏春秋》……」，[194]又王吉在漢宣帝時曾上疏曰：「《春秋》所以大一統者，六合同風，九州共貫也。」[195]王吉學《鄒氏春秋》，又主張《春秋》「大一統」的重要性，廖平依此認定《鄒氏春秋》的性質類同於《公羊》；從另一面來說，他會承認此書的價值，也就在於它具有「大一統」的理念。廖平又把《鄒氏春秋》同《公羊》齊學與鄒衍連繫起來：

按班言，吉通《鄒氏》，考鄒衍遊學於齊，《公羊》為齊學，鄒子著書，驗小推大，言海外九州六合內外，……非如魯學謹嚴，專詳小統。是鄒氏即衍，《公羊》為本師，鄒氏則一家之別派。[196]

由於《鄒氏春秋》同於《公羊》都講「大一統」，所以廖平認為它與《公羊》一家，是《公羊》的別派，事實上，並沒有明確的線索可以證明兩者有相同的淵源。[197]廖平也論到《鄒氏春秋》的作者問題。此書題為「鄒氏」，顯然作者為鄒姓。《史記．孟子荀卿列傳》說「齊有三鄒子」，最早的是鄒忌，在孟子之前；其次是鄒衍，在孟子之後；再後是鄒奭，「頗采鄒衍之術以紀文」，似乎是鄒衍學術的追隨者。清代的沈欽韓在《漢書疏證》中說：「齊有三鄒子，莫知為誰？」[198]以此書作者是齊的三鄒子之一，但不確定為誰。廖平認定是鄒衍，因為在廖平的學術脈絡下，孔子之學傳於齊、魯，鄒衍遊學於齊，故與《公羊》同一家派，更重要的是他倡海外「大九州」說，應是承繼孔子的微言，詳「全球大一統」的治法；那麼與《公羊》同為一家的《鄒氏春秋》自然應屬於鄒衍的作品了。

從經學一變到三變，廖平對《公羊》、《穀梁》態度的消長，也可以看到他思想轉變的過程。一變時期以為《公羊》齊學參用古學，不如魯學正宗；二變以後，認為漢末劉歆以前沒有古學，故《公羊》也是純今學，同祖孔子，因此「不尊魯而薄齊」，所以《公羊》的地位提升了，與《穀梁》等同。但此時認可《公羊》的主因，純粹是站在今古文經學的角度思考。經學三變

193　廖平，《大統春秋公羊補證》，卷一，頁三a—三b。
194　班固撰，顏師古注，楊家駱主編，《新校本漢書并附編二種》，卷七十二，〈王吉傳〉，頁三〇六六。
195　班固撰，顏師古注，楊家駱主編，《新校本漢書并附編二種》，卷七十二，〈王吉傳〉，頁三〇六三。
196　廖平，《大統春秋公羊補證》，卷一，頁三a—三b。
197　王葆玹就曾說，王吉提到「大一統」，往往使讀者想到《公羊傳》，而其實王吉的「大一統」只能是以《鄒氏傳》為依據，因為他沒有傳習過《公羊傳》，所以《鄒氏傳》與《公羊傳》未必有相同的淵源。見王葆玹，《今古文經學新論》，頁二三九—二四〇。
198　沈欽韓，《漢書疏證》（光緒二十六年季孟冬，浙江官書局刊），卷二十四，頁五七。收入《續修四庫全書》（上海：上海古籍出版社，一九九五—二〇〇二），第二六六冊，頁六六七。

後，是更為重視屬於齊學的《公羊》，因為此時廖平的心思放在如何將經典與整個世界結合；誠如廖平自己說的，齊、魯相較，魯學謹嚴，而齊學多含讖緯，解經恢弘不拘守，又強調「大一統」，這正好提供廖平發揮「孔子」世界一統理論的資糧。在同一理念下，他認同了二變時否定的《鄒氏春秋》，以鄒氏為鄒衍，雖然在純學術的推理上不無價值，但是他背後有一個主要的目的導向：要把鄒衍的大九州說與孔子、《春秋》及世界「大一統」連繫起來，這些都是他發揚齊學的動機；與前二變的立場重在今古之辨有很大的不同。

（二）繼續會通三傳，並加強孔子與《左傳》的聯繫

清代中葉，在今古文論爭的激辯中，有一個很重要的焦點，就是被多數學者視為「古學」的《左傳》之真偽問題。具體的爭論，主要放在《左傳》的成書淵源、解經與否，以及與漢代劉歆的關係上。廖平處在這種時代學術氛圍下，經學前二變的學術基調，就是今古學的思辨，他的《左傳》學研究也是其中的一環。

廖平經學三變以後的《左傳》學，主要是致力於三傳會通之上。在討論具體內容之前，我們需先注意他在一、二變時如何看待三傳的始師問題。《左傳》的始師是私淑於孔子的魯君子左丘明，依著《春秋》作《左氏春秋》保存大義，左氏弟子再編年說經；《公羊》、《穀梁》的始師是子夏。雖然子夏與左丘明，一是親炙於孔子，一是私淑於孔子，仍有些許的差別，但三傳都是傳孔子的微言，不必自分畛域。廖平關於《左傳》解經、成於先秦以及三傳會通的看法，基本上都已經定型於經學前二變，終生未曾轉變。不過三變後，廖平仍然繼續他會通三傳的努力，並沒有

就此停住。

經學三變後，他新的《左傳》相關著作只有兩部，但是甚具代表性，兩者都成於經學五變時期：一是光緒三十五年刊行的《左丘明考》，二是成於民國六年的《春秋三傳折衷》。《春秋三傳折衷》顧名思義已可理解，不再贅述；在說明《左丘明考》一書的意義前，必須一提的是，廖平在之前論《公》、《穀》淵源問題時，以聲韻學的考證方式指出「公羊」、「穀梁」雙聲疊韻，是對子夏姓名「卜商」讀音的不同而造成的轉音之訛，實則兩者均指卜商，即子夏一人，所以《公》、《穀》同源，均傳自子夏。[199]在《左丘明考》中，廖平接續這樣的思路考證，以左丘明為卜商（子夏），因為「明」與「商」、「羊」與「梁」同音，「左丘」即「啟予」，所謂「左丘明」就是「啟予商」；左丘喪明，即子夏喪明之事。因此「左丘明」在廖平的筆下，由一變時期私淑於孔子的博雅君子，到最後成了親炙於孔子的子夏。他要說的是，《左傳》也是孔子思想的嫡傳，三傳同出一師，與孔子的關係也更接近。他於光緒二十七年以前（三變時期）改定的《知聖篇》中，已經有這樣的看法，到光緒三十五年正式撰成專著刊行。[200]廖平的考證當然缺乏客觀性可言，但說明了三傳同傳孔子微言是他歷久彌堅的信念。

廖平後來還有愈來愈重視《左傳》的傾向，例如他在民國二年（五變時期）曾言：「三傳《公》、《穀》詳於經例，而邦交政事不如《左傳》之詳明，故三傳之中，尤以《左傳》為切

199 廖平，《何氏公羊解詁三十論．傳有先後論》，《廖平選集》，下冊，頁一六八。
200 廖幼平編，《廖季平年譜》，光緒三十五年。

要。」[201]足見重視《左傳》的角度，是將它與當今國際的邦交政事連繫在一起思考的。

總之，廖平對三傳與孔子關係的詮釋，愈到後來結合得愈緊密，如此一來，對三傳的發揮就愈能傳達「孔子」的思想。雖然經學三變以後為了要詮釋世界大一統，把焦點放在有相關思想的《公羊》之上，但是基於三傳皆出於孔子以及可以互通的認知上，廖平往後的《春秋》著作內容往往有著三傳的概念交融互滲的狀態，這也是談到他三變以後至晚年的《春秋》學需要先了解的。

小結

廖平從經學一變到三變之後的轉折，透過本章的分析，可以看到其中所呈現出來的幾個特色，以及所欲解決的問題，以下分為幾點作為總結。

第一，從本章可以看出廖平與常州今文學派之間的離合。廖平在經學一變之前，在尊經書院已接觸了常州今文學者的學說，但他當時對於今古文相互攻擊的學風未能心服，思欲走出一條較持平的道路，故有經學一變「平分今古」的產生。然而在感受到古文學授受源流不明的情況下，促使他回過頭來認同常州學派辨偽古文的諸多理論，並更進一步的推向極致，因此經學二變之後的廖平，被當世或後世的學人視為今文經學的集大成者。但即使是在二變全面攻駁古文的過程中，廖平也有全然不同於常州學人的重要觀點。例如視《逸禮》曾真實的出於孔壁中，並非劉歆所偽造，這與邵懿辰的立場相反；並且廖平還認為《逸禮》是劉歆援引來作偽《周禮》的底本，偽《周禮》的底本既然是真古籍，無形中就為自己日後接納《周禮》埋下了伏筆。其次，他視《左傳》解經、為今學，且未經劉歆的更動，也與常州今文大將劉逢祿以《左傳》為古學、不解經，本屬史學性質，且經劉歆竄亂的觀點迥異。從這些地方來看，即使是二變極力尊今意識下的廖平，與另一位今文學的集大成者康有為相較之下，康有為其實更遵信常州學派的理路。因此本章也發掘了被過去講論清代今文學學術發展史的大敘事下隱沒了的一些學術史視角。

第二，本章釐清了廖平經學三變以後對待今古文態度的問題。康有為、梁啟超曾說廖平三變以後自駁尊今的立場，淆亂了今、古文的界限。康、梁說對了一部分的事實，因為廖平接納了原本二變時被他視為古文群經制度所本的《周禮》，使得原來古文群經存在的理論失去了依憑，因此廖平自謂從此「不再立今古名目」。然而這並不代表他此後便能同時接受今文經學與古文經學。首先，廖平接納《周禮》是把它當成孔子的著作，與古文家的尊為周公之典並不同調。其次，廖平從三變以後對《詩經》的態度，仍是以孔子的微言僅寄託於《三家詩》；《尚書》方面，他仍然堅定的延續二十八篇為備之說，只是從〈堯典〉中析出「皇篇」成二十九篇，基本上都是今文經學路數的發揮，而且更重視接近今文系統的緯書。所以如果一味說經學三變以後已經「淆亂」或是泯除了今古文家派的意識，這樣的說法失之籠統，也未必正確，只能說他自謂的「不再立今古名目」，是指為學目標已經不再是專心致力於分判今古與辨偽古學了，而是把焦點轉向經學如何詮釋世界的方向上。

201 廖平，〈大同學說〉，《中國學報》，第八期（一九一三年六月），頁一一—一二。

第三，本章分析出在廖平的學術歷程上，從經學一變到三變後，「孔子」與經、傳的關係愈來愈緊密，地位也愈崇高。在一變的「平分今古」時，以孔子早晚年學說之差異來分別今古，雖然主體都是孔子，但畢竟早年是「從周」思想，「周公」在經學中還有某種程度的地位。二變之後，整個經學都是孔子的創制，「周公」已經消失無存。到了三變後，孔子地位的重要還表現在其與各經、傳關係的更加緊密上。例如一變與三變均認同《周禮》，但是一變時認為《周禮》是燕趙地區的後學接受了孔子早年思想而產生的著作；三變時則以《周禮》是孔子親自撰寫的大統制度之作。又如《左傳》，一變時視為私淑於孔子的博雅君子左丘明所作，與子夏所傳的《公羊》、《穀梁》來源不同；二變之後則強調三傳同源於孔子，將《左傳》與孔子的距離拉近了一步；五變後又考證左丘明等同於子夏，於是《左傳》由原本私淑於孔子的後學之作成了孔子的嫡傳之作。如此一來，孔子與經、傳的關係愈緊密，廖平對經、傳的發揮就愈能代表自己所傳達者為孔子的思想，而孔子的神聖性又從而更加的提高。

第四，本章呈現了廖平經學三變之後論學風格、方向與前期的差異。前兩變論辨今古的過程，學術史意味濃厚，且不失嚴謹；三變以後的學術史味道轉淡，成了以己意說經的特色。例如從他不同時期對魏源《詩古微》、《書古微》的態度，亦可見到其論學格調的轉變。廖平在二變和三變時期都面對了魏源的《詩古微》、《書古微》，然而二變時期是站在默認肯定魏源捍衛西漢今文學的前提下提倡《三家詩》與今文《尚書》，至於批評《書古微》只是認為魏源辨偽得不夠徹底，不知百篇《書序》也是偽造；這是廖平立基於漢代今文學的一套背景所繼續開展出的學術史論點。到了三變時期，廖平批評《詩古微》、《書古微》的原因，則是以魏源不知《詩》、《書》

所詮釋的疆域是整個世界，沒有明瞭孔子的本意；這是廖平直抒胸臆的說法。從這一轉折也可見到他已不措意於漢代複雜的今古文學術史問題，而是要向上追溯到他心目中孔子本身的「微言」，也造成了解經的任意性，這是三變以後的論學特徵。

第五，齊學的價值在三變以後被特意的重視與強調。在經學一變時，廖平並不太欣賞齊學，除了認為齊地接近燕趙，滲入古學的內容，因而駁雜不純外，還有另一個原因是齊學沾染了齊俗「喜誇好辨」之風，「不肯篤守師說」，因此以《春秋》來說，他當時推重的是說經矜慎的魯學《穀梁》，稍抑齊學《公羊》。二變時期因以古學為劉歆所偽造，不存在於先秦，因此齊學《公羊》便沒有摻雜古學的問題了，與《穀梁》同屬今學正宗，於是「不尊魯而薄齊」，所以齊學地位提升了，與魯學平等。而廖平特有意識的發揚齊學是在三變之後，此時他以大、小統說經，依著《穀梁》魯學「謹嚴」，《公羊》齊學「恢弘」的不同風格，劃分《穀梁》為中國小統的學說，《公羊》為世界大統的學說。尤其《公羊》以具神祕性的讖緯解經，以及「大一統」的理念，都被援引轉化解釋為孔子規劃世界微言的重要內容，地位明顯超過了魯學《穀梁》；另外，在今文《三家詩》中，廖平三變以後也最推崇《齊詩》，道理也是類同的。因此齊學的重要性與世界大統的理想密不可分，這是廖平三變以後至晚年學術內容中不可忽視的一環。

以上略述了本章的要點，在以下的各章節中，主要探討廖平經學三變以後如何以經學回應整個時代，都是立基於本章的內容與結論作為學術背景概念繼續開展。那麼，廖平在三變以後「不立今古名目」，走的卻又是接近今文學的通經致用理路，他仍可以被視為是一個今文家嗎？根據蔡長林先生的研究，清代今文經學派的發展可以歸納出兩個面向，一者可稱為「偏向考證的（學術的）今文學」，另一則可稱為「偏向義理的（政治的）《公羊》學」。今文學風格的基調是以考證方式研究今文經典，學術性格是考證的、學術的；《公羊》學風格的基調是來自於儒學經世傳統的要求，學術性格是義理的闡發，重視今文的《公羊》，但在經世的前提下，不絕對拘守今、古文的分際，與今文學風格「復西漢之古」的學術目的仍有所不同。[202]若考究廖平的學術性格，經學二變可說是接近於今文學風格，而三變以後則傾向於《公羊》學風格，此時廖平以來自《公羊》學的素王改制作為根本理念，關心的是如何詮釋出孔子王心的微言大義情懷，並據以回應內部和外部的挑戰。清中葉後的《公羊》學者還有一個特性，就是好以《公羊》大義範圍群經，[203]廖平三變之後遍說群，經常以《公羊》的大一統、內外觀貫通之，也是此一情況的體現，因此筆者認為可將其歸屬於今文學派中的《公羊》學風格一系。

202 蔡長林，《論崔適與晚清今文學》，頁二七—六四。

203 陸寶千曾說：「清儒之治《公羊》學者，有一根本觀念：孔子既作《春秋》，則其他經書曾經孔子之手者，亦必有微言大義存焉。」見陸寶千，《清代思想史》（台北：廣文書局，一九八三），頁二四八。又關於清代群經大義的《公羊》化，可參見張廣慶，〈清代經今文學群經大義之《公羊》化——以劉、宋、戴、王、康之《論語》著作為例〉，收入《經學研究論叢》，第一輯（台北：聖環圖書公司，一九九四），頁二五七—三二二。

第二章

讓孔子走入新世界

由第一章的論述可知，廖平在光緒二十三年，即經學三變以後，其學術路向進入了一個自身的「轉型」階段，從今古文經學之辨到將經學結合整個世界視野的詮釋。傅斯年曾說清季能夠成為「中國近代文化轉移的樞紐」的主要依據，一是傳統的「古文學今文學已經成就了精密的系統，不能有大體的增加了」。二是「西洋學問漸漸入中國，相逢之下，此消彼長的時機已成熟了」。[1]對照廖平的情況來看，他在前兩變時期已將今古文經學研究到了一個極致，幾乎做了學術上的總結，此時又面臨甲午戰敗，更促成為學方向的轉變。當然這裡必須補充說明，廖平在分別今、古文時，也非僅限於學術本身的鑽研，仍有對時代的關切在其中。例如《今古學考》卷下曾云：「春秋時有志之士皆欲改周文，正如今之言治，莫不欲改絃更張也。」[2]將研治經學與改弦更張相連繫即是他個人的心意。再看其初作於光緒十四年、經學二變時期的《知聖篇》內容，將《今古學考》已屢言的孔子改制之事推到頂點，故孫春在認為像《今古學考》、《古學考》這些看似純學術的著作，其實都表現了廖平在甲午戰前已有用世之心，是《公羊》學者急於救時的產物。[3]或許有人會質疑廖平從經學一變以來的著作多是擴及群經，並不專論《公羊》，以「《公羊》家」視之是否妥當？在本書第一章的小結末尾，曾簡單提過廖平經學三變以後是一個「《公羊》學風格」鮮明的學者，而若從經學一變開始便稱他為《公羊》家，也是沒有疑義的，因為「六經皆孔子作」是來自《公羊》學者的定見，再者，貫通廖平從經學一變以來的學說最重要概念——素王改制，更是漢代《公羊》學的非常異義。因此要了解甲午戰後，廖平何以能順理成章的將經學與世界接軌，關鍵就在於對素王改制的認知與進一步發揮，在此先對這個概念做簡要的敘述，再討論其甲午戰後對新世界觀的建構。

孔子素王改制的說法源於董仲舒的《春秋繁露》，該書的〈楚莊王〉、〈玉杯〉、〈三代改制質文〉、〈符瑞〉等篇中一再提到孔子受命於天，為繼周者立新制度。西漢末年的讖緯神學更把孔子從出生、形貌到著《春秋》都逐一塗抹上天命的色彩。東漢何休注《公羊》，又援引讖緯的神祕思想，全面地論述了素王改制說；在漢代，這套說法是《公羊》學者用來論證孔子為漢制法的理論依據。到了晚清，廖平的業師王闓運在其重要著作《春秋公羊傳箋》中，首先提出孔子並非僅為漢代制法，而是為萬世制法的理論，[4]它對廖平產生了直接的影響，促成廖平在甲午戰後把孔子形塑成一個無所不知、無所不能，具有當今世界的眼光，甚至能規劃全球未來發展的人天至聖。

使廖平論學格調轉向不再拘於今古學的甲午戰後思潮，是什麼樣的情形呢？一八九五年後，中國真實的面臨了兩千年來未遇之巨變。戰前的清末知識分子並未失去對傳統思想的信心，但是近代中國不斷受西潮的蕩擊，在物質和文化的中西競爭中節節敗退，從甲午戰爭到戊戌維新前後，逐漸形成了尊西崇新的大勢。在具體的求富強層面上，輿論開始流行中國學術已經「無用」，應東之高閣，轉而更全面地學習西方的政藝之學。[5]同時文化方面也陷入了前所未有的

1 傅斯年，〈清代學問的門徑書幾種〉，《新潮》，一卷四號（一九一九年四月），收入婁子匡校纂，《景印中國期刊五十種・第八種》（台北：東方文化書局，一九七二），頁七〇一—七〇二。

2 廖平，《今古學考》卷下，《廖平選集》，上冊，頁八五。

3 孫春在，《清末的公羊思想》（台北，臺灣商務印書館，一九八五），頁七八—八〇，八七，九八—一〇四。

4 魏綵瑩，《世變中的經學：王闓運《春秋》學思想研究》（台北：花木蘭出版社，二〇一二），第四章。

5 羅志田，《裂變中的傳承：二十世紀前期的中國文化與學術》（北京：中華書局，二〇〇三），頁一二—一三，三三。

困境，一部分中國士紳意識到中國面臨的挑戰不僅是一個社會政治問題，而且是宗教與文化問題，因此除了保護中國作為一個社會政治實體外，還必然產生如何保留中國文化認同的問題。[6]在此種心理危機中，於學習、接受西學與如何保留傳統的矛盾之際，也激活了他們半隻腳踏出傳統，另尋思想資源的欲望。[7]甲午戰後的知識分子，即使是傳統教育下的文化人，都很關心外面世界的情形，思考面也不再限於經學內部，對於當時所能接觸到的西學幾乎都有探究的興趣，並在其本有思想中加以容納。以上這些十九世紀末葉的文化人所具有的特色，也刻印在廖平甲午戰後的學思歷程中，尤其是晚年回顧自己經學產生三變的契機，令他記憶猶新的刺激仍是看到嚴復所說的：周公、孔子無法預見地球開通後的局面，其道已經過時了，[8]然而廖平站在一個中國文化本位的角度，認為若是孔子不懂得地球、海外的存在，孔子之道就勢必走入歷史了，那麼中國賴以存續的立國本根將無處安置。所以他秉持尊孔的思想，開始大力發揮孔子素王改制、為萬世制法的理念，將新思想不斷容納入孔經中，最大的特色就是將孔經增入了地球、世界地理的視野。

道咸年間少部分的學人開始閱讀世界地理著作，可說是以「開眼看世界」為時代特點；同光年間，許多出使人員透過實地參訪，為認識、研究世界地理創造了條件，所以同光年間堪稱是以「走向世界」為時代特點。[9]現在，廖平也要讓孔子「走入新世界」。他於光緒二十七年時將自己的書齋命名為「談瀛精舍」，[10]「談瀛」兩個字是道光以後的學人談論海外世界時的常用詞，[11]廖平將書齋以此命名，說明為學的興趣目標已經擴大到整個海內外。廖平在經學三變以後，無論是講《詩經》、《尚書》、《周禮》、兩戴《禮記》以及《春秋》，都強調它們有與世界大疆域連繫的微言，尤其特別發揚齊學的《公羊》，最主要的原因是齊學有「大一統」的理念，可以援引為論述世界大一統的資源。廖平汲汲的要用經學來結合「地球」，欲將兩者打成一片，這也涉及中國本有的天下觀與近代新地理學遭逢下，作為一個傳統文化人在接納新知的過程中，如何的調適、取捨以及用什麼方式表達自己所堅持、信仰的價值觀之心路歷程。以下則從地球概念對傳統天下觀的衝擊，以及廖平的回應說起。

---

6 張灝著，崔志海、葛夫平譯，《梁啟超與中國思想的過渡，一八九〇—一九〇七》（南京：江蘇人民出版社，一九九三），頁八一。

7 葛兆光，〈孔教、佛教抑或耶教？——一九〇〇年前後中國的心理危機與宗教興趣〉，收入王汎森等著，《中國近代思想史的轉型時代》（台北：聯經出版公司，二〇〇七），頁二一四。

8 嚴復之語，見嚴復，〈擬上皇帝書〉，《嚴復合集編年》（一）（台北：財團法人辜公亮文教基金會，一九九八），頁一三三—一三四。廖平之慨嘆，見《四益館經學四變記．三變記》，《廖平選集》，上冊，頁五四九。

9 郭雙林，《西潮激盪下的晚清地理學》（北京：北京大學出版社，二〇〇〇），頁九五，九八。

10 廖幼平編，《廖季平年譜》，頁六四。

11 例如袁祖志著有《談瀛錄》一書，收入王錫祺編，《小方壺齋輿地叢鈔》（上海：上海著易堂排印本，一八七七—一八九七年），第六十冊。又例如道光年間曾遠航歐洲的謝清高，有口述《海錄》一書，在《光緒嘉應州志》卷二十九中記載謝清高的同族謝雲龍曾說過，此書與以往談海外書籍的臆說奇談相比不同：「海客談瀛洲，論者以為烟濤微茫，大都學士文人逞其臆說奇談以欺世，未可援為實據。」王韜亦著有《瀛壖雜志》（台北：廣文書局，一九六九）。總之，當時常以海外為「瀛」，或以「談瀛」指稱論說海外，或用為記載海外事物之書名，這類的例子相當多。

第一節　傳統天下觀與「地球」概念的遭逢

西學東漸的過程中，地理學對中國起著某種重要意義的先行學科作用，明清之際與晚清時期西方世界地理知識的引進，曾不同程度的動搖傳統的天下意識；知識分子從認為中國處於「大地之中」，到體認大地為球體，無所謂中，無所謂邊緣，中國僅僅是諸多並列的國家之一，這種對天下大地實為「球」體的認識，造成了震撼。事實上，中國是否在大地的中央，雖看似是個地理知識，卻深刻反映了價值意識的問題，[12]它產生於先秦以來中國的地域環境與文化形成。夏、商、周三個部族活動的地區，主要是黃河中下游一帶，這裡適合農業生產，生活穩定，創造了較其他地區相對來說要高得多的農業文明。而周圍地區，無論是東部浩淼無際的海洋，西部茫茫無垠的戈壁，還是南部煙瘴瀰漫的沼澤，北部氣候變化無常的草原，其自然條件都無法和中原地區相比。因此當時的文化交流多是由中原向周邊的單向輻射。[13]殷商時期，古人已從方位觀念來認知他們的世界，其基本結構是中央與四方，兩周時期，這個基本空間的認知概念逐步深化。先秦文獻中，「諸夏」、「諸華」、「華」、「夏」、「中國」往往異名同指，而「諸夏」是最普遍的說法，到了秦漢帝國之後，「中國」取代「諸夏」成為最常使用的措辭。華夏和四夷的界線不是以血統劃分，而是以文化為分別，所謂的文化，具體的說只是生活習慣與政治型態的不同。「中國」的意義又不止於空間上的中心，同時也被認為是文化的中心，中土之外，四方的人群分別被稱為東方的「夷」，西方的「戎」，南方的「蠻」，北方的「狄」，統稱為「四夷」，而「天下」

就是中國加上四夷。[14]這樣的天下就形成一個方位、層次和文化交織的框架，邢義田曾對中國人的天下觀特色，有如下代表性的描述：「天下由諸夏及蠻夷戎狄組成，中國即中夏，為詩書禮樂之邦，在層次上居內服，在方位上是中心，蠻夷戎狄形同鳥獸，在層次上屬外服，在方位上是四裔，方位和層次可以以中國為中心，無限地延伸；詩書禮樂的華夏文化也可以無限地擴張。最後的理想是王者無外，進世界於大同。」[15]顯然的，雖然「天下」是中國加上四夷，但由於王化普及的外圍是沒有邊界的，「中國」可以不斷的向外擴大延展，再加上「普天之下，莫非王土」的觀念，依此立論，如果說中國就是天下，或天下就是中國，也是可以成立的，這樣的思想一直持續到了清末。但令人疑惑的是，從先秦到秦漢之間傳統天下觀形成後，直到晚清，難道中國人對域

12 李揚帆，《走出晚清：涉外人物及中國的世界觀念之研究》（北京：北京大學出版社，二〇〇五），頁三六一。鄒小站，〈華夷天下的崩潰與中國近代思想的變遷〉，收入鄭大華、鄒小站主編，《中國近代史上的民族主義》（北京：社會科學文獻出版社，二〇〇七），頁二七六—二九六。

13 郭廷以，《從中外接觸上論中國近代化問題》（上海：上海文藝出版社，一九九八），第四卷，頁二三七一。

14 關於夏、商、周到秦、漢之間傳統天下觀的形成，見于省吾，〈釋中國〉，收入中華書局編輯部編，《中華學術論文集》（北京：中華書局，一九八一），頁一—一一。王爾敏，〈中國名稱溯源及其近代詮釋〉，收入氏著，《中國近代思想史論》（台北：臺灣商務印書館，一九九五），頁四四七—四八六。王健文，〈帝國秩序與族群想像——帝制中國初期的華夏意識〉；甘懷真，〈秦漢的「天下」政體——以郊祀禮改革為中心〉，以上均收入甘懷真編，《東亞歷史上的天下與中國概念》（台北：國立台灣大學出版中心，二〇〇七），頁一〇三—一〇四，一六八—一六九，一七四—一七六。王健文，《奉天承運：古代中國的「國家」概念及其正當性基礎》（台北：東大圖書公司，一九九五），頁一六四—一七四。謝維揚，《中國早期國家》（杭州：浙江人民出版社，一九九五），頁三八一—四三一。

15 邢義田，〈天下一家——中國人的天下觀〉，收於劉岱總編，《中國文化新論：根源篇》（台北：聯經出版公司，一九八四），頁四五四—四五五。

外世界真的毫無所知嗎？

中國從漢代以來對域外的探索與認識是一個漸進的過程。漢代張騫通西域後，歐亞大陸已有絲綢之路相通，時人第一次注意到西域「國家眾多，物產新奇，民情殊異」；[16]漢以後至六朝隋唐間，域外為中國人所知者，逐漸廣大而詳悉，此可以從正史各外國傳所列的國名及種族名之逐漸增多而知之。隋唐以後，東西海陸交通甚盛，中國的商船已往返於南洋諸島間，並通過波斯和阿拉伯商人的中介，與歐洲有廣泛的貿易往來。宋代因羅盤的發明，海上交通更為發達；元朝時，亞歐兩世界始接觸而為一，開漢唐以來未有的新天地。[17]至明成祖時乃有鄭和七下西洋，足跡至今非洲東部，實際經歷的空間也遠超過中國本土。明朝的海上霸權從古所未有，從隨行航海的風土記述，人們也知各地的文明情況。但是域外知識的積累並沒有導致新的世界圖式之萌生，以中國為中心的天下意識仍是根深柢固。

曾有學者將傳統士大夫的域外知識分成前後兩期，以利瑪竇等耶穌會士的來華作為分水嶺，利瑪竇以前是傳統的天下觀，在之後則是從「天下」走向「萬國」的世界觀產生。但是這種新世界觀僅在一部分士人中被接受，並沒有普及，[18]以致後來對外的認識逐漸淡化，從雍正乾隆時期的著作可看出此一情形。例如當時翰林學士們所著作或編纂的《清朝文獻通考》、《四庫全書總目》、《明史》、《大清一統志》、《皇朝通典》、《廣州通志》等書，幾乎都是否認利瑪竇的貢獻與影響，[19]明末新地理學終究不能成氣候。直到鴉片戰爭前後大約三十多年的時間裡，西方地理學才再次東傳，在晚清始造成了更全面的「天崩地裂」，究其原因，除了清初「禮儀之爭」所導致的禁教閉關外，[20]還包括明末與晚清西學傳播的質量不同，以及與這兩個時期中國人的心理感觸迥然相異有關。晚清的西方地理學在傳播渠道上，範圍比明末清初更廣，內容也更豐富，不過單純的知識不足以撼動乃至解體中國人心中的天下意識。因為要真正接受新的世界圖式，首先必須承認「天下」有另一種或多種絕不亞於中國的文明獨立存在，明末清初的中國形成不了這樣的氛

16 黃時鑒，《中西關係史年表》（杭州：浙江人民出版社，一九九四），頁四。

17 賀昌群，〈漢以後中國人對於世界地理知識之演進〉，《禹貢半月刊》，第五卷第三、四合期（一九三四年），頁一二四—一三五。

18 明末能夠接受新地理學的學者，文獻所記載者仍是相當有限，大約是徐光啟、李之藻、葉向高、瞿式谷等人。他們的世界觀言論，多見於艾儒略著，謝方校釋，《職方外紀校釋》（北京：中華書局，一九九六），頁四—一三。相反的，不能接受地圓說的學者與言論，可參見徐昌治輯，《聖朝破邪集》（京都：中文出版社，一九七二），卷三。當時地圓說並未普及，也可從一七〇三年，法國耶穌會士沙守信的書信中找到一些蛛絲馬跡，例如他提到利瑪竇繪製第一張世界地圖後的一百多年，他所見到的中國人對世界的知識似乎仍停留在明末西學東傳時的最初階段。見朱靜編譯，《洋教士看中國朝廷》（上海：上海人民出版社，一九九五），頁一九—二〇。關於明末地圓說的傳入與當時學者的回應，又可參考陳觀勝，〈利瑪竇對中國地理學之貢獻及其影響〉，《禹貢半月刊》，第五卷，第三、四合期（一九三四年），頁五一—七二。林東陽，〈利瑪竇世界地圖及其對明末士人社會的影響〉，收入紀念利瑪竇來華四百周年中西文化交流國際會議秘書處編輯，《紀念利瑪竇來華四百周年中西文化交流國際會議論文集》（台北：輔仁大學出版社，一九八三），頁三一一—三七八。祝平一，〈跨文化知識傳播的個案研究——明末清初關於地圓說的爭議，一六〇〇—一八〇〇〉，《中央研究院歷史語言研究所集刊》，第六十九本，第三分（一九九八年九月），頁五八九—六四五。祝平一，《說地：中國人認識大地形狀的故事》（台北：三民書局，二〇〇三）。

19 鄒振環，《晚清西方地理學在中國》（上海：上海古籍出版社，二〇〇〇），頁四〇—五四。葛兆光，《七世紀至十九世紀中國的知識、思想與信仰》（上海：復旦大學出版社，二〇〇〇），頁四四〇—四四八，四八七—四九八。葛兆光，〈山海經、職貢圖和旅行記中的異域記憶〉，收入鍾彩鈞、楊晉龍主編，《明清文學中之主體意識與社會》（台北：中央研究院中國文哲研究所，二〇〇四），頁三六六—三六七。

20 王家儉，《清史研究論藪》（台北：文史哲出版社，一九九四），頁二七七—二七八。

圜，但是鴉片戰後，西方的槍炮與西學東漸，使知識分子重新「回憶」起地圓說、五大洲說早已傳入中國，這也具有一種重新省思中國在世界定位的「自覺」，為新世界圖像觀念的逐步形成開啟了門窗。[21]

雖然作為中西溝通先行學科的新地理學在鴉片戰爭前後三十年間已經開始傳播，清廷在一八六〇年英法聯軍之役後，也設立半現代式的外交部：總理衙門，代表了不得不承認「天下萬國」共存之局，但是相較之下，廣大士大夫階層的世界知識似乎遠遠的落後。例如康有為自言直到一八七四年才「始見《瀛環志略》、地球圖，知萬國之故，地球之理」。[22]梁啟超則於一八九〇年從京師「下第歸，道上海，從坊間購得《瀛環志略》讀之，始知有五大洲各國」。[23]至於兩人的世界知識都同受徐繼畬的《瀛環志略》啟蒙，主因是當時有關世界地理在坊間流傳的書籍只有少數幾種，最著名的就是《海國圖志》與《瀛環志略》，一如梁啟超在後來的《中國近三百年學術史》中指出的：「此兩書在今日誠為芻狗，然中國士大夫之稍有世界地理知識，實自此始。」[24]整體來說，晚清知識分子可說是到了甲午之戰敗於東方「倭國」的危機感中才推動了世界觀革命。[25]到了清廷廢科舉、改試策論後，由於對新式知識的接引，使士子對於世界有了更清晰的認知，梁啟超亦曾描述當時的情形：「八股既廢，數月以來，天下移風，數千萬之士，皆不得不捨其兔園冊子帖括講章，而爭講萬國之故及各種新學，爭閱地圖，爭講譯出之西書。」[26]在這種傳統天下觀與地圓、世界、五大洲概念的遭逢、衝擊下，廖平的回應如何，可從他對鄒衍「大九州」說的重新闡釋與對魏源《海國圖志》等書的觀感說起。

第二節　重新「認識」鄒衍的「大九州」說

一、「大九州」說與世界

為了要說明孔子學說不曾過時，兩千年前已知海外世界的存在，於是廖平對古代曾談過海外的鄒衍學說，進行了重新「認識」與闡發。鄒衍為戰國齊人，「大九州」是他所提出、自古以來被視為十分奇特的一家之言，惜其著作早已亡佚，他的學說事蹟今日多見於《史記．孟子荀卿列傳》。關於「大九州說」，司馬遷做了如下扼要的敘述：

21 明清之際已有新地理學的傳入，卻無法成氣候的內、外在原因，亦可參見楊勝榮，〈明末至晚清世界地圖在中國的傳播和影響〉，《思想戰線》，第二十八卷，二〇〇二年第六期，頁一二六—一二九。郭雙林，《西潮激蕩下的晚清西方地理學》，頁九，八四。鄒振環，《晚清西方地理學在中國》，頁一—二，一五八—一七一。葛兆光，《七世紀至十九世紀中國的知識、思想與信仰》，頁五七六。

22 康有為，《康南海自訂年譜》（台北：文海出版社，一九七五），頁七，一四。

23 梁啟超，〈三十自述〉，《飲冰室合集．文集之十一》（上海：中華書局，一九三六），頁一六。

24 朱維錚校注，《梁啟超論清學史二種》（上海：復旦大學出版社，一九八五），頁四六七。

25 孫隆基，〈從「天下」到「國家」——戊戌維新一代的世界觀〉，《二十一世紀》，第四十六期（一九九八年四月），頁三三—三四。

26 梁啟超，《戊戌政變記．新政詔書恭跋》，《戊戌變法》（上海：神州光國社，一九五三），第二冊，頁二五—二六。

鄒衍……其語閎大不經。……先列中國名山大川，通谷禽獸，水土所殖，物類所珍，因而推之及海外，人之所不能睹。……以為儒者所謂「中國」者，於天下，乃八十一分居其一分耳。「中國」名曰赤縣神州，赤縣神州內自有九州，禹之序九州是也……。中國外如赤縣神州者九，乃所謂九州也，於是有裨海環之，人民禽獸莫能相通者，如一區中者，乃為一州。如此者九，乃有大瀛海環其外，天地之際焉。[27]

鄒衍認為，中國這個「九州」只是天下的八十一分之一，稱「赤縣神州」，它的外面還有八個州，合起來就是一個大九州，這個大九州外面有海環繞著，而在此大九州之外，還有八個大九州，各有海環抱，這才是整個天下。鄒衍的主張當然是主觀的臆想猜測。因此當時及後世的人們對其學說大多不信，時人稱其為「談天衍」，即有譃稱之意；司馬遷也說其語「閎大不經」，後來桓寬的《鹽鐵論》以及王充的《論衡》也譏諷其「怪迂」、「詭異」。[28]這一方面是因為鄒衍的主張玄遠，沒有足夠的根據說服時人；另一方面，中國人在「中央之國」的地緣環境與意識等因素影響下，寧願視中國為天下，而不願去相信中國之外尚有其他的世界。所以鄒衍的學說在歷史上沒有居於主流地位，未曾受人重視。

廖平重新去「認識」未曾居於主流的「大九州」說，首先指出古人並非不知有海外的存在，因為證諸兩千多年前的鄒衍已經提出這個說法了。他在著於光緒二十四年的《地球新義》中說道：

言九州者，始於戰國鄒衍。漢後儒者不知地球之大且廣也，……鄙鄒衍為荒唐；至今日而中外開通，輪舟來往，遍及五州，乃知古人之說固信而有徵也。[29]

又說：

鄒衍游學於齊，因有瀛海九州之說，……當海禁未開之先，鄒子之說，見譏荒唐，無徵不信，誠不足怪。今茲環游地球一周者，中國嘗不乏人。[30]

可見鄒衍之說對廖平而言，在晚清「海禁已開」，輪船往來遍及五大洲，且環遊地球一周信而有徵之後，其真義已得展現。此處也體現了近代學人觀念變化的過程，因為鄒衍之說在過去相當長

27　司馬遷撰，楊家駱主編，《新校本史記三家并附編二種一》（台北：鼎文書局，一九八〇），〈孟子荀卿列傳〉，頁二三四四。

28　桓寬曰：「鄒衍非聖人，作怪誤（迂），熒惑六國之君，以納其說。……近者不達，焉能知瀛海？故無補於用者，君子不為；無益於治者，君子不由。」見桓寬撰，王利器校注，《鹽鐵論校注》（北京：中華書局，一九九二），〈論鄒〉，頁五五一—五五二。王充論鄒衍的大九州說「此言詭異，聞者驚駭，然亦不能實然否，相隨觀讀諷述以談。故虛實之事，並傳世間，真偽不別也。世人惑焉，是以難論。」見王充著，張宗祥校注，鄭紹昌標點，《論衡校注》（上海：上海古籍出版社，二〇一〇），卷十一，〈談天篇〉，頁二一八。

29　廖平，〈法界安立圖四洲說〉，收入廖平撰，《地球新義》（一九三五年孟冬，開雕版藏），頁六四a。

30　廖平，《地球新義．序》，收入高承瀛等修，吳嘉謨等纂輯，《光緒井研志》（台北：臺灣學生書局，一九七一），〈藝文志〉，頁八二七。

的一段時間，是被視為如同海外奇談一般的「不經」，主流的思想界堅信「天下」是由中心的中國與拱衛在四周的蠻夷所構成的空間。當新地理學進入之後，知識階層在主流的觀念中找不到對應的資源，只好引入本來被當作「談資」、「異聞」的想像，作為自己對新世界圖像的理解與接受的支持，也代表著傳統的知識、思想已經在「中心」與「邊緣」、「主流」與「異端」的位置移動中發生了變化。而在中國與海外世界的遭逢下，重新記憶起鄒衍學說的晚清知識分子也不僅止於廖平一人。例如張德彝曾於其隨使日記提到鄒衍學說的世界之大是真實的；[31]陳灃在《東塾讀書記》中也說鄒衍的「大九州說」與外國所繪的地圖相似，只是仍以鄒衍是「冥心懸想」而來。但王仁俊卻認為，鄒衍的學說並非憑空懸想，應是有所根據，只因秦朝焚書才無可徵信。[32]

廖平曾閱讀薛福成一八九〇年的出使日記，我們不確定他注意鄒衍是否受了薛福成的影響；可以肯定的是薛氏論大九州與世界的關係令廖平大加讚嘆，但同時也批評薛氏的不足，從批評的焦點也可以看出廖平的獨特性。以下先敘說薛福成的說法之於廖平的意義，再述廖平批評薛氏論鄒衍學說時所表現的獨特性。

二、納「邊緣」入「主流」：鄒衍學說與孔子的聯繫

廖平在光緒二十四年的〈書出使四國日記論大九州後〉一文中，對薛福成論大九州與世界的關係有如下的稱許：

海外九州之說，自古以為不經。光緒庚寅，薛叔耘副憲出使英、法、義、比四國，舟中

無事，據西人所定五洲大勢，分而為九（廖平自注：分亞為三，南、北美為二，南、北非為二，合以歐、澳則為九州），以合鄒衍之說。又謂〈禹貢〉九州，不出今之十八行省，若閩、粵、黔省，〈禹貢〉並無其山川，由是援古證今，分疆計里，確言儒者所謂中國，乃八十一分居其一分之故，為談地球者增一新解，識誠偉矣！[33]

廖平所引者，乃薛福成一八九〇年在出使英、法、義、比四國途中所錄的日記，出版後名為《出使英法義比四國日記》，其中光緒十六年元月二十一日寫道：「偶閱《瀛環志略》，念昔鄒衍談天，以為儒者所稱中國者，乃天下八十一分之一耳。……余少時亦頗疑，六合雖大，何至若斯遼闊？……今則環游地球一周者，不乏其人，……余知鄒子之說，非盡無稽；或者古人本有此學，鄒子從而推闡之，未可知也。」[34]除了肯定鄒衍學說的真實性外，還參照大九州說，對世界的五大洲進行了重新劃分：

> 蓋論地球之形，凡為大洲者五，曰亞細亞洲，曰歐羅巴洲，曰阿非利加洲，曰亞美理駕洲，曰澳大利亞洲，此因其自然之勢而名之者也。亞美理駕洲分南北，中間地頸相連之處，

31 張德彝，《隨使英俄記》（長沙：岳麓書社，一九八六），頁二八四。
32 王仁俊，《格致古微》（光緒二十二年，吳縣刊本），卷二。
33 廖平，〈書出使四國日記論大九州後〉，收入廖平撰，《地球新義》，頁五五a。
34 薛福成，《出使英法義比四國日記》（長沙：湖南人民出版社，一九八一），頁七六－七七。

曰巴拿馬，寬不過數十里，皆有大海環其外，固截然兩洲也。而舊說亦有分為二洲者，即以方里計之，實足當二洲之地，是大地共得六大洲矣。惟亞細亞洲最大，大于歐洲幾於五倍。余嘗就其山水自然之勢觀之，實分為三大洲。蓋中國之地，東南皆濱大海，由雲南徼外之緬甸海口，溯大金沙江直貫雪山之北而得其源，於是循雪山、蔥嶺、天山、大戈壁以接翰海，又由翰海而東接於嫩江、黑龍江之源，至混同江入海之口，則有十八行省、盛京、吉林、朝鮮、日本及黑龍江之南境、內蒙古四十九旗，西盡回疆八城曁前後藏，剖緬甸之東境，括暹羅、越南、南掌、柬埔寨諸國，此一大洲也。由黑龍江之北境，訖翰海以北，外蒙古八十六旗及烏梁海諸部，西軼伊犁、科布多、塔爾巴哈台，環浩罕、布哈爾、哈薩克、布魯特諸種，自咸海逾里海以趨黑海，折而東北，依烏拉嶺劃分歐亞兩洲之界，直薄冰海，奄有俄羅斯之東半國，此又一大洲也。雪山以南，合五印度及緬甸之西境，兼得阿富汗波斯阿剌伯諸國、土耳其之中東兩土，此又一大洲也。夫亞細亞既判為三洲，余又觀阿非利加洲內，撒哈爾大漠之南有大山，起於大西洋海濱，垣賽內、岡比亞之南境、幾內亞之北境、尼給西里亞及達爾夫耳之南境，延袤萬餘里，直接於尼羅江之源，此其形勢，殆與亞洲之雪山、蔥嶺界劃中外者無異；尼羅江又曲折而北以入於地中海，是阿非利加一洲顯有南北之分矣。今余以《志略》所稱北土中土者，謂之北阿非利加洲，《志略》所稱東土南土者，謂之南阿非利加洲，此又多一大洲也。而南洋中之葛羅巴、婆羅洲、巴布亞諸大島，則當附於澳大利亞一洲。夫然，則大九州之說，可得而實指其地矣。雖其地之博隘險易不同，人民物產之望衰不同，然實測全地之方里，謂其八十倍于昔日之中國，自覺有盈無縮。所謂裨海者，若紅海、地中海皆是矣；即有沙無水之瀚海，亦可謂之裨海；即中國東隅之黃海、渤海，有日本三島障其外，亦可謂之裨海；是裨海與大瀛海，殆一而二、二而一者也。而彼所謂大九州者，在鄒衍時，豈非人民禽獸莫能相通者乎？至於禹跡之九州，要不出今之十八行省。若福建、廣東、廣西、貴州諸省，則〈禹貢〉並無其山川。今以置於以上所敘一州之中，約略計其方里，要亦不過得九分之一。然則禹跡之九州，實不過得大地八十一分之一；而〈禹貢〉所詳之一州，又不過得大地七百二十九分之一；其事殆信而有徵也。舟中無事，睹大海之汪洋，念坤輿之廣遠，意有所觸，因信筆書之。[35]

薛福成認為五大洲中，美洲可從南北分為兩大洲，亞洲可從地形分為三大洲，非洲亦可分為南北兩大洲；再加上歐洲、澳洲，共九大洲，如此一來大九州說就「可得而實指其地」了。所謂「裨海」，例如紅海、地中海或是中國東隅的黃海、渤海皆可稱之。至於自古國人以為包含天下九州的〈禹貢〉，其實並不超出十八行省的範圍，連福建、廣東、廣西、貴州諸省都不包括在內，因為〈禹貢〉中沒有記載這些地區的山川。總之，「禹迹之九州，實不過行大地八十一分之一；而〈禹貢〉所說之一州，又不過得大地七百二十九分之一，其事殆信而有徵也。」[36]

薛福成重新具體劃分五大洲以合鄒衍之說獲得廖平的認同，表示薛、廖兩人都視鄒衍大九州

35 薛福成，《出使英法義比四國日記》，頁七八—七九。
36 薛福成，《出使英法義比四國日記》，頁七九。

的內容為真實世界的寫照，這也說明他們認識世界時，仍需透過中國古人的接引，作為內心的調適之道。另外，已經走向世界的薛福成能夠體會到前人以為包含「天下」九州的〈禹貢〉，真實範圍尚不及整個中國，換句話說，中國不等於天下，僅是廣大世界的一部分而已，廖平讚賞其觀點「識誠偉矣」！不過，廖平以薛福成把古人已認識新世界的源頭僅追溯到鄒衍，尚有缺憾。他說：

然薛君雖能填實衍說，而不知其說所由來，以為古人本有此說，鄒子從而推闡之。所謂「古人」究生何代？所謂推闡，究本何書？羌無佐證，讀之歉焉。或謂齊居海邦，商舶來往，衍之所聞，蓋得於此。竊五大洲之說，自明末泰西人航海探測，窮極智巧，……然當耶穌未生以前，陸無輪車，水無輪船，推考大地，何遽至此？縱海客閒談，……安能包舉宇內，有如此絕大見解？且西人所繪輿圖，只分為五，不分為九，更無所謂八十一州之說；今日西人不能言者，而謂二千年前能之乎？說亦無徵，不足為據。案，馬遷鄒子附傳曰：必先考小物，推而大之，至於無垠云云，綜覽古今，考索中外，始悟其所言，乃七十子之微言，即《周禮》之「九畿」……蓋六藝之學，傳於齊、魯，衍游學齊國，與公羊高、子沉子、子女子相先後，……《公羊》大一統，蓋祖「九畿」立說，齊學《詩》、《易》二家，古有此說，皆出於經。《周禮》以之說「九畿」，鄒子以之談瀛海，名異實同，……知衍說之出於大一統。[37]

引文指出薛福成只談到鄒子的學說來自「古人」，終究不知其學術源頭。亦有人說鄒衍居於靠海的齊國，或許早聞海外西人之說也不無可能。但廖平辯曰，西人認識世界是從中國明末時期航海探測才開始的，紀元前的交通條件根本無從了解天地之廣；況且西方人是把世界分為五大洲，非九大洲，換句話說，鄒衍斷不可能受西方見聞的影響，其學說事實上來自於孔子，乃「七十子之微言」。和其他晚清同樣憶起鄒衍的學者相較，廖平的特殊處就在於把鄒衍這個本來只是個先秦諸子的邊緣學說上承於主流的孔子；他先說明孔子之學傳至齊、魯兩地，再論鄒衍遊學於齊，與齊學《公羊》傳承同一個系統，乃孔子之真傳，當然這僅是廖平個人的一家之言。廖平以地域劃分先秦學術為齊、魯兩派，而他對齊、魯學風格的評價，從經學一變到甲午戰後的三變，經歷了不小的轉折。本書第一章曾詳論他早期尊崇解經謹嚴的魯學，時而貶抑染有齊俗浮誇的齊學，[38]但是甲午戰後卻大力稱揚解經「恢宏」的齊學，原來被他批評雜入圖讖、預言、怪誕的齊學《公羊》反而成為他抬高、神話孔子的依據。[39]尤其《公羊》的「大一統」理論更成為發揮孔子世界眼光的「微言」，鄒衍也成了這一學脈的傳人。[40]

總之，廖平的思想從早年的傾向魯學，再自覺的轉向、發揚齊學，[41]不但將鄒衍的瀛海之說與齊學「大一統」互相連繫，而且指稱它們與《周禮．大司馬》的「九畿」之制，即大於當今中

37　廖平，〈書出使四國日記論大九州後〉，收入廖平撰，《地球新義》，頁五五a—五六b。
38　廖平，《今古學考》卷下，《廖平選集》，上冊，頁八二—八三。
39　廖平，《公羊解詁再續十論．圖讖論》，《廖平選集》，下冊，頁一六六。
40　廖平，《大統春秋公羊補證》（清光緒三十二年，則柯軒再版），〈凡例〉，頁一b—二a。

國幅員的大疆域制度都是相同的意涵，皆源自孔子的世界之說。另外，廖平還特別強調鄒衍的「驗小推大」之方法概念，即是由中國一隅以推見整個海外、天下之情狀。這必須從廖平如何看待經學與歷史，以及「小統」、「大統」的理念說起。

三、全球「皇帝」時代：從經學與中國歷史景望未來

由於中國歷史上的天下一統被視為常態，分裂割據則被當成非常態的缺憾，因此大一統、天下大同的理想深植在傳統士人心中。當面對一個列國並立的新世界時，廖平也相信將來會進入到全球「大一統」或「大統」的境界。他將世界逐漸統一的過程，依序分為伯→王→帝→皇四個時期，[42]但他常簡稱為「王伯」和「皇帝」兩個時期，前者是「小統」，後者為「大統」；當今統一的中國是處於「小統」時期，未來會進入到「大統」時期。廖平解釋，「統」者，同奉一個正朔之意。他從中國歷史發展的經驗來論未來世界的發展。現在的世界相當於春秋時代伯（霸）者力政，各國並立，互相競爭，將來會由「伯」進到「王」，再進一步就是世界統一，進入「帝」的時代，再過一段時間最終達到天下太平、世界大同，就是「皇」的時代。因此五經中的「三皇」、「五帝」，對廖平而言不是上古史，也非神話傳說，實是寓含微言大義的符號。他在《知聖續篇》中說：

> 自史公有「黃帝不雅馴」及「刪」書斷自唐、虞之說，學派遂有「王伯」，無「皇帝」。雖《易大傳》有伏羲、神農、黃帝，《大戴》有〈五帝德〉，《詩》、《書》所言「皇上帝」、

「古帝」、「皇帝」諸文，皆以為天神，於是六經全為「王伯」專治中國。《中庸》所云：「凡有血氣，莫不尊親」者，成虛語矣。[43]

廖平指出，司馬遷《史記》以經典中的三皇五帝記載於信史並不可靠，這犯了一個「目經為史」的毛病。因為三皇五帝當然並非真實的存在，但世人皆不知《詩》、《書》、《易大傳》、《大戴禮記》等典籍中所說的三皇、五帝，本非為了記載古史，而皆是喻指全球大疆域的治道而言。又說：

經說「皇帝」，專指百世以後，非說古之三五。故〈秦本紀〉博士說：「古之皇帝皆地不過千里。」則包海外、總六合，乃俟聖，非述古也定矣。百世之事，無徵不信，博士空傳其

41 蒙文通一九一二—一九一三年在四川國學院受業於晚年經學五變時期的廖平。不過他接受的是廖平早年把今文經學以地域分成齊學、魯學不同派別的說法，並以此來比較廖平與康有為學術精神的不同。蕭公權在《康有為思想研究》一書中說：「蒙文通則分辨兩種不同的今文經學：其一源自漢代的魯學，以《穀梁傳》為起點，主要依賴《周禮》來解釋今文經，廖平屬於這一支。另一支源自齊學，以《公羊傳》為起點，依賴緯書解經，康有為屬此派。因此，康雖可能襲用廖平之說，但畢竟屬於不同的儒家學派。」蕭公權同意蒙文通的看法。以上言論見蕭公權著，汪榮祖譯，《康有為思想研究》（台北：聯經出版公司，一九八八），頁六二—六六。但筆者覺得蒙文通的觀點是可以再商榷的。首先，魯學是否依賴《周禮》來解釋今文經，是頗值得討論的問題，更何況廖平是以《禮記．王制》來解釋今文經，並非《周禮》。其次，廖平的思想是從早年的推崇魯學到三變以後自覺的轉向齊學，故蒙文通的說法似乎只注意在廖平早年一變宗魯學的時期，未著墨於後來的轉變。

42 這個理論約開始於光緒二十六年，完成於光緒二十九年。見廖平，《四益館經學四變記．三變記》，《廖平選集》，上冊，頁五五〇。

43 廖平，《知聖續篇》，《廖平選集》，上冊，頁二二六。

文，河清難俟，故於「小統」經傳、秦漢典章勉強附會。「大統」如始皇併六國，威令不出〈禹貢〉外，仍小一統，而非「皇帝」。……又如漢武帝征伐夷狄，北方開通頗廣，然均在〈禹貢〉要、荒內。當時經師博士，因「大統」之說無所附麗，亦遂移以說之。後世遂以秦皇、漢武真為經說之「皇帝」。一誤無外，一誤以「大」說「小」。[44]

經非述古，「皇帝」、「大統」時期是在未來百世以後，歷來學者不明此意，以為一統中國的秦皇、漢武即可稱為皇帝，其實一統中國的疆域僅侷限於〈禹貢〉九州之內，是小一統，並非大一統，因此大一統必須是整個世界的疆域。從秦始皇稱「皇帝」的歷史，也能看出皇帝一詞對廖平的意義。秦王政在平定天下後，以詔書令臣下議帝號。丞相王綰等人皆曰：「昔者五帝地方千里，其外侯服夷服，諸侯或朝或否，天子不能制。今陛下……平定天下，海內為郡縣，法令由一統，自上古以來未嘗有，五帝所不及。臣等僅與博士議曰：古有天皇，有地皇，有泰皇，泰皇最貴。臣等昧死上尊號。……王曰：去『泰』，著『皇』，采上古『帝』位號，號曰『皇帝』。」[45] 丞相王綰等人說始皇「平定天下」，連五帝所不能制的邊地「侯服」和「夷服」都來朝見，此「上古以來未嘗有，五帝所不及」，固為奉承之言，但反映了人們心目中的天下之主，應是威服六合之內，秦始皇的自命「皇帝」，亦是以此自許。故「皇帝」對廖平來說，也具有包舉六合之內的天下共主之意。廖平站在文化的立場，信奉傳統天下觀的思考模式，視有孔子之道的中國為世界的中心，王化將不斷的向四周延展，未來將普及的「天下」範圍，自然就是整個地球，待到那時，才是真正的大一統，是「皇帝」時代的來臨。

廖平從經典詮釋的層面，認為秦始皇乃至後世的統治者使用「皇帝」一詞，是不了解這個詞彙的真義，是一種錯誤；但是我們觀看廖平，「皇帝」這個詞彙之所以對他有莫大的意義，仍然是中國歷史的進程所帶給他的啟發。中國的戰國時代，不論統治者、思想家或人民，莫不期待著「天下定於一」的新局。統治者所期待的「定於一」是能兼併各國、威服天下；人民期盼的是早日結束紛爭，免於戰亂之苦；思想家有的懷著「禮樂征伐出於天子」的有道天下，有的則在「道術分裂」之中，渴望著道術為一的純淨。故歷史上秦朝皇帝一統的到來，代表著紛亂的結束與「定於一」的開創，自此以後，儒家的政治傳統將大一統帝國視為政治共同體的唯一理想形式。廖平的思想也表現了這種特性，他以「皇帝」一詞為理想未來的稱謂，當有世界「定於一」的寄望於其中：

> 今之世界泯紛裂亂，輪汽舟車，已肇大同之基礎，但全球合一，必在數千年後，而數千年前孔經已代籌治法，……莫不詳審周密，預創鴻規，……《書經》皇學，將來施行於天下，亦必令如流水，造車合轍。[46]

這段文字道出數千年後全球合一的景況：「令如流水，造車合轍」，頗有秦統一之後「書同文、

44 廖平，《知聖續篇》，《廖平選集》，上冊，頁二三一。
45 司馬遷撰，楊家駱主編，《新校本史記三家并附編二種一》，〈秦始皇本紀〉，頁二三六。
46 廖平學，黃鎔箋述，《五變記箋述》，《廖平選集》，上冊，頁五七九－五八〇。

車同軌」的意味，這個境像上的最高統治者「皇帝」，絕對是一個孔子之道的象徵。

再回到小、大統與鄒衍學說關係的討論。既然中國「小統／小一統」與世界「大統／大一統」都是孔子的規劃，兩種意義便在經典中同時存在。例如以《春秋》來說，謹嚴的《穀梁》是從「小統」的中國一隅之處發揮，宏肆的《公羊》是從「大統」之處發揮。又如《周禮》的制度內容，有的部分也是針對「小統」，有的部分則是針對「大統」立論，《尚書》、兩戴《禮記》等亦然。廖平認為，從前的人只知經典規劃中國，殊不知孔子已認知到未來的世界了，只是無法明說，只好隱諱地表達其「微言」。這種同一經書可以同時包括小、大統的規劃，其論證基礎就是根據鄒衍「驗小推大」的概念而來。司馬遷指出，鄒衍的學說，「先列中國名山大川，通谷禽獸，水土所殖，物類所珍，因而推之，及海外人所不能睹」，由中國一隅的狀況，依此類推外面看不見的大世界，即是所謂的「驗小推大」。廖平依著這個理念，說明經典具有雙重解說性，同一部經典中，「祖述憲章為小統，下俟百世為大統」。[47]在光緒二十四年以後，他陸續撰有《地球新義》、《書大統凡例》、《官禮驗推補證》、《周官大統義證》、《周禮兩戴大小統考》、《大統春秋公羊補證》（又名《公羊春秋經傳驗推補證》）、《皇帝疆域圖》等著作。見其書名，多有「驗推」、「地球」、「大小統」、「皇帝」等字樣，多是牽引鄒衍「驗小推大」的理論，作為讓「孔子」可以走入世界的依據。

廖平既然已經認識、接受了地圓、五大洲的客觀地理知識，而他對新世界地理所呈現的圖像看法為何？為什麼一定要讓「孔子」走入世界？這可從他對《海國圖志》、《瀛環志略》諸書的觀感說起。

第三節 《海國圖志》諸書與經典意識之間

面對晚清西方新地理學思潮興盛的狀況，廖平對輿地之學亦是十分關注。他在《治學大綱》中說：「欲明三（皇）五（帝）之學，不得不先言輿地，蓋風土政治，皆由輿地而出，欲明『皇帝』之學，不得不先考疆域。」[48]所謂「皇帝」之輿地，自然指的就是全球之疆域。但是廖平心目中的全球或世界輿地圖像應如何建立，即是下文要探討的重點。

西方近代地理學是建立在實地測量基礎上的一門科學，廖平在實際層面上，並不反對這種科學測量的結果；被視為晚清談「海外掌故」者的「嚆矢」之作：魏源的《海國圖志》與徐繼畬的《瀛環志略》，[49]他都曾閱讀，也接受了當中的客觀地理知識。例如他在〈法界安立圖四洲說〉中提到非洲時，徵引徐繼畬書的內容謂「《瀛環志略》言其地廣寞，天氣炎酷，土脈粗頑，人類混沌。」[50]在〈地球兩京四岳十二牧說〉中亦引《瀛環志略》的說法指亞細亞於諸大洲中土地最廣。[51]又於〈繙譯名義敘〉中寫了一段饒富意味的言論，讓經典含攝了《海國圖志》的內容：

---

47 廖平，《五帝德義．序》，收入高承瀛等修，吳嘉謨等纂輯，《光緒井研志》，〈藝文志〉，頁七九七。

48 廖平，《治學大綱》，《四益館雜著》（一九二一年，四川存古書局刊本），頁一二九b。

49 王韜曾說：「近來談海外掌故者，當以徐松龕中丞之《瀛環志略》、魏默深司馬之《海國圖志》為嚆矢，後有作者，弗可及也。……此誠當今有用之書，而吾人所宜盱衡而矚遠也。」見王韜，〈瀛環志略跋〉，收入氏著，《弢園文錄外編》（北京：中華書局，一九五九），卷九，頁二七三。

50 廖平，〈法界安立圖四洲說〉，收入廖平撰，《地球新義》，頁六七a。

孔子六藝，原從古本之文，繙以雅言。……〈商頌〉之荊、楚、氐、羌……此即後繙例也。……百世以下無定之國名，經、傳能直錄之乎？然不直錄則不能實指，……故不得已而用後繙之例，……借中國之名以名之。……中國正南方曰荊、楚，正西方曰氐、羌，今南則澳、非之名不可見，西則美、歐之名不可見，亦借中國之名以名之，荊、楚即澳、非，氐、羌即歐、美。……孔子六藝，……大統下繙百世之新事，知其繙譯之例，則讀《詩》、《易》不啻如《海國圖志》……，故國不可名，則以四裔目之。[52]

廖平用「反模仿」[53]的方式說明孔子具有當今的海外新知。他指出古人從經典中誤以為中國在實際地理上位於天下的中心，四方為荊、楚、氐、羌之類的「四裔」處於邊緣，不知地圓與五大洲的存在，這是沒有讀懂孔子的本意。蓋古人不知未來將會有澳、非、歐、美等地名，故孔子假借中國之名詞為古人「翻譯」，例如《詩經．商頌》的南方荊、楚實指今之澳洲、非洲，西方之氐、羌代表今之歐洲、美洲。昔日的「四裔」在廖平解釋下，早已沒有實質位置上的邊地之意，而是代表新世界地理上的各洲與各國，所以他說讀孔子的六藝（六經）所能夠得到的地理知識，「不啻如《海國圖志》」。這也說明他已無可抗拒的接受《海國圖志》中的地理實測結果。

並沒有明顯的資料可以確定廖平何時開始接觸《海國圖志》、《瀛環志略》乃至明末艾儒略的《職方外紀》這些海外世界地理著作；[54]從這些著作的性質（特別是徐、魏等晚清地理之作）以及廖平早期的學術歷程來推論，或許接觸時間遠早於甲午戰前也說不定。文獻考據是乾嘉以後漢學家們治學的基本方法，直到道咸，甚至同光之後，這一方法仍然被許多研究地理學的人們所運用，包括了魏源與徐繼畬的著作。《海國圖志》不但匯輯了諸多的地理資料，魏源還於其中撰寫了不少關於國外疆域、各種宗教等考釋性的文章。《瀛環志略》原名就稱《瀛環考略》，徐氏在寫作與修訂該書的過程中，常常請教外國人，「輒披冊子考證之」，每卷之後都附有專門按語，對某些重大問題進行考釋；另外，撰寫域外地理的姚瑩、何秋濤等人之作亦莫不充分表現出專精漢學考據的色彩。[55]廖平於光緒二年就學於尊經書院後，一直到光緒五年受了王闓運影響而有志於習《春秋》前這幾年間，主要勤於「訓詁文字之學，博覽考據諸書」。[56]雖然於光緒六年後自謂讀書「厭棄破碎，專求大義」，[57]光緒九年到二十二年間致力於論辨今古，傾向於今文經學的理路；但即使是清代的今文經學也是承繼漢學考據的基調，今文家仍不脫漢學家「博」的特色，

---

51 廖平，〈地球兩京四岳十二牧說〉，收入廖平撰，《地球新義》，頁六五b。

52 廖平，〈繙譯名義敘〉，收入廖平撰，《地球新義》，頁五a—六a。

53 此一詞出自王汎森先生對廖平思維模式的形容。廖平傾向於「反模仿」現代西方文化中他認為有價值的部分，認為它們都是孔子早已提出過的，問題出在孔子以後的無知陋儒不能繼承孔子的本意。從表面看來，廖氏有意壓低西方的文明地位，但實際上是去除了中國文化與他們的隔閡，進而希望接納他們。見王汎森，〈從經學向史學的過渡——廖平與蒙文通的例子〉，收入氏著，《近代中國的史家與史學》（香港：三聯書店，二〇〇八），一一二。又見王汎森，〈從傳統到反傳統——兩個思想脈絡的分析〉，收入氏著，《中國近代思想與學術的系譜》（台北：聯經出版公司，二〇〇三），頁一一二—一一六。

54 廖平提到明末艾儒略的《職方外紀》，見廖平，〈釋球〉，收入廖平撰，《地球新義》，頁七a。

55 郭雙林，《西潮激盪下的晚清地理學》，頁九一—九二。

56 廖幼平編，《廖季平年譜》，頁一七，二〇—二一。

57 廖幼平編，《廖季平年譜》，頁二三。

因此嚴格的說，廖平「博覽考據」的過程很長，有可能在甲午戰前已接觸了一些頗具考據色彩的近代地理書籍。

再從廖平於光緒十四年底後的一些經歷來看，也可以捕捉到他很有機會在此時初步接觸到西學，包括西方地理學知識方面的蛛絲馬跡。光緒十四年冬，廖平從四川赴北京，準備參加隔年初的會試；光緒十五年，中式恩科第三十二名。會試之後前往廣州，接受張之洞之請，參加「國朝十三經注疏」的編纂工作，擔任其中《左傳疏》的撰寫，住在廣雅書局，並在此時與康有為相見。光緒十六年春，復由廣州至北京補應殿試，得二甲七十名，賜進士出身。因張之洞已在光緒十五年底由廣州調往湖北武昌任湖廣總督，所以廖平光緒十六年中進士後又去武昌繼續編纂的工作，留住幾個月，直到當年秋天才返回四川。[58]廖平這次離開四川遊歷於北京、廣州、武昌期間，想必視野比之前拓寬了，這些地方的新學也比較活躍，而且張之洞此時正大興洋務，重視西學某些方面的傳播，應也帶給廖平某種程度的啟發。而往後幾年，廖平對時局也十分關心。光緒二十四年，戊戌變法前夕，宋育仁與潘祖蔭等人在四川創立蜀學會，開辦《蜀學報》，廖平被聘為總纂。《蜀學報》刊登了不少宣揚改革的文章，廖平也在報上發表了〈改文從質說〉一文，主張學習西方的器物之學。[59]在同一時期，他曾致信給好友，即戊戌六君子之一的楊銳，以及梁鼎芬，提到今日中國的固本之方，一在立政綱，一在求人才。而所謂的人才，廖平信中強調要重視精通世界地理、精於製造槍炮的西學人才。從信中還可看出他對西方地理學的知識特別重視，盡力搜求這方面書籍的情況。[60]廖平的弟子蒙文通也曾告訴顧頡剛說，廖平在光緒年間看了很多翻譯西書。[61]雖然他何時開始閱讀《海國圖志》、《瀛環志略》無法明確得知，但可以肯定的是，他提到此兩部著作以及具體的西學相關知識，都初見於光緒二十四年的《地球新義》。這一現象說明了不論他多早之前看過這些書籍，但直到甲午戰後局勢的巨變，讓他更積極的注意西學新知，而且國力的積弱也喚起了他對中國在世界「位置」的重新省思，故將心力聚焦於新地理資料的解讀。

廖平雖然接受了新地理學中實地探測的客觀知識結果，但他認為這一類的著作如《海國圖志》等，並沒有符合經典的意旨。他在光緒二十六年編輯《光緒井研志》的〈藝文志〉時，將自己所著的《大共圖考．序》一文列入「地理類海外之屬」，表達了心中理想的世界圖像：

> 〈大行人〉之九州，所謂大共、大球也。地球開通，《海國圖志》以後，圖測甚詳，然但求記事，不必合於經旨。今據〈地形訓〉以為〈禹貢〉之法，推之全球，……以九千里開方

---

58 廖幼平編，《廖季平年譜》，頁四四—四五。廖宗澤編撰，駱鳳文校點，《六譯先生年譜》，收入四川大學古籍整理研究所編，《儒藏．史部．儒林年譜》，頁七五四，七六一—七六三。

59 廖宗澤編撰，駱鳳文校點，《六譯先生年譜》，收入四川大學古籍整理研究所編，《儒藏．史部．儒林年譜》，頁八〇五—八〇六。

60 廖平致楊銳、梁鼎芬的信，資料轉引自黃開國，《廖平評傳》，頁一二〇—一二一。據黃開國所見，此信今存於四川綿竹縣志辦公室。

61 顧頡剛曾說：「文通告我：『廖先生在光緒中看翻譯書甚不少，其作《知聖篇》，欲奉孔子為教主，蓋含有抵抗基督教傳播之用心。』按此亦反帝國主義也。」見顧頡剛，《顧頡剛讀書筆記》（台北：聯經出版公司，一九九〇），第七卷（上），頁五〇一五。

為大九州，合侯、綏二服，以萬五千里開方，故立十五服員圖；並據古今地志諸書，詳考五方人民風俗山水，貨產貢篚，並其政事教化，以為「大〈禹貢〉」。大抵古書取材於《山海經》、《河圖》〈括地象〉、〈地形訓〉諸書，今則取海外各志，其體裁略仿諸史地志。帝王政教，必先分州作貢。疆界既明，而後政教可施，此大共之義也。62

引文指出，經典中例如《周禮．大行人》裡已傳達了地球大疆域的微言，今日已可證明其言不虛，相較於《海國圖志》諸書而言，是略勝一籌的。因為《海國圖志》通行以後，此類的世界地理書籍雖然在實際測量、地圖繪製之上甚為詳盡，然僅能表達地理記事的實情，卻未必合於「經旨」。當然廖平所說的「《海國圖志》以後」諸書，應也包含了他所熟稔的《瀛環志略》。然而所謂的「經旨」所指為何？何以魏源等人之書沒有符合「經旨」？細觀廖平此段文字，他希望能以「〈禹貢〉」之法推之全球，以成「大〈禹貢〉」，這是近代海外地理知識諸書所沒有的，由此可知〈禹貢〉對廖平而言，具有無比重要的意義。

《尚書．禹貢》所記載的「九州」、「五服」是傳統天下意識在經典中的最具代表性呈現。「九州」大約是當時中國人認知中的「天下」，這個「天下」是以王所在的「王畿」一帶為中心，向外分成五種服制，依次是「甸服」、「侯服」、「綏服」、「要服」、「荒服」；愈往外，離中心的文明愈遠。古史辨後的學者多認為〈禹貢〉是戰國時期的作品，63戰國之後的其他古籍也開始出現了以天下觀為精神的服制諸說，例如《禮記．王制》有三服說；《周禮．大行人》講中央王畿外之服凡六，即「侯、甸、男、采、衛、要」，「要服」之外，籠統稱為「藩國」。《周禮．職方氏》有九服，王畿之外，有「侯、甸、男、采、衛、蠻、夷、鎮、藩」，《周禮．大司馬》有相同意思的「九畿」。另外，《國語．周語》也有服制概念的提出。現今學者的研究指出，之所以從「三服」、「五服」到「九服」的外圍諸服不斷衍出，表明華夷以內、外分的大局面已基本定型，時人對大致居於外圍的夷狄也所知漸詳。[64]雖然各典籍中的服制說法有其差別，不過它們共同的特色就是從中心到邊緣，文明等級逐漸降低的觀念，廖平所嚮往的〈禹貢〉精神亦是如此，由此也可以約略體會到《海國圖志》的世界圖像所欲傳達者，與廖平的理想是不同的。

作為一部世界地理著作的《海國圖志》，內容涉及各國地理位置、歷史沿革、政治制度、軍事實力、物產人口、風土人情、宗教信仰、行政區劃等各方面，較為全面的展示了世界的歷史與現狀，書中還介紹了地球經緯度、寒熱帶、時區的劃分以及南北極、四大洋、五大洲等許多具近代科學基礎的地理與天文知識。圖2.1是《海國圖志》百卷本中的「地球正面圖」。

從圖2.1的地圖來看，它似乎傳達了一種意識，即是要讓中國人了解世界之大，中國並不等於

62 廖平，《大共圖考．序》，收入高承瀛等修，吳嘉謨等纂輯，《光緒井研志》，〈藝文志〉，頁八二四。

63 衛聚賢，〈禹貢考〉，《國立中山大學語言歷史學研究所周刊》，第四卷第三十八期，頁一—一七。許道齡，〈從夏禹治水說之不可信談到禹貢之著作時代及其目的〉，《禹貢半月刊》，第一卷第四期，一九三四年四月，頁一八—二〇。張公量，〈說禹貢州數用九之故〉，《禹貢半月刊》，第一卷第四期，一九三四年四月，頁一四。

64 羅志田，〈先秦的五服制與古代的天下中國觀〉，收入氏著，《民族主義與近代中國思想》（台北：東大圖書公司，一九九八），頁六—二一。

天下之意。又例如魏源以寒帶、溫帶、熱帶作為文明產生的地理環境因素，據此指出「中國」的含義不是位於地形正中，而是以天時適中言之，這實際上是針對原本「中國中心」的地理觀念而發。他說古稱「震旦」的中國「正當溫帶，四序和平，故自古以震旦為中國，謂其天時之適中，非謂其地形之正中也」。[65]雖然古人的原意未必真如此，但他在此對「中國」一詞的解釋仍具有劃時代的意義，即通過研究世界地理的具體位置，承認中國並不在實質方位的正中，只是天時的適中。《海國圖志》確實動搖了人們長久以來以中國為中心的天下觀，繼魏源之後，闡發中國不在世界中心的學人也日漸增多。[66]尤其甲午戰後的人們對中國的自信心遽然衰落，對傳統的「夷夏觀念」進行猛烈批判，

圖 2.1　《海國圖志》，卷三，「地球正面圖」

例如譚嗣同在南學會上抨擊天朝上國的觀念時，即從中國僅為地球之一部分，不應自認處於大地之中說起，[67]諸如此類的言論甚多。

先前提及，廖平對於以科學探測所得的地理分布等結果不曾否認，也是必須接受的，他也承認了中國不等於天下。但是若如《海國圖志》的新世界觀與新地圖一般的把中國等同、並列於世界諸國的其中之一，等於是對自我本有文化優越性的忽視，這正是他所憂心的。在《海國圖志》序文中有兩句話非常重要，第一句是「彼皆以中土人談西洋，此則以西洋人談西洋也」，表面意思是過去對於西洋的知識是中國人的耳聞和想像，現在對於西洋的知識是來自西洋人自己。更深刻的說，在中國以外有另一個「西洋」（或世界）的存在，這個有別於中國的「西洋」有他們自己所認同的知識與價值，不宜僅以中國自身的視角去測度和估量；於是，西洋人自身知識與價值觀的合理性被承認了。第二句話是魏源自道作書的動機：「為以夷攻夷而作，為以夷款夷而作，為師夷長技以制夷而作。」[68]雖然以「夷」稱西方，仍存有傳統的「夷夏」觀念，但是「以夷款夷」已經降低了天朝上國的姿態，站在實用性的目的，可不惜以西方的互市方式、條約儀節相互對待。而且師夷「長技」也象徵著對於另類文明和知識的承認，甚至推崇。《海國圖志》還介紹

65 魏源，《海國圖志》（長沙：岳麓書社，一九九八），卷七十四，頁一八四七—一八五二。
66 例如同治年間，志剛隨蒲安臣出使歐洲時，曾回答西人所問的關於「中國」的含義，承認地球懸於太空，無處不中，所以中國非位於大地的中心，故以「中道」解之。見志剛，《初使泰西記》（長沙：湖南人民出版社，一九八一），頁一二九。
67 譚嗣同撰，蔡尚司、方行編，《譚嗣同全集》（北京：中華書局，一九八一），下冊，頁四〇一—四〇二。
68 魏源，《海國圖志》，第一冊，〈敘〉，頁一—三。

各國的歷史沿革，以及西方國家的政治、經濟、軍事、文化、風俗的面貌，尤其是對西方政制如議院、民主等，時有稱美之處。[69]廖平雖未明白的對《海國圖志》這些方面的內容做過直接的評論，但從他三變以後的著作中，常批評西方的議會、民主制度缺乏三綱的言論來看，[70]或許這些都是他以《海國圖志》無法發揚中國經教的優越，有失經旨之處，讓他有中國文化陵夷之憂。

需要指出的是，魏源其實並沒有將中國置於與世界列國完全對等的地位。首先，《海國圖志》是以中國為中心，劃分各大洋，說明魏源的世界觀仍以中國居於中心。[71]魏源並不全然採納西方的地球圖說，而雜以釋典的四洲說，用兩者互相參合去證明釋典所說為正確。在這個觀念下，《海國圖志》第七十四卷〈國地總論〉中的〈釋五大洲〉、〈釋昆侖〉兩小節就是分別從地理學與文化的角度論證中國居於世界中心，優越於其他民族和國家，也認為文明創自亞洲，甚至是從中國流被於歐洲。[72]依此說來，魏源推尊中國文化位居世界中心的本質似乎類同於廖平，但兩者終究已有不小的差異。因為傳統天下觀的「五服」或「畿服」概念傳達中國文化優越的意識，特別表現在文明必定會從中國這個「中心」向外圍不斷擴大，最後達成「天下一家」的境地，這也是廖平的終極理想；但是從《海國圖志》的內容或圖像已經看不出具有這種堅定的信念，它更多的是承認西方民族國家式的各國並立。而徐繼畬的《瀛環志略》就更不待言，相較於魏源，徐繼畬已經拋開了「華夷」的話語，基本上把西方與中國放在一個相對平等的地位，他不以文明是創自亞洲或中國，而是認同歐洲文明有著自己獨立發展的歷史過程。綜觀《瀛環志略》，對西方從古希臘、羅馬乃至近代歐美各國的社會、政治經濟、文化、科學技術和城市的繁榮，常充滿著欣羨讚嘆之情，尤其對華盛頓其人與美國的共和政體給予了極高的評價。[73]反過來說，這些也都是廖平所謂的近代世界地理書籍未能符合「經旨」之處。我們再從《海國圖志》的「地球正面圖」（見本章的圖2.1）或其他各洲的地圖來看，各國並立於地球之上，根本不可能有中央與邊緣的意象表現於其中。

既然圖像是廖平所重視的，我們也可從地圖透過讀者視覺所傳達的意義層面來分析廖平的觀感。文化史家將地圖圖像視作一種「意象」（image），地圖的繪製雖然屬於自然科學的地學領域，但儘管它是再怎麼精確技術測量下的產物，仍然不能完全脫離背後的文化意識。也就是說，任何地圖都有它所產生的時代背景，故不能以純粹客觀的表現物視之。一幅地圖不論它的準確度是高或低，皆相當程度的反映了繪圖者積極關懷的現實意義，他們都努力的在建構屬於自己的世界觀，用特殊的方式傳達對空間的認知、政治勢力以及自我與他者的環境互動情境。因此，地圖

69 魏源，《海國圖志》，第三冊，卷六十，頁一六五〇—一六六五。

70 廖平，《大統春秋公羊補證》，卷六，頁一九a，二七a。

71 魏源仍將中國視為天下的中心，相關的評論，見鄒振環，《晚清西方地理學在中國》，頁三一四。章鳴九，〈《瀛環志略》與《海國圖志》比較研究〉，《近代史研究》，一九九二年第一期，頁六九—七〇，七四。王晴佳，〈中國近代「新史學」的日本背景——清末「史界革命」和日本的「文明史學」〉，《台大歷史學報》，第三十二期（二〇〇三年十二月），頁二〇三。

72 魏源，《海國圖志》，第三冊，卷七十四，頁一八四七—一八六三。

73 王先明，〈從「華夷」到「中西」話語的演變——《瀛環志略》與近代民族觀念的孕育〉，收入鄭大華、鄒小站主編，《中國近代史上的激進與保守》（北京：社會科學文獻出版社，二〇一一），頁三〇四，三〇七—三〇八。章鳴九，〈《瀛環志略》與《海國圖志》比較研究〉，《近代史研究》，一九九二年第一期，頁七三—七五。鄭大華、喻春梅，〈《瀛環志略》與《海國圖志》之比較〉，《晉陽學刊》，二〇〇八年第六期，頁二八，三〇。洪九來，〈《瀛環志略》的特色——與《海國圖志》的比較〉，收入壬復興主編，《徐繼畬與東西方文化交流》（北京：中國社會科學出版社，一九九三），頁一八八。

以圖像呈現了真實世界的某個面相，另外，它也代表了某種權勢的話語和想像的空間範圍。[74]而相對的，地圖的觀看者也會敏銳的在圖中解讀繪製者所傳達的世界觀，並將隱藏在地圖背後的話語做更深一層的探討與省思。回到晚清世界地理書籍中的地圖來看，例如《海國圖志》的「地球正面圖」或其他各大洲的地圖所呈現的，是各國並立於地球之上，不可能有中央與邊緣。對於視中國文化為至上，理應位居世界中心的廖平來說，《海國圖志》以及《瀛環志略》等世界地理書籍的圖像，自然無法具備「經教意旨」於其中。因此廖平認為孔子經學早已具有海外新知，故能含攝《海國圖志》等世界地理諸書，但反過來說，《海國圖志》諸書卻不能含攝具有崇高價值意識的經典。職是之故，他要重新塑造一個符合「經旨」的文化世界圖像。

第四節　建立符合「經旨」的「帝王政教」世界圖像

前文提到廖平以《海國圖志》等地理書籍，精神並未合於「經旨」，所以他要將〈禹貢〉之法推之全球，以為「大〈禹貢〉」，這是《海國圖志》諸書所沒有的。他又說：「帝王政教，必先分州作貢。疆界既明，而後政教可施。」[75]這即是他要返回的〈禹貢〉之精神。今人常論及〈禹貢〉是中國地理學之祖，但是它並非今天地理學意義上的著作。〈禹貢〉所重在於中央如何制定四方物產貢賦上貢到中央，以及四方與中央的關係，它表現的是王者掌握天下的治道，具有濃厚的大一統意識。所以廖平讓「孔子」可以走入世界之後的重點，就是要建立一幅符合「經旨」的「帝王政教」圖像。他以當今世界的五大洲，就是鄒衍承自孔子所說的「大九州」，「將來世界大一統，合『要』、『荒』為大五服」。[76]〈禹貢〉的甸、侯、綏、要、荒五服中，沾染王化的「中國」之境包括「甸服」、「侯服」、「綏服」，[77]先王之時對於未沾染王化的「要服」、「荒服」並不直接治理，因此後人有所謂的王者「不治夷狄，不臣要荒」之說；不過基於「王者無外」的觀念，要、荒二服也終將是王化普及之處。現在廖平說未來世界大一統概念下已經包括了「要」、「荒」二服，是指當今中國以外，還未有孔子教化的地域，那也是將來大一統的王者欲臣服、統治的範圍。他又說：

> 《論語》云：「百世可知。」今二千五百餘年，泰西輪舟、電線、開河越海，正《中庸》所謂「人力所通」也。〈禹貢〉小九州，地球盡闢為大九州，將來一統，再推廣五服，是孔子蘊火尚未發，中外成一統，天覆地載，凡有血氣，莫不尊親，乃為暢發無疑。[78]

---

74 林天人，〈地圖——權力的視野，想像的空間〉，《故宮文物月刊》，第三〇四期（二〇〇八年七月），頁一〇—一五。余定國著，姜道章譯，《中國地圖學史》（北京：北京大學出版社，二〇〇六），頁八九—九〇，一〇五—一〇八。關於地圖與文化意象的傳達，又可參見海野一隆著，王妙發譯，《地圖的文化史》（香港：中華書局，二〇〇二）。索雅（Soja, Edward W.）著，王文斌譯，《後現代地理學：重申批判社會理論中的空間》（北京：商務印書館，二〇〇四）。

75 廖平，《大共圖考．序》，收入高承瀛等修，吳嘉謨等纂輯，《光緒井研志》，〈藝文志〉，頁八二四。

76 廖平，《詩緯古義疏證．序》，收入高承瀛等修，吳嘉謨等纂輯，《光緒井研志》，〈藝文志〉，頁六四九。

77 顧頡剛，〈畿服考〉，收入氏著，《史林雜識（初編）》（北京：中華書局，一九六三），頁一三。

78 廖平，《經話（甲編）》，《廖平選集》，下冊，頁四五九。

所以廖平將「大九州」與「五服」的概念相結合，欲構成一個全球「大五服」或「大〈禹貢〉」的圖像，而它的根本精神要素，即是建立在中央與四方或華夏與四夷的關係上來立論的。廖平援引立論世界疆域或「皇帝疆域」的依據，主要在於《尚書》與《周禮》的服制。

廖平雖欲返回傳統天下觀來建構一己的世界圖像，但古籍中，表現中國與四方關係的「服制」之劃分方式以及王化所及的疆域大小記載不一，甚至差異甚大。例如《禮記・王制》有「甸、采、流」三服說；《尚書・禹貢》有「甸、侯、綏、要、荒」五服說；《周禮・職方氏》與《國語・周語》同是「侯、甸、男、采、衛、蠻、夷、鎮、藩」九服說。更啟人疑惑的是，《禮記・王制》中說中國三服制，面積是三千里的平方，所以是九百萬方里；但是《周禮・職方氏》說中國九服制，面積是九千里的平方，而〈職方氏〉的每一里數又是〈王制〉一里的十倍，如此的面積，已超出中國的疆域甚多。東漢鄭玄對經典之中的服制不同已經有所疑惑，為了不使經典之間產生矛盾性，鄭玄努力的為三服、五服、九服間的差異彌縫，說成是「周制」與「殷制」的不同，指出蓋因周公攝政以來政致太平，疆界拓寬，封國土地也變廣了。[79]但是鄭玄並未解決經典中的疆域遠大過實際中國版圖的問題。民國時期學者鄺平樟的言論，表達了長久以來人們對此一問題的困惑：

> 按現今我國的疆域：東西長八千八百里，南北長五千四百里，面積約四千三百萬方里。從上古到現在，其間經過數千年，這個疆域乃是數千年中我們民族開拓的總成績。而〈職方〉一萬萬方里的疆域不但較現在的大，且較歷代的都大。既有這麼寬廣的面積，何以歷史上找

不出事實的證據來呢？就說古今計算里數的標準不同，然鄭解〈王制〉是殷制，〈職方〉是周制，兩代興替相承，時代密接，又何致相差如是其遠？[80]

廖平檇是古史辨時期的學者，他是用疑經、疑古的角度思考這個問題。但在廖平心中，各部經典均為孔子所作，不可能彼此產生矛盾性；而且《周禮》疆域與真實中國歷代以來版圖不符的問題，也必定有孔子所寄寓之意。鄭玄以殷制、周制之異釋經，不但犯了「以史說經」的謬誤，也沒有真正解決問題，於是廖平以「中國」、「世界」的疆域廣狹不同來說明會通這些差異。

一、從「中國」擴及「世界」的文化疆域

（一）會通《王制》「三服」與《周禮》「九服」的差異

廖平認為〈王制〉的「甸、采、流」三服制的小疆域是孔子對中國本身的規劃；而《周禮》的「侯、甸、男、采、衛、蠻、夷、鎮、藩」九服制的大疆域是孔子對世界的規劃。他說：

〈王制〉凡四海之內九州，州方千里。《孟子》「海內之地，方千里者九。」按〈王制〉

79 鄭玄注，孔穎達正義，《禮記正義》（台北：藝文印書館，一九八九），頁二一五—二一六。鄭玄注，賈公彥疏，《周禮注疏》（台北：藝文印書館，一九八九），頁五〇一。

80 鄺平樟，〈禮記王制及周官職方所言封國說之比較〉，《禹貢半月刊》，一九三四年三月，頁一三六。

> 說《春秋》三千里為小標本；《周禮》……為大標本，而六合以內，人事盡之矣。〈鄒衍傳〉所稱大九州，得九九八十一；方三千里，儒者九州止得八十一分之一。所謂儒者九州即指春秋〈王制〉。[81]

廖平引《孟子》的「海內之地，方千里者九」來與〈王制〉的「四海之內九州，州方千里」互證，說明四海之內的九州代表中國本身。而《周禮》「九服」的疆域方九千里，九九八十一，正符合鄒衍的大九州之數；〈王制〉的一州方千里，正也與鄒衍所謂的中國居天下八十一分之一若合符節。廖平如此說法就把〈王制〉「三服」與《周禮》「九服」的差異會通起來了。

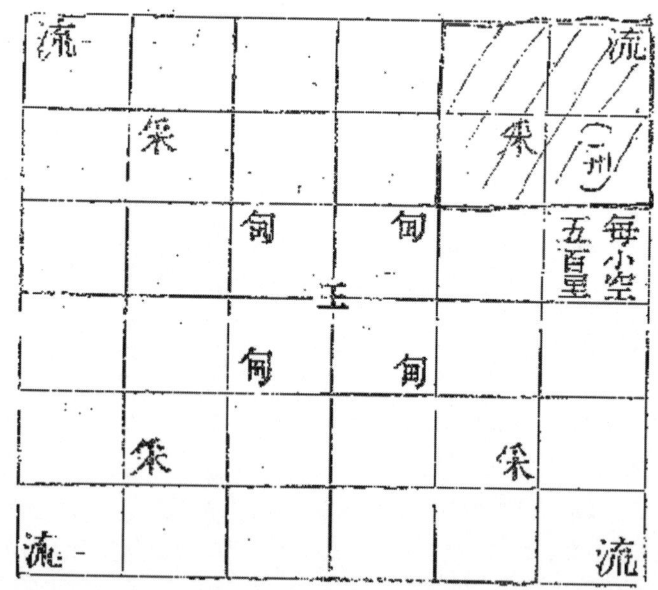

圖2.2 〈王制〉三服圖，廖平，《皇帝疆域圖》，第一，頁1a。

（二）彌合《禹貢》五服與《周禮》九服的差異

廖平認為《周禮》與《尚書》均為規劃世界之書，兩書的「九州」、「五服」、「九服」可互相發明，且《周禮》內容多於《尚書》，以「經略傳詳」的思維，視《周禮》為《尚書》之「傳」。[82]但是《尚書》中的服制，描述得最具體的是〈禹貢〉中的五服：甸、侯、綏、要、荒；與《周禮．職官》中的九服：侯、甸、男、采、衛、蠻、夷、鎮、藩不同，不但是五服、九服之數的不同，且甸、侯的內外次序也不一樣。但是廖平對這兩部分的差異均以一己的觀點為之彌合。在甸、侯的內外次序方面，廖平指出，〈禹貢〉中，甸在侯內，而《周禮》中，侯在甸內，看似不同。但是考察《尚書》其他篇章，如〈康誥〉、〈酒誥〉、〈召誥〉、〈君奭〉、〈顧命〉等經文，均是侯在甸內，與《周禮》相同，所以《尚書》的服制實質上與《周禮》是相通的。[83]其次，在五服、九服的服數與疆域廣狹方面，廖平認為兩者都是進入到世界的規劃，只是文化疆域的進化，也有各個時期的不同，依序為伯→王→帝→皇四個時期。〈王制〉僅是「王伯」時期中國本身的疆域；〈禹貢〉中的五服疆域方五千里，是進化到「帝制」時期一州的疆域規模，而《周禮》九服是進化到「皇制」時期九州的疆域規模，廣狹自然不同。[84]廖平接著指出，前人不知

81 廖平，《皇帝疆域圖》（一九一五年，四川成都存古書局刊），第一，頁一b。
82 廖平，《皇帝疆域圖》，第二，頁三b。
83 廖平，《皇帝疆域圖》，第二，頁三b—四b。
84 廖平，《皇帝疆域圖》，第五，頁一四a。

文化疆域將會進化到世界的道理，所以把「五服」、「九服」的觀念都當成了對中國本身疆域的描述，才會質疑何以《周禮》九服的疆域超出中國甚多。

廖平在經學三變以後，一反過往的嚴分今、古文立場，不再攻《周禮》為偽作，把《周禮》「收編」在孔子的著作體系之下，視為孔子對世界的規劃。他指出過去的學者把《周禮》當成周代的典禮或周公所制作之禮，但是考察其禮制內容，在周代並未曾舉行，所以他重新解釋「周」為「周偏」之意，「《周禮》」名稱由此而來，因此並非周朝典禮的過往陳跡，而是對未來新世界的規劃。[85]廖平從力攻《周禮》偽經，轉而推崇發揚，仍與時代思潮有密切的關係。學術門戶的漸趨融合是晚清學風的趨向之一，從清末幾位碩學大儒的風格，正可見出這種情況之一斑。以今古文經學方面來說，例如乾嘉學派的大本營詁經精舍，到清季俞樾執掌時，一向堅守樸學矩矱的精舍已逐漸傾向於兼包今古二家。清末以漢學領域為學術基調的今文學大師皮錫瑞，在甲午戰後也有欲調和今古、漢宋的態度。這種趨向，就外在的情況來說，中國文化受到外來的衝擊，基於一種國學存續的憂懼，使得知識分子不願再於傳統學術的內部自樹門戶，或許也是一個原因。其次，由於《周禮》制度的詳備，在晚清時期常被學者與西方政治聯想比附。例如宋育仁曾著《周官圖譜》以說改制；孫詒讓作《周禮政要》期待中國新政；認同以《公羊》理論維新的唐才常、皮錫瑞也都注意過《周禮》與西方制度的聯繫，[86]他們大多跳脫了今古門戶來看待《周禮》。廖平對《周禮》態度的轉變，或許也能試著從這個角度來思考。

廖平指出，既然《周禮》是表徵廣大世界的疆域，但是這種微言並不曾被人發掘，致使前輩學人常有為何《周禮》疆域遠超過中國實際範圍的疑惑，宋儒張載就曾問過這個問題；此種疑問也肇端於東漢鄭玄注經時，對孔子大小疆域規劃有異的不了解有以致之。他說：

> 橫渠一代名賢，奚至言之不審？其有疑於九畿者，良以中國疆域狹隘，自鄭注《周禮》，以七千里說〈大行人〉六服，已增多於〈禹貢〉，而充滿中國歷代版圖之分量。故儒者飫聞其說，視九服九千里為贅文，而九畿萬八千里更等諸汪洋大海，無人問津，蓋因鄭君七千里之說，蔽塞其聰明，不敢再加推廣，敝屣大統而人云亦云久已。……今世界開通，地球三萬里之說大明，凡經傳宏廓之疆宇，昔日為無用之空文者，皆為當今之實驗。[87]

因鄭玄把《周禮》誤讀為過往周公典制之書，用世界疆域來解說中國一隅，故出現了難以融通之處；今日國人已得見地球疆域廣大，適可印證經典所言為真。廖平並把九服之制繪成示意圖表如圖2.3。

圖表顯示服制由中央向四方擴散，也代表文明從中央最高之處向四方傳播，處於世界中心王

85 廖平，《經學六變記．五變記箋述》，《廖平選集》，上冊，頁五七〇。

86 戊戌運動期間，唐才常曾說：「受業嘗觀泰西七大政，往往上符《周官》，竊又自疑比附之過。既而得見黃遵憲所著《日本國志》，幾於一官一制，無不出自《周官》精義。乃知聖人之理之長懸宇宙。」見唐才常，《唐才常集》（北京：中華書局，一九八〇），頁二二八。皮錫瑞《師伏堂日記》在光緒二十四年九月二十二日記載：「西法合於《周禮》，公法合於《公羊》，久經通人考定，並非附會。」可見當時應有一種關注《周禮》的時代風氣。

87 廖平，《皇帝疆域圖》，第五，頁一四a—一四b。

畿的文明地帶就是中國，世界終將統一，也是由中國文化逐漸向外擴散的結果。此外，他在《三服五服九服九畿考》中亦殷切的表達了相同的理念，將〈王制〉、〈禹貢〉、《國語》、《周禮》中的不同服制，用世界進化的階段釋之。[88]

由以上的論述可知，廖平想要表明，即使《海國圖志》諸書要告知人們中國不等於天下，但從鄒衍的「大九州」說與經典的服制疆域來看，這是孔子早已知曉的；重要的是以文化來說，中國仍然位居世界的中心。

二、包舉全球的〈禹貢〉經學微言

廖平在處理了服制問題以後，又欲說明經典內容可與當今的世界地理相印證，最具體的是，他認為被視為中國地理學始祖的《尚書．禹貢》經文，其實隱喻整個世界的地理山水。他於闡發〈禹貢〉的「微言」之前，首先說明經學、史學有別，不能以史學的角度解讀經學的道理：

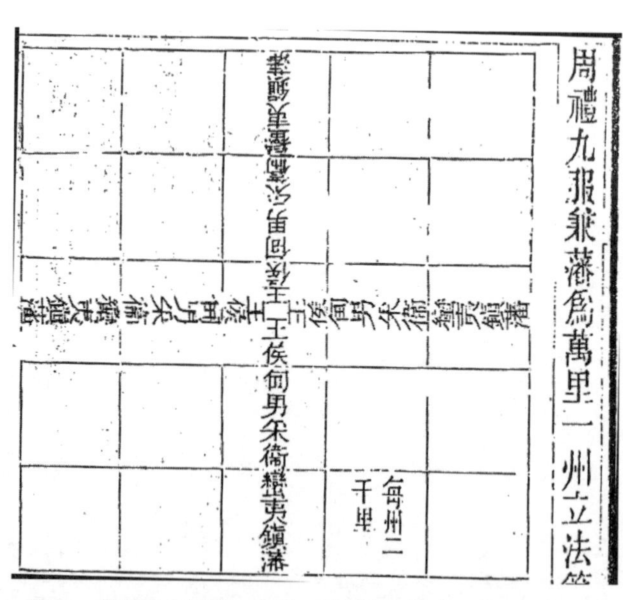

圖2.3　《周禮》九服圖，廖平，《皇帝疆域圖》，第六，頁15a。

經學與史學不同，史以斷代為準，經乃百代之事，史泛言考訂，錄其沿革，故《禹貢錐指》、《春秋大事表》皆以史說經，不得為經學，讀〈禹貢〉須知五千里為百世而作，不沾沾為夏禹之一代而言，……春秋以前疆域尚未及二千里，《尚書》乃成立千里定制，「周公篇」又由海內以推海外，此皆〈禹貢〉之微言大義，胡氏（渭）蓋不詳經義，泛泛考證，故以為史學，而不足以言經學。[89]

清代說〈禹貢〉者計有八九十家，其中以胡渭《禹貢錐指》最獲好評。此書採用地理沿革的研究方法，特別注意到用《史記．河渠書》、《漢書．地理志》、《水經注》，以及《元和郡縣圖志》、《太平寰宇記》等歷代地志、河渠水利專著來印證〈禹貢〉的地理。但廖平不認同這樣的研究方式，因為經學「乃百代之事」，而《禹貢錐指》「泛言考訂，錄其沿革」，是將經學當成了史學的研究，忽略了〈禹貢〉中具有的「微言」是為後代百世而作。他又說：

近人言《尚書》，多究心於〈禹貢〉，如《錐指》諸書是也。一古一今，言人人殊而實則不能有所折中，如畫鬼神。然又頗似郡縣志書，徒有爭辨，并無實用。竊以為水土既有變

88 廖平，《三服五服九服九畿考》，《廖平選集》，下冊，頁六四五—六五二。

89 廖平，《知聖篇》，《廖平選集》，上冊，頁二一四—二一五：

遷，名字尤為淆亂，居今日而欲考明古制，無異癡人說夢。[90]

引文表明以史學方式考察〈禹貢〉的歷代地理沿革並不能徵諸實用。廖平以〈禹貢〉為「經」非「史」的一個重要原因，即是他不相信上古中國已有九州如此廣大的疆域：

> 舊說〈禹貢〉地囿於中國，謹守彈丸之區域，……秦漢而還，儒家一孔之見，由來漸矣。不知堯、舜時代，下巢上窟，禹雖治水，不過北五州之水，安得九州之田賦與貢篚哉！殷之世，太王避狄而去；邠周之先，泰伯入吳而斷髮；孟子薄楚，鳴鴂南蠻；呂相絕秦，同州白狄；〈秦始皇本紀〉曰「昔者五帝地方千里」，可知其褊小已甚矣。孔經開創州制，始由麟經，用夏變夷，化成九州，上考不謬，後儒遂目中國為禹舊疆，顧《公羊》大統示例待推，鄒子神州根原此序，由王進帝，由帝進皇，小中寓大，〈禹貢〉先師之說，詎勝枚舉乎？[91]

從《史記》、先秦諸子等典籍中，廖平爬梳出了上古質樸無文，以及廣大疆域尚未開拓的資料，說明當時並不存在著「九州」，〈禹貢〉的九州應以孔子為後世制法的角度視之。因此上古真實歷史中的禹和經典裡的、為孔子所託的禹有所不同：

> 禹治中國之水，《尚書》驗推之，以治全球之水。就事實論，禹不過治黃河之水耳！長江自古無水患，〈貢〉以九州導水，概為禹功，託禹以為天下後世法，此經所以異於史也。舊

解囿於中國，削足適履，與經不符。92

廖平認為長江自古無水患，史實上的大禹只不過是治黃河之水而已，孔子因著大禹在其世代有其小範圍的功業，於是在經典中藉著禹這個人物，寄託為後世法，因此〈禹貢〉中，禹治「九州」之水一事不宜視為上古史實，清楚點出了經史有別的觀點。

然而要把〈禹貢〉與世界地理接合會遇到一個較大的困難。〈禹貢〉既為中國地理學之祖，它的「九州」也有一個明確的地理範圍：冀州、兗州、青州、徐州、揚州、荊州、豫州、梁州、雍州，大約包括今天的河北、山東、江蘇、湖北、湖南、河南、四川、陝西、山西一帶，今日從歷史的角度看，這是先秦以前中國人心中的「天下」。但廖平從〈禹貢〉九州各處的地名，用一己的方式引申說明它們有其「微言」，不只是表象上的中國地理。他說：

> 按〈禹貢〉九州所舉四至山水地名，往往有出其區域之外，且甚遠者，如冀舉岐、梁、岳衡、島夷已包數州之境；雍言弱水既四，必踰蔥嶺；揚島夷卉，遠在海疆；況崑崙為混沌，當亦道之地中，鳥鼠分南北，乃天星之別號；兗、荊以九河九江起大統九州之川，浸徐土以五色入貢；得中州五種之精英。故九州攸同，四海會同，皆統括全球之偉論。……春秋之

90 廖平，《經話（乙編）》，《廖平選集》（上），頁五二七。
91 廖平，《尚書弘道篇》（一九一八年，四川存古書局刊），頁三八a—三八b。
92 廖平，《尚書弘道篇》，頁三一a。

> 時，九州僅方三千里，孔聖刪《書》，託古定制，乃據當日之州名，隱寓皇帝之版土，以俟後施行，藏須彌於芥子，推而放諸四海而準，豈但為魯邦治列國而已乎！[93]

此段指出，〈禹貢〉敘述九州的山水地名，其中隱喻的範圍遠超出中國九州之外。例如講到北方的冀州時，卻提到州內有岳衡、島夷等離冀州甚遠的南方之地；講雍州時，提到弱水西流，已經踰越距離雍州甚遠的蔥嶺；徐州以五色土入貢，五色土是象徵陰陽五行的五方，代表整個世界。又〈禹貢〉中的「崑崙」亦稱「混沌」，是指無風雨的赤道。以上種種都說明孔子作《尚書》暗示未來的大版圖，以俟後世施行。

廖平詮釋〈禹貢〉與世界接軌的方式，除了引《周禮》的九服大疆域為《尚書》之「傳」，又引《淮南子》、《山海經》、《莊子》、《河圖》、緯書等作為經典之「說」，認為這些諸子書皆可作為解釋經典的輔翼。廖平認為《淮南子》、《山海經》等書中的「九州」或海外世界的描述，都等同於〈禹貢〉的「九州」，意指「大九州」；而《莊子》裡的「四海」也同於鄒衍的說法，都是敘述當今的世界。在這些諸子著作中，特別是《淮南子．地形訓》對「九州」有較具體的論述，但九州的名稱與〈禹貢〉九州的名稱有所出入，廖平都視為相同的概念，因為有些是轉音或同音異字，而字義均可以相通，所以他說《淮南子》是「推廣經義，演說皇圖，絕非憑虛臆造之言也。」[94]廖平也認為《淮南子》的疆域、世界圖式與鄒衍的說法相通：「觀《淮南．地形》由八殥、八紘推至八極，命名九州，定正方位，以方千里起算，積至二萬七千里，適符鄒衍八十一州之說」。[95]《淮南子．地形訓》在九州之外推出八殥、八紘和八極，方各千里，八殥為澤或海，八紘為野，八極為山，與鄒衍大九州說、《山海經》、《河圖．括地象》等的描寫十分類似。觀察這些著作，它們的共同特色都是表現一種由內而外的世界圖式，在勢力所及的地域建立秩序，勢力所不及之處就以神話來塑造其神祕性，這其實是種心理的投射，目的無非在說明中國得天地之最尊貴及文化秩序上的差序格局。[96]也正由於這樣的特色，與經典中五服天下觀的由內至外，精神有異曲同工之妙，這也是何以廖平會視這些書籍為闡揚孔子經典思想的根本原因。

廖平又將〈禹貢〉、《淮南子．地形訓》的九州與全球五大洲互相牽引結合：

〈貢〉九州，州由小推大，《淮南》既為師說，且有合於今之地球焉。……皇州奄有全亞，由是北美屬青州（黃鎔注：美本在西，地球南北立極，東西動轉），為《淮南》神州之申土。〈貢〉曰「海濱廣斥」，謂其地多瀕海，今美洲是也。南美屬揚州，坎拿大屬兗州，露西屬冀州，歐洲屬雍州（黃鎔注：黑水當為黑海），非洲從尼羅河劃界為淮南之弇州（黃鎔注：〈貢〉曰梁州）、戎州，澳洲屬荊州，畫野分疆，援古證今，若合符節。……此即九州之推驗，已足見全豹之一斑矣。[97]

---

93 廖平，《皇帝疆域圖》，第八，頁二一b—二二a。
94 廖平，《皇帝疆域圖》，第八，頁二二a—二二b。
95 廖平，《皇帝疆域圖》，第八，頁二二a—二二b。
96 此一概念，參見殷善培，《讖緯中的宇宙秩序》（台北：花木蘭文化出版社，二〇〇八），頁八六。
97 廖平，《皇帝疆域圖》，第八，頁二二b。

將〈禹貢〉與《淮南子．地形訓》配合上五大洲綰合成一個「大五服」的圖像：北美屬青州，為《淮南》神州之申土。南美屬揚州，加拿大屬兗州，俄羅斯屬冀州，歐洲屬雍州，非洲從尼羅河劃界為淮南之弇州（〈禹貢〉曰梁州）、戎州，澳洲屬荊州。他並且指出《山海經》、《管子》、《呂氏春秋》、《河圖》，內容均有「天地之東西二萬八千里，南北二萬六千里」，以及《春秋緯》也有「九州」之稱，這些都是經學的輔翼。[98]

既然〈禹貢〉包舉全球，那麼它的精神核心：五服之制也是要推廣到世界的，這是廖平論述〈禹貢〉將推向世界以成「大〈禹貢〉」最主要的內涵所在。

三、內外之際：「大〈禹貢〉」、「大五服」與「大九州」的精神

廖平的理想世界圖像，特別強調具有內、外層次的文化觀。以下我們從經學史上一個和《尚書》〈禹貢〉、〈堯典〉有關的爭議性問題，透過其他學者的解釋，與廖平說法的比較，可以更明顯的看出廖平的關懷所在。

（一）從〈禹貢〉九州與〈堯典〉十二州的矛盾談起

〈禹貢〉記禹分天下為九州，同屬《尚書》的〈堯典〉則說舜時「肇十有二州」，比〈禹貢〉多出三州。同一部經典對於州數卻有兩種說法，該如何解釋呢？關於這三州的由來，《尚書孔傳》曰：「禹治水之後，舜分冀州為幽州、并州，分青州為營州，始置十二州。」孔穎達疏曰：「《周

禮・職方氏》，九州之名有幽、并，無徐、梁，周立州名，必因於古，知舜時當有幽、并。〈職方〉幽、并山川，於〈禹貢〉皆冀州之域，知分冀州之域為之也。」[99]《史記集解》引馬融曰：「禹平水土，置九州。舜以冀州之北廣大，分置并州；燕齊遼遠，分燕置幽州，分齊為營州，於是為十二州也。」《爾雅・釋文》引鄭玄注云：「舜以青州越海，而分齊為營州，冀州南北太遠，分衛為并州，燕以北為幽州。新置三州，並舊為十二州也。」[100]總合以上說法，十二州就是在〈禹貢〉的九州之外，增加了并、幽、營三州。事實上，〈堯典〉只泛言十二州，馬融、鄭玄何由得知此十二州是〈禹貢〉九州加上并、幽、營三州？崔述《唐虞考信錄》指出，《周禮・職方氏》所列的九州，同於〈禹貢〉者七州，無徐州、梁州，而有幽、并二州。《爾雅・釋地》同於〈禹貢〉者亦七州，無青州、梁州而有營、幽二州。綜觀《周禮・職方氏》與《爾雅・釋地》，較〈禹貢〉九州之名多出并、幽、營三州。漢代經師馬融、鄭玄便附會說這三州是舜從禹九州中的冀、兗兩州所分出，就成了具體的十二州了。因此崔述對於十二州的說法與具體內容是存疑的。[101]

康有為認定「古只有九州，其言十二州者偽說也」[102]，蓋劉歆欲佐王莽篡位，不惜偽造經

---

98 廖平，《皇帝疆域圖》，第四，頁一b。
99 孔安國注，孔穎達正義，《尚書正義》（台北：藝文印書館，一九八九），頁四〇—四一。
100 孫星衍，《尚書今古文注疏》（北京：中華書局，一九八六），頁五一。
101 崔述，《唐虞考信錄》（上海：商務印書館，一九三七），頁二八—三〇。
102 康有為，《新學偽經考》（香港：三聯書店，一九九八），〈劉向經說足證偽經考第十四〉，頁三九六。

文。康氏認定經典本有的概念只有九州，突然出現十二州的說法並非尋常，令人啟疑。康有為分析指出各經典文獻內容，出現的多是九州，例如〈禹貢〉記禹治水分九州，同篇又有「九山、九川、九澤」也是跟著九州的概念而來；《詩經》有「九圍、九有、九截」之詞，亦是九州之意；〈王制〉、《左傳》也皆言九州。只有〈堯典〉單獨出現十二州之說，太突兀，也不合理。他又指出劉歆偽造之《周禮》，其中的〈職方氏〉內容雖然也言九州，但九州名稱中已改掉了〈禹貢〉的徐州、梁州，增多了幽、并二州，這與同受劉歆遺毒影響的馬融、鄭玄、《尚書孔傳》所解釋的〈堯典〉十二州乃增加了幽、并、營三州的意思是相同的。康有為向來以《周禮》是劉歆所偽，現在類推〈堯典〉的十二州意思又同於《周禮・職方氏》，依此證明兩者有同樣的根源，都是來自劉歆的偽造。[103]他又從漢代地方制的歷史說明劉歆竄改經文的背景：

> 《漢書・武帝紀》：元封五年，「初置刺使，部十三州」。〈地理志〉：「南置交阯，北置朔方之州，兼徐、梁、幽、并夏周之制，改雍曰涼，改梁曰益，凡十三部。」歆依附漢制而改飾之者。營州古無此名，歆以太公封於營丘而名之。王莽有並州、平州，「營」、「平」音同，即營州，蓋用歆說也。歆多以漢制為古制，……漢有十三州，故歆亦以古為有十二州也。〈堯典〉「十二州」三字，必為古文家竄改，《尚書大傳》有「兆十有二州」說，或更追改者歟？（康氏自注：《史記・五帝本紀》、《漢書・谷永傳》永之對，皆有十二州之說，皆竄改者。）[104]

引文指出漢武帝時的地制有十三州，劉歆為了依附漢制而改飾經文為十二州，康有為言下之意，是〈堯典〉的原經文應是九州，被劉歆竄改成十二州。又《尚書大傳》也有「兆十有二州」說，康氏亦認為是被古文家所追改的。

自謂受康有為學術啟發甚多的顧頡剛，和康氏類似的是，他也從漢代晚出的角度看待〈堯典〉十二州的出現，只是他拋開了劉歆造偽的觀點，改用歷史背景與文獻產生的關係討論問題。顧頡剛從金文、《左傳》、《國語．周語》及〈禹貢〉本文歸納，皆言九州、九藪、九牧、九山、九川、九澤、九原、九隩……，因此確信春秋戰國時的著作，地制當以九數。至於〈堯典〉的十二州，推測本也應作九州，但是漢武帝時，境域大幅拓寬，當其分州之際，九州觀念已有不足，因事實上之需要，遂改寫〈堯典〉的九州成十二州。[105]顧頡剛的學生譚其驤則認為與其說十二州襲諸漢武之制，不如說更像東漢的地方制，[106]儘管看法與其師有異，但明顯的師生二人的思路相

103 康有為，《新學偽經考》，〈漢書劉歆王莽傳辨偽第六〉，頁一五五—一五六。

104 康有為，《新學偽經考》，〈漢書劉歆王莽傳辨偽第六〉，頁一五六。

105 顧頡剛，《尚書研究講義》（一九三三年石印本），第一冊，乙種三之一，頁六a—九a。顧頡剛、劉起釪，《尚書校釋譯論》（北京：中華書局，二〇〇五），第一冊，頁一五五—一五九。顧頡剛長久以來思考經典與其他文獻中關於九州與十二州的矛盾問題，寫下的筆記甚多，見氏著，《顧頡剛讀書筆記》，第二卷，頁五七四，一〇五三，一〇六〇；第三卷，頁一二六二—一二六三，一三四五—一三四七，一五九〇—一五九一，一七八一，一七八六，一八〇〇，一八〇二，一八〇四—一八〇七；第七卷（上），頁四七四一，五〇〇二；第七卷（下），頁五四六一。

106 譚其驤，〈譚其驤與顧頡剛書〉，收入顧頡剛，《尚書研究講義》，第三冊，討論之一，頁一a—三a。譚其驤，〈關於漢武帝的十三州問題討論書後〉，收入顧潮編，《顧頡剛學記》（北京：生活．讀書．新知三聯書店，二〇〇二），頁三二二—三二四。

同，都是從歷史的發展來解釋文獻內容的產生。

如果說從康有為到顧頡剛思考九州與十二州的矛盾問題，都是以十二州為後起、晚出的視角討論，那麼下文將可以看到廖平在這個地方走了完全不同的理解方向，與康有為的辨偽今古文不同，也與顧頡剛的考史、層累地造成說有異；廖平認為經文的州數不同是在傳達夷夏的內外之分。

（二）廖平論九州與十二州的微言大義

《尚書孔傳》以及馬融、鄭玄解說九州與十二州的關係，主要放在上古史實的討論上，以為堯時九州，大禹治水後，舜改為十二州，後來禹又併為九州。廖平嚴詞抨擊類似這些說法都犯了用地理沿革的方式「以史說經」的最大謬誤：「舊說中國四代九州有沿革，以為舜改堯九州為十二州，禹省併為九州。《周禮》，周之九州無徐、梁，加幽、并；《爾雅》，殷之九州無青、梁，加幽、營，州域更變，以史說經，最為大謬。」[107]那麼九州與十二州的矛盾該如何解釋呢？廖平引《尚書．堯典》的「詢於四岳」與「咨十有二牧」解之：

> 按〈典〉曰「覲四岳群牧」，又曰「詢於四岳，咨十有二牧」。四岳乃內州方伯，群牧乃外州之長，內九外十二，故〈貢〉曰九州，〈典〉曰肇十二州也。堯、舜揖讓相承，並無沿革，……實則唐、虞、夏疆域最小，周較〈禹貢〉，不過雍、豫、冀、兗、青五州之地，而荊楚、南蠻、勾吳，文身久之，始能進化。《尚書》九州借儒說為始基，推廣為八十一州，

據鄒子之說，是州制但有小大之分，並無更革之異。必明此義，乃可說經。108

〈堯典〉有「覲四岳群牧」一詞，其中廖平依據《尚書大傳．堯典》的「巡守四岳八伯」一文解之，一岳二伯，四岳共八伯領八州，加上中央不置伯的王畿一州，共九州。《尚書．堯典》又說「詢於四岳，咨十有二牧」，群牧乃外州之長，十二牧說明外邊有十二州。故〈禹貢〉說九州，〈堯典〉說十二州，其實是內九州、外十二州同時並置之意。他也再度重申不能以上古堯、舜、禹的真實疆域或沿革來解讀經學的內容，因為真正的史實是唐、虞、夏的疆域甚小，尚不及〈禹貢〉九州中的雍、豫、冀、兗、青五州之廣，而當時南方的荊楚、南蠻仍為化外之地。因此經學乃孔子的微言大義之作，不能以考史的眼光論之。廖平的思考受了西方進化論，以及日本疑古思潮的影響，這在本書的第六章會再討論。

現在先將焦點放在九州與十二州的問題上。廖平又將〈禹貢〉的甸、侯、綏、要、荒五服的範圍分配到四岳八伯與十二牧的管理區域：

> 按〈禹貢〉五服五千里，……其甸服千里，侯綏千里，要荒千里。在侯綏者為四岳八伯，在要荒者為十二州十二牧。內侯綏為州，外要荒亦為州。八州有伯，十二州有牧，同時並

107 廖平，《書經大統凡例》（一九一六年，四川存古書局刊），頁一一a。

108 廖平，《書經大統凡例》，頁一一a—一一b。

建，兩不相妨，此經中之明文也。內侯綏為州，外要荒亦為州。八州有伯，十二州有牧，同時並建，兩不相妨，此經中之明文也。[109]

引文點出了內、外的觀念。〈禹貢〉五服中，天子所在地的王畿屬甸服，侯、綏二服都是王化所及之處，侯、綏隸於八州八伯，加上王畿一州，屬於內九州；要、荒二服仍未進於華夏，設十二牧以治之，屬於外十二州。故內九州、外十二州同時並存。值得注意的是，廖平筆下的外十二州雖然文化還未進於華夏，但是已經逐漸沾染王化，因為十二「牧」是代表夷狄進爵為州牧的微言，這是與《公羊傳》的夷狄漸受王化而進爵位的概念相結合的。廖平在《皇帝疆域圖》一書中對此問題有更深刻的論說。

廖平的《皇帝疆域圖》一書，思想內容完成於光緒二十九年，但是民國四年才寫定，它也是大統思想的重要代表作之一。此書的寫作方式，是以《尚書》為「經」，《周禮》為「傳」，以下這個用《周禮．職方氏》說解《尚書．禹貢》的一條例子，也是廖平以內、外論〈禹貢〉微言大義具代表性的說法。

經：〈禹貢〉冀州島夷；青州嵎夷、萊夷作牧；徐州淮夷；揚州島夷；荊州三邦底貢；梁州和夷；雍州析支、渠、搜，西戎即敘。

傳：〈職方氏〉掌天下之圖，以掌天下之地，辨其邦國（黃鎔注：內九州）都鄙（黃鎔注：外十二州）。[110]

〈禹貢〉的這幾句經文，廖平將它們與《周禮．職方》的邦國、都鄙，即廖平自謂的內九州、外十二州的內外觀念連繫起來。首先，他解釋〈禹貢〉經文的「冀州島夷」一句，由於冀州在北方，因此冀州島夷當在露西（俄羅斯）北冰海；解釋「徐州淮夷」，引《詩經．魯頌．泮水》的「淮夷來獻」一句，指為大東洋之夷入貢之意；解釋「揚州島夷」，以《淮南子》有「東南曰揚州」，故認為是住在南洋之夷；梁州在〈禹貢〉九州的正西方，所以「梁州和夷」當在西洋。解釋「荊州三邦底貢」，因荊州在〈禹貢〉九州的正南方，意指地球南方的三外邦常致貢物。他又將「雍州析支、渠、搜，西戎」一句，解為歐洲西北之戎。對照傳統的注疏，「嵎夷」、「萊夷」，《尚書孔傳》與孔穎達《正義》皆解釋為地名；但廖平均解釋作夷狄之夷；「作牧」，《尚書孔傳》解作可以放牧，但廖平以為用夷當州牧之意。[111]「西戎即敘」，敘者，《尚書孔傳》謂「皆就次序」；廖平則謂屬夷的西北方之歐洲已經「敘爵」進為華夏所冊封的州牧了。廖平指出：

> 〈典〉曰十二牧，……是為十二州侯伯之統稱，……蠻夷大長仰化輸誠，咸受上國之策封。《春秋》夷進中國則中國之，蓋大同之世，無所謂夷也。《周禮》為「皇帝」之書，〈職方〉掌天下之圖與地，辨其邦國都鄙，內九州，外十二州，胥歸統馭，故遠人來服，始為夷

109 廖平，《皇帝疆域圖》，第十三，頁四八a—四八b。
110 廖平，《皇帝疆域圖》，第十五，頁五四b—五五a。
111 廖平，《皇帝疆域圖》，第十五，頁五四b。

而終為牧，殆寓由漸進化之意歟！[112]

《公羊》學之「內外」義例即源於因「華夷之辨」而「由內到外」撥亂起治之步驟，華夷雖有區分，但是「夷狄進中國則中國之」，因此十二州牧的建立，是蠻夷之長仰化輸誠，感受上國策封的結果。而「大同之世，無所謂夷也」，蠻夷逐漸受化導，到最後終究會成為華夏的一分子，那時外十二州將自然消失，內九州的範圍將擴及整個天下／地球，成為一個「大九州」。換句話說，代表華夏的「內九州」邊界是伸縮的，它會逐漸擴大；未進於華夏的「外十二州」邊界也是伸縮的，它會逐漸縮小，歸附成為「內九州」的一部分。這就是廖平對九州與十二州的解釋，深具文化內外觀的意義。廖平很明白的是以當下的中國為「內九州」，中國以外的世界其他地方為「外十二州」，九與十二在此處也可視為一種虛數。

也因為王化普及時，外十二州自然消失了，世界是一個「大九州」，廖平也依著這個概念解釋歷代以來爭論不休的問題：何以《周禮．職方氏》與《爾雅．釋地》的九州不完全同於〈禹貢〉九州州名的原因。在解釋廖平的說法之前，先將三書的「九州」州名排比如下，以觀其異同：

◎《尚書．禹貢》的「九州」：

冀州，兗州，青州，徐州，揚州，荊州，豫州，梁州，雍州。

◎《周禮．職方氏》的「九州」：

東南曰揚州，正南曰荊州，河南曰豫州，正東曰青州，河東曰兗州，正西曰雍州，東北曰幽州，河內曰冀州，正北曰并州。

◎《爾雅．釋地》的「九州」：

兩河間曰冀州，河南曰豫州，河西曰雍州，漢南曰荊州，江南曰揚州，濟河間曰兗州，濟東曰徐州，燕州曰幽州，齊曰營州。

透過上引文的《尚書．禹貢》與《周禮．職方氏》兩者的九州比較，發現〈禹貢〉九州中的徐州、梁州，為〈職方氏〉所無；但〈職方氏〉有〈禹貢〉所無的東北方之幽州與正北方之并州。又《爾雅．釋地》的九州，也只有七州同於〈禹貢〉。廖平視《周禮》為《尚書》之「傳」，主要立基點在《周禮》有九服的大疆域制度，正可與《尚書．禹貢》五服的天下觀互相發明，故兩者制度不可能矛盾。另外，廖平認為古籍的內容多是經學的流派、羽翼，因此《爾雅．釋地》的九州亦可視為闡發《尚書．禹貢》之「說」。既然三者的九州同源，然而三者比較，卻不僅是名稱有所歧異，也有地域劃分上的不同，因此廖平要彌合三者之間的差異，正是從這個彌合的過程可以看出廖平的信念所在。他說：

經以〈禹貢〉九州為起例，〈職方〉無徐、梁，而加以幽、并。考《尚書》，幽為外州，揚子雲〈并州箴〉其地乃在朔方。〈周書〉中言徐、梁者多矣，《周禮》何以二方不立州？知

112　廖平，《皇帝疆域圖》，第十五，頁五六b。

〈職方〉內州舉七，外州舉二，互文見義，以成九數。《爾雅》於〈禹貢〉亦止見七州，外舉幽、營以成九數，與〈職方〉同例。故內七州皆以水地為界，外二州敘於末，齊曰營州，燕曰幽州，亦內七外二。《易》曰：改邑不改井。謂京城三代異地，而九州則不能變更，或乃以此為三代沿革，誤也。113

引文內容是廖平所提出的一己之解釋：《周禮・職方氏》捨〈禹貢〉的徐、梁二州而代以幽州、并州，因為幽、并遠在北方，代表屬於外十二州牧所轄的外州，因此〈職方氏〉的「九州」列了〈禹貢〉裡的七州表內州，再加上兩個外州，共成「九」數，象徵未來的世界是合內、外以成的「大九州」；《爾雅・釋地》的情況亦然，並非邢昺《疏》所說的殷、周制之不同。故《周禮・職方氏》與《爾雅・釋地》的「九州」都在闡發〈禹貢〉五服的經旨，說明未來王化普及全球後的「大〈禹貢〉」、「大五服」或是「大九州」，都是王化由內向外逐漸化導，最

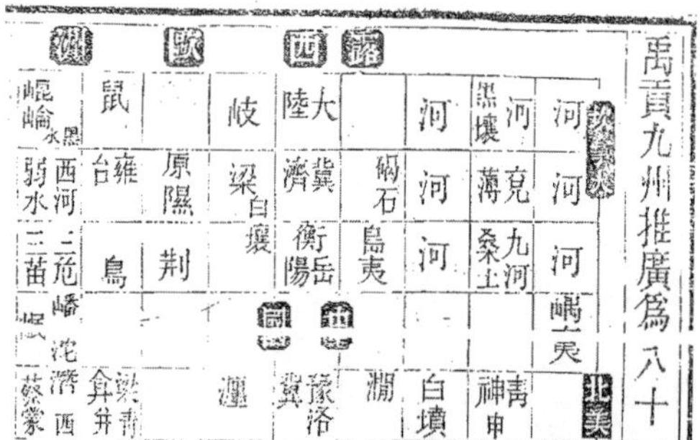

圖2.4 「大〈禹貢〉圖」，廖平，《皇帝疆域圖》，第八，頁21a。

終合「內」、「外」而成的大一統境界。

由以上透過對廖平一家之言的分析，可以得知廖平心中由經典指引的未來理想世界，具有濃厚的傳統「帝王政教」之大一統意識。他所建構的合於「經旨」的圖像，最基本的理念，是整個地球或世界必有內、外的文化層次，強調中國為「內」、為華夏、為中心，外於中國的地域為「外」、為夷狄、為邊緣。經過不斷的由內化外、「用夏變夷」，終將達到「王者無外」的地步，這就是「大〈禹貢〉」、「大五服」及「大九州」這三個相通的世界圖像概念所傳達之最核心的精神。

小結

十九世紀九〇年代中期以後，近代地理學在知識界已經基本得到普及，中國知識分子也必須接受地球為圓體，無處非中，以及中國不代表天下，只是眾多國家中的一個。西方地理知識的擅場在於測繪技術、地圖的製作，呈現的是地圓、五大洲、經緯度之世界地圖。然而這與傳統天下觀之「中國中心」、「華夷之分」的內涵取向有很大的不同。因此西方地理知識不僅是一知識上的衝擊，更是對原本信念的中國中心觀之撼動。在如此背景下，同樣都是吸收西方世界思想的中國知識分子，每個人都有不同的學養背景、獨特的思想認知，因此從傳統天下觀轉變到近代世界

113 廖平，《皇帝疆域圖》，第十三，頁四七a。

觀是個複雜的過程，不是簡單的移植而已。而廖平所建立的世界圖像，就是一個兼具時代與個人特色的例子。從他對鄒衍「大九州」說的新詮釋，以及欲以孔子經典含攝《海國圖志》等世界地理書籍的內容，透露出他要將西方的地理新知，從傳統學識的立場予以吸納，並轉化成以經典價值為本位思考的文化地理空間觀，是他關切致力的重點。

廖平從來沒有否定西方近代地理科學實測的結果。但他認為這一類的著作如《海國圖志》等書消解了中國文化優越的意識，沒有符合經典的意旨，也容易啟人以孔子不懂世界之想。為了建構了一幅符合經學意旨的世界地理圖像，他重新「發現」古代具有海外世界眼光，曾提出「大九州」說的鄒衍，又把鄒衍思想上接於孔子。這等於是告訴世人，孔子在兩千多年前早已知道中國並不等於天下。但即使中國並不等於天下，仍無妨於中國的優越性。廖平將傳統思想史上不曾被重視的「大九州」說，與居於傳統天下觀主流地位的「五服」、「九服」之概念相結合，欲建立一個屬於全球的「大五服」概念，以此說明將來世界大一統，仍是要以中國的文化為中心，向外擴展。廖平除了以經典建構中國為中心的世界圖像外，又援引《淮南子》、《山海經》、《莊子》、《河圖》、緯書等作為解說經典世界圖像的輔翼。觀察這些著作的共同特色，都是表現一種由內而外的天下模式，其目的無非在說明中國得天地之最尊貴及文化秩序上的差序格局。

總之，對廖平而言，中國這塊土地即使只是處在地球的一部分，但是以文化來說，仍然位居世界的中心。他所建構的世界圖像，反映一個深受傳統教育背景影響、認同中國文化最優越的知識分子，在西方地理知識與中國固有觀念之間碰撞、互動與調適的過程。

第三章

經學理想的世界文化空間藍圖

——兼論近代學術上的意義

第二章的主旨闡述經學如何含攝整個地球、與海外世界打成一片，目的是要說明孔子已有地球的視野，並預示了未來世界即將合一的願景。這章接續討論中國文化在世界大一統裡扮演何種角色。廖平以孔子的大統思想包含「知」與「行」兩個部分，又說「知」為「空言」，「行」為「行事」，也可以理解為藍圖與實踐之意。藍圖以《尚書》為代表，實踐以《春秋》為代表。藍圖指的是一個應然的經典世界，行事指達到這個應然的世界之具體行為過程。第三章（本章）欲談的即是廖平筆下《尚書》經典藍圖的構想；後面第五章將會討論《春秋》行事的內容。

廖平以《尚書》是發揮大統藍圖的主要經典，他說：「《書經》為全球制法，俟聖專書。」又說：「〈禮運〉有曰：惟聖人，能以天下為一家，……不知即《尚書》之經例也。」[1] 所以《尚書》是天下一家的理想境界之大經大法。在這個理想境界的建構中，又有一個不可輕忽的經典人物：周公。他指出《尚書》之中，「周公獨佔十二篇，典章制度、大經大法，皆在於此」。[2] 因此周公被他視為孔子筆下寄託一統的微言大義之重要人物。那麼廖平心中的孔子用什麼方式來呈現「周公」？為什麼周公可以是表徵理想未來的價值核心？其次，當廖平在建構他理想的藍圖之際，又如何告訴世人，這個願景必將實現？最後，在詮釋這個理想的過程中反映的時代與學術意義之變遷，也將在本章詳細的探討。

第一節　肇開世界大統與中天下而立的「周公」

廖平認為孔子賦予《尚書》大統藍圖的理想，他又說孔子筆下的「周公」是肇開大統的託寓，那麼廖平為什麼認為周公會受孔子特別重視？孔子怎麼透過「周公」來表達自己的理想？這是下文要探索的問題。

一、史實的周公與孔子經典寄寓的「周公」

廖平論孔子重視周公這個歷史人物，有一個很重要的原因，是廖平認為史實上的周公在周初曾經踐阼稱王，也因為周公曾經有過天子的身分，因而孔子在經典中賦予周公這個角色另一層寄託的意義。

關於周公與成王的問題，歷來學者聚訟紛云，爭論的焦點在於周公是否曾踐天子位，或者只是「攝政」。在廖平的論述中，他將「周公」分為真實歷史中的形象與孔子寄託的經典符號，認為在周初的史實中，周公承襲殷商的「兄終弟及」之制，在武王崩後曾即位行天子之職，待到平治天下後讓位於成王，並為周家確立了傳子的法度，這是周公在真實歷史中的地位。他說：

> 武王克殷後，即以天下讓周公，《逸周書》所言是也。當時周公直如魯隱公、宋宣公兄終弟繼，即位正名，故〈金縢〉稱「余一人」、「余小子」，下稱二公，〈誥〉稱「王曰」。〈檀弓〉：「文王舍伯邑考，而立武王。」蓋商法：兄終弟及。武王老，周公立，常也。當時

1 廖平，《書經大統凡例》（一九一六年，四川存古書局刊），頁一二a，一五a。

2 廖平，《經話（甲編）》，《廖平選集》（成都：巴蜀書社，一九九八），上冊，頁四五五。

> 初得天下，猶用殷法。自周公政成以後，乃立周法，以傳子為主，周家法度皆始於公。欲改傳子之法，故歸政成王。[3]

又說：

> 周公為天子之說，見《書》者，〈金縢〉則曰「以旦代身」，〈召誥〉則周公主祭。故《荀子》以周公為大儒，謂其由無天下而有天下，又由有天下而無天下也。成王賜周公以天子禮樂，以其曾為天子而讓天下也。周初，承殷舊制，傳及踐阼，政成遜位，此周公之故事。[4]

從以上的引文可知，廖平主張周公曾即位為天子的主要依據包括《逸周書》、《荀子》等史料，以及《尚書》中的若干內容。廖平論周公多以《尚書》的內容為主，但是《尚書》以外的史料，如《逸周書》、《荀子》等記載也影響廖平甚大。以下將這些廖平的思路下，周公曾經稱王的依據，分成三部分敘述，期望能從中勾勒出廖平心中的周公史實，以及孔子的「王心」所在。

（一）《尚書》以外的周公踐阼史料依據

首先，《逸周書》關於周公稱王較明確的記載，主要是〈度邑〉篇的敘述：「王曰：『旦！予克致天之明命，定天保，依天室。……我維顯服，及德之方明。』叔旦泣涕於常，悲不能對。……王曰：『旦！汝為朕達弟，予有使汝，汝播食不遑暇食，矧其有乃室。今維天使予，維二神授朕靈期。予未致於休，予近懷於朕室。汝維幼子，大有知。……乃今我兄弟相後，我筮、龜其何所即令，用建庶建。』叔旦恐，泣涕共手。」[5]這段文字指出，武王受到二神的指示，知道自己的大限之期，顧念到國家初造，願意兄弟相及，把王位傳給德智兼備的周公。在此處的記載中，只描述周公涕泣沾裳，拱手不肯接受，並未明言周公是否登基，但是卻傳達了周公有即位的合理性。

除了《逸周書》外，廖平亦採用了《荀子》的說法：「荀子以周公為大儒，謂其由無天下而有天下，又由有天下而無天下也。」此語出自《荀子．儒效》的內容：「武王崩，成王幼，周公屏成王而及武王，以屬天下，惡天下之倍周也。履天子之籍，聽天下之斷，偃然如固有之，而天下不稱貪焉。……成王冠，成人，周公歸周反籍焉，明不滅主之義也；周公無天下矣。鄉有天下，今無天下，非擅也；成王鄉無天下，今有天下，非奪也；變執次序節然也。」《荀子》認為武王崩，成王幼，為了政治安危的考量，周公繼承了武王之位，直到成王年長始歸政。

廖平雖然採用了《逸周書》與《荀子》的觀點，認為周公繼位為君，但是他不認同周公即位的原因是成王年幼，關於廖平對成王年紀的看法，下文會再討論，而此處廖平要強調的是周公能繼承王位，是因為周朝初年仍然沿襲殷代的「兄終弟及」之制，並引《禮記．檀弓》的：「文王舍伯邑考，而立武王」之語，[6]說明嫡長子繼承的宗法制度在周初尚未確立，這與王國維於一九

3 廖平，《經話（甲編）》，《廖平選集》，上冊，頁四五二。

4 廖平，《皇帝疆域圖》（一九一五年，四川成都存古書局刊），第二十一，頁四。

5 袁宏點校，《逸周書》（濟南：齊魯書社，二〇〇〇），頁四五。

一七年所發表的〈殷周制度論〉中的觀點頗為相似，[7]只是學界尚未注意到在王國維之前的廖平已有類同的看法。總之，對廖平而言，歷史上周公的功業，就是立周法，以傳子為制，周家的法度皆奠定於周公，這就是真實的周公在其當代的貢獻與地位。

（二）從《尚書》內容索隱真實周公的天子身分

廖平又從《尚書》的內容書寫方式，指出真實的周公在歷史上有不尋常的特殊地位，應是曾經正式即位為天子，而非僅是攝政。他說：

> 《書》於〈周書〉四篇，言文、武、成、康。〈戡黎〉但見西伯二字，並無文王一語，〈牧誓〉僅為誓師之詞，〈顧命〉但詳喪葬、即位之事，可云極略；而周公獨占十二篇，典章制度、大經大法，皆在於此。蓋周公立為天子，功成制作而託言於攝，即《中庸》云「周公成文、武之德」，成、康繼位之休，皆周公成之是也。臣不尸大功，周公本自立，故不可歸於成王。[8]

根據廖平的觀點，《尚書》本言文、武、成、康四王的德業，但是從具體的內容來看，這四王的記載非常簡略，反而周公卻獨占了十二篇之多，關於典章制度、大經大法皆載於周公相關篇中。以此種情況推測，周公應曾即位為天子始能有如此的地位與功業，成文、武之德，下開成、康之治。也由於對周公稱王的認定，廖平對於《尚書》中的若干內容，均解釋為周公稱王的依據。例如廖平特別提出《尚書．金縢》「以旦代身」、「余一人」、「余小子」等文辭，都表示周公為王。〈金縢〉之文原為記述武王有疾，周公作書請命於天，願以身代死之事，其中的關鍵句「以旦代某之身」，廖平改解之為「代武攝位為天子」。[9]

廖平也以《尚書》的書寫筆法，證明周公曾經踐阼稱王。他說周公曾即天子位，但是因為周公有心要讓位於成王，所以《尚書》要成全周公的心意，所以不書寫周公為王。廖平這種解經方法啟發自《公羊傳》對《春秋》第一條經文的解釋：「公何以不言即位？成公意也。」照《公羊傳》的說法，因為魯隱公有意讓位給魯桓公，因此雖然事實上已經即位，《春秋》仍然不書即位，目的是要成全隱公讓位之志。廖平認為五經既然皆為孔子所作，所以各經的筆法都有相通之處，由《春秋》的筆法類推《尚書》，即可見出其中的史實與微言，周公在《尚書》中的敘述亦然。他說：

> 若宋宣、魯隱生稱君，死稱公，何嘗因其有讓志，而削奪平日之尊？《尚書》於周公稱王諸條是也。直稱之，則曰周公者，此成周公之志，《春秋》隱不有正月之意也。[10]

6 廖平，《經話（甲編）》，《廖平選集》，上冊，頁四五二。
7 王國維，〈殷周制度論〉，《觀堂集林》（台北：河洛圖書出版社，一九七五），頁四五三。
8 廖平，《經話（甲編）》，《廖平選集》，上冊，頁四五五。
9 廖平學，黃鎔筆述，《書中候弘道編》（一九二一年，四川成都存古書局刊），頁二a。

這段話說明，既然《尚書》要成全周公之志，以「攝」立義，又為何仍書「王若曰」一詞，以周公為王？廖平的解釋也是對照《春秋》的書法：《春秋》的魯隱公、宋宣公有讓位之志，所以死後稱「公」，且隱公元年不書正月，這都是成全他們的心意；但魯、宋二公是真正曾經即位的，所以敘述其在世的行事時，仍以國君稱之，並不因有讓志就削減平日的尊貴身分。同樣的，周公有讓位之志，所以《尚書》有時直稱「周公」即是成全其志；但周公也是真正即天子位的，從「王若曰」一詞也可以得到證明。總之，廖平啟發自《春秋》的書法，視經典為表現微言，但是從微言中也可以搜尋到史實的痕跡，他也以此路徑去索隱歷史上的周公行事。

他又認為武王崩時，史實上的周公是名正言順的即位，並非因成王年幼而攝政，《尚書》所書的成王年幼，這也是《春秋》筆法的「託詞」方式，他說：

> 周公、成王事為經學一大疑。武王九十以後乃生子，成王尚有四弟，何以九十以前不一生？繼乃知成王非幼，周公非攝，此《尚書》成周公之意，又有語增耳。……欲改傳子之法，故歸政成王。問何以歸政成王？則以初立為攝；問何以攝位？則以成王幼為詞。一說成王幼則生出襁褓，不能踐阼；或以為十歲、以為二、三歲不等，皆《論衡》所謂「語增」，事實不如此也。[11]

廖平指出，周公、成王之事，歷來被視為經學上的一大疑問，這個疑問除了周公是攝政，還是稱王以外，還包括了何以武王年歲至九十才生成王，況且成王又有四弟？廖平接著提出自己的解讀，即武王崩時，成王並非年幼，周公也非攝政，而是真正的即位；但周公與魯隱公一樣有讓志，欲將制度改為傳子，因此《尚書》不書即位，以成全其志。又《尚書》既然「成周公之意」，不書即位而書攝位，為何要攝位，必定要有一個理由，即假託以成王年幼為詞，這即是《公羊傳》的「託詞」方式。《尚書》中是否有如廖平所說的以成王為年幼之說？他指的應是《尚書·周書》諸篇稱成王為「孺子」，並接受了漢代以來的經師訓「孺子」為「稚子」之故。[12]廖平又視其他史料所傳說的成王僅為襁褓或是只有二、三歲、十歲不等的說法，皆是所謂的「語增」而已，事實並非如此。[13]總之，廖平索隱《尚書》的內容論證周公即位稱王，且成王非幼的史實，又以這種「史實」與經典有意呈現的成王年幼而周公攝政的說法相對照，廖平要說的就是

10 廖平，《經話（甲編）》，《廖平選集》，上冊，頁四五三。

11 廖平，《經話（甲編）》，《廖平選集》，上冊，頁四五二。

12 根據王慎行的研究指出，《尚書》中傳達成王年幼的敘述，應是〈周書〉諸篇中謂成王為「孺子」，有關的資料如下。〈金縢〉：「公將不利於孺子。」《尚書孔傳》云：「孺，稚也，稚子成王。」〈洛誥〉「孺子其朋，孺子其朋」；「乃惟孺子頒朕不暇」；又云「孺子來相宅」。《孔疏》引《鄭注》云：「孺子，幼少之稱，謂成王也。」〈立政〉「孺子王矣」；「予旦已受人之徽言咸告孺子王矣」，又云「今文子文孫孺子王矣」，據此可知，漢代經師皆訓《尚書》之「孺子」為「稚子」，並以此為成王年幼說之根據。見王慎行，〈周公攝政稱王質疑〉，收錄於郭偉川編，《周公攝政稱王與周初史事論集》（北京：國家圖書館出版社，一九九八），頁一七六－一七七。

13 關於成王尚在襁褓之說，如《史記·魯周公世家》：「武王既崩，成王少，在襁褓之中。」《史記·蒙恬列傳》：「恬曰：成王初立，未離襁褓，周公旦負王以朝，卒定天下。」《淮南子·要略》、賈誼〈請豫教太子疏〉及《後漢書·桓郁傳》均有武王崩時，成王尚在襁褓之說。

經史之間的區別。

（三）周公與孔子的合一

廖平從論述周公的史實地位，又連繫到周公在孔子筆下的經典地位，何以周公對孔子來說如此重要？廖平以經典中的舜、周公、隱公均為孔子所託，以此更深化周公的意義：

> 《春秋》始於隱公，《左》以為攝，隱即周公，周公即舜。舜、周公、隱公即孔子，皆從字立義。《公羊傳》：「吾立乎此，攝也。」周公事正如此，本立也，而自以為攝，實非攝，故成王以魯為王。後以與商比，成其讓志，故但稱周公，不稱王。……成王已立，周公已退，乃封伯禽。董子〈三代改制篇〉言殷立弟，周立子，即由周公改定。周公本為天子，不傳於子而傳於武王之子，後世乃疑周公不盡臣道，不當稱王，魯不當用天子禮樂。不知周公有天下而不居，王莽無天下而竊取，以王莽擬周公，冤矣！[14]

周公本為天子而讓位，以攝自居，廖平視此為成王願意讓周公的魯封地使用天子禮樂的原因，並推崇周公的精神崇高，與後來王莽自比周公而篡位有天壤之別，以此可見廖平對周公的歷史事跡是讚譽的。值得注意的是，上引文中，廖平於推崇周公德業的同時，也說「隱即周公，周公即舜。舜、周公、隱公即孔子」，將周公比擬為舜、魯隱公，最後又歸結為孔子，足見孔子與周公間的聯繫。廖平仍是用經典的書法論述這個觀點，他說：

> 孔子以匹夫制作，與周公同，故《詩》、《書》皆以周公為主。周公即孔子前事之師也。周公本為天子，立傳子之法，乃讓成王，自託於攝，亦如孔子為天子事而自託於帝王。〈帝典〉為《書》之主，堯為天子，所詳皆舜攝政之事；成王為天子，所言皆周公政事。《左傳》隱公元年：公不即位，云攝也。通其意於《書》，實則《書》與《春秋》皆孔子攝為之也。[15]

廖平認為孔子將理想寄託於周公，因為周公與孔子是可以相提並論、互相比擬的。周公本是天子，為周家立法度，讓位成王，自託於「攝」；孔子以匹夫制作，為後世立制度，自託於帝王（素王），周公對孔子來說，具有十分特殊的意義，因此孔子將周公託為《詩》、《書》的主角，但是要傳達的卻是孔子的思想。廖平又轉進一層的指出，《尚書》中的〈帝典〉以堯為天子，但是重點在於舜的攝政；〈周書〉以成王為天子，內容也重在周公攝政之事，以此說來，經典以周公為主角，類似於「王」的身分，但重要的是背後的「攝政」者，即是孔子，這也就是廖平所謂的「隱（公）即周公，周公即舜。舜、周公、隱公即孔子」，以及「《書》與《春秋》皆孔子攝

14 廖平，《經話（甲編）》，《廖平選集》，上冊，頁四五二—四五三。

15 廖平，《經話（甲編）》，《廖平選集》，上冊，頁四五五。

為之也」的深意。

從以上的論證來看，周公致太平是孔子依著歷史上的周公勛業而將理想寄託於他，經典裡的周公其實就是孔子的理想。這也是何以在廖平的觀點中，史實上稱王並制法的周公，會成為孔子經典符號的原因。

二、孔子藉「周公」開創東西兩半球的意義

（一）周公「居東」與中天下而立

廖平認為周公為孔子所託的致太平符號，經典內容的關鍵在於《尚書》中的周公「居東」與營建東都洛邑。此處先從周公與「居東」的記載以及廖平的詮釋說起。《尚書．金縢》謂：

> 武王既喪，管叔及其群弟乃流言於國曰：公將不利於孺子。周公乃告二公曰：「我之弗辟，我無以告我先王。」周公居東二年，則罪人斯得。于後公乃為詩以貽王，名之曰「鴟鴞」。

《尚書孔傳》對於「我之弗辟，我無以告我先王」的解釋是，對於管叔、蔡叔與霍叔的流言，我（周公）若不以法繩之，則無以成周道，所以此解周公「居東」，指的是周公東征，諸叛逆的「罪人」皆被獲，罪人乃指管叔等人而言；且既得這些叛逆罪人之後，周公乃作〈鴟鴞〉一詩

給成王，言三叔不可不誅之意。[16]但是鄭玄卻有不同的說法。鄭玄以為武王崩後三年，周公將攝政，管、蔡流言詆毀周公，成王亦猜疑之，周公乃避居東都，周公的屬黨皆奔走出亡，隔年均為成王所得，成了「罪人」，多被殺罰，周公作〈鴟鴞〉之詩以救其屬臣，[17]此詩今存於《詩經》「豳風」中。總之，《尚書孔傳》視「居東」為伐管、蔡，鄭玄則認為是避居東都。此外，《史記．魯周公世家》又有一說，指周公攝政七年還政於成王後，「人或譖周公，周公奔楚」。《論衡》也說：「周公居攝，管、蔡流言，王意狐疑周公，周公奔楚。」這也讓人聯想到，如果跟從鄭玄的說法，解「居東」為避禍，那麼「東」是否即是楚國？關於這些問題，當代的學者曾做過深入的分析與考證。[18]

承上所述，本文這裡所要說明的重點是，廖平認為無論《尚書孔傳》、鄭玄注，或是《史記》、《論衡》等等前人對於周公居東的說法，都沒有得著孔子在《尚書》及《詩經》中塑造周公形象的本意。他說：

〈詩序〉之見於經者惟〈鴟鴞〉，所以必見此者，通《書》之意於《詩》也。《書》、《詩》

16 孔安國注，孔穎達正義，《尚書正義》，頁一八八。

17 孔安國注，孔穎達正義，《尚書正義》，頁一八八。又見毛公傳，鄭玄箋，孔穎達正義，《詩經正義》（台北：藝文印書館，一九六五），頁二九二。

18 關於「居東」與「奔楚」的問題，見夏含夷，〈周公居東新說——兼論〈召誥〉、〈君奭〉著作背景和意旨〉，收錄於郭偉川編，《周公攝政稱王與周初史事論集》，頁一四一—一四六。

> 皆周公為主，故魯為〈頌〉。〈金縢〉「周公居東」一語，為《詩》主宰，居東非避禍，非討管、蔡，蓋用夏變夷，開南服以成八伯之制。《詩》云：「周公東征，四國是皇。」《孟子》：東征西怨，南征北怨。不曰西北而曰東南，功用專在東南也。由雍州以及梁、荊、徐、揚，皆在南，以東都言則在東，《詩》言「周南」、「召南」、「東征」，《書》言「居東」，皆謂周公開平南方，營東都，朝諸侯。文、武天下止於西北，周公乃弼成五服，中天下而立，如以居東為避禍、討管、蔡，則小矣。[19]

廖平指出，《尚書．金縢》與《詩經》均提到〈鴟鴞〉這首詩，其實這首詩不是要說明周公與三監或成王的關係，而是要藉著〈鴟鴞〉這個「橋梁」溝通《詩》、《書》，兩者可以對讀，因為它們同為孔子所託的符號，以周公為全球大統之主。周公「居東」並非避禍，也不是要征討管、蔡，而是要「開南服」。「服」原為王畿以外每五百里為單位界畫之區域名稱，如《尚書．禹貢》有五服之說，《周禮．職方氏》有九服之說。「開南服」指用王道化導南方之蠻夷，使之順服，有用夏變夷之意，周公「居東」的目的亦是如此。何謂「東」？廖平認為就是《詩經》的「周南」、「召南」，是周公推行王化所及的區域，經典的地理位置在雍州、梁、荊、徐、揚等地，這些地方位在周發源地（西北）的東南方，而且周公還營建東都洛邑，所以稱為「居東」，文王、武王的天下僅止於西北，周公要開化東南，以禮樂文明施教，漸成一統。而廖平主張這些經典內容不是「述往」，而是「知來」，所謂的周公「居東」就是孔子的理想，要在地球上「弼成五服，中天下而立」，居於禮樂文明最高之「中」，化導四方文化較低之處，而這個「中」就是有孔子之道的地方，即中國，西方為廖平心中的夷狄，簡單的說，兩者的分判就是禮樂與「三綱」的有無。[20]

廖平何以如此重視中心與邊緣呢？這與時代氛圍有關。晚清學者將「世界」作為中國的一面參照鏡，透過它來認識自我，重新評估、定位「中國」的論述很多，葛兆光分析近代中國的自我認識史時，便指出「世界」是中國認識自我的對照體系：

> 中國在很長的時間裡，由於缺乏一個對等的「他者」（the other），彷彿缺少一面鏡子，無法真正認清自身，在十九世紀，中國是在確立了「世界」與「亞洲」等「他者」的時候，才真正開始認清自己，近代中國關於「世界」的話語，其實就是關於中國的再定位。[21]

在經歷甲午戰爭，中國敗於「蕞爾小邦」日本的刺激之後，許多知識分子開始從國力、科技、制

19 廖平，《經話（甲編）》，《廖平選集》，上冊，頁四五六。

20 廖平的華夏與夷狄之辨，也就是中國與西方之別，簡言之，在於「三綱」的有無。廖平指出：「《采風記》言：西人希臘教言君臣父子夫婦之綱紀，與中國同，耶穌出而改之，蓋采之近人之說，竊以此言為失實。三綱之說，非明備以後不能興，既興以後則不能滅。西人舊法不用三綱，恐中人鄙夷之，則以為古實有之，非中國所獨有，因其不便，乃改之，則使中國教失所恃，西教乃可專行。……今之西人，如春秋以前之中國，兵食之政方極修明，無緣二千年前已有教化。以中國言之，無論遠近荒徼，土司猺獞，凡一經沾被教化，惟有日深一日，從無翻然改變之事。故至於今，中國五千里皆沾聖教，並無夷狄之可言。以一經教化，則從無由夏變夷之理也。」見廖平，《知聖篇》，《廖平選集》，上冊，頁二〇二－二〇三。

21 葛兆光，《中國思想史》（北京：商務印書館，二〇〇七），頁五一〇。

度等各個層面去思考中國不如西方，已經不在「世界」之「中」，甚至還未進入到以西方為主體的「世界」之內，包括從晚清小說也可以看到不少反思中國已不再是俯視天下與卓然獨立的「中心」。[22]廖平要重新揭示：禮樂文明才是真正能夠居於中心的價值，也因著中國具有，但西方所沒有的經教價值：三綱，這是孔子寄託「周公」制禮作樂的核心，華與夷／文明與蠻野的分界，也是文化上「中心」與「邊緣」的判準。因此，廖平藉著說《尚書》的「周公篇」由海內推向海外，[23]就是以中國居世界之「中」，將文明向外推擴之意。

（二）素王之道與東西半球

廖平認為孔子託周公用夏變夷以致太平，藉著「居東」以表達「中天下而立」，而這個概念的核心，又在於周公的營建洛邑。周朝在武王時，已有營建洛邑（成周）的構想，《尚書孔傳》云：「武王克商，遷九鼎於洛邑，欲以為都。」[24]又《逸周書·度邑》、《史記·殷本記》、《漢書·地理志》都有類似的說法。周最初由根據地岐下，經文王遷豐，武王遷鎬，逐步東移，在當時是為了取得政權的需要。而在取得政權之後，又進一步建都洛邑，是為了便於對新擁有的東部廣大地區進行統治。由於客觀條件的限制，武王的這個宿願，到周公東征後才得以實現。成周本是戰略要地，又位居版圖的中心，不僅四方入貢道里均等，更可以遙控四方，輓轂天下，周初所以成「大一統」的局面，營造洛邑是關鍵所在。[25]《尚書》營洛邑的經過可從〈召誥〉、〈洛誥〉、〈多士〉等篇窺見大概。洛邑在歷史上有如此重要的意義，但廖平要發揮的不是這個周初的史實，他要說明孔子經典是緣著洛邑歷史的特殊性，賦予未來世界的規劃。

1. 營洛邑與東西兩京的肇開

廖平在完成於光緒二十三年的《經話（甲編）》中說：「周公開南服，營洛邑，終歸於西京，與《春秋》存西京相通，不使秦有周舊地。」[26]《經話（甲編）》的內容為大統全球的論述，「開南服」正如前文所說的，以孔子之道居地球之中，用夏變夷之意。值得注意的是，「營洛邑，終歸於西京」有什麼特別的含意呢？這源自於《尚書．洛誥》的內容。《尚書正義》有較簡要的說明：「周公攝政七年三月，經營洛邑，既成洛邑，又歸向西都。其年冬將致政成王，告以居洛

---

22 顏健富對此一議題有生動的研究成果，他指出晚清小說中反映了在世界的座標上，「中國中央論」的信念已經受到衝擊，並舉了幾個代表性的例子說明。例如一九〇三年，金松岑於《孽海花》第一回的「奴樂島」描寫，正是影射中國遭遇「惡風」、「怪風」、「大潮」等代表自西徂東的西潮，沉向孽海，淪為「奴隸」位置。一九〇六年，蕭然郁生發表於《月月小說》第一、二號的〈烏托邦遊記〉，文中遍遊世界者敘述進入展示「世界」的書笥之處，英、法、德、日等國小說皆排列於顯眼位置，但中國小說卻無法放置在象徵世界座標的書笥，只能散亂於地。這恰是作者對「中國」的反思：擠不上「世界」位階，離「中」遠矣！一九〇五年，陳天華連載於《民報》第二至九期的《獅子吼》，小說內容從「話說天下五個大洲」轉到「大中華沉淪異種」，以西方文明的「後出轉精」對照中國的一瀉千里，也是反思中國於「世界」中的位置。見顏健富，〈廣覽地球，發現中國：從文學視角觀察晚清小說的「世界」想像〉，《中國文哲研究集刊》，四十一期（二〇一二年九月），頁一—四四。

23 廖平，《知聖篇》，《廖平選集》，上冊，頁二一五。

24 孔安國注，孔穎達正義，《尚書正義》，頁二一八。

25 金景芳、楊向奎、馬承源都曾論及洛邑的地位與貢獻。見郭偉川編，《周公攝政稱王與周初史事論集》，頁六七—六九，一〇七，一〇九。

26 廖平，《經話（甲編）》，《廖平選集》，上冊，頁四五六。

之義，故名之曰『洛誥』，言以居洛之事告王也。」[27]根據《尚書正義》的說明，周公經營洛邑完成之後，又從洛邑回到西方的鎬京，目的除了準備致政成王以外，更重要的是向成王陳說遷都洛邑的重要性。

而廖平此處論「營洛邑，終歸於西京」的目的，又與《春秋》的尊王攘夷連繫起來，是為了「不使秦有周舊地」，因為春秋時，僻處西陲的秦國仍被視為夷狄。[28]所以廖平「營洛邑」、「歸西京」都是用夏變夷的思想。當然，「洛邑」與「西京／鎬京」對廖平而言已經不再是真正的地理位置了。廖平引《詩》「周雖舊邦，其命維新」，將此二句詩詮釋為《尚書》的周是「新周／大周」，就是孔子的素統大業，為規劃整個世界的「皇統／大統」，不是歷史上的「舊周／小周」，若拘泥於洛、鎬的實地情形，則未免「坐井而觀」，不能了解孔子聖教的偉大。[29]明白了廖平的本意，再回過頭來看「歸於西京」一句，詳細的說，「素王之道」歸於「西京」，就是為了要讓「西方」能夠接受王道的化導。廖平在上述這個光緒二十三年的著作中，對王道、華夷的思考，隱然將世界分成了東（洛邑）、西（鎬京）兩個部分，但是他在這時還未明確的說明東、西的區別與意義，直到後來的著作才有更細緻的發揮。

廖平民國之後刊出的著作如《書經大統凡例》、《尚書弘道編》、《書中候弘道編》等書中，進一步將「洛」分成「東洛」與「西洛」，分別代表東、西半球之京。這時候，原本在洛邑之西的鎬京，已經不在大統的論述當中，他說：「小統，宗周在西鎬，成周在東洛；大統，宗周在東洛（東京），成周在西洛（西京），次遞及遠，驗小推大。」[30]廖平不談鎬京而專講「洛」，是因為《尚書》裡的周公營洛邑，不是營鎬京。廖平以孔子託周公開創大統，欲將經典的周公經營洛邑解釋為經營地球東西兩方，因此將「洛」分為東西洛，東半球的東洛為「宗周」，「宗周」表示本來所在的東方；西半球的西洛為「成周」，代表新創建的西方。廖平完全拋開了前人的注疏，以己意詮釋經典，他詮釋《尚書》主要敘述周公營洛邑的〈召誥〉與〈洛誥〉，其中深深的蘊入了地球的概念：

> 《書》兩京為大統，東京為東洛，……〈洛誥〉西京為西洛……〈召誥〉武王初讓天下，周公居東為新邑洛（原注：非小周之洛都），治定功成，讓於成王，還居西方。〈多士〉「今朕作大邑於茲洛」（原注：此為西洛，其曰周公初於新邑洛，則指東洛）是也，兩都兩洛……〈洛誥〉：「我乃卜澗水東，瀍水西（原注：澗瀍指東西洋海），惟洛食；我又卜瀍水東（原注：「澗水西」三字舊脫今補），亦為洛食（西洛）」，是為兩京之確證。[31]

《尚書》的「澗水東，瀍水西」即瀍澗之間，今河南城附近，周公占卜此地營建新都得吉，而廖

27 孔安國注，孔穎達正義，《尚書正義》，頁二二四。

28 此處或許會啟人疑惑的是，營洛邑在西周時期，如何與《春秋》連結？這對廖平來說是不成問題的，因為經典都是孔子所作，各經的微言大義本來就是連成一氣的，且經典內容是象徵未來，不必拘泥歷史上的時間地點。

29 廖平指出：「蓋舊周為王，新周則為皇；小周為姬周，大周為皇統之國號。尼山美玉，待價而沽。若拘拘於洛鎬之實地情形，則未免坐井而觀耳！」見廖平，《書經大統凡例》，頁七b—八a。

30 廖平，《書經大統凡例》，頁一五a。

31 廖平，《書經大統凡例》，頁一〇b—一一a。

平轉而將瀍、澗指為地球的東西洋海，在東西洋海兩邊營建東京與西京，兩京通畿又結合上大同的思想：

（〈洛誥〉）此篇周公讓成王，周公禪位，成王主祭，與〈召誥〉為大統東西兩京。〈召誥〉武王讓周公，如堯讓舜，攝位於東京，即東半球之地中。〈洛誥〉周公讓成王，主東洛，如舜讓禹，又通畿於西洛，開化兩京，皆周公之功。〈禮運〉說大同之世，大道之行，天下為公是也。[32]

廖平的東京與西京，很明顯的強調東、西先後的關係，從他將東半球稱為「宗周」，有本來所在之地的意思，已可看出。他說〈召誥〉是武王傳位周公，讓周公攝位於東半球的首都宗周；〈洛誥〉是周公讓位於成王，使成王主政於東半球，之後周公隨即如〈洛誥〉經文所說的「歸於西京」，到西半球再去創建另一個首都「成周」。

廖平將東方與西方分別開來，意味著先有東方，才有西方，誠如他所說的「周公紹承東土，開化西方」。[33]又〈康誥〉周公勉成王之語：「朕心朕德，惟乃知。」廖平注云：「東京得地中之法，皆汝所知，今闢西京，當倣效之。」[34]東方可憑藉的資源，就是高度的禮樂文明，要以此文明去化導／開闢西方，最後東西通畿，即是大同之世，因此廖平說「全球之大，皆周公所開闢」[35]：

周初，承殷舊制，傳及踐阼，政成遜位，此周公之故事。孔聖因之作《書》，推廣大統，……仲尼盛稱西方聖人，不治而不亂，不言而自信，蕩蕩乎，民無能名，蓋託周公以肇開西極，創建西京，哲想冥冥，百世不惑，其精神與周公相接，寤寐與周公潛通，語語夢見周公（黃鎔注：凡夢皆占未來，不占以往），謂此也。又《書》之前後皆以「攝」立義，舜攝堯之天下以開化西南，周公攝武之天下以通畿，東西煌煌聖制，正《列子》所謂修《詩》、《書》以治天下，遺來世也。實則舜與周公之攝，皆孔子垂空言以俟後耳。[36]

孔子因著周公踐祚復讓位的史事寄寓自己的理想，制作《尚書》，命以新義，目的是以周公形象肇開大統疆域，讓東、西方都有美好的文明。經典是指向未來，所以孔子屢云夢見周公，「凡夢皆占未來，不占以往」，所以《尚書》規劃未來世界，其中的主角即是周公。這麼一來，「周公」就等同於孔子，「周公」的偉大就是孔子的偉大，「周公」之業就是素王功業。而素王功業與建都理論又關係密切，下文接續談論這個問題。

32 廖平學，黃鎔筆述，《書中候弘道編．成王六篇》，頁一a。
33 廖平學，黃鎔筆述，《書中候弘道編．成王六篇》，頁一七b。
34 廖平學，黃鎔筆述，《書中候弘道編．成王六篇》，頁一九a。
35 廖平學，黃鎔筆述，《書中候弘道編．成王六篇》，頁一七a。
36 廖平，《皇帝疆域圖》（一九一五年，四川成都存古書局刊），第二十一，頁四a。

2. 東西半球的兩京與「地中」

(1) 土圭以測全球之「中」

在廖平的思想中，孔子託「周公」營建東洛與西洛兩京，各為東、西半球之「中」，並指出，素統／皇統／大統時代來臨時，依據經典，必須於「地中」建都，這種思想有長久以來的傳統淵源。「地中」是指天下的中心，即方位在中央之意。現代的學者認為「中」的概念起源可能與古代先人對天體運行的觀察有關，認為宇宙是規範而有序的，天與地相對，而天與地又都是由對稱和諧的中央與四方構成的，中央是宇宙秩序的軸心，因而產生了「尚中」的觀念和「擇中」意識，這也影響到建都地點的選擇。根據推測，天下、中國、四方、四海、四夷等概念似乎在夏代以前就已經存在了；商人也以五方將全國政治疆域劃為五塊，商王直接統治區居中，號稱「中商」。[37]司馬遷於《史記．貨殖列傳》指出：「昔唐人都河東，殷人都河內，周人都河南。夫三河在天下之中，若鼎足，王者所居也，建都各數百千歲。」以此看來，把國都建在「天下之中」是唐堯以來的傳統思想，這個思想到了周公營建洛邑時有了進一步的落實與闡發。

據《尚書》的〈召誥〉、〈洛誥〉、〈多士〉，以及《逸周書．作雒》等記載，可以見到周公的營洛過程，包括事前的相土、占卜、選定城址，再經過數年的建設，洛邑成為西周王朝控御天下的政治、經濟和文化中心以及經營四方的軍事樞紐。周公發揮了「天下之中」的概念，也建構了中國古代第一個成熟的建都理論。廖平既認為「周公」為經典肇開大統之符號，則周公營洛於

「地中」自有其特殊的意義。他說：

> 經義，皇統建都，必求地中。〈召誥〉「王來紹上帝（原注：地九州，天九野），自服（原注：十五畿服）於土中」，是也。《周禮》土圭測日，日至之景，尺有五寸，謂之地中，乃建皇國，此法當合全球測之。……舊於潁川陽城立八尺之表以求之，無怪其不合也。[38]

廖平引《尚書．召誥》及《周禮．大司徒》的傳統建都思想，說明皇統（大統）建都必求地中之理。〈召誥〉曰「王來紹上帝，自服於土中」，又曰「其自時中乂」，《尚書孔傳》解釋此「中」為「地勢正中」；《尚書正義》也指出，天子將欲配天，必須居土中（地中）為治，且王者應當慎祀於天地，居於地勢正中之處，也有合於天心之意。[39]〈召誥〉說的是國都應建於天下之中的精神，而《周禮．大司徒》則更具體的說明建築宮室，如何以土圭之法「辨方正位」求地中。

土圭是古代用來測日影、校正四時和測度土地的器具。「土圭」的「土」即是「度」，乃是測度、測量之意。《周禮．大司徒》曰：

> 以土圭之法測土深，正日景以求地中。日南則景短多暑，日北則景長多寒，日東則景夕多

---

37 李久昌，〈周公「天下之中」建都理論研究〉，《史學月刊》，二〇〇七年第九期，頁二三。

38 廖平，《書經大統凡例》，頁一一b。

39 孔安國注，孔穎達正義，《尚書正義》，頁二二一—二二二。

風，日西則景朝多陰。日至之景，尺有五寸，謂之地中，天地之所合也，四時之所交也，風雨之所會也，陰陽之所和也。然則百物阜安，乃建王國焉。

根據這段經文所記，以土圭測日影的目的在求「地中」以度地封國。依鄭玄的見解，當影子短於土圭時，稱為日南，是地比日更接近於南方。如果影子長於土圭，稱為日北，是地比日更接近於北方。如果影子東於土圭，稱為日東，是地比日更接近東方。如果影子西於土圭，稱為日西，是地比日更接近西方。關於經文「日至之景，尺有五寸，謂之地中」，鄭玄引鄭司農的看法說：「土圭之長，尺有五寸，以夏至之日，立八尺為表，其景適與土圭等，為之地中，今潁川陽城地為然。」[40]潁川陽城在洛陽一帶，自古被視為天下之中，夏至之日，此處的日影與土圭等長。廖平發揚《尚書》、《周禮》的建都理論應求地中觀點之際，又特別強調《尚書》、《周禮》兩者的指涉都是地球，古人因為沒有了解經典原意，誤把中國的中心洛陽當成了天下的中心。因此孔子託「周公」營「洛」也只是象徵的符號，指東、西半球的地中，非洛陽實地。他再三說明《周禮》的土圭測地中之法，「當合全球測之」：

按土圭之說，明文著於《周禮》……。顧其法乃全球三萬里測日度地、建中立極之用，從前試用於潁川陽城，此不過中國之中耳。中國疆域大略五千里，而欲用三萬里測量之器，蜂房鷇卵，大小枘鑿，地望既差，天光必舛。八尺之表與古不符，丈五之景，去道愈遠，聖制難徵實驗，由是土圭典物，悠悠虛懸。……經義下俟百世，預料地球廣遠，將來大一統之

> 世，不得地中以建都，上不能合天心，下不能扼地軸，四方朝貢道里不均，非所以鈞衡天下也。……孔經韞匱之美玉，俟後久遠，待人而行。[41]

引文指出所謂的土圭測地中，是全球三萬里的地中。經義指向未來，將來一統世界必須以全球之「中」來建都，才能「合天心」、「扼地軸」，四方朝貢道里均等，這是地中所以能「鈞衡天下」的原因。廖平將「地中」解為全球之「中」，除了仍要說明孔經已有地球的觀念之外，他又將「地中」概念蘊入了東西方的文化意涵。

⑵ 以文化為中心的兩半球論

由於地圓學說的傳入，中央與四方的空間秩序感已被摧毀，廖平要尋回這樣的價值觀，因此重新闡揚《尚書》、《周禮》的建都應於地勢正中之處，並以之對應到全球。但這種思想並不僅僅是具體的方位問題，還有更深一層的文化意涵，特別表現在他對東西半球各有一個「地中」的論述上。廖平以《詩．板》的六畿與《周禮》的九畿分別呈現一幅東、西兩半球各有一個「地中」的圖像（見本章圖3.1）。他說：

40 鄭玄注，賈公彥疏，《周禮注疏》（台北：藝文印書館，一九八九），頁一五四。
41 廖平，《皇帝疆域圖》，第三十七，頁七七a－七八b。

〈大司馬〉九畿加藩、垣、屏、翰、寧、城，固縱橫三萬里矣。但九畿以王、侯、甸為京畿，而莽傳曾經實行之制，則以寧、城為京城，二義枘鑿，兩雄並棲，最難解決。今審此為兩京通畿例，與《詩》之洛、鎬同義。《春秋》之東京、西京為小統；《書》兩京為大統，東京為東洛，用〈板〉詩六畿，以城、寧為心。……西京用西洛，用《周禮》九畿，以侯、甸為心。[42]

廖平指出《周禮．大司馬》的畿數為九，京畿為王、侯、甸，但《詩．板》的畿數為六，京畿為城、寧；二者的畿服數、名稱皆不同，看似互相矛盾，事實上這二者是分別代表東、西半球兩京的大統之制：

大統之兩京，與今東西兩半球之地圖相符，東半球用〈板〉詩六畿，城為東京，為東洛，即新莽曾經實行之制，故〈大誥〉東征（黃鎔注：密邇東京，是以東征），寧字十二見。又曰：朕卜並吉（黃鎔注：東方吉服），予得吉卜（黃鎔注：穆卜西方），皆寧畿在東之確證。西球則用《周禮》九畿，王為西京，為西洛。[43]

《尚書．大誥》的周公東征內容出現了十二個「寧」字，而《詩．板》靠近京畿的服制稱「寧」，廖平把兩個文本裡完全不相干的概念互相牽引附會，解釋成東半球採用《詩．板》的六畿（六服制），其京為東洛；西半球採用《周禮．大司馬》的九畿（九服制），其京為西洛。圖3.1即是他繪製的示意圖。

從圖3.1可以看出廖平欲結合經典的兩種畿服制，呈現一種具有東、西半球的文化圖像。有意思的是他不直接講全球統一，卻要先將地球分為東西兩邊，筆者推測主要有三個原因。第一，晚清世界地理的傳入普及，東、西半球的詞彙常出現在各個刊物，他要說明經學內容也有新地理學東西兩半球的視野。第二，從他提出經典有東、西方兩種不同名目的畿服制來看，已顯露出內心的文化意識。蓋東半球的六服制少於西半球的九服制，表明東方的文化沾被較廣，以致外圍的服制縮減，更多的同化於中央。第三，廖平的東西兩半球各有一個「地中」，也存在著某種程度認同西方文化的想法於其中，隱然承認西方也是另一種文明；這涉及更複雜的問題，我們在推論廖平是否具有此種心態時，若同時回顧傳統的思想，會發現這不是完全無跡可尋的。

中國中心的天下觀從上古逐漸形成以來，天下就是以一個文明為中心，一直延續到近代，不過在這個歷史過程中也曾有過例外的情形出現，就是佛教的傳入。佛教經典論證天下之中在印度，有自己的一套世界觀，對早期中國的佛教徒來說，印度是真理的出處，自然也是文明的中心。不過由於佛教已進入中國，佛教徒便改說有印度、中國兩個文明中心，或者進一步說世界有多個文明並列的中心，其中很流行的說法就是四方還有四天子，散見於四世紀末到七世紀的佛教著作中。[44]儘管後來佛教中國化了，甚至屈服於中國主流意識形態與儒家學說，但它曾使中國文

42 廖平，《書經大統凡例》，頁一〇a。

43 廖平，《皇帝疆域圖》，第二十三，頁一三b。

明天下唯一的觀念受到前所未有的衝擊。這樣的歷史表達了當另一種文化接觸、進入中國時，也會刺激時人對「文明」有更廣泛、多元的思考空間。再反思廖平的看法，他以東、西方文化最大的差別，就是東方長處在「文」，禮樂高度發展，但日久產生文弊；西方長處在「質」，重視工藝器械、兵力等，短處是缺乏禮樂為主體的涵養教化。整體說來，「文」的價值仍高於「質」，所以東方依舊殊勝於西方。[45]這麼說來，廖平其實也認同西方「質」的文明，這或許也是他將示意圖分為對等的東、西兩邊的原因之一。只是他宗於孔子，一切最完美價值的根源都必須從孔子而來，孔子之道既為「文質彬彬」，那麼西方的「質」也是中國固有，現在要「禮失求諸野」，以「質」救東方之文弊，相對的，西方的「質」更需接受東方禮樂的

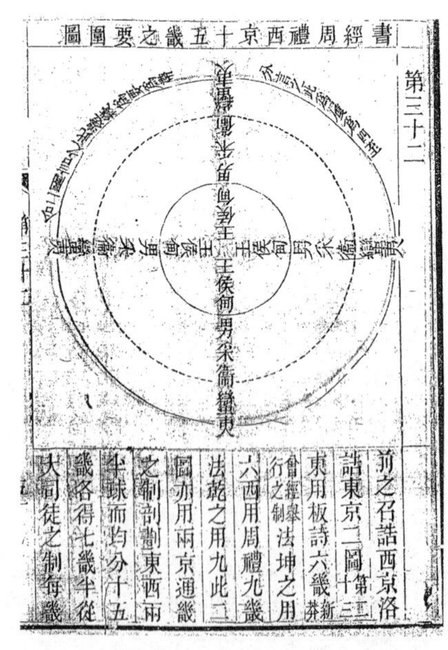

圖3.1　「大統兩京圖」，廖平，《皇帝疆域圖》，第三十二，頁51a—51b。

薰陶，彼此損有餘而補不足。[46]

行文至此也更能使人體會到，廖平是以孔子託「周公」於未來建立兩京，各於東、西半球「中天下而立」，兩處的「地中」也是立於孔子之道的居中（中庸）之處。廖平又說：「《論語》：文質彬彬，然後君子，東文西質，兩京相合，統一於東洛，是為君子所。」[47]因此東、西方彼此取長補短，兩半球先各自形成一個文質彬彬的「京」或「地中」，漸進的向外化導，最終由東方的文化主導統一，成為一個「皇帝」的大統／皇統／素統之全球太平盛世，這也代表廖平嚮往的境界。

44　四世紀末的《十二遊經》、六世紀的《經律異相》、七世紀的《法苑珠林》，以及七世紀玄奘的《西域記》序文、道宣的《釋迦方志》、《續高僧傳．玄奘傳》中，都有南贍部洲四主的說法，例如《十二遊經》有言：「閻浮提中有十六大國，八萬四千城，有八國王，四天子。東有晉天子，人民熾盛。南有天竺國天子，土地多名象。西有大秦國天子，土地饒金銀璧玉。西北有月支天子，土地多好馬。」法國學者伯希和發現了這個特色，但他解釋此類現象只是一種長期歷史中的「新奇插話」。不過葛兆光從較深邃的思想角度指出，這是佛教進入中國後，使中國文明天下唯一的觀念受到衝擊的顯示。參伯希和，〈四天子說〉，收入氏著，馮承鈞譯，《西域南海史地考證譯叢（三編）》（蘭州：蘭州古籍書店，一九九〇），頁四五八—四七三。又見葛兆光，〈作為思想史的古輿圖〉，收入氏著，《古代中國的歷史、思想與宗教》（北京：北京師範大學出版社，二〇〇六），頁六〇—六一。

45　廖平學，黃鎔箋述，《世界哲理箋釋》（一九二一年，四川成都存古書局刻），頁三b。

46　廖平對「居中」一詞的詮釋，本身就有調和折衷之意，他說：「《論語》由、求、進、退，即裁成狂狷以合中行。《中庸》子路問強，孔子言南北之強，事各不同，而折衷於君子，『寬柔以教』，至君子居之，『中立而不倚』。聖人居中，調劑四方，化成萬物，不必有所作為。取四方相反相成之義，去其有餘，以補不足。」見廖平，《知聖續篇》，《廖平選集》，上冊，頁二六六—二六七。

47　廖平學，黃鎔筆述，《書中候弘道編．周公七篇》，頁二三a。

第二節 世界萬邦來朝：太平之世的「大明堂」

廖平詮釋孔子託「周公」建立全球之「地中」，此時是未來文質彬彬的的太平時代，以素王之道作「皇帝」，萬邦來朝於此皇都，廖平又指稱這個地方即是古籍所謂的明堂。為何會以「明堂」為太平世的萬邦歸極之處？這必須從明堂在歷史上的意義說起。明堂是在先秦流傳文獻中常見的一個名詞，對秦漢以後的儒家而言，明堂代表他們觀念中最後一個「黃金時代」，也就是周公致太平的年代之行政中心。從先秦到漢代儒家的理念中，有一個深植人心的圖像，是周公抱著幼小的成王在明堂上，面對來朝的海內外諸侯頒行王政（載於《孔子家語．觀周》）。這個圖像可以說是後世政治理想的典範，所以明堂的意義一直是後世學者十分關切的課題。[48]

由於上古的明堂文獻，如《周禮．考工記．匠人》、《禮記．明堂位》、《大戴禮記．明堂》等都是斷簡殘篇，因此明堂的來源、形式、功能如何，留下很多解釋的空間，兩千年來關於明堂的制度聚訟不休，本文限於主題與篇幅，不多做敘述，[49]僅就廖平個人的思想做探討。廖平並不從上古以來的發展歷程看待明堂制度，換句話說，他不認為經典或子書、緯書等先秦古籍所敘述的明堂是真實存在過的周代禮制，明堂是孔子的「俟後」之作，指涉的時間與對象是未來世界一統之時才要實施的制度。

一、明堂根源聖經指向大統

廖平指稱古籍中提到的明堂並非故有存在的制度，都是發明孔子未來大統的微言大義：

> 按《伏傳》、《孝經緯》所言明堂之廣狹，各有取義。《伏》以「九雉」象二萬七千里；《緯》以「九筵」象八十一州，丈尺雖殊，其即小觀大之意同也，合之《戴記》、《周書》、《考工·匠人》，莫不解說經誼，預擬隆規，以俟後聖施行，扼其大要，潤澤由人，豈姬公朝諸侯已實有此明堂乎？能知此義，則將來大同時代，欲建明堂以納方國之珍貢，起儒生而制朝儀，庶不至悠謬不知其源耳！[50]

廖平以《尚書大傳》、《孝經緯》兩書各稱明堂的尺度為「九雉」及「九筵」有特殊的象徵意義，此「九」暗喻全球範圍的「大九州」。又《大戴禮記》、《周禮·考工記·匠人》等，凡有明堂的記載或相關論述者，都不是歷史上周公時期產生的制度，而是欲解說孔子俟後宏大的規劃。廖平又指出，若後世之人能夠了解明堂的這一層意義，對於將來大同時代如何興禮樂而助成「皇統」，是大有裨益的。從這個地方也可以看出，廖平視明堂為禮樂文明的中心，而世界大統時代

48 黃銘崇，〈明堂與中國上古之宇宙觀〉，《城市與設計學報》，第四期，頁一三五。
49 近年來明堂研究的代表作，可參見張一兵，《明堂制度研究》（北京：中華書局，二〇〇五）。
50 廖平，《皇帝疆域圖》，第四十，頁一〇一a—一〇一b。

的來臨要靠興禮樂來幫助完成，這也是何以明堂在廖平心中具有特別意義的原因。

歷代以來關於明堂的討論眾說紛紜，資料散見於《禮記・月令》、《尚書大傳》、《周禮・考工記・匠人》、《禮記・明堂位》、《逸周書・明堂》、《孝經緯》，以及先秦諸子如《管子》、《尸子》、《晏子》、《孟子》等書中。自古研究明堂的學人，如漢朝蔡邕、後魏李謐、南宋朱熹都曾有討論，清代考據學者的考察也頗為豐富，[51]這一路下來到王國維著〈明堂廟寢通考〉一文為止，討論此問題的內容已甚為龐大可觀，然而各家的結論卻莫衷一是。但廖平認為自古研究、考證明堂的學者仍是犯了「以史說經」之病，未曾體會出孔子指引未來的本意，所以他首先強調明堂的思想是根源於孔子經典。

廖平依據他所認知的明堂功能，將複雜的明堂型態分為三大類：周公朝諸侯之明堂、頒朔明堂與宗祀文王之明堂。《禮記・明堂位》、《逸周書・明堂》等為周公朝諸侯之明堂的代表；《禮記・月令》、《尚書大傳》等為頒朔明堂的代表；《孝經緯・援神契》等為宗祀文王之明堂的代表。[52]廖平綜觀各種明堂的資料，對其功能提出自己的一家之言：各種典籍所敘述的明堂，不外是朝諸侯、頒朔與宗祀文王三大典禮，這三大典禮涇渭分明，後儒不能明白，於是將各種明堂的說法合為一治，以致混亂而左支右絀。因此欲申說明堂，當明此三大明堂的典制，這三大明堂的典制又都根源於《尚書》：

> 夫群言淆亂衷諸聖，傳、子、緯根原聖經，經立大綱，諸家詳其細目。今考朝諸侯之明堂（黃鎔注：即明堂位），出於〈召誥〉之「攻位」、「位成」；頒朔明堂出於「皇道篇」之授

時（黃鎔注：說詳「全球立憲圖」）；宗祀文王之明堂出於〈召誥〉之用牲於郊（黃鎔注：郊天祀上帝，乃宗祀文王於明堂，以配上帝）。此三大典禮，傳記通稱為明堂，闡發經制，本甚明晰。後之解家，隨文注疏，不於三大明堂審量其實用之所宜，乃欲牽連明堂諸說，合併一冶，或又與路寢之朝膠漆相混，……奚怪左支右絀，終覺矛盾哉！……說明堂者，當分此三大典制解之，則涇渭別流，而康莊掉臂矣。[53]

實際上，《尚書》的經文並沒有「明堂」一詞，廖平之所以要讓明堂根源於《尚書》，主因在於他認為《尚書》是孔子規劃大統的經典，所以特別加強兩者的關係。以下則略述他所謂的三大類型明堂：「頒朔明堂」、「宗祀文王之明堂」、「周公朝諸侯之明堂」三者分別與《尚書》的聯繫。

廖平論明堂的三種類型之一為「頒朔明堂」。頒朔是古代帝王的重要行事，按照一年中的時令變化來進行社會管理，基本程序是每年季冬向諸侯發布次年十二個月中，每個月的主要行政計畫，《禮記．月令》可為代表。〈月令〉兼記「月」與「令」，「月」是天文，「令」是政事。王

51 如收錄於《皇清經解》的阮元《揅經室集》〈明堂論〉、金榜《禮箋》、嚴杰《經義叢鈔》皆有具代表性的論說。又收錄於《皇清經解續編》中的任啟運《朝廟宮室考》，焦循《群經宮室圖》，鄒漢勛《讀書偶識》第五段，金鶚《求古錄禮說》中的〈明堂考〉，夏炘《學禮管釋》中的〈釋明堂〉，黃以周《禮說略》中的〈明堂〉，以及朱大韶《實事求是齋經義》、徐養原《頑石廬經說》等等，均有明堂的詳細考證或圖表，尤其以惠棟的《明堂大道錄》最堪稱為力作。

52 廖平，《皇帝疆域圖》，第四十，頁一〇一a—一〇二a。

53 廖平，《皇帝疆域圖》，第四十，頁一〇二a。

夢鷗指出，先秦有一派學者認為王者必須承「天」以治「人」，故設計這一套依「天文」而施行「政事」的綱領。[54]廖平則認為這種以〈月令〉為代表的頒朔明堂源自《尚書》的「皇道篇」。「皇道篇」為廖平自創之詞，內容取自〈堯典〉的「乃命羲和」至「鳥獸氄毛」一段，[55]講天文曆法、敬授民時之事。他說：

> 頒朔明堂，即〈月令〉之明堂。「皇道篇」敬授民時，所謂春暘谷、夏明都、秋昧谷、冬幽都。《禮．月令》說之以青陽、明堂、總章、玄堂，四時四方，其名不同，《伏傳》詳言之。其堂分布四郊，每方三室，大統之世，頒行十二月十二正之時令，一歲而周。[56]

廖平強調〈月令〉中代表四時四方的明堂名稱：青陽、明堂、總章、玄堂，分布於國之四郊，天子順四時於此四處頒令，表達依據時令行事，[57]這是根源於《尚書》「皇道篇」中羲和四子的觀象授時。廖平此處所說的頒朔，是「大統之世，頒行十二月十二正之時令」，指的對象是全球。所以廖平論明堂的三種型態之一：「頒朔明堂」也有兩個同樣的重點，一是根源於《尚書》，二是指向大統。

廖平論明堂的三種類型之二為「宗祀文王之明堂」，並認為這源自於《尚書．召誥》的「用牲於郊」一句，原意是周公至洛地視察，於此郊祭於天。經文雖未明言郊祀上天與宗祀文王的聯繫，但廖平援引《孝經》、緯書等資料來說明它們之間的關係：

> 宗祀文王之明堂，見於《孝經》，周公祀之，以配上帝者（黃鎔注：《鉤命訣》曰，后稷為天地之主，文王為五帝之宗）。《援神契》曰：明堂者，上圓下方（黃鎔注：文同《大戴》）、八窗（黃鎔注：象八方）、四闥（黃鎔注：象四方），布政之宮（黃鎔注：當曰郊祀之宮），在國之陽（黃鎔注：南郊）。又曰：明堂，文王之廟，蓋之以茅（黃鎔注：說同《大戴》）。周公所以祀文王於明堂，以昭示上帝（黃鎔注：〈帝典〉，類於上帝），據此乃郊祀上帝時，以文王配。[58]

《孝經．聖治》與《孝經緯．援神契》均提到宗祀文王於明堂以配上帝，廖平引述這些資料，並

---

54 王夢鷗，《禮記今註今譯》（台北：臺灣商務印書館，一九八七），上冊，頁二〇一。又張灝認為，「明堂」制度就是〈月令〉這種思想的具體表現：天子及其臣下隨從每月的衣食住行，以及其他生活細節都需要透過「明堂」的安排，與宇宙秩序的運行相配合。這也是一種天人之際的思想，以「天人相應」的觀念為中心。見張灝，《幽暗意識與民主傳統》（台北：聯經出版公司，二〇〇六），頁三七—三八。

55 廖平，《尚書今文新義》，收於《尚書類聚初集》（台北：新文豐出版公司，一九八四），第八冊，頁六三四。

56 廖平，《皇帝疆域圖》，第四十，頁一〇二b。

57 廖平對於〈月令〉明堂的看法，在某些層面與鄭玄不同。關於明堂的方位，《禮記．玉藻》：「聽朔於南門之外。」鄭玄注：「明堂在國之陽，每月就其時之堂而聽朔焉。」因此鄭玄認為明堂「在國之陽」，即南方。但廖平認為明堂的四個部分之建築：青陽、明堂、總章、玄堂分布於國之四郊，每郊三室。又鄭玄指明堂十二室，人君居之，一月必遷一室，廖平也反駁此種說法，他於《經話（甲編）》中提出異於鄭玄的說法：「天子順時頒令，凡一切服色、車數、器物皆取應時象，故春三月，於東郊之廟頒其制，仲在中，孟在左，季在右，一季三易……夏如之，秋冬亦如之。」故天子並非每月居一室，而是每月在當令之室頒令。見廖平，《經話（甲編）》，《廖平選集》，上冊，頁四七九—四八〇。

58 廖平，《皇帝疆域圖》，第四十，頁一〇二b。

牽引《尚書．召誥》的「用牲於郊」一句，指稱〈召誥〉的郊祭上天必定有文王配享，這就論證了宗祀文王的明堂型態之概念來自於孔子的《尚書》。而廖平解〈召誥〉的郊祀「上帝」又有特別的意涵，他指「上帝」為「天」，是孔子欲以天的遼闊來暗示地球的存在。[59]

上文討論了廖平所謂的三大類型明堂之「頒朔明堂」以及「宗祀文王之明堂」二種，而他自己本身最重視、發揮最多的，也與本章主題有密切相關的，就是明堂的第三種型態：「周公朝諸侯之明堂」，故下文將焦點集中於這一議題上。

廖平論「周公朝諸侯之明堂」，認為源出於《尚書．召誥》的「攻位」、「位成」一段，〈召誥〉經文為：「惟太保先周公相宅，越若來三月，惟丙午朏，越三日戊申，太保朝至於洛卜宅，厥既得卜，則經營。越三日庚戌，太保乃以庶殷攻位於洛汭，越五日甲寅，位成。」《尚書孔傳》與《尚書正義》對這段經文的解釋是：成王命太保召公先於周公往洛水之旁，相視所欲經營新邑之處，既得吉卜，則以眾殷民歸周者經營布置洛地，到了甲寅之日，布置的工作完成。[60]因此「攻位」、「位成」是經營布置洛地的工作已經完成，並準備建都之意。但廖平並沒有跟著《尚書孔傳》與《尚書正義》的解釋，而是引伏生的《尚書大傳》解之。《尚書大傳．康誥》曰：

> 周公將作禮樂，優游之三年不能作，君子恥其言而不見從，恥其行而不見隨，將大作，恐天下莫我知也；將小作，恐不能揚父祖功業德澤，然後營洛以觀天下之心。於是四方諸侯，率其群黨，各攻位於其庭。周公曰：示之以力役且猶至，況導之以禮樂乎？然後敢作禮樂。《書》曰「作新邑於東國洛，四方民大和會」，此之謂也。

《尚書大傳．康誥》的「攻位」意同於《尚書．康誥》的「作新邑於東國洛，四方民大和會」，廖平以此意解說〈召誥〉的「攻位」：「（周公）營洛以觀天下之心。於是四方諸侯，率其群黨，各攻位於其庭。」[61]這是天下統一，大朝諸侯於洛邑的景象。前文也討論過，廖平所謂的孔子託周公營「洛」，並非周代的洛邑，而是大統時期全球的建都之處：「地中」，它不只是方位，更多的是文化意涵，現在廖平也把這個地方與明堂等同起來，欲表達世界一統，象徵孔子之道的明堂為萬邦歸極之處。根據這個思想為基礎，以明堂居中，來朝者依據文化高低，各列於其位，形成一個井然的秩序，即是「位成」，廖平視此為「明堂位」的精神。

二、「萬邦歸極」與「辨方正位」：朝會世界諸國的禮序

前已提及明堂流傳文獻中，最重要的母題，是周公抱著幼小的成王在明堂之上，大會諸侯以及四夷之國的君長或使臣。這種「協和萬邦」的盛世景象，廖平認為孔子已經寫在他著作的大統

59 廖平在提到星象分野時，指出孔子取象於天道，是要以天的遼闊，使人人仰望而知地象亦然，「以九州之山，印證天之九野，天之範圍不小，即地之版宇無疆」，見廖平，《皇帝疆域圖》，第十一，頁四一a。又廖平解《尚書．召誥》的「王來紹上帝」一句，釋「王」為「王畿」，「來」為「采」，為采服萬里之意。釋「紹上帝」為「紹天」，整句意為王畿的采服萬里，如同天際般的遼闊，暗喻地球的存在。見廖平學，黃鎔箋述，《書中候弘道編》，頁一八a。

60 孔安國注，孔穎達正義，《尚書正義》，頁二一八—二一九。

61 廖平學，黃鎔箋述，《書中候弘道編．周公七篇》，頁一六a。

經典《尚書》中，包括〈召誥〉的「攻位」、「位成」，及〈康誥〉的「四方民大和會」，都是天下政治修明，包含華夷的五服之民都和悅到來的表徵。而《禮記．明堂位》、《逸周書．王會》，還有《儀禮．覲禮》的天子朝會諸侯之描繪，也被廖平詮釋為是〈召誥〉、〈康誥〉的經文之「傳」。以下先來分析這幾篇著作的具體內容，俾能較深入的說明廖平所要闡發的思想。《禮記．明堂位》中有言：

> 昔者周公朝諸侯于明堂之位：天子負斧依南鄉而立；三公，中階之前，北面東上；諸侯之位，阼階之東，西面北上；諸伯之國，西階之西，東面北上；諸子之國，門東，北面東上；諸男之國，門西，北面東上；九夷之國，東門之外，西面北上；八蠻之國，南門之外，北面東上；六戎之國，西門之外，東面南上；五狄之國，北門之外，南面東上；九采之國，應門之外，北面東上。四塞，世告至。此周公明堂之位也。明堂也者，明諸侯之尊卑也。昔殷紂亂天下，脯鬼侯以饗諸侯。是以周公相武王以伐紂。武王崩，成王幼弱，周公踐天子之位，以治天下。六年，朝諸侯於明堂，制禮作樂，頒度量，而天下大服。七年致政於成王。[62]

以上內容敘述周公代成王踐天子位，大朝諸侯時，天子的身分必須立於明堂的中央，周王朝封建範圍內的諸侯公、侯、伯、子、男在這個方形的空間之內，各按照身分等級，站立於特定的位置。這個空間的四門之外，是周朝封建體制外的「四海」或「四夷」之國，也按照其與周王朝諸侯的相對方向，分為四排列隊於四面。此處的四夷之國並沒有列出詳細的國名，只是簡單的以

「九夷」、「八蠻」、「六戎」、「五狄」來代表。各種不同權位者在明堂裡的位置與排列的順序就是「明堂位」，而〈明堂位〉也點出了它的根本精神：「明堂也者，明諸侯之尊卑也。」《逸周書・王會》也是描述周天子在成周大會四方諸侯及域外各國使節的情形，場面宏大。全文依內容大略可分兩個部分，前半部呈現周朝封建體制內的各諸侯所站立的位置：

成周之會，……天子南面立……唐叔、荀叔、周公在左，太公望在右，……旁天子而立於堂上。堂下之右，唐公、虞公南面立焉，堂下之左，殷公、夏公立焉，皆南面……阼階之南，祝淮氏、榮氏次之，珪瓚次之，皆西面，彌宗旁之。……堂下之東面，郭叔掌為天子菉幣焉……內臺西面正北方，應侯、曹叔、伯舅、中舅，比服次之，要服次之，荒服次之，西方東面正北方，伯父、中子次之。方千里之內為比服，方二千里之內為要服，方三千里之內為荒服，是皆朝於內者。[63]

天子（成王）於中央南面而立，四方有周公、太公望，成王之弟唐叔、荀叔，屬堯、舜之後的唐公、虞公，商朝、夏朝之後的殷公、夏公，屬巫祝的淮氏與榮氏，以及文王之弟郭叔等。他們也依著不同身分，站在自己所屬的位置。這裡有一個問題是，廖平以周公為天子，但〈王會〉的天

62 鄭玄注，孔穎達正義，《禮記正義》，頁五七五—五七六。
63 袁宏點校，《逸周書》，頁八〇—八一。

子卻是成王，廖平認為並不矛盾，他的說法是「〈王會〉指目成周，以周公列之臣位，而天子成王，二說枘鑿，然與經恉實相符也。……周公讓成王，將紹建西半球之西京也。」[64]因此東西半球皆是周公所創建。再回到〈王會〉的內容看，描繪完周朝各諸侯的位置以後，接著論述更外圍的一層，是為數眾多的，分布於四方的蠻夷戎狄，其使節代表各自帶著所屬地域的珍禽異獸來朝貢於周王，也依著不同身分，站立於所屬的特定位置，[65]它的精神，也是彰明天下諸侯的尊卑秩序。有了這樣的認識，才能更掌握廖平的訴求。

廖平視《禮記．明堂位》和《逸周書．王會》都是發明孔子託「周公」朝諸侯於明堂的微言大義：

> 按〈明堂位〉，鴻規鉅制，收縮大九州三萬里之岳牧，聚合於方里內外，此如縮地之法，跨□步千里，即鄒子所謂先驗小物，推而大之，至於無垠也。故內八室為八州（黃鎔注：即大統八千之位），外十二月為十二州（黃鎔注：即〈帝典〉十二牧，〈職方氏〉六裔），戶牖八荒，庭除六合，天下諸侯皆在是，煌煌大典，十三年一舉行，二十五年而再舉，必待泰皇首出，統一全球之世，乃能用此禮制。小康之世，地不過三千里或五千里，其九夷、八蠻、六戎、五狄，不能如此完備；即五年一朝京師，自有朝宿之邑（黃鎔注：如《春秋》之許田），其尋常朝堂，足以廓其有容，不必於國外近郊為壇三成，為宮三百步也。惟大同遼遠，濟濟岳牧，輻輳於皇都，八方來歸，六府和合，各按所居之國地，辨方正位，會極歸極，以此方一井之地，為大九州之基礎。一貫之旨，彰明較著，經制留以俟後，非古代已經

舉行之典也。其託之周公者，經義鴻廓，特恐無徵不信，因託古以證其不謬耳。故周公非姬周之公旦，周之言「徧」，實為皇統之國號，非舊周，乃新周（黃鎔注：《詩》曰，周雖舊邦，其命維新。），非小邦周，乃大邑周也。……大之即三萬里之地中，小之即明堂方里會朝之地。〈謨〉曰「爾可遠」，〈範〉曰「皇建其有極」，此之謂也。《書》於〈康誥〉建東京，〈召誥〉建西京，兩京會朝諸侯，其明堂之制，皆準此為楷則。……明堂之制既明，則〈王會〉乃可以說。[66]

在本章的第一節曾說明，廖平謂孔子託周公營「洛」，並非周代的洛邑，而是大統時期全球的建都之處：「地中」，廖平也把這個地方與明堂等同起來，表徵為世界萬邦朝會之處。廖平以明堂為「俟後」之制，除了提高孔子的地位，要把孔子塑造成為萬世制法的聖者以外，還有一個學術上的信念，就是上古不可能有如此完備的明堂建築與制度。他以上古質樸的觀點，認為當時中國地域不過三千里或五千里，諸侯朝會之處必定簡樸，不可能出現如同《儀禮．覲禮》所敘述的，於國外近郊建立「為宮方三百步」這樣盛大的儀制。可見廖平和顧頡剛等古史辨派學者一樣，都注意到了上古史實與典籍記載的美盛狀況是有矛盾的，但廖平畢竟是一個尊孔的今文經學家，他處理這種矛盾的方式，是指稱經典的內容不必是史實，包括明堂的制度，均為孔子對未來的理想

64 廖平，《皇帝疆域圖》，第四十，頁九九a—九九b。
65 袁宏點校，《逸周書》，頁八二—八五。
66 廖平，《皇帝疆域圖》，第四十，頁九四b—九五b。

擘劃。不過從學術發展的角度來看，從廖平一路到顧頡剛等的全面疑古，廖平的思考具有過渡的意義。[67]

再回到廖平如何詮釋明堂的象徵之上。為了論證明堂非上古的真制，他進而從數字去呈現孔子的「微言」，認為《禮記．明堂位》所說的「九夷、八蠻、六戎、五狄」的朝貢制度，上古時期絕對無法如此完備；且九、八、六、五之數相加正好為二十八，象天之二十八宿，經制法天，更是證明這些都是孔子的完美設計，非古已有之，必待大同時代，統一全球的「泰皇」出現，才能用此明堂禮制。「泰皇」很明顯的是孔子之道的象徵，以孔子之道作皇帝，其「京」就是在東、西半球的東洛與西洛，即是舉行明堂禮的地方，〈王會〉的本意也在此：

> 按「王會」當作「皇會」，即〈明堂位〉中心之朝儀，乃〈康誥〉「大和會」之傳。《書經》肇開大統，託周公以營建東洛（黃鎔注：〈康誥〉「作新大邑於東國洛」）而大會諸侯……〈王會〉緣經立說，所以補〈明堂〉之闕文，即以為俟後之大典，不得目為姬周之實事，亦非周公草創之朝禮也。……《周禮》、《周書》所以為皇帝之書，而非一代紀錄之史也。自章句小儒，止識姬周於已往，而不知新周於將來，足大履小，望文傅會，其弊至於以史說經，害意害辭，悠悠長夜，可不稽古而求舊貫乎？須知成周為土中之大邑，天子乃天皇之異稱，曠典雍容，鴻模垂世，實與〈明堂位〉互相發明，非若小統諸侯五年一朝之常事也。由此觀之，〈王會〉為〈明堂〉之覲禮，〈明堂〉辨群后之方位，二者可合不可離，有相得益彰之美焉。舍〈王會〉，朝儀無起例；舍〈明堂〉，來賓無歸宿，跡其內岳與外牧，界

劃分明……然則明堂之傳說，尚不僅方里之一法也。[68]

廖平此處再三申說明堂與未來兩京的關係，總之，經義為俟後之作，〈王會〉的大朝諸侯是要說明大統之世，萬邦來朝於代表孔子之道的皇都，此為「皇建其有極」的真義，非周代五年一朝京師之史事，故不能以史說經。而廖平論朝諸侯又特別強調所謂的「辨方正位」，世界各方之民依著禮樂文明之高低，列於皇都之四方，這是社會與政治秩序的規劃，也是廖平在傳統的天下觀受衝擊之下所做的回應。

上述廖平對這個中央與四方的空間建構與思維，有深厚的傳統文化背景。中國人處理外部世界的關係時，傾向於一種以自我意識為中心的、又有等級層次的、有禮有序外擴的認同序列，來定義交往身分。這種秩序的認同基礎，就是五服制度所包含的，由內到外的國際認同模式，[69]近

67 顧頡剛和廖平一樣，從上古質樸的角度出發去思考古籍記載與真正古史之間的矛盾問題，不過他最終是要辨偽古史。就明堂的考辨方面，他認為明堂不見於《詩》、《書》、《易》、《春秋》，而始見於《孟子》，可能是齊國有此古建築，孟子以王政附會之，「自此以後，學者讀《孟子》，咸記明堂為王者之堂一語，悉為古代之王者立明堂……故明堂者，孟子無意中道之，秦漢儒者及方士鼓吹之，漢武王莽等實現之者也」。見顧頡剛，〈阮元明堂論〉，《國立中山大學語言歷史學研究所周刊》，第十一集第一二一期，一九二八年三月，頁一三—一四。

68 廖平，《皇帝疆域圖》，第四十，頁九九a—一〇〇b。

69 美國漢學家費正清曾有過這方面的專論，見John King Fairbank, *The Chinese World Order: Traditional China's Foreign Relations* (Cambridge, MA: Harvard University Press, 1968), p.2. 又見孫隆基，《中國文化的深層結構》（桂林：廣西師範大學出版社，二〇〇四），頁三六七。

來也有學者稱之為「圈序認同」。[70] 這種認同影響下所形成的天下體系，當被賦予政治意義時，就形成了「王化論」。以德服人的王化是由親至疏、由近及遠的往外擴散，漸進達成「協和萬邦」、「蠻夷率服」、「奄有四海」的終極之境。這種「天下一家」、「華夷一家」的「大一統」理想所指涉的範圍涵蓋整個「天之下」，與今日在一定的邊界內實行同一管轄方式的「國家」概念是完全不同的。天下觀念強調的是禮儀秩序，古籍中的周天子在君臣之間建立諸如五等爵的階層不等之上下關係，諸侯依其爵位所行使的班次禮儀都有所不同。中國既然是天下中心、文明的淵藪，周邊「四夷」和遠方之國理應如百川歸海般前來奉天子之正朔，接

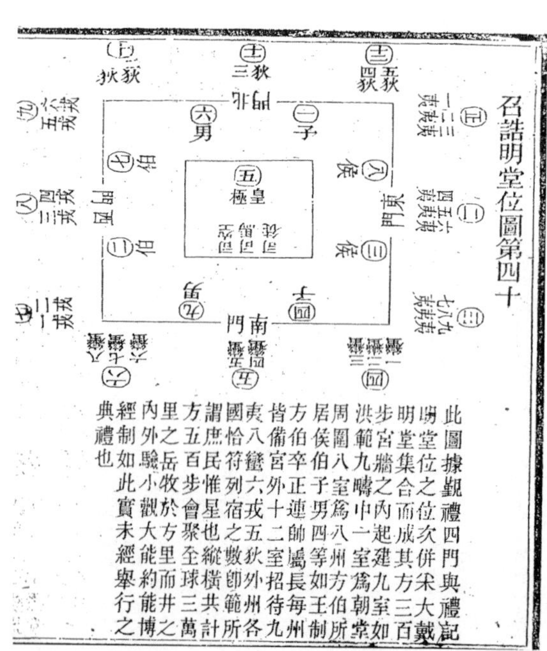

圖3.2 「〈召誥〉明堂位圖」，廖平，《皇帝疆域圖》，第四十，頁93a。

受中華文化的薰染，以收「用夏變夷」之功效，它表現的形式也是「禮」，而具體政治化的制度即是「朝貢體制」或「封貢體制」。[71]因此四夷之於中央，也依其文化高低、與華夏中心關係的遠近、爵位的大小，來決定各自的「等差」地位，尤其表現在朝覲天子時，班次前後、序列尊卑都有嚴格的規範。[72]這種「國際」之間的秩序，早已內化為往後中華世界對外關係根深柢固的思想。例如相傳為唐代閻立本所繪的《王會圖》，畫中的使節都朝向作為畫卷中心代表天朝的唐太宗，[73]由中心到邊緣，親疏遠近井井有序；又如清乾隆時期繪製編纂的象徵太平盛世、萬邦來朝的《皇清職貢圖》或是《萬國來朝圖》，都是表達同樣的理想。[74]甚至晚明與民間生活密切相關的日用類書內容敘述中，也可以找到類書編寫者試圖透過書籍生產的方式，欲在「諸夷門」中建立朝貢秩序的意識。[75]

再仔細思考，為什麼廖平在清末到民初這個時間點上，會如此重視古籍裡諸侯朝覲天子的

70 大陸學者郭樹勇、陳建軍，以歷來中國對外交往的精神類同於費孝通在《鄉土中國》裡提出中國社會具有的「差序格局」概念，深具特色，故創了「圈序認同」這一詞彙，說明傳統外交的朝貢體制是深受文化中心意識與禮制序列的影響。見郭樹勇、陳建軍，〈論「圈序認同」對中國外交理論與實踐的影響〉，《世界經濟與政治》，二〇〇九年第十二期，頁四七—五七。

71 李云泉，〈朝貢制度的理論淵源與時代特徵〉，收入陳尚勝主編，《中國傳統對外關係的思想、制度與政策》（濟南：山東大學出版社，二〇〇七），頁一一〇—一一八。

72 張啟雄，〈中華世界秩序原理的源起——近代中國外交紛爭中的古典文化價值〉，收入吳志攀、李玉主編，《東亞的價值》（北京：北京大學出版社，二〇一〇），頁一三五。

73 現藏於大陸中央博物院的唐朝《王會圖》即是《職貢圖》，閻立本與此圖的關係、所繪的內容與史實的背景，見李霖燦，〈閻立本職貢圖〉，《大陸雜誌》，第十二卷第二期（一九五六年），頁一二—一八。

各種方位儀節呢？進入近代以後，中國漸衰，鴉片戰後的一八四二年，中國政府被迫與英國簽訂《中英南京條約》，首次以文字規定中國與外國平等往來。接下來的數十年中，俄、英、法、日等不斷對清朝周邊國家進行侵略，周邊的屬國也多在列強威脅、鼓動與世界民族獨立思潮興起的影響下，放棄過去與中國的藩屬關係，轉而建立政治獨立的國家，打破了清王朝「撫有四夷」的局面。而且，傳統天下觀中，中國的邊界是可以隨著中華文化在化外之地傳播而時有盈縮的；但是十九世紀末期，透過一連串與列強之間劃定領土範圍的邊界條約之簽訂，中國人也逐漸認識到，中國不是天下，現在是列國並立的世界。[76]最後，隨著中法戰爭和中日戰爭爆發後，《中法條約》和《馬關條約》的簽訂，過往朝貢國中僅存的越南與朝鮮也脫離了封貢體系，因此中國宗主國的地位可說在甲午戰後徹底的崩潰。在此時，清朝並未能立即掌握另一套西式的國際關係、國際慣例的知識，對外交涉仍不斷的發生挫折。光緒帝本身希望在與外人的互動上有所調適，包括在覲見禮儀中改變昔日「天朝」皇帝的姿態，以使清朝的外交在程式上更能與西方相接。但是這個過程與傳統思維難免產生巨大的摩擦，茅海建對這方面有過詳實的研究。例如以往清朝皇帝接見藩屬國貢使時，覲見禮的地點在西苑而不在宮中。但是光緒二十年農曆十月，光緒帝改成在宮中的文華殿接見各國駐華公使，而且此後成為常例。光緒二十四年新年，各國公使覲見皇帝賀歲，光緒帝改變以往的禁令，允許各國公使不待請命即可乘輿馬入紫禁城。覲見之後，對於外國公使從文華門中門走出的違禮行為也予以默認。在同一時間，德皇威廉二世之弟亨利親王（Prince Heinrich of Prussia）來華，光緒帝不顧朝臣的極力反對，開前星門，讓轎、車入東華門等，這都是對清朝禮制的極大改動。而且在覲見禮節過程中，皇帝又賜御座右側給亨利親王坐下、握手送之，並在其用宴時親臨慰問等等。這些在西方國家的外交禮節中是極為平常之事，但是在強調「南面為君」的中國傳統觀禮上，簡直是駭人聽聞的「毀國」舉動。百日維新期間，光緒帝還主動修改覲見禮節，也明白表示了盡可能與西方禮儀接近的傾向。[77]這裡不憚瑣細的敘述光緒帝對覲見禮儀的變更，是要說明它在當時不只是外在儀節的更動，更大的意涵是原本儒家「禮治」中，

74 乾隆時期的職貢圖繪《萬國來朝圖》，描繪各國使節佇立於太和門外，各持貢物，等待覲見，而百官列隊各率屬望闕行禮，圖中的儀式內容就頗表現出秩序感。見周妙齡，〈乾隆朝《萬國來朝圖》研究〉，《史物論壇》，第四期（二〇〇七年七月），頁六九—七一。又賴毓芝指出，徵諸《萬國來朝圖》的背景，翻遍記載乾隆時期的資料，並未見到有這麼多外國使節同時來朝的紀錄，且其中有些使臣所持之貢物，事實上是擷取傳統職貢圖的圖像語彙，因此推測此圖應該是一個虛構的現實，表達一種理想中的秩序。見賴毓芝，〈圖像帝國——乾隆朝《職貢圖》的製作與帝都呈現〉，《中央研究院近代史研究所集刊》，七十五期（二〇一二年三月），頁一—七六。

75 例如晚明日用類書的「諸夷門」中，對於異域的呈現，除了有當前真實的記載以外，還融合了像《山海經》、《搜神記》等神話傳說的成分，以及歷史上曾經出現，但晚明時已不復存在的國家如焉耆、回鶻、大秦等國。根據許暉林的研究指出，這樣的「混雜」不應該只簡單被理解為真實與想像的並存，他以三點理由論證這種現象是「諸夷門」中朝貢主題被凸顯的特徵：一、從異域到京城距離的描述，類同於正史諸夷列傳的書寫模式。二、日用類書中的「諸夷門」卷首插圖經常使用諸夷入京進貢圖。三、某些版本日用類書的「諸夷門」加入了與朝貢主題密切相關的諸夷國「土產」。許氏的文章亦指出，晚明日用類書「諸夷門」對朝貢的興趣，牽涉到晚明職貢關係崩潰的問題。由於中央政府無法透過朝貢關係建構政治與文化秩序，因此日用類書「諸夷門」在某種意義上可說是民間透過書籍生產的方式，對於重新建構朝貢秩序所做的嘗試。見許暉林，〈朝貢的想像——晚明日用類書「諸夷門」的異域論述〉，《中國文哲研究通訊》，第二十卷第二期（二〇一〇年六月），頁一六九—一八四。

76 王小紅，《從天下到民族國家：十九世紀末期中國世界秩序觀的空間重構》（蘭州：蘭州大學碩士學位論文，二〇〇六），頁二〇—二一。

77 茅海建，〈戊戌變法期間光緒帝對外觀念的調適〉，收入氏著，《戊戌變法史事考》（北京：生活·讀書·新知三聯書店，二〇〇五），頁四一三—四二八。

以中國為中心的「圈序認同」已被轉變的重大象徵，與傳統的觀念認知有巨大的落差，士人的焦慮矛盾也難以避免。

上述光緒帝這一連串的舉動不斷引起朝士的爭議，廖平雖然沒有在朝為官，且遠在四川，但他不乏與中央關係親近的師友，要得知這些情事並非難事，而且絕不可能無動於衷。接著應有讓廖平更痛心的，是光緒二十七年清朝與西方簽訂的《辛丑條約》，列強用條約的形式將清朝的覲見禮儀強行西方化，覲見的地點為宮內的乾清宮，外國使節乘轎至乾清門前，國書須由皇帝親手接受，宴會須皇帝親自入席。[78]這段時間，與廖平開始要以《尚書》建構大統世界藍圖的時間大致吻合。由於廖平覺得華夷早已失序，中心與邊緣的價值感消失了，禮治無存了。因此他要宣說孔子已藉著「周公」符號，建構了一幅中國與世界關係的圖景，這個圖景將會在遙遠的未來逐步進化實現：中國居於中心，大朝四方諸侯，而且是依著「明堂位」的、有禮有序的精神與制度；中國以外的國家，依其文化高低，立於四方，各有屬於自己身分的位置。所以廖平強調的「辨方正位」，就是實踐普世的禮儀秩序，而中國永遠是文化最高、處於中央的「萬邦歸極」之處。

廖平對中國與世界關係未來式的表述方式，與當時的時代風潮也有密切關係。晚清於光緒十七年傳入的美國作家貝拉米（Edward Bellamy, 1850-1898）原著小說《百年一覺》，廣為時人讀誦，廖平也熟閱此書。[79]它示範了一種新的修辭語法：未來完成式敘述，直接假定未來已經發生了的事。又晚清的知識分子接受進化論觀點，相信事物可以直線朝著單一自明的結果前進，從當時一些科幻小說的題目和內容可以看到此一趨向。例如梁啟超一九〇八年的《新中國未來記》，以未來完成式的敘述法，描寫中國實施君主立憲已經到達光明的一九六二年，在上海博覽會上，孔子的後人應邀講解中國如何締造民主，吸引了數以千計的聽眾，包括全球數百個地區的留學生。陸士諤（一八七八—一九四四）於一九一〇年的《新中國》，又名《立憲四十年後之中國》，他筆下的敘事者所造訪的一九五〇年之中國，各方面都已繁榮昌盛，工業、教育高度發展，男女平權，外國租界已消失，甚至財富過剩，竟成為困擾人們的問題。吳趼人（一八六六—一九一〇）於一九〇八年的〈光緒萬年〉，也是想像未來君主立憲後的一切美景。碧荷館主人（楊子元，一八七一—一九一九）一九〇八年的《新紀元》中，一九九九年的中國已轉成一個超級強國，與西方國家展開了世紀之戰，歐洲各戰敗國都須與中國簽署和平條約，割地賠款，設立租借。這一類帶有烏托邦性質的小說尚有不少，多是藉著對未來的想像，來反轉中國當下多難的命運，也顯示出晚清學人、文人對中國實際狀況的焦慮，並把心中的期盼投射到未來。[80]廖平雖然是個經學家，無法如同小說作者般不羈的馳騁胸臆，不過他以經學構築出的未來景像，如「大明堂」的朝會世界諸侯，與晚清這些「回到未來」的小說，在精神上有相通之處。並且他們還有一個類似的特點，就是從「現在」到「未來」中間的那段歷史，是一個不易被交代的部分，不僅小說如此，廖平在討論將來中國與世界的關係時，也常有理想性的論述多過具體實踐理論的現象；

78《辛丑各國和約》附件十九，收入王鐵崖編，《中外舊約章匯編》（北京：生活．讀書．新知三聯書店，一九五七），第一卷，頁一〇二三—一〇二四。

79 廖平曾將《百年一覺》的烏托邦理想與《禮記．禮運》的大同境界做過詳細的對讀。見廖平，〈百年一覺書後〉，《地球新義》（一九三五年孟冬，開雕版藏），頁三五b—三六b。

80 王德威，《被壓抑的現代性：晚清小說新論》（台北：麥田出版社，二〇〇三），頁三八四—三九七。

說明要如何過渡到心中那個美好的想望，常是擺在這一代知識分子面前的難題。

最後，同樣是未來完成式的敘述，其內容卻也反映著每個學人價值焦點的不同，例如梁啟超等人切盼立憲的美景，碧荷館主人希望中國國威、武力能凌駕歐西列強之上。廖平所期待的，是中國的禮樂文明能重新受到國人的重視，以「華夏」為中心的文化能逐漸傳播於世界，讓全球最終嚮慕、歸化於中華文化，未來「大明堂」的空間觀之理想就是這一心態的表現。

第三節　「世運輪轉」與陰陽五行宇宙觀的重解

前兩節討論了廖平以孔子託「周公」朝會天下諸侯的經典符號表達中國未來將居於世界中心。但是眼前西方的興盛確實凌駕於中國，中國的衰弱也無人可以否認，如何肯定中國在不遠的未來一定能盟主世界？他的持論是世界運勢輪轉本為命定，今日雖為西方或歐美領銜世界，明日運勢將會再運轉到以中國為主體的東方。廖平的這層思考啟發自先秦的五德終始說，並涉及與「五德」關係密切的陰陽五行宇宙觀，在固有學理的背景下，他為之做了新的詮釋，除了表現一己理想世界觀的想望外，我們也可以透過廖平的新解，側面窺探本有學術的權威在近代轉變的過程。

一、五德新說與五大洲之運勢流行

（一）五行與歷史遞嬗的五德終始說

中國古代很早就出現了「運期」或「期運」的觀念，認為歷史在發展的過程中，常會以某一時段為單位，出現當運的王者，讓天下展現一番新氣象，這也具有循環史觀的意味，《孟子》〈公孫丑〉、〈盡心〉中，兩度提到「五百年必有王者興」，即是顯著的例子。又漢代緯書也流行聖人受命之期的說法，例如《尚書中候》有「黃河千年一清，聖人千年出世」之語，[81]一些緯書的名稱如《河圖．錄運法》、《尚書．運期授》、《春秋．佐助期》等，都可看出這種說法的影響；[82]被廖平援引以說明中國即將於世界五大洲中當運的鄒衍「五德終始說」亦是這類思維下產生的理論。[83]

81 安居白山、中村璋八輯，《緯書集成》（石家莊：河北人民出版社，一九九四），上冊，頁四二〇。

82 《河圖．錄運法》講黃帝與舜各自將興之時，得河圖而受天命的情形。《尚書．運期授》談到五色天帝：白帝、黑帝、赤帝、黃帝、蒼帝所治之世各自滅亡時，上天所顯示的異象。五色天帝既然都有滅亡的時候，也說明每一帝的當運都有時限，依次代興。《春秋．佐助期》的內容有漢朝滅亡的預言，也表現了受命有期限之意。以上分別見於安居白山、中村璋八輯，《緯書集成》，下冊，頁一一六四—一一六五；上冊，頁三八五—三八六；中冊，頁八一九。

83 先秦的「五百年必有王者興」、「五德終始」等運期的觀念，在漢代進一步的與歷數結合，發展出許多新的歷數週期論，漢代學者用這些理論議論國運、施政改革，包括整個天地的命運，甚至延伸到政治之外，具後世道教「劫運」觀念的雛型。宋代邵康節的元、會、運、世說，以及宋人的《丙午龜鑑》（以丙午、丁未為災年）等，這些末世的預言對後世都有很大的影響。劉增貴先生曾於二〇一二年三月十九日在中研院史語所報告〈歷數與漢代政治〉一文（未刊稿），揭示上述觀念，對筆者有所啟發，在此誌之。

「五德終始說」為戰國的鄒衍所創，主張金、木、水、火、土五行各主一德，各代表某一個朝代，五德依著土↓木↓金↓火↓水的次序遞嬗轉移，終而復始，這是一種相勝（剋）的原理，新朝之起所據之德，必為前朝所不勝之德。鄒衍所論說的五行，是已經與陰陽觀念結合起來的五種氣，五德是五種氣所發生的五種作用。這種概念下的五行發展到秦漢以後逐漸成為中國人的思想律，五種氣被視為構成宇宙萬事萬物的五種元素，是中國人對宇宙系統的信仰。但是「五行」一詞在戰國的鄒衍之前已經存在，我們在探討廖平對五德或是五行的詮釋前，有必要先釐清「五行」最初的來源與概念，而近代學者已有了一些論辯，在此略作簡單的交代。

「五行」一詞在經典上的根據，主要是《尚書》中，以往被視為〈夏書〉的〈甘誓〉與商周之際的〈洪範〉。〈甘誓〉中說「有扈氏威侮五行」，〈洪範〉更明確的提到「五行」為水、火、木、金、土及五者簡單的相關性質。如此說來，五行的起源似乎在夏、商之前了，加上司馬遷《史記．曆書》也說：「黃帝考定星曆，建立五行，起消息。」既有此記載，五行遂被認定為上古所建立，一直到晚清以前的學人，沒有特殊的異議。近代西力與西學東漸，影響所及，本有的學術思想與信仰亦隨之丕變，梁啟超是第一個正式以專題論文質疑，並探討陰陽五行說之流變的學者。梁氏作於民國十二年的〈陰陽五行說之來歷〉，認為商周以前古籍的「陰、陽」只是向日背日、氣候寒暖的粗淺自然界現象，不含有深邃神祕的意識；至於〈甘誓〉的「有扈氏威侮五行」，提的是威侮輕慢了五種應行之道，箕子的〈洪範〉之「五行」僅是五類日常物質。總之，梁啟超認為春秋戰國以前所謂的「陰陽」、「五行」並未連結，而且「其義極平淡」；後世把五行融入陰陽，並成為構成萬物基本原素的氣化「五行」，蓋起於戰國燕齊的方士，而鄒衍、董仲舒、劉向為最主要建構、傳播此類「邪說」的人物。[84]四年後，梁氏的弟子劉節作〈洪範疏證〉，接續這條疑古之路，考證〈洪範〉一篇作於戰國之末，其中所載的五行之說，即是戰國鄒衍一輩人的學說，比梁啟超尚承認〈洪範〉來自箕子，但無神祕色彩，更激進了一步。[85]顧頡剛認同劉節之論，以〈洪範〉與五行說起於戰國後期，鄒衍是這一系統的創始人，但他補充道，在鄒衍之前也有零碎的將宇宙事物分類的五行思想，但還沒有嚴整的系統。[86]整體來說，劉節、顧頡剛以古籍中凡是涉及「五行」一詞者，皆指為出自鄒衍之後，故〈甘誓〉、〈洪範〉不可能是夏代或周初之書，必係戰國時人之偽作。又《國語》、《左傳》雖也屢見「五行」字樣，但顧氏認為這兩部書實出於戰國時人的撰述，又加以漢人的竄亂，不能徑當作春秋時代的史料。[87]徐復觀立於前輩學者的基礎上對陰陽五行相關文獻又做了深入的考查，對前人說法有繼承、反駁，也有創新。徐氏以「陰陽」的原始觀念與日光照射與否、氣候變化寒暖很有關連，並沒有後來形成萬物原素的陰陽二氣之意。他又將「五行」一詞的內容與發展，區分為前期與後期的差異。他考證《左傳》、《國語》、〈甘誓〉、〈洪範〉的著作年代以及其中的「五行」，認為這些文本均成書甚早，並非晚出偽造，其中提到的五行則僅是簡單質樸的五種生活中不可缺少的實用資材；而日後漢儒所信服且影響中國久遠、與陰陽結合並成為氣化的、構成萬物背後五種元素的「五行」，主

84 梁啟超，〈陰陽五行說之來歷〉，收入顧頡剛編著，《古史辨》（香港：太平書局，一九六三），第五冊，頁三四三—三六二。
85 劉節，〈洪範疏證〉，收入顧頡剛編著，《古史辨》，第五冊，頁三八八—四〇三。
86 顧頡剛，〈五德終始說下的政治和歷史〉，收入顧頡剛編著，《古史辨》，第五冊，頁四〇四—四一〇。
87 顧頡剛，〈五德終始說下的政治和歷史〉，收入顧頡剛編著，《古史辨》，第五冊，頁四〇七。

要是源自戰國的鄒衍，也有可能是完成於鄒衍的後學。[88]

綜上所述，儘管諸位學者對於五行在戰國以前的起源狀況看法有所出入，但無論是梁啟超、劉節、顧頡剛、徐復觀或是後來的王夢鷗等，[89]都共同認為先秦時期的陰陽五行沒有五行之「氣」與生剋的意味，這套理論是從鄒衍以後才被「附會」出來。當代學者鄭吉雄等人又有了後出轉精的研究。鄭吉雄等人並沒有否定從梁啟超到徐復觀的看法，同樣認為〈洪範〉的「五行」絕不能被理解為五種元素，但他們透過對先秦以來諸多經典中「行」字字義的原始與變遷之分析，並結合地下出土文獻作探討，結論指出〈洪範〉與同一時期《郭店楚簡》中的「五行」雖然沒有生剋的思想，但因「行」字本身即有「行走」、「運行」的運動意義，也具有時間發展、交替運行的含義，故「五行」最後能衍生出「相生相勝」的循環理論，也不是憑空附會，而是其來有自的。[90]不過從五行發展到完整系統的「五德終始說」仍然是定型於鄒衍以後，應是現代學界普遍的看法，而被廖平所援引以說明中國即將得運的「五德終始說」與五行概念，也可從鄒衍的思想作為一個敘述的源頭。

《史記．孟子荀卿列傳》說鄒衍「深觀陰陽消息而作怪迂之變，終始大聖之篇十餘萬言」。故開始把陰陽與五行本屬兩不相干的系統傅合為一，應是始自鄒衍或者完備於其後學，五行至此已經成為具五種性質的抽象之氣，即構成宇宙萬物諸現象的五種元素。「終始大聖之篇」即《漢書．藝文志》記載的「終始五十六篇」，以「終始」為著作名稱，其內容當與司馬遷在下文所述的鄒衍學說密切相關：「稱引天地剖判以來，五德轉移，治各有宜，而符應若茲。」五德是金、木、水、火、土的五氣所發生的五種作用，這五德相互作用表現為從天地剖判以來一朝一代的五德轉移，以相剋方式終而復始。五德終始說類似一種命定論，五行之德以次運轉，與古代具有天意賞罰的天命有些許不同，它是機械的、盲目性的法則。然而對於當時的國君而言，此種學說卻是帶給他們一個未來有機會得運稱帝稱王的新希望；而得位者亦可利用這套理論，反過來更樹立自己的正當性。因此五德終始說深為秦漢時期的君主與學者採信，例如秦朝自認得水德並依此立制，[91]漢初有水德或土德的爭辯，西漢末年王莽奪位的依據，都是依著五德終始的學理延伸而來。[92]

廖平本身甚為重視鄒衍的學說，將其思想解釋為具有當今世界的眼光，並把鄒衍的學理接上孔子的統緒，故「五德終始說」亦是孔子微言的傳承。但是廖平認為秦漢時期的國君或學者推論德運，以中國王朝縱向的遞嬗模式解釋五德天命轉移的說法，其實都是曲解了鄒衍傳承自孔子的

88 徐復觀，〈陰陽五行及其有關的文獻研究〉，此文原成於一九六一年，後收入氏著，《中國思想史論集（續編）》（台北：時報文化，一九八二），頁四二—一〇一。

89 王夢鷗亦提到「把陰陽五行牽合在一起，應該是始於鄒衍……」，見王夢鷗，《鄒衍遺說考》（台北：臺灣商務印書館，一九六六），頁五六。

90 鄭吉雄、楊秀芳、朱岐祥、劉承慧，〈先秦經典「行」字字義的原始與變遷——兼論「五行」〉，《中國文哲研究集刊》，第三十五期（二〇〇九年九月），頁九一—一二一。

91 《史記．秦始皇本紀》說：「始皇推終始五德之傳，以為周得火德，秦代周德，從所不勝，方今水德之始。改年始朝賀皆自十月朔。衣服旄旌節旗皆上黑。數以六為紀。符法冠皆六寸，而輿六尺。六尺為步。乘六馬。更名河曰德水，以為水德之始。剛毅戾深，事皆決於法，刻削毋仁恩和義，然後合於五德之數。於是急法，久者不赦。」《史記．封禪書》也說：「於是秦更名河曰德水，以冬十月為年首，色上黑，度以六為名，音上《大呂》，事統上法。」

92 這方面的研究已經很多，而最早期也最具代表性的專論當屬顧頡剛的〈五德終始說下的政治和歷史〉，見顧頡剛編，《古史辨》，第五冊，頁四三〇—六一四。

學說本意：孔子五德輪轉的內容與範圍是地球的五個方位。那麼廖平如何轉化本有的學說？運用了何種固有的學理依據？他建構這個新說的動機為何？這些都是下文要探討的問題。

（二）全球空間運勢輪轉的學理背景

廖平認為先秦以來的人都錯解了終始五德之運：「鄒衍為齊學五帝終始運，秦始用其說，自以為水德。漢魏以後，於中國一隅，強分五帝運，至今五大洲全出，乃悟五帝運為百世以後全球立法，非中國所得言。」[93]又說：「五帝運本謂五大洲，五帝各王其方。」[94]明白的說明五德是運行於世界五大洲，而非中國本身的政權遞嬗。他同時指出：

> 終始五德之運，以五德相王，本指五土之地而言：北半球水德，南半球火德，東半球木德，西半球金德，地中土德，……各以其儀節服色，尊稱於一方。故五行為五方之符記，並不在中國疆輿之內也。……故五行之行於五方，亦如太一之下行九宮，……天運流行，周徧宇內……，五行之義，……質言之，莫非孔經之符號。[95]

他將北半球、南半球、東半球、西半球、地中五個方位分別配上水德、火德、木德、金德、土德五種德運，金、木、水、火、土五行也可以說是經典昭示地球有五大洲或五個方位的符號。這五個方位的德運依次而王，周流運行，就如同「太一下行九宮」一般，根據鄭玄的解釋，太一是天上的太帝，九宮是太帝的紫宮和八個行宮；天上的太帝也和人間的帝王一樣常常巡狩，循環往復於他周圍的行宮和中央的紫宮。[96]廖平如此形容，也是強調「五行」不是只代表靜止的地球五個方位而已，它們的氣運是不斷輪轉的。因此本來五德終始說是中國自身王朝時間縱向的歷史運行法則，到了廖平的詮說下，成了整個地球空間方位之間的氣運流行。然而，廖平所表述出來的空間氣運流行也並非憑空產生，仍然可說是植根於鄒衍的另一套與五行密切相關的天道運行法則。這套法則內容是什麼？廖平又如何從中轉化成自己的新說呢？

五德終始說以五行相勝（剋）為理論基礎，但鄒衍同時也有五行相生的另一套理論。《周禮．夏官．司爟》的經文有言：「司爟掌行火之政令，四時變國火以救時疾。」鄭玄注云：

> 鄭司農眾說以《鄒子》曰：「春取榆柳之火，夏取棗杏之火，季夏取桑柘之火，秋取柞楢之火，冬取槐檀之火。」[97]

93 廖平，《大統春秋公羊補證》（光緒三十二年，則柯軒再版），卷一，頁四二a。

94 廖平，《知聖續篇》，《廖平選集》（成都：巴蜀書社，一九九八），上冊，頁二三一。

95 廖平，《皇帝疆域圖》（一九一五年，四川成都存古書局刊），第十七，頁六一a—六二a。

96 「太一下行九宮」一詞出自《易緯乾鑿度》「太一取其數以行九宮」，鄭玄注云：「太一者，北辰之神名也。居其所曰太帝，行於八卦日辰之間曰天一，或曰太一。出入所游行於紫宮之內外，其星因以為名焉。故《星經》曰：『天一、太一，主氣之神。』行，猶待也。四正四維以八卦神所居，故亦名之曰宮。天一下行，猶天子出巡狩，省方岳之事；每卒則復。太一下行八卦之宮，每四乃還於中央，中央者，北辰之所居，故因謂之九宮。」見鄭玄注撰，《易緯乾鑿度》（台北：成文出版社，一九七六），頁三二。

97 鄭玄注，賈公彥疏，《周禮注疏》（台北：藝文印書館，一九八九），頁四五八。

春夏秋冬是四時，鄭眾引鄒衍的學說內容裡，夏的後面又加入了「季夏」成為五時，很有可能鄒衍是用五行分配五時，以下的資料或可作為佐證。《論語．陽貨篇》有「鑽燧改火」一語，何晏《集解》云：「一年之中，鑽火各異木，故曰『改火』也。」[98]皇侃《疏》云：

> 改火之木隨五行之色而變也。榆柳色青，春是木，木色青，故春用榆柳也。棗杏色赤，夏是火，火色赤，故夏用棗杏也。桑柘色黃，季夏是土，土色黃，故季夏用桑柘也。柞楢色白，秋是金，金色白，故秋用柞楢也。槐檀色黑，冬是水，水色黑，故冬用槐檀也。[99]

一年五時，春是木，夏是火，季夏是土，秋是金，冬是水，各用所屬季節顏色的植物鑽燧，按時間次序排列，始木、而火、土、金、水，恰好是相生，故鄒衍有五行相生的學理更明顯。錢穆根據《漢書．郊祀志》引如淳之說，認為鄒衍的確有兩條遺說存在，一是講帝王之運更迭的，是用五行相勝的原理；另一種是講在一年春夏秋冬不同季節，天子的施政應該依次不同，所用的是五行相生的原理。[100]侯外廬亦提到：「鄒衍於五行的序列抱有兩種相反的見解，即對於自然的季節的轉移，抱著相生的見解，對於歷史上政權的興廢，則抱著相勝的見解。」又說鄒衍五行相生的序列，「這一見解與《呂氏春秋》的十二紀一樣，……即是加季夏於四時之『中』以配五行的」。[101]王夢鷗也認為鄒衍「一生至少寫過兩部書」，一是大型的，五行之從天地剖判以來一朝一代的終始，是受命而帝的制度，注重其「相代勝」的一面；一是小型的，即五行之一年一周的終始，是王者一年行政的綱領，依五行相生的原理設計的，欲王者體天之時，順「令」而行，類似

「時令」或「時政」之類的思想。[102]因此關於五行相生的學說，鄒衍本身留下的材料雖然甚少，但應可以確定他已具有這方面的思想，它與天道運行的法則密切連繫在一起，此類思想發展到《呂氏春秋》的〈十二紀〉才有系統性的呈現。

《呂氏春秋．十二紀》的骨幹，正是把陰陽二氣，運行於春夏秋冬之中，而將五行分別與四季相配合，春是「盛德在木」，夏是「盛德在火」，秋是「盛德在金」，冬是「盛德在水」，夏、秋之間再加上中央土德。所謂「盛德」是指五行之氣所發生的「最當令」之作用，例如「盛德在木」是指春季與五行中的木氣最相應，此時陽氣的方位是東方，因此木德又屬東方；再把一切生活事物、政治行為，安排得與春季的陽氣與木德相合。其他各季皆可由此類推，此即所謂與天「同氣」、政令「法天」。因為五行在四時中輪流作主，發生作用，四季四方加上中央，都是陰陽五行的體現，亦即天道的體現。《呂氏春秋》對漢代學術的影響至深且鉅，以天道運行方面來說，成書於景帝末年的《淮南子》中，〈時則訓〉與〈天文訓〉便是承繼《呂氏春秋．十二紀》而稍做變更。西漢戴聖編為定本的小戴《禮記》，其中的〈月令〉便錄入了〈十二紀〉的內容，

98 何晏集解，邢昺疏，《論語注疏》（台北：藝文印書館，一九八九），頁一五七。

99 皇侃，《論語義疏》，《諸子集成．新編一》（成都：四川人民出版社，一九九八），頁二三二。

100 錢穆，〈評顧頡剛五德終始說下的政治和歷史〉，原載於一九三一年四月十三日的《大公報．文學副刊》，又收入顧頡剛編，《古史辨》，第五冊，頁六二一—六二二。

101 侯外廬，《中國思想通史》（北京：人民出版社，一九五七），第一卷，頁六五〇。

102 王夢鷗，《鄒衍遺說考》，頁五四—五六。

甚至《周禮》的春官、夏官、秋官、冬官等名稱，可能也是由〈十二紀〉的觀念演變而出。[103] 以下將《呂氏春秋．十二紀》與《淮南子》〈時則訓〉、〈天文訓〉以及《禮記．月令》四時五行的部分相關內容排比列出，以期更清楚的看出彼此的相關性：

《呂氏春秋．十二紀》：

春……其日甲乙。其帝太皞，其神勾芒。……盛德在木。

夏……其日丙丁。其帝炎帝，其神祝融。……盛德在火。

中央土，其日戊己。其帝黃帝，其神后土。

秋……其日庚辛。其帝少皞，其神蓐收。……盛德在金。

冬……其日壬癸。其帝顓頊。其神玄冥。……盛德在水。

《淮南子．時則訓》：

春……其位東方，其日甲乙，盛德在木。

夏……其位南方，其日丙丁，盛德在火。

季夏……其位中央，其日戊己，盛德在土。

秋……其位西方，其日庚辛，盛德在金。

冬……其位北方，其日壬癸，盛德在水。

《淮南子．天文訓》：

東方木也，其帝太皞，其佐句芒，執規而治春。……其日甲乙。
南方火也，其帝炎帝，其佐朱明，執衡而治夏。……其日丙丁。
中央土也，其帝黃帝，其佐后土，執繩而治四方。……其日戊己。
西方金也，其帝少昊，其佐蓐收，執矩而治秋。……其日庚辛。
北方水也，其帝顓頊，其佐玄冥，執權而治冬。……其日壬癸。

《禮記．月令》：

春……其日甲乙，其帝太皞，其神句芒。……盛德在木。
夏……其日丙丁，其帝炎帝，其神祝融。……盛德在火。
中央土，其日戊己，其帝黃帝，其神后土。
秋……其日庚辛，其帝少皞，其神蓐收，……盛德在金。
冬……其日壬癸，其帝顓頊，其神玄冥。……盛德在水。

以上可以看到金、木、水、火、土五種元素與五方及四季相結合的情形。太皞（伏羲）、炎帝、

103 徐復觀，〈呂氏春秋及其對漢代學術與政治的影響〉，收入氏著，《兩漢思想史》（台北：臺灣學生書局，一九七六），卷二，頁一七，二二一，五四—五六，五九—六二。

黃帝、少皞、顓頊原是上古各地民族所信仰的祖先神，經過儒家知識分子之手，演變為人間古代聖王，又同時在神話的過程中，亦被神格化成司掌各季節之神，是古帝、聖人、神的混合體，當然此處徵引的文本所著重的是季節之神的特性。五季之帝下，又各有同具神格的臣佐輔助，分別是勾芒、祝融（《淮南子》作「朱明」）、后土、蓐收、玄冥。[104]在這裡需稍做補充的是，四時與空間方位的相配，其實有更久遠以來的歷史，例如鄒衍以前《管子》的〈四時〉、〈幼官〉等篇，或是被現代一般學者認為成書約在戰國初期，後經秦漢人修訂的《山海經》都有類似的思想。[105]不過將五行與陰陽結合，上升為五種氣化原質是完成於鄒衍的學說，並初步論述天道運行的法則，發展到《呂氏春秋．十二紀》才有系統性的呈現，之後西漢《淮南子》〈時則訓〉、〈天文訓〉、《禮記．月令》的內容一脈相承，最後大備於董仲舒的《春秋繁露》。在此要強調的是，這個與五方密切結合在一起的學理，適成為廖平援引以解釋地球五個方位或五大洲空間觀的本有資源。

行文至此，我們已經可以理解，廖平將五德終始說的縱向時間之歷史相代法則與天道運行空間的法則，兩者結合起來，轉而解釋成天地間有一股氣運在世界五大洲之間隨著時間推移，相代流行輪轉，[106]原本《呂氏春秋．十二紀》、《淮南子》〈時則訓〉、〈天文訓〉及《禮記．月令》等的季節時序循環，各時之帝各主一季的觀念，也就被他詮釋為五大洲各以得其時運，輪流入主世界而「王」。他於光緒二十四年的《地球新義》中說：「一州一代，順序而推，乘時而帝者，各據方位，以章徽號焉。」[107]又於光緒二十九年的《大統春秋公羊補證》中說：

> 東方之神太昊，乘震執規司春；南方之神炎帝，乘離執衡司夏；西方之神少昊，乘兌執矩司秋；北方之神顓頊，乘坎執權司冬；中央之神黃帝，乘坤艮執繩司下土。茲五帝所司，各有時也。……五帝分司五極，為全球五大洲而言。[108]

以上內容接近於《淮南子．天文訓》，但〈天文訓〉並沒有提到八卦中的震、離、兌、坎四卦各司一年春、夏、秋、冬四季，事實上，廖平的引文錄自《漢書．魏相丙吉傳》，是魏相於上奏中對〈天文訓〉加入了《易》學的內容。[109]不過廖平從《漢書》徵引此段文字，要表達的基本概念沒變，他要說明分掌各時各方的「五帝」：太皞、炎帝、少皞、顓頊、黃帝是表徵地球五個方位的符號，並隨著時運依次進入世界的「中心」稱王。

---

104 關於五季之帝與其臣佐的詳細內容、代表的意義及職司與古籍的出處，鄭玄與孔穎達所注、疏的《禮記．月令》有較清楚的呈現。見鄭玄注，孔穎達正義，《禮記正義》頁二八一，三〇六，三二一—三二二，三四〇。若從神話學的角度理解，可參見王孝廉，〈夢與真實——古代的神話〉，收入邢義田主編，《永恆的巨流》（台北：聯經出版公司，一九八一），頁二七二—二八二。

105 田輝玉，〈陰陽五行說與中國古代科技的結合〉，《湖北師範學院學報（哲學社會科學）》，第十八卷第四期（一九九八年），頁一一—一二。劉宗迪，《失落的天書：《山海經》與古代華夏世界觀》（北京：商務印書館，二〇〇六），頁六六，七一—七二。

106 廖平，《皇帝疆域圖》，第十七，頁六二a。

107 廖平，〈尚書大傳淮南時則訓五帝司五州論〉，《地球新義》（一九三五年孟冬，開雕版藏，一九三五），卷下，頁四〇a。

108 廖平，《大統春秋公羊補證》，卷一，頁三b—四a。

109 楊家駱主編，《新校本漢書并附編二種》（台北：鼎文書局，一九八六），第四冊，卷七十四，〈魏相丙吉傳〉，頁三一三九。

上文敘述了廖平把五德終始的歷史運行規律結合具空間概念的天道運行法則，講五大洲的運勢流轉，那麼他為何如此重視五德終始說的學理？先前提過這套理論是機械的、命定的，實不能含攝人在歷史行為中所應占有的地位，因此不論是否有具體的作為，「運」是一定會轉的，此種特性正好切合廖平當時的心境。蓋中國積弱日久，西方的興盛明顯凌駕於中國之上，只有命定論才能加強中國必定有光明未來的論據。鄒衍的學說讓廖平看到一個對清末中國而言，存在著一絲希望的法則，這也是他之所以會重視，並要重新詮釋鄒子此理論的重要原因。他發揮五德學說，以中國即將入主世界之「中」是一種「定命」，說明廖平心中的焦慮與急切。對他來說，中國有禮樂固然很珍貴，卻不足以說明憑藉這項條件便可以盟主世界，如何過渡到心中那個美好的想望，是一個難題，或許選擇用命定義正是克服面對難題而焦慮的表現。

二、全球「正朔」所在：中國將得「土德」之運

廖平在成於光緒二十八年的《知聖續篇》也明白的提到《禮記．月令》「五帝五色，東青、夏赤、中黃、西白、北黑」是表徵「地球五大州（洲」），以五帝分司之」。[110]既然五大洲依次主宰世界，詳細的情況如何，而中國位居的亞洲又有什麼特殊性，廖平有更細緻的表述，也是下面將要探討的主題。《地球新義》中說：

> 五極有五帝五神，將來如法黃帝以土德王者，留京、行京皆在中央，中央為君，四方之神為四岳。法太皞，以木德王者，留京在東極，行京在中央，東帝為君，中央神后土合南、

北、西三神為岳。法少皞，以金德王者，留京在西極，行京在中央，西帝為君，中央神與東、北、南之三神為岳（廖平自注：南、北仿此）。……北極以水德王者，留都在北，行京在中央。南極以火德王者，留都在南，行京在中央。[111]

五方的五帝五神，各以其時運進入中央為主宰稱王。以木德稱王者，東帝為君，「留京」在東方，「行京」入主中央；以金德稱王者，西帝為君，「留京」在西方，「行京」入主中央；以水德稱王者，北帝為君，「留京」在北方，「行京」入主中央；以火德稱王者，南帝為君，「留京」在南方，「行京」入主中央；至於以土德稱王者，中央為君，無論「留京」、「行京」都在中央。地球本為圓體，在具體的方位上並沒有既定的東、西、南、北、中，這是廖平早已接受認識的地理學新知，也正因為地圓的概念，讓他感受到價值感的流失，所以他要重塑一個文化的方位觀，用五方來解釋五大洲應從這種心態來理解。如此一來，他使用「留京」、「行京」的詞彙就顯得別具意味。「留京」指五大洲各自的方位，但未必是具體的地理方位，也可以表示各自所本有的文化特性；而「行京」之「行」與五行理論有關，《白虎通．五行》將五行的「行」字解為「天行氣之義」，[112]有運動、流轉或變遷的意思，所以「行京」在中央表徵五大洲各以其文化特色暫時主宰、領銜世界一段時間，但不是恆常永久性的，這明顯是針對當今西方稱霸世界而發的。其

110 廖平，《知聖續篇》，《廖平選集》，上冊，頁二五七。
111 廖平，〈尚書大傳淮南時則訓五帝司五州論〉，《地球新義》，頁四一a－四二a。
112 班固等撰，《白虎通》（台北：臺灣商務印書館，一九六六），卷二上，〈五行〉，頁八一。

次，廖平用五行比擬五大洲的方位，以「亞州（洲）黃種居中」，[113]而傳統陰陽五行的方位觀又以中央屬黃的土德為最尊，在此有必要略述一下這個本有的思想資源，以俾能更清楚的理解廖平一家之言背後的憑依。

五行中，土與四時的搭配與地位，自《呂氏春秋》一路下來，有其發展的歷程。因為五行有五，而四時只有四，還多出一行無法安頓，《呂氏春秋．十二紀》中把木配春，火配夏，金配秋，水配冬，把土放在季夏之後，不屬於任何季節；也就是木火金水四行各當令一季三個月，土則完全處於空檔無所主，這樣土的地位自然不如其他四行重要了。《淮南子．時則訓》對土的位置做了一些補救，讓它正式處於季夏，在〈天文訓〉裡並說土與其他四行在一年中各主七十二日，[114]如此，土的地位便與其他四行平等，但還未特別的被凸顯。到了董仲舒的《春秋繁露》，土的地位則大為不同，大力稱揚「五行莫貴於土」，[115]因土居於中央的位置，使它統領其他四行：

> 土居中央，為之天潤。土者，天之股肱也。其德茂美，不可名以一時之事，故五行四時者，土兼之也。金木水火，雖各職，不因土，方不立。[116]

東漢時的《白虎通》仍以土的地位在五行中最尊貴，而且能旺盛於四季：

> 土所以王四季，何？木非土不生，火非土不榮，金非土不成，水非土不高。土扶微助衰，

> 歷成其道，故五行更王，亦須土也。王四季，居中央，不名時。[117]

木、火、金、水各有得令的時候，但土則能旺盛於四季，理由在於「木非土不生，火非土不榮，金非土不成，水非土不高」，這樣說來，土便成為其他四行所必須的條件了。廖平是承繼《春秋繁露》與《白虎通》的思想，以土德最為尊貴，再轉出自己的一家之言：亞洲於地球五大洲中正是位居於中央的土德，且即將以其道主宰、稱王於世界，其說法如下：

> 迄今世界開通，五大州疆輿廣博，恰與五極之地吻合。……地球五州，亞州在東，為黃種，運氣學說，所謂甲己化土為中央，……《山海經》中為五藏，海外、大荒皆以四起數；佛書之四大部州，合之中央，皆為五極之比例。證以今之地球，亞州黃種居中，歐為北極，澳為南極，非為西極，美為東極。[118]

113 廖平，《皇帝疆域圖》，第十八，頁六四b。

114 《淮南子．天文訓》有云：「木用事，……七十二日，……火用事……七十二日，……土用事，……七十二日，……金用事……，七十二日，……水用事，……七十二日而歲終。」見劉安，《淮南子》，頁四三。

115 蘇輿撰，鍾哲點校，《春秋繁露義證》（北京：中華書局，一九九二），〈五行對〉，頁三一六。

116 蘇輿撰，鍾哲點校，《春秋繁露義證》，〈五行之義〉，頁三二一。

117 班固等撰，《白虎通》，卷二上，〈五行〉，頁九二。

118 廖平，《皇帝疆域圖》，第十八，頁六四a—六四b。

引文提到亞洲實際位於世界的「東方」，足見廖平已經接受了近代歐洲人以中國屬「亞洲」或「東亞」的世界觀念，但他從這裡又提出一己的新說，以東方在傳統天干與五行屬甲木，從干支理論來說，甲木遇上中央的己土，即化合為土，居於中央；再加上亞洲人為黃種，土德色黃，因此以中國為主體的亞洲在五大洲中最具有優勢，即將入主世界的中心；而歐洲居北、澳洲居南、非洲居西、美洲居東，環繞在亞洲的四周外圍。總之，廖平以五行運轉的方式，將「五德終始」符號化，然後轉喻成現代化的「五大洲」，進行其終極所欲論：古來之運可輪轉替換，今何不然？他沒有用到生剋的理論，只是要強調當日以歐洲為世界主體的「西方」當然可以運轉至以孔子為主的「東方」，東方將是世界的「中心」，是大統之「京」，也等同於大統之「君」。當然，以「東方」或「亞洲」主宰世界，其主體還是在中國。順道補充說明，若依著廖平的邏輯類推，當世運轉到中國以後，經過了一段時間，是否也將會再輪轉到別的地方？廖平並沒有多著墨，因為處在近代中國「世變之亟」的情況下，他無暇深思這個問題，只是焦急的盼望中國可以迅速從當下的谷底中崛起。而且廖平論「土德」所依憑的《白虎通》說：「木非土不生，火非土不榮，金非土不成，水非土不高。土扶微助衰，歷成其道，故五行更王，亦須土也」[119]，所以即使時運再轉到其他地方，也需要中國經教的德行才能生旺於世界。

再回到廖平學理基礎的建構來看。他以鄒衍的五德終始說為紹述孔子的思想，但鄒衍畢竟不是孔子，如何將孔子與這套理論直接銜接上？他的說法是孔子之經典《尚書》〈甘誓〉、〈洪範〉中的「五行」已蘊含了整套的微言。而《周禮》有五官，《周禮．大司徒》提到「五土」，正是闡發《尚書》表徵五大洲的經文「五行」之「傳」，指的都是全球的五方。[120]圖3.3、圖3.4、圖3.5

是廖平用圖示呈現的五大洲理想文化空間。

圖3.3是「《尚書》五行五帝運圖」，這幅圖接受了近代歐洲世界觀念的影響，以中國原處於世界的東方，故以位於東方的木德當之。但是東方天干的甲與中央天干的己能化合為土，土德居中，最為尊貴，因此圖3.4、圖3.5即以亞洲居於五大洲的中央位置。圖3.4的「周禮五土五官均分五極圖」以五大洲分配《周禮》的五官：天官、春官、夏官、秋官、地官。天官在《周禮》中為最高部門，首長稱「冢宰」，職責是協助天子處理所有政治事務，而廖平以亞洲位居中央的天官位置，足見他期待世界大一統時，以亞洲為中樞，統理其他各洲，《白虎通》說土德能生旺四季，亦被引申象徵亞洲所具備的孔子教化是其他四洲所不可或缺的。在此需順道補充說明，一般認為《周禮》有天、地、春、夏、秋、冬六官，[121]為什麼廖平卻說五官，這牽涉到長久以來《周禮》經學史上的一個問題。漢代學者認為〈冬官〉亡佚，被補入〈考工記〉代替，這種說法從漢代至唐代基本上無異議，直到南宋至晚明開始有了〈冬官〉未亡，只是混入了其他五官之說，因而諸多學者有重新割裂排序《周禮》，欲獨立出掌工事的〈冬官〉一篇的做法。這種疑經改經的行為在

119 班固等撰，《白虎通》，卷二上，〈五行〉，頁九二。

120 廖平，《皇帝疆域圖》，第十七，頁六一a。

121 《周禮，小宰》曰：「以官府之六屬，舉邦治。一曰天官，其屬六十，掌邦治。……二曰地官，其屬六十，掌邦教。……三曰春官，其屬六十，掌邦禮。……四曰夏官，其屬六十，掌邦政。……五曰秋官，其屬六十，掌邦刑。……六曰冬官，其屬六十，掌邦事。」總數為三百六十，據鄭玄之說，是為「象天地四時日月星辰之度數」。見鄭玄注，賈公彥疏，《周禮正義》，頁四二。

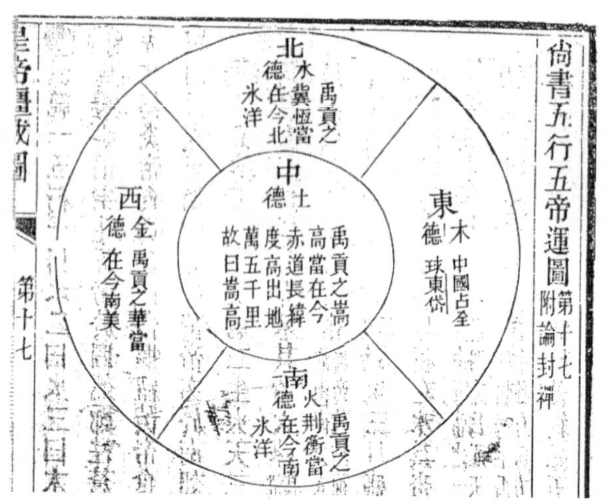

圖3.3　「《尚書》五行五帝運圖」，廖平，《皇帝疆域圖》，第十七，頁60a。《皇帝疆域圖》，第十六，頁57a。

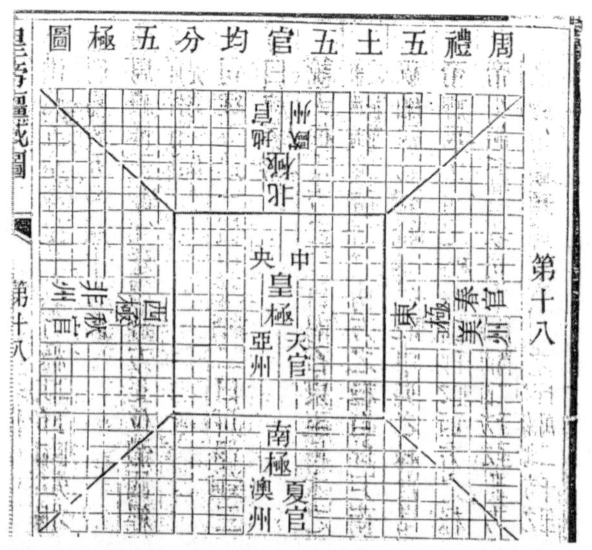

圖3.4　「《周禮》五土五官均分五極圖」，廖平，《皇帝疆域圖》，第十八，頁63a。

明末受到強烈的非議，到了清朝，〈冬官〉未亡論就尠少有人提及了。[122]然而儘管如此，《周禮》實際有五官或六官，以及後補的〈考工記〉與原〈冬官〉之間的關係如何，仍是學者心中懸而未決的問題。廖平在經學二變時，視《周禮》為劉歆羼改《佚禮》而成，雖然不承認《周禮》的地位，但他相信其底稿《佚禮》是真實的史料。他從《周禮．太宰》有掌百工的明文，推測《佚禮》掌工事的職責歸太宰，故不必別為〈冬官〉一篇，換句話說，《佚禮》應只有五官，沒有〈冬官〉篇，而〈考工記〉則是屬於《佚禮》五官範圍中的內容，它不能等同於所謂的〈冬官〉。[123]經學三變以後，廖平轉而重視《周禮》，否定自己二變時以之為劉歆偽作的說法，推崇《周禮》為孔子的世界大統著作，但仍沿續之前的推論，以《周禮》僅有五官。而且此時廖平特重孔子經典符號的寓意，五官與五行、五大洲之「五」的概念正可連成一氣，又從而加強他所謂《周禮》有

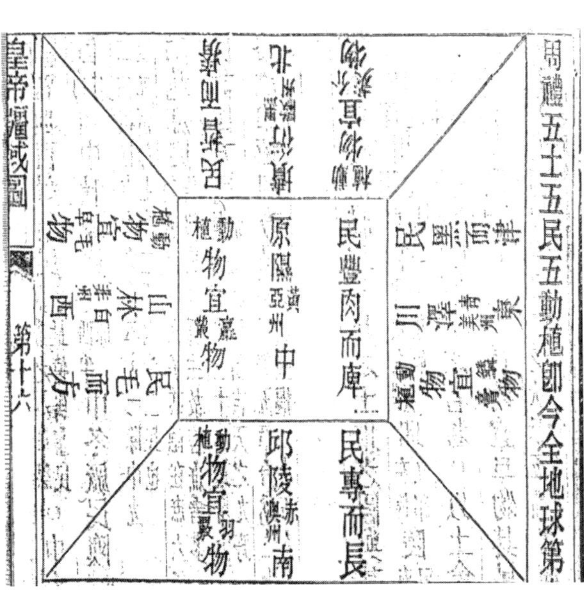

圖3.5　「《周禮》五土五民動植即今全地球圖」，廖平，《皇帝疆域圖》，第十六，頁57a。

122 小島毅著，連清吉譯，〈〈冬官〉未亡說之流行及其意義〉，收入楊晉龍主編，《元代經學國際研討會論文集》（台北：中央研究院中國文哲研究所籌備處，二〇〇〇），下冊，頁五三九—五五一。

123 廖平，《經話（甲編）》，《廖平選集》，上冊，頁四九六—四九七。

五官非六官的論據，這也是何以圖3.4的圖像僅有五官的原因。圖3.5是「《周禮》五土五民五動植即今全地球圖」，「五土」內容來自《周禮．大司徒》，原作「五地」，敘述有天下的王者或朝廷為了以土地計算各地貢稅之法，將土地分為五類：山林、川澤、丘陵、墳衍、原隰，並分辨五地不同的物產、動植物與居民外貌，[124]廖平視此為五大洲不同的地理風貌與人種的經典預示。本來〈大司徒〉的「五地」並沒有方位，但在圖3.5中可以見到廖平將五地配上五方、五色與五洲，仍以亞洲居中。

以五行比擬地球的方位與運勢，廖平並非特例，晚清多位學人亦曾有過類似的說法。例如徐繼畬曾以方位論西方的特色，認為歐洲位處西方，五行屬性是金，獨得金氣，所以擅長制器之術。[125]葉德輝曾說：「亞洲居地球之東南，中國適居東南之中，……四時之序，先春夏；五行之位，首東南。……五色黃屬土，土居中央，西人辨中人為黃種，是天地開闢之初，隱與中人以中位。」[126]這些都是代表受過傳統教育的學者如何以他們所認知的事物來理解世界。晚清也有一股「運會」思潮，大略是預言全球運勢不可抗拒的由西方即將轉向亞洲中土，最終由中國統合世界。例如劉楨麟曾說，大地之轉機，百年以往，由東而趨於西，百年以來，又將由西而趨於東，「千年以後，合東西而為一焉。……吾今且謬為之語曰：亞洲不蹶，美洲不興；歐洲不亡，地球不一。今百年之運，其在斯乎！」又說：「方今世變已新，地力迴轉，推全球履變之運，將穹而返之古初；合五洲縱橫之機，必萃而歸之中土。」[127]這類的運會之說在當時見諸文字的很多。[128]因此廖平的思想並非平地拔起，而是具有深厚的時代性；從時代性再來看他的獨特性，其特色就在於將五大洲分出內、外的「中央與四方」之文化空間，中國得運後的最終目的是要「用夏變夷」，讓全球「同尊聖教」。[129]

總之，以五德終始說結合五大洲所做的詮釋固然主觀附會的成分很大，卻不宜只看作某個學人思想中的鱗光片影而已。它反映了一個深受傳統文化薰陶的知識分子在世變的衝擊下，如何運用固有的學理抒解、克服一己的焦慮；並且在近代新地理圖像以及擴大了的視野下，試著用文化的角度重新定位、擺置中國。再者，廖平對五德、陰陽五行這套學理的新解，在近代經學的詮釋以及學術史上都有重大的意義，表現了從傳統思想下的經解到古史辨派思維中間的過渡，以下即針對這方面的學術意義做較深入的分析。

---

124 鄭玄注，賈公彥疏，《周禮正義》，頁一四九—一五一。

125 徐繼畬，《瀛環志略》（十卷，道光三十年刊），卷四，頁八—九。

126 葉德輝，《郋園書札》（清光緒壬寅（一九〇二年），長沙葉氏刊行本），頁九—一〇。

127 劉楨麟，〈地運趨於亞東論〉，收入麥仲華編，《皇朝經世文新編》（台北：國風出版社，一九六五），卷一下，頁一五六，一五八。

128 首先提出晚清有一股「運會」思潮的是王爾敏，他指出：「中國自古以來數千年間，流傳著一種運會學說，以解釋社會現象。……鴉片戰後，中西交通頻繁。反對西化者，固然很多，卻也有些人士，直覺地或自釋地判斷，以為西力東漸是天機地氣，運會使然，有不可抗拒之勢，而抱有接受西方知識與調和中西學術的傾向。」見王爾敏，《晚清政治思想史論》（廣西：廣西師範大學出版社，二〇〇五），頁六〇。晚清以「運會說」討論世局者甚眾，又可參見王爾敏，《中國近代思想史論》（台北：臺灣商務印書館，一九九五），頁四一三—四二六。

129 廖平，〈尚書大傳淮南時則訓五帝司五州論〉，《地球新義》，頁四一a—四一b。

三、「五行」僅表空間符記：西學影響下的陰陽五行新說

廖平將自己依著五行所建構的世界觀上溯至《尚書．洪範》，特別說明〈洪範〉五行已具足了孔子的微言大義。然而廖平返回經文對「五行」所做的解說，已經與漢代陰陽五行思想形成後，及延續這套理論的經學注疏體系內容有很大的差異，從他對氣化宇宙論的回應與新解，可以看出這一現象。

由於五行的具體內容最原始的出處是《尚書．洪範》，而漢代陰陽五行體系形成後，後世對〈洪範〉的解釋無不受到漢儒影響，人們遂以為這套體系是上古〈洪範〉著作時期已具備的思想。其實若探討經文本身，便比較容易看出它原本所具有的較為質樸意義的一面：

經文：五行，一曰水，二曰火，三曰木，四曰金，五曰土。水曰潤下，火曰炎上，木曰曲直，金曰從革，土爰稼穡。[130]

〈洪範〉所列出的五行次序是水、火、木、金、土，既和「五行相勝」說的土、木、金、火、水的次序不同，也和「五行相生」說的木、火、土、金、水的次序不同，故〈洪範〉應還沒有盛行於戰國秦漢時候的相生相勝意義，顯然年代較早。[131]唐代孔穎達《正義》引《尚書孔傳》曰：

《書傳》云：水、火者，百姓之求飲食也。金、木者，百姓之所興作也。土者，物之所資

> 生也。五行即五材也。襄二十七年《左傳》云：天生五材，民並用之。言五行各有材幹也。[132]

引文可以看到《尚書孔傳》的五行，其焦點在社會生活所必須的五種實用資材，與《左傳》相同。《孔傳》或係偽託，但至少在此處，它反映了較早期的傳注還未受到董仲舒輩的影響。孔穎達《正義》又順著經文與《尚書孔傳》續做解釋：

> 揉曲直者（筆者案：《孔傳》釋木曰曲直），為器有須曲直也。可改更者（筆者案：《孔傳》釋金曰從革），可銷鑄以為器也。木可以揉令曲直，金可以從人改更，言其為人用之意也。由此以觀，水則潤下，可用以灌溉。火則炎上，可用以炊爨，亦可知也。[133]

木、金的用途在於製作與日用相關的器物，水用以灌溉，火用以炊煮食物。《正義》對經文的「土爰稼穡」之解釋不甚明瞭，《尚書孔傳》則曰：「種曰稼，斂曰穡。土可以種，可以斂。」以上正是說明五材各有其具體的功用，均不離人民日常所須。從以上的〈洪範〉經文本身、《尚書

---

130 孔安國傳，孔穎達正義，《尚書正義》，頁一六九。
131 顧頡剛、劉起釪，《尚書校釋譯論》（北京：中華書局，二〇〇五），第三冊，頁一一五四。
132 孔安國傳，孔穎達正義，《尚書正義》，頁一六九。
133 孔安國傳，孔穎達正義，《尚書正義》，頁一六九。

孔傳》以及部分《尚書正義》解釋經文的內容來看，〈洪範〉五行似乎並沒有神祕、形上的意味。不過孔穎達《尚書正義》對〈洪範〉的解釋實際是由兩部分所構成。一部分是剛才上文所說過的順著〈洪範〉本文及《尚書孔傳》的解釋，用社會生活所需的實用資材解釋五行；另一部分則是接受了戰國之末開始發展的氣化五行說，誠如《尚書正義》中的一句話便具有代表性：「謂之行者，若在天則五氣流行，在地，世所行用也。」[134]由這句話同時觀閱《尚書正義》的整個內容，孔穎達的確是在解釋了地上人世所行用的「五行」時，另外還揉雜了陰陽的觀念以闡釋天之五氣流行，並融入了董仲舒的思想，[135]這部分內容龐雜，在此不擬詳論。總之，這裡要說明的是從戰國之末到兩漢逐漸演變而成的陰陽五行說其實深刻的影響到後世解經的儒者，[136]此處藉由唐代朝廷所頒定的《五經正義》之《尚書正義》內容作為例子，可說明這種情形，而經解的內容當然也體現了它形成時，背後已有一套學術思想與信仰的體系。

五行由本是具體的民生實用五種資材演變為結合陰陽觀念的五種抽象屬性之「氣」，從梁啟超、劉節以來至今日的學界，大致公認這一變化可追溯到鄒衍。到了《呂氏春秋》便把融入陰陽觀念的五行之氣具現於四季之中，更配上與四季相應的政令與思想，欲使人們的生活、行為皆與天行之氣相應，是為「與元同氣」。此理論發展的結果是「宇宙」或「天」成了一種「氣」，宇宙萬物都是氣的一部分，換句話說，五行之氣是萬物構成的基本質素。此種特殊思維帶給漢代及以後的人們重大的影響，陰陽五行學說逐漸成為中國人解釋宇宙自然乃至社會人事的種種規律和秩序。例如《禮記．月令》把許多事物都與五行連繫起來：五方、五色、五味、五畜、五音、五臟、五穀、五蟲……等等，可見五行理論運用範圍的廣大，由五種原質之氣相生相勝（剋）的對待關係來說明政治、社會、人生、自然各方面現象的變化。[137]可以說直到近代西方科學傳入之前，中國人無論是知識精英還是普通民眾，都是以這套範疇構成認識與解釋萬物的基本知識，而五種物質元素（氣化的五行）的觀念也被現今學者視為中國「原始科學」的思考模式。[138]

那麼在廖平心目中蘊含孔子微言大義的〈洪範〉五行所要表達的是什麼？與漢代以後陰陽五行的思想或宇宙觀有著什麼差異？事實上，他要強調的是五行僅為「五方之符記」。他說：

> 按中國五行之說，頗為泰西化學家所詬病。不知五行見於〈洪範〉，孔子特著為經，以為五方之符記。所謂金、木、水、火、土，猶東、西、南、北、中，春、夏、秋、冬季以之辨方正位，絕不以原質論也。[139]

134 孔安國傳，孔穎達正義，《尚書正義》，頁一六九。

135 孔安國傳，孔穎達正義，《尚書正義》，頁一六九—一七〇。

136 首先注意到《尚書正義》對〈洪範〉五行的解釋可區分為兩個部分的學者是徐復觀。見徐復觀，〈陰陽五行及其有文獻的研究〉，收入氏著，《中國思想史論集（續編）》，頁八二—八三。

137 徐克謙，〈陰陽五行學說——中國古代的宇宙解釋系統〉，《南京理工大學學報（社會科學版）》，十二卷四期（一九九九年八月），頁五—六。

138 例如李約瑟博士曾指出：「五行說影響之大，傳播範圍之廣，使它遍見中國古代及中古一切科學和原始科學領域。」日本學者山田慶兒也說：「陰陽五行的思考在秦漢以後一直是中國人在自然哲學上的思考的基礎形態。……如去掉陰陽五行說的思考，是不會有中國的傳統科學的。」見潘吉星主編，《李約瑟文集》（瀋陽：遼寧科學技術出版社，一九八六），頁二三—二四。山田慶兒，〈空間．分類．範疇——科學思考的原初的基本形態〉，收入岡田武彥編，《日本學者論中國哲學史》（台北：駱駝出版社，一九八七），頁九〇。

引文提到五行長久以來被中國人誤解為構成萬物的五種原質（元素），頗被西方人批評，謂中國人不懂得化學知識。事實上出自經典《尚書．洪範》的五行：金、木、水、火、土所要昭示的只是東、西、南、北、中的方位觀，後來儒者將五行配上春夏秋冬的四季，只是要藉著季節遞轉的現象輔助孔子學說，彰明地球上五方空間的運勢流行而已，總之，孔子論五行的本義絕對沒有以五氣作為萬物原質的意思。可以說，廖平接收了自《呂氏春秋》以來，配上了五方位與季節、具有時序輪轉意味在其中的「五行」，然後再結合鄒衍具有政治意味在其中的「五德終始說」，詮釋成五大洲空間之中的運勢流行。更詳細的說，《呂氏春秋》等著作中原有的五行之「氣」的本質被廖平所轉化了。他對「氣」其實表現了一種曖昧的態度，一方面，他汲汲的要說明中國即將得運、得勢，必須主張宇宙間有一股「氣」的運行之神祕性；然而另一方面，他受了西方科學知識的影響，這個「氣」在他筆下已經沒有了生剋作用，他在論五洲運勢時，也沒有講到彼此之間的生剋，氣運輪轉充其量只是一種難以名狀的抽象「運勢」在變動而已。他明白否定了宇宙之間具有「五氣」的實質與相互對待（生剋）關係，這麼一來，陰陽五行氣化宇宙觀中最基本的質素，已經被廖平給抽離掉了，「五行」純粹只剩下方位的象徵以及廖平自己也難以說清楚的某種「運勢」在其間的流動，這是他所宣稱的〈洪範〉五行的本義，也可說是對陰陽五行宇宙觀的重構。

經學是廖平學術思想的骨幹，他也與其他許多學者一樣，透過後世的傳統學術體系來解釋經文，但比較特殊的是，他把先秦諸子、緯書、漢代思想著作有意識的聯成一個有機體，溯源到孔子本身，論這些典籍皆屬於孔經的輔翼。那麼這裡有一個矛盾的問題是：亦被廖平視為發揚孔經重要思想的《春秋繁露》卻明白的闡述氣化五行的理論，廖平要如何自圓其說，做重新的理解？以下這段話可作為重要代表：

> 考《繁露》：天地之氣，合而為一（廖平自注：泰皇一統），分為陰陽（廖平自注：如二伯），判為四時（廖平自注：如四岳），列為五行（廖平自注：中央兼四方），……五行者，五官也（廖平自注：即《周禮》五官）。以五官解五行，蓋謂五方天道之運行也。[140]

陰陽五行思想在西漢形成系統的格架，因而發生更大的影響，董仲舒在其中居於重要的角色，從《春秋繁露》看，陰陽、五行有了進一步完整而密切的結合。〈五行相生〉說：「天地之氣，合而為一，分為陰陽，判為四時，列為五行。」〈十指〉又說：「水為冬，金為秋，土為季夏，火為夏，木為春。」因此總的說來，《春秋繁露》是以四時為五行顯現的結果，並認為陰陽五行乃是天地渾元之氣一系列的分化，這也是《春秋繁露》氣化宇宙論代表性思想的呈現。然而在廖平的重新解釋下，《春秋繁露》中的「天地之氣，合而為一」這句話只是全球一統的象徵書寫，「陰、陽」表示大一統政府設「二伯」分別治理的制度理想，「五行」是中國居中統理四方的方位

139 廖平，《皇帝疆域圖》，第十七，頁六一 a。
140 廖平，《皇帝疆域圖》，第十七，頁六一 a。

觀。換句話說，他並不承認董仲舒的理論具有實質「氣」的內涵，「陰陽」與「氣」僅是《春秋繁露》象徵性的筆法。至此，五行在廖平的學理下已經完全沒有陰陽之「氣」的內涵在其中，不再是萬物背後的原質，他在其他的著作也不只一次的闡發類似的理念。例如：

> 按孔經哲想，包舉全球，莽莽幅員，□持綱要，欲執簡以統煩，惟居中以御外，故經制中央四方、京師四岳之文，時露頭角，即《尚書》篇中，如五典、五禮、五聲、五色，皆為五方之符記……[141]

又如：

> 〈天官書〉……四岳北斗行於天上，周流三垣四宮（廖平自注：〈天官書〉謂之五宮），為五天帝之定位。鄭注所引緯說，靈威仰之五帝與〈月令〉五帝是也。在地為五土五極，為五人帝之所司，《大戴》顓頊以下之五帝，與《周禮》五官是也。地球未出以前，孔經五帝分方之說無所依託，乃假借天行以包全地，非以五行為五物，為化學之原質也。[142]

以上兩段引文要說明的無非是五行僅為「辨方正位之符號」，[143]《尚書》中所謂的五典、五禮、五聲、五色等，以往常被納入陰陽五行知識體系中，討論其間的生剋關係，現在廖平指稱「五」的數理只是要點出中央與四方的方位關係。又《史記．天官書》的天上五宮、緯書的靈威仰等五方天帝，[144]或是《禮記．月令》的青帝、炎帝、黃帝、白帝、黑帝，以及《大戴禮記．五帝德》舉黃帝為五人帝之首，都有特別重視土德居中之意，[145]這些皆是要發揚經典「五行」的含義，因為「中央四方為經制之大綱」，[146]故「五行為五方之符記」。

以上廖平重解《春秋繁露》或其他「五行」的相關內容，可以看出他無形中在用另一種較委婉的方式，逐漸否定傳統陰陽五行宇宙觀背後的知識理論體系，但堅持保留了具文化價值意識的中心與周邊概念的原有空間秩序觀。[147]此處他首先對先秦、漢代學術（例如《春秋繁露》）做新的詮釋，然後反扣回來經文本身（例如《洪範．五行》），形成對經學的新解說，目的除了要建構一己的世界觀外，還同時希望經學及以經學為骨幹的傳統學術能夠不違於西學知識，使經學能成為適應當代的普世永恆大法。在這個重新釋經的過程中，西學對他起著重大的影響，廖宗澤所

---

141 廖平，《皇帝疆域圖》，第二十，頁七一a。

142 廖平，《書經弘道篇》，頁四七b。

143 廖平，《孔經哲學發微》，《廖平選集》，上冊，頁三〇〇。

144 緯書的五方天帝出自《詩緯．含神霧》：「五精星座，其東蒼帝座，神名靈威仰，精為青龍。黃帝座，一星在太微宮中，含樞紐之神，其精有四象。其南赤帝座，神名曰赤熛怒，其精為朱鳥之類。其西白帝座，曰白招矩，其精為白虎之類。其北黑帝座，神名曰協光紀，其精為玄武之類。」見安居白山、中村樟八輯，《緯書集成》，上冊，頁四六六—四六七。

145 廖平，《皇帝疆域圖》，第二十，頁七一b。

146 廖平，《皇帝疆域圖》，第二十四，頁一九a。

147 葛兆光亦曾指出，中國過去的宇宙觀是政治、倫理等知識的基礎，它是本著天圓地方、中央與地方或中心與邊緣作為秩序的預設基礎。金、木、水、火、土五星對應五行、五色、五味、五聲、五典、五禮等，形成一套相當有序的觀念。見氏著，《思想史研究課堂講錄》（北京：生活．讀書．新知三聯書店，二〇〇五），頁二三〇。

撰的《六譯先生年譜》於光緒三十四年下記載著廖平詮釋五行之說，「凡以五起例者，皆為五帝分方說。……以物理學家斥五行非原質之說」。[148]道出了廖平重解「五行」的重要原因之一，即是西學的刺激。

在西方物理化學知識的傳播及學人的吸收下，近代思想界儼然形成了一股對傳統五行學說的批判。例如一九〇三年《浙江潮》第二期刊登了〈原質觀念之進步〉一文，指出古印度和古希臘都有以火、風、水、土為萬物背後的原質之說，和中國的五行說法相似，今日在化學知識的基礎下，已可證明古人的原質觀念是「無據空說，流於學界，為害甚鉅」。[149]同一時期，陳榥[150]撰〈續無鬼論〉，批駁五行生剋之說「不倫不類」，並以化學原理告訴人們，水為氫、氧二氣化合而成，「非金所能生也，因分解蒸騰而失，非土所能剋也」。[151]章太炎將五行、占卦等視為性同宗教，皆是「蔽六藝，怪妄」，[152]亦曾說：「人之死也，則淡（氮）、養（氧）、炭、輕（氫）諸氣，鹽、鐵、磷、鈣諸質，各散而復其流定之本性，而人之性亡矣。」[153]等於接受原子（化學元素）才是物質的始基，直接否定了五行為萬物原質的觀念。嚴復曾說五行在古代「其為用，不獨以言物質而已」，還包括「帝王德運之相嬗，鬼神郊祀之分列，推而至於人倫之近，物色之常，音律之變，藏府之官，無一焉不以五行為分配」。接著指出這是「牽涉傅會，強物性之自然，以就吾心之臆造」，與印度地、水、火、風的「四大」之說一樣不符合自然科學，「同為無當」。[154]嚴復亦曾設難曰：「金勝木耶？以巨木槌擊一粒錫，孰勝之耶？」[155]足見反對五行生剋論的態度。欒調甫認為古代能將世間物質統列為五大類，復因其體用而定五類之關係，不得不謂「作者之聖也」。但後世物質發現日廣，人們卻忙於信古，不肯觀察物理，僅牢守生勝之律，五行說遂成了

「幾千年知識上的妖魔」。[156]梁啟超說：「我國人好以『陰陽五行』說經說理，不自宋始，蓋漢以來已然；一切惑世誣民、汨靈窒智之邪說邪術，皆緣附而起。」[157]當時這類的批評尚有甚多。

曾經零星批判五行說的學人不少，現在僅將焦點集中到正式從傳統經學及重要學術文本重新解釋或梳理五行的學者來看，廖平是一個值得重視的角色，他解釋經典「五行」的過程，已經大力表現了對氣化的陰陽五行宇宙觀知識系統之質疑，甚至否定。換句話說，廖平已經感受到支撐經學的傳注及背後的一整套學術思想體系，在西學的刺激下已經逐漸失去知識上的說服力，無法再維持權威的地位。但廖平站在發揚經學、以固有學術扶助經學的立場，他沒有如同後來的梁啟超、劉節一般的直接用學術流變的角度去批評先秦、漢代以後的學說「迷信」或不合理，而是

148 廖宗澤撰，駱鳳文校點，《六譯先生年譜》，收入四川大學古籍整理研究所編，《儒藏．史部．儒林年譜》，頁八五六。

149 〈原質觀念之進步〉，《浙江潮》，第二期（一九〇三），頁一二五—一二六。

150 陳榥（一八六八—？），字樂書，浙江金華義烏人。戊戌變法失敗後，受革命思潮影響，逐漸傾向革命，撰文批判專制，並否定有神論。

151 陳榥，〈續無鬼論〉，《浙江潮》，第二期（一九〇三年），頁四七。

152 章太炎，《訄書》（台北：中國國民黨中央委員會黨史會，一九六八），〈清儒〉，頁二六。

153 章太炎，《儒術真論．附菌說》（一八九九），《清議報》（台北：成文出版社，一九六七），第四冊，總頁一九一〇。

154 嚴復，〈孫譯《化學導源》序〉，收入王栻主編，《嚴復集》（北京：中華書局，一九八六），第二冊，頁二九〇。

155 出自欒調甫，〈梁任公五行說之商榷〉，原刊於《東方雜誌》，二十一卷第十五號（一九二四年八月十日）。收入顧頡剛編，《古史辨》，第五冊，頁三八六。

156 欒調甫，〈梁任公五行說之商榷〉，原刊於《東方雜誌》，二十一卷第十五號（一九二四年八月十日）。收入顧頡剛編，《古史辨》，第五冊，頁三八三—三八四。

157 梁啟超，《清代學術概論》（台北：臺灣商務印書館，一九八五），頁二七。

重新解釋、轉化經學師法代表的董仲舒之說法，讓經說能適應當代的學理，藉以維護經學的永恆性。而廖平對五行的新解相較於之前兩千年人們的認知，已經相對的「素樸化」，擺落了很多不符合西方科學的質素。梁啟超及其之後的顧頡剛、劉起釪等古史辨派學者會用學術史的眼光重新考辨「五行」或陰陽五行學說的來歷，也是源於本有學術權威的崩潰；而這種對既定權威信任的鬆動，早在廖平的著作中已經表現出明顯的端倪，他在西學影響下的五行新說，在近代學術進程上是一個不可忽視的過渡環節。

四、與傳統今文學的違異：對災異論的轉化詮釋

與陰陽五行知識體系密切相關，且歷來為今文經學者所重視的是災異的理論，廖平在重新詮釋陰陽五行之際，對於經典所書寫的災異也有不同於以往學者的理解，具有時代意義。

西漢今文經學師法代表的董仲舒，以先秦以來廣為流行的陰陽五行學說充實「天」的屬性和內容，並以此來說解《公羊春秋》。《漢書．五行志》云：「董仲舒《公羊春秋》，始推陰陽，為儒者宗。」董仲舒的理論根源來自於《公羊》學。《春秋》經文所記的災異之事甚多，但不過是言其何事為「災」、何事為「異」而已，未曾言及造成某災某異的理由。而董子卻從《公羊傳》的災異書寫，加以推衍其「天人相與」之論，遂開漢儒以災異說經之風氣；東漢何休作《春秋公羊傳解詁》，其中的災異說即是將董仲舒的理論結合讖緯加以發揮。清代今文經學承繼漢代的今文經學，諸經師注經廣採董仲舒、何休的思想，對災異說頗為重視。例如莊存與的《春秋正辭》、孔廣森的《公羊通義》多言五行災異之說，今文學的張大旗幟者劉逢祿，在其《春秋公羊

經何氏釋例》中對何休的災異論有更詳細的演繹。不過這種情況一路到了廖平之師王闓運於光緒十二年成書的《春秋公羊傳箋》時，對災異的詮釋方式已有了大幅度的轉變。王闓運《公羊》學的災異說捨棄了何休天人相與的感應思路，欲回到較為平實的理解方式。[158]作為近代知名今文經學家的廖平，則進一步明確否定了陰陽五行宇宙觀的知識系統，依託於這套知識體系的災異論也自然受到他的質疑，因此試著做不同以往的新詮釋。以下專從廖平對災異的觀點切入，透過他完成於光緒二十九年的《大統春秋公羊補證》一書中解釋《春秋》災異的具體例子做分析，理解其思想重心所在。

（一）日食

《春秋》記日食三十六次，董仲舒對日食特別關注，曾對其中的三十四次做過解釋。整體而言，他認為「日」為陽，日食是陰侵陽、陰滅陽。天道是人道的根據，陽為君、為貴、為尊、為上，陰為臣、為賤、為卑、為下；陰侵陽即有臣僭君、卑壓尊、下犯上之意。[159]東漢何休對日食的理解主要也是跟隨董仲舒的思路。例如《春秋》經文「昭公二十二年，十二月，癸酉，朔，日有食之。」何休《解詁》曰：「是後晉人圍郊，犯天子邑。」[160]因晉人犯天子邑，故事先有日食的

158　魏綵瑩（魏怡昱），《世變中的經學：王闓運《春秋》學思想研究》（台北：花木蘭文化出版社，二〇一二），頁一一三—一二二。

159　董仲舒分析《春秋》災異的文字，多見於《漢書．五行志》。又見劉國民，〈董仲舒對《春秋》「災異」的詮釋〉，《衡水學院報》，第十二卷第六期（二〇一〇年十二月），頁一五。

天象示異。但是廖平並沒有跟隨這套以某一事件對應某一天象的解經方式。由以下幾條經文以及廖平的闡釋可以看到他對《春秋》書寫「日食」的新解：

一、經文：襄公二十一年，冬，十月，庚辰，朔，日有食之。

廖平補證……〈帝典〉，敬授民時，為奉天首事。[161]

二、經文：襄公二十三年，春，王二月，癸酉，朔，日有食之。

廖平補證：日食以正曆法。[162]

三、經文：昭公十七年，夏，六月，甲戌，朔，日有食之。

廖平補證：《春秋》記日食，不記月食，不必扶陽抑陰，書日食以定曆法，朔定而望可知。……故不書月食，以為無關大例。[163]

從以上三個例子可以得知，廖平認為《春秋》書日食，不記月食，不在於扶陽抑陰，而是書日食以定曆法，期能敬授民時。古代中國的政治觀念中，掌握曆法是王權得以確立的重要依據之一，而廖平所謂的定曆法，自然指的是制定未來全球大一統之曆法。他於昭公十七年夏季日食的這條經文下，又補證曰：

王中國用一曆，雖有小差，不害其同。若皇帝居中建極，地大物博，班（筆者按：應作「頒」）曆法以授民，即如中國與南美，陽陰節候全反，使以中國曆行之，南美皆為反時，以秋耕，以春斂，冬至實夏至，立秋實立春。……故聖人生知，安行於數千年，早定六曆之法，曰魯，曰殷，曰夏，曰顓頊，曰黃帝，曰周……。《漢志》有六曆之說，東用魯曆，西用殷曆，北用顓頊曆，南用夏曆，中用黃帝曆，皇又用周曆，……此皆大統皇帝師說……。[164]

廖平受西方地理知識影響，知道南北半球季節完全相反，各地氣候迥異，因此牽引《漢志》的古六曆之說，以此為孔子替未來世所定的、適應全球各地節候的六種曆法。此說雖屬附會，不過由廖平之於「日食」的解經方向來看，我們可以得出的結論，是他已經不談從董仲舒到何休以來，以某種天象對應某一人事的天人感應。當然他強調王者制曆、敬授民時的思想仍深受傳統天學精神的影響，但是不以天戒之說來論日食，對今文經師而言已是重大的突破。

160 何休注，徐彥疏，《春秋公羊傳注疏》（台北：藝文印書館，一九八九），頁二九五。
161 廖平，《大統春秋公羊補證》，卷八，頁四四a。
162 廖平，《大統春秋公羊補證》，卷八，頁四八a。
163 廖平，《大統春秋公羊補證》，卷九，頁二九a。
164 廖平，《大統春秋公羊補證》，卷九，頁二九a—三〇a。

（二）蟲生

對於害蟲出現的意義，何休有時以諧音的方式進行解說，有時以蟲的特性與某個人物的行為做聯想，將災異與人事互相結合。但是廖平卻有不同的理解方向，以下兩個例子可以見之：

一、經文：莊公十八年，秋，有蜮。

《公羊傳》：何以書？記異也。

何休《解詁》：蜮之猶言惑也，其毒害傷人形體不可見，象魯為鄭瞻所惑，其毒害傷人，將以大亂而不能見也。[165]

廖平補證：非常有之物，地氣使然。《周禮》五土、五植、五動，各有土宜所生。[166]

二、經文：莊公二十九年，秋，有蜚。

《公羊傳》：何以書？記異也。

何休《解詁》：蜚者，臭惡之蟲也。象夫人有臭惡之行。言有者，南越盛暑所生，非中國之所有。[167]

廖平補證：《周禮》，土會五土，動物各異。……蜚非魯地所有，……今物產即關氣候，泰西之物產學也。[168]

第一個例子是魯國出現毒蟲「蜮」，《公羊傳》認為由於這種毒蟲很特殊罕見，所以《春秋》記之。何休則以「蜮」與「惑」諧音，象徵魯國被奸人所惑，將有大亂之兆。第二個例子是魯國出現臭蟲「蜚」，《公羊傳》也同樣認為是特殊而被《春秋》所記。但何休以臭蟲出現象徵魯國君夫人有臭惡之行為。

廖平對於《春秋》書寫蜮、蜚這些特異昆蟲的意義，完全沒有跟隨何休《解詁》的神祕感應模式，與《公羊傳》的「記異」之說也有差異。他是返回《春秋》經文去闡釋他所謂孔子的微言，認為孔子是隱喻地球的疆域廣大，各地氣候不同，因而各處亦有多樣生物之意。

（三）氣候反常

《春秋》中的氣候反常，包括大雨震電、大雨雪、大雨雹、無冰等等，何休多認為是上位者不當的行事之應，但廖平常以全球的自然現象理解之：

一、經文：隱公九年，三月，癸酉，大雨震電。

《公羊傳》：何以書？記異也。何異爾？不時也。

165 何休注，徐彥疏，《春秋公羊傳注疏》，頁九七。

166 廖平，《大統春秋公羊補證》，卷三，頁二七 a。

167 何休注，徐彥疏，《春秋公羊傳注疏》，頁一〇九。

168 廖平，《大統春秋公羊補證》，卷三，頁四〇 b。

何休《解詁》……大雨震電，此陽氣大失其節，猶隱公久居位，不反於桓，失其宜也。[169]

廖平補證：赤道下，雨水最深，電氣最重，此於赤道下則為常事。周年如此，無冬夏。[170]

二、經文：隱公九年，三月，庚辰，大雨雪。

《公羊傳》：何以書？記異也。何異爾？俶甚也。

何休《解詁》：俶，始怒也。始怒甚，猶大甚也。八日之間，先示隱公以不宜久居位，而繼以盛陰之氣大怒，此桓將怒而弒隱公之象。[171]

廖平補證：黑道下積冰不消，半年晝夜，長以五十餘日。大雪，黑道之常。[172]

第一條經文的「大雨震電」，《公羊傳》解釋是因為大雷雨非時而至，故《春秋》書寫此種特異現象。何休認為是隱公久不歸政於桓公，陽氣失節有以致之。第二條經文的「大雨雪」，《公羊傳》解釋是因為雨雪太過嚴重，是特殊現象，故《春秋》記之。何休認為是桓公甚怒隱公不歸政，將弒隱公，盛陰之氣導致有大雨雪的現象。

對於這兩個例子，廖平以前者的「大雨震電」是孔子要告訴人們赤道的氣候狀況；後者的「大雨雪」則是黑道（北極）的氣候描述，因為此地長年積冰不消。

（四）地震土崩

《春秋》書地震土崩之事，何休多認為是地位卑下者專政、叛亂，或是夷狄勢盛、壓制華夏之象，但是廖平則以地質學的自然現象解釋。例如：

一、經文：襄公十六年，夏，五月，甲子，地震。

何休《解詁》：是時溴梁之盟，政在臣下，其後叛臣二，弒君五，楚滅舒鳩，齊侯襲莒，乖離出奔，兵事最甚。[173]

廖平補證：改變地勢，緣火力之鼓盪奮發。……地之震動與火山之噴吐，原無二故，其改變形勢之處，亦與火山相同，或凸然高起，或凹然低陷，或分崩開裂。自古至今，如此之變甚多。即近今百年之內，在印度國恆河口外有片大地，因震動而傾陷，其附近之海中，又有一片地同時凸起出現。又澳大利亞之南，有二海島，因震動而高。西印度群島中，有一海口，因震動而低陷。然地之震動，自太初即有所改變，地勢之力，亦非微小。故地震為記異，異者，中國所罕見，因而異之。自大一統言，則常而非異。……地震，中國以為異，西地多火山，山川陵谷出沒乃常事，則不足異矣！[174]

169 何休注，徐彥疏，《春秋公羊傳注疏》，頁四〇。
170 廖平，《大統春秋公羊補證》，卷一，頁六一 a。
171 何休注，徐彥疏，《春秋公羊傳注疏》，頁四〇。
172 廖平，《大統春秋公羊補證》，卷一，頁六二 a。
173 何休注，徐彥疏，《春秋公羊傳注疏》，頁二五四。
174 廖平，《大統春秋公羊補證》，卷八，頁三四 a—三四 b。

> 二、經文：僖公十四年，秋，八月，辛卯，沙鹿崩。
>
> 《公羊傳》：沙鹿者何？河上之邑也。此邑也，其言崩何？襲邑也。沙鹿崩何以書？記異也。外異不書，此何以書？為天下記異也。
>
> 何休《解詁》：土地者，民之主，霸者之象也。河者陰之精，為下所襲者，此象天下異，齊桓將卒，霸道毀，夷狄動，宋襄承其業，為楚所敗之應。[175]
>
> 廖平補證：……泰西地質學，因火山推考，地初為流質，面殼事成堅實，因火氣衝發，山川改變，有陷崩城邑島嶼之事。……今地學考地，無時不變。……火氣衝裂而改狀，事所常有。……書此以明地體地學。《周禮》立官以掌地，慝地求地，形諸事，今外國猶存古法。[176]

襄公十六年夏季的地震，何休認為先是下位者專政，之後又發生弒君、各國互攻有以致之。僖公十四年的沙鹿崩塌，發生的地點不在魯國，既然不在魯國，為什麼《春秋》要記載呢？《公羊傳》的理解，是緣於事件特殊，因此「為天下記異」。何休的解釋是沙鹿崩塌象徵齊桓公將卒，霸道毀壞，夷狄將興，繼起的宋襄公之業也將為屬夷狄的楚國所敗之應。

廖平則用地質學的常識，敘述地震的成因以及世界各地發生過地震的一些情形。他說：「地震為記異，異者，中國所罕見，因而異之。自大一統言，則常而非異。」「西地多火山，山川陵谷出沒乃常事，則不足異矣！」既然不足異，《春秋》書寫的目的，也是孔子要讓人們理解地球廣大地域的存在以及世界各處地質現象的差異。

（五）水火疾疫之災

《春秋》書寫水、火、疾疫之災，何休認為這些災病產生的原因包括百姓悲哀之心與怨氣積累，或是疏遠先聖法度，或是在上位者淫亂所產生之邪氣皆有以致之。但是廖平完全不談這些感應之事，而轉換成另一種較為平實的說法。例如：

一、經文：桓公元年，秋，大水。

《公羊傳》：何以書？記災也。

何休《解詁》：先是桓篡隱，百姓痛傷，悲哀之心既蓄積，而復專易朝宿之邑，陰逆而與怨氣并之所致。[177]

廖平補證：有備則水不為災。凡記災，譏不能以新法養民，宜因所書備之。[178]

二、經文：襄公九年，春，宋火。

《公羊傳》：曷為或言災，或言火？大者曰災，小者曰火。……何以書？記災也。外災不

175 何休注，徐彥疏，《春秋公羊傳注疏》，頁一三七。

176 廖平，《大統春秋公羊補證》，卷四，頁二九b—三〇a。

177 何休注，徐彥疏，《春秋公羊傳注疏》，頁四七。

178 廖平，《大統春秋公羊補證》，卷二，頁三a。

書，此何以書？為王者之後記災也。

何休《解詁》：是時周樂已毀，先聖法度浸疏遠不用之應。[179]

廖平補證：書災，譏備災不具，具則雖有，不為災。凡書災書火，皆同此義。[180]

三、經文：莊公二十年，夏，齊大災。

《公羊傳》：大災者何？大瘠也。大瘠者何？癧也。何以書？記災也。外災不書，此何以書？及我也。

何休《解詁》：癧者，邪亂之氣所生。是時，魯任鄭瞻、夫人如莒淫泆，諸姑姊妹不嫁者七人。[181]

廖平補證：疫疾流行傳染者，多衛生之學不修也。[182]

第一條桓公元年的經文書寫大水，《公羊傳》說明因大水成災，故《春秋》記之。何休則指出，是因為桓公篡弒隱公，百姓傷痛，接著桓公又違背禮制，悖逆的行為加上百姓的怨氣，故造成大水之災。第二條襄公九年的經文書寫宋國失火，《公羊傳》解釋經文記載這件失火的原因，是宋國為殷商王者之後，故為王者後代記災。何休從天人感應的角度，認為是宋國疏遠先聖法度有以致之。第三條經文書寫莊公二十年夏季齊國發生大災；《公羊傳》解釋此處的「災」是疾疫之災，齊國的疾疫波及到魯國本身，所以《春秋》記之。何休則認為這場疾疫是緣於邪亂之氣所生，因為魯國任用奸人鄭瞻，再加上魯國君夫人淫佚有以致之。

廖平完全沒有跟隨何休《解詁》的感應思路，他認為《春秋》記水、火之災是譏諷上位者沒有勤修內政備災，若政治修明，則雖有水火之意外，亦不致釀成災害。至於疾病的流行傳染，也不是上位者淫亂的邪氣產生，而是因為缺乏衛生學知識的緣故。

（六）特異物種

《春秋》記載了一些較為特異的物種，例如長狄、鸛鵒等。《公羊傳》對於這些現象均解釋為「記異」，何休有時則會繼之以天人感應的思維做發揮。舉例如下：

一、經文：文公十一年，冬，十月，甲午，叔孫得臣敗狄於鹹。

《公羊傳》：狄者何？長狄也。……何以書？記異也。

廖平補證：其長逾常人，是為怪異。……海外掘地，多獲異種，天演物競劣敗優勝，惟善者存。[183]

179 何休注，徐彥疏，《春秋公羊傳注疏》，頁二四五。
180 廖平，《大統春秋公羊補證》，卷八，頁一八b—一九a。
181 何休注，徐彥疏，《春秋公羊傳注疏》，頁九八。
182 廖平，《大統春秋公羊補證》，卷三，頁二七a。
183 廖平，《大統春秋公羊補證》，卷五，頁二四a—二四b。

二、經文：昭公二十五年，春，有鸜鵒來巢。

《公羊傳》：何以書？記異也。何異爾？非中國之禽也，宜穴又巢也。

何休《解詁》：非中國之禽而來居此國，國將危亡之象。鸜鵒猶權欲，宜穴又巢，此權臣欲國，自下居上之徵也。其後卒為季氏所逐。184

廖平補證：《周禮》五土之動植，各有所宜。……來巢，中外一家之象。185

第一條經文記載文公十一年冬天，叔孫得臣打敗了狄人於鹹這個地方。《公羊傳》說，此種狄人長得非常高，異於常人，因此《春秋》書寫以記異。廖平則以中國之外的各地多有各樣人種，身高自然不同，並引天演進化、優勝劣敗說明物種的競爭情形。第二條經文書寫鸜鵒來巢，《公羊傳》說明這條經文是記異，因為鸜鵒這種鳥類非中國之禽，而且習性特殊，能夠穴居，又能築巢。何休《解詁》則進而發揮道，非中國之禽來居魯國，是國將危亡之象。鸜鵒能穴居又能築巢，如同權臣的欲望大，希冀能居上位，這也是季氏後來掌權的徵兆。而廖平的解釋全然不同，他以中國出現罕見的鸜鵒不足為奇，那只是全球多樣的生物種類之一，至於來中國築巢則是經典的微言，表徵未來中外一家的「大一統」之徵。

綜合言之，廖平認為經典如《春秋》所書寫的「災異」，很多都是孔子預示著未來全世界開通之後，各地不同的人種物種、天文地理狀況、陰陽節候等。他說：「《春秋》長狄、地震、星孛、來巢、無冰、震、雷、雪、雹不時，能周游地球一周者，多不以為怪。……中國之異為地球之常，記異所以為驗小推大之基礎，通其意於大同。」[186]廖平在《大統春秋公羊補證》裡的以下一段話，正是體現他在大約甲午戰後，將經學結合世界視野，對「災異」說最具有總結與代表性的看法：

《春秋》記異之學，在中國古為陰陽五行，今泰西為格物家。……五方、五土、人種、動植各有不同於古，皆屬陰陽五行……。《春秋》鸛鵒來巢、西狩獲麟、有蜚有蜮，五土之動物學也。非時大雨震電、雨雪、無冰、隕霜不殺草、殺菽、雨水、冰、梅李實，此五土之植物學。長狄為五方之人種學，……及梁山、沙鹿崩為地質學。……蓋中國之所謂常異者，自道家與格物家言之皆為常，天下無可怪異之事。經書之異，由小推大，借人種、動物、植物、陰陽寒暑、晝夜以為皇帝疆域之起文。……因當時閉關自守，皇帝疆域未能全通，諸說無可附立。中儒乃專就災異推考占驗，求幽索隱，以至為世詬病。今詳大統，發明中學陰陽五行與西學格致相同之故，專求實義，不尚虛言。故於先儒災異之說，多所刊落，間有存者，亦借師說，以明事實，說災異意不在占驗。[187]

184　何休注，徐彥疏，《春秋公羊傳注疏》，頁三〇一。
185　廖平，《大統春秋公羊補證》，卷九，頁四九b—五〇a。
186　廖平，《大統春秋公羊補證》，卷一，頁一九b。
187　廖平，《大統春秋公羊補證》，卷九，頁四九b—五〇a。

廖平指出，全球五方、五土的人種與動植物各有不同，《春秋》所記載的各種以往被視為災異的現象，例如「獲麟」、「蜚」、「蜮」、「隕霜不殺草」、「地震」、「沙鹿崩」等，均分別屬於今天動物學、植物學、人種學、地質學的範疇。孔子的經典就是要藉著記載這些中國所少有的自然現象，暗示未來除了中國以外，還有一個全球的視野存在。廖平又說，由於中國從前閉關自守，人們無法見到全球各地的自然狀況，因此不能理解經典的本意，便從天人感應的占驗之說去詮釋災異，以至於被當今的西方人或懂科學新知者批評為不知科學。廖平欲刊落古代儒者所詮釋的那一套天人感應、占驗之說，並要說明古代經典中的思想與自然科學相同，都是專求實義而不尚玄虛的。

我們若將上述廖平詮釋陰陽五行與災異的思考方向與古文經學家章太炎、劉師培的著作言論合觀，可以看到一個很有意思的特色。章太炎向來視今文經學家以陰陽五行、象緯占卦入儒術為「夸誣」、「怪妄」，[188]他把這種「迷信」思想的總源頭追溯到董仲舒，曾分別於《檢論．學變》與《訄書．爭教》中激烈批判董仲舒為「神人大巫」、「蠢愚」。[189]劉師培在〈讖緯論〉一文裡也批評與今文經學密切相關的讖緯思想：

> 五緯或憑以推日，或以災祥行事，或以星象示廢興（劉氏自注：見《春秋演孔圖》、《詩緯》、《春秋文耀鉤》、《春秋運鼎樞》諸書）。四始五際（劉氏自注：《齊詩》說），已失經義之真；六甲九宮（劉氏自注：《春秋合誠圖》），遂啟雜占之學。是則前知自詡，格物未明，易蹈疑眾之誅，允屬誣天之學。[190]

劉師培直接指斥讖緯與齊學中以災祥行事、觀星象或雜占之學有失經義之真，是荒誕的「誣天」之學，他的論點一方面是站在古文家派的立場，另一方面也是受了西方科學觀念的影響。一九〇四年，劉師培發表〈講地理的大略〉一文，強調應以自然知識理解天象，並分別說明風雨、冰雪霰雹的成因，或由濕氣遇熱所蒸騰，或由觸寒以凝成；打雷閃電與太陽熱氣有關；彩虹是雨後初晴時，陽光照射在雨滴上所形成的。……凡此種種，「都是地文學，共天象有關係的，從不通的人看起來，都說是象垂於天了。他哪裡曉得各種天文，都是在地上發源的呢？這就真真可笑了。」[191]總之，劉氏要說明並無超自然力量的天垂象或災異的真實存在。而值得注意的是，廖平雖然沒有明白擯斥陰陽五行災異，但他卻是用實質的全球方位以及自然科學等觀念，巧妙的將陰陽災祥等所謂「誕妄」之說（也包括董仲舒的詮釋）予以轉化成新的解釋，無形之中，他的觀念其實已經完全不同於傳統今文經師的篤信天人感應、災異占驗，反而與章太炎、劉師培等古文經學家的想法頗有暗合之處。

188　章太炎，《訄書・清儒》，頁二六。章太炎，《菿漢微言》，《章氏叢書》（台北：世界書局，一九五八），頁九四九。

189　章太炎，《檢論・學變》，《章太炎全集》（上海：上海人民出版社，一九八二—一九八六），卷三，頁四四四。章太炎，《訄書・原教下》，頁一五八。

190　劉師培，〈讖緯論〉，收入劉師培著，鄔國義、吳修藝編校，《劉師培史學論著選集》（上海：上海古籍出版社，二〇〇六），頁二一三。

191　劉師培，〈講地理的大略〉，《中國白話報》，第十六期（一九〇四年），頁一一—一二。

無獨有偶，與廖平年代相近的另一今文經學家皮錫瑞對於天人學說，也有對應於時代的看法。他在刊刻於一九〇七年的《經學歷史》中指出：

漢有一種天人之學而齊學尤盛。《伏傳》五行，《齊詩》五際，《公羊春秋》多言災異，皆齊學也。《易》有象數占驗，《禮》有明堂陰陽，不盡齊學，而其旨略同。當時儒者以為人主至尊，無所畏憚，借天象以示儆，庶使其君有失德者猶知恐懼修省。此《春秋》以元統天、以天統君之義，亦《易》神道設教之旨。漢儒藉此以匡正其主。其時人主方崇經術，重儒臣，故遇日食地震，必下詔罪己，或責免三公。……尚有君臣交儆遺意。……後世不明此義，謂漢儒不應言災異，引讖緯，於是天變不足畏之說出矣。近西法入中國，日食、星變皆可預測，信之者以為不應附會災祥。然則，孔子《春秋》所書日食、星變，豈無意乎？言非一端，義各有當，不得以今人之所見輕議古人也。[192]

皮錫瑞提到近代西學傳入中國後，人們理解到日食、星變等皆可預測，亦有學理依據，遂非難漢代今文學者，謂其不應引陰陽、五行、讖緯等說法附會災祥。殊不知當時儒者由於處在君權至尊的局面下，只能藉著天象示警的說法，使國君能有所畏懼而戒慎修德，這種用心是良苦的，實不應以後世的知識見解厚責古人無知。皮氏的立論平允，而更重要的是他已經明白指稱天人感應學說是一種「神道設教」，這個例子也為我們的廖平研究提供了一條佐證，說明了在當時今文經學家的心目中，陰陽災異作為一種「信仰」已經逐漸走入歷史。因此今古文經學觀點的對立在清末漸趨泯滅、趨於合同的過程中，西學其實扮演了一個相當重要的角色，這個議題在近代經學、學術流變乃至思想轉型的過程中，都值得我們再多加給予關注著墨。

小結

廖平以《尚書》為孔子昭示未來世界「大統」（大一統）的藍圖。歷史上的周公是平治周朝天下的人物，廖平在尊孔與經史有別的思路下，把「周公」視為孔子筆下的一個符號，稱其制禮作樂是指向未來，欲說明孔子已經預設了中國的禮樂文明將立於天下之「中」，能致全球於太平。這個「藍圖」其實是廖平期待重建儒家禮制秩序的願景，禮制秩序的基本精神是王道。廖平相信透過經典的實踐、禮樂的感通，最終能以德服人，使「王化」由近及遠，最後進至於世界大同。廖平也並非單守幾部經書的學究，他一直在從新的出版品或報刊雜誌汲取西學新知，同時極力將它們融入經典，包括建構一個具有東、西半球的世界圖像，最終還要由文化較高、具有孔子教化的東半球統一西半球。這些都是廖平筆下的孔子託「周公」營建東、西兩京，肇開「大統」的精義。從東西半球、東西文化的論述，都可以看到他吸收西學的影子。

廖平如何加強中國一定是未來世界大一統的中心呢？他以《尚書・洪範》的「五行」作為孔子論五大洲的「微言」，並結合鄒衍的五德終始之歷史遞嬗法則、《呂氏春秋》、《春秋繁露》、

192　皮錫瑞，《經學歷史》（北京：中華書局，二〇〇四），頁六八—六九。

《白虎通》等先秦漢代著作中的天道運行法則，以及土德最尊居中的理論，目的要說明中國入主世界中心是一種命定，表現了他的文化空間觀。這反映了一個深受傳統文化薰陶的知識分子在世變的衝擊下，如何運用固有的學理抒解、克服一己的焦慮，並且在近代新地理圖像以及擴大了的視野下，如何用文化的角度重新定位、擺置中國。

廖平詮釋文化空間的過程也牽涉到學術內部的流變。廖平已經不能完全相信古籍所述的內容為真，認為周初不可能已有完善的禮制，因此制禮作樂的不是周公，而是天生聖人孔子託「周公」所作。又例如被廖平視為上古無法如此「美備」的明堂制度，也是託之為孔子的「俟後」規劃。由於進化的歷史觀打破了黃金古代的觀念，廖平接受了這樣的思潮，再結合今文經學尊孔的概念，因此強調上古樸陋，經典內容的美盛是孔子預設進化至未來的目標。這種質疑上古史事的態度，從廖平一路到顧頡剛等古史辨學者之間的學術發展，廖平扮演過渡的角色。

從近代學術上的意義來說，他解釋經典「五行」的過程也大力表現了對氣化的陰陽五行知識系統之質疑。換句話說，廖平已經感受到本有的學術思想體系在西學刺激下，已逐漸失去知識上的說服力，難以再維持權威的地位。但站在發揚經學、以固有學術扶助經學的立場，他沒有如同後來梁啟超等人的直接用學術流變角度去批評先秦、漢代以後的學說「迷信」或不合理，而是重新解釋、轉化經學師法代表的董仲舒之理論。他並不承認董仲舒的理論具有實質「氣」的內涵，認為董子的「陰陽」與「氣」僅是象徵性的筆法。至此五行在廖平的詮釋下已經完全沒有陰陽之「氣」的內涵在其中，不再是萬物背後的原質，此種解釋目的是要讓經說能適應當代的學理，藉以維護經學的永恆性。梁啟超之後的顧頡剛、劉起釪等古史辨派學者會用學術史的眼光重新考辨「五行」或陰陽五行學說的來歷，也是源於本有學術權威的崩潰；而這種對既定權威信任的鬆動，早在廖平的著作中已經表現出明顯的端倪，他於西學影響下的五行新說在近代學術進程上是一個不可忽視的過渡環節。

透過這個研究也呈現了今文經學思想在近代蛻變、今古文對立漸趨泯滅過程的一個環節。例如章太炎、劉師培都曾站在古文家派的立場，大力反對今文經學以象緯占卦入儒術，批評以災祥論人事或以星象示興廢的天人感應之今文傳統。而廖平汲汲的要將災祥「誕妄」之說賦予不同方向的新解，無形之中，他的觀念與傳統今文經師的篤信天意天戒早已漸行漸遠，反而與古文經學家章太炎、劉師培的想法有暗合之處。這種源自西學的衝激，造成整個今古文經學史、學術史的轉化過程，也是前輩學人較少深論的一個層面。

第四章
傳統與西學交會下的天學新論

前一章探討廖平建構了一個理想的世界文化空間藍圖，而傳統讀書人來自「天人合一」的信念，人事上的價值必定有天道上的根源，從這個角度思索，便可以理解何以廖平還要再繼續架構一套屬「天」的理論。廖平自光緒二十三年以後開始有地理天文方面的論著，到光緒二十八年經學四變以後又將經學區分為「人學」與「天學」，人學是為六合以內的世界立法，天學是為六合以外的世界立法，這樣的觀點一直持續到晚年，因此天學也是其經典理想的重要呈現。

「天」與「人」是中國古代思想裡兩個極其重要的範疇。天指自然界、日月星辰的運行律或天道；人指人類社會、人事，或為政之道。雖然兩者分屬於自然觀與人文社會觀，但是中國傳統的觀念中，兩者的關係是穩定聯繫而不是分離的，皆是講求宇宙（天）與人生的關係。廖平的天學長久以來常被視為玄遠怪誕、難以理解。筆者綜觀廖平的學思歷程及時代背景，試圖將他的天人詮釋結合當時西方天文知識的輸入情況，以及政治、文化秩序受衝擊下的中國處境，試著從較寬闊的視野審視，期能更同情的理解廖平建構天學的本意，以及發掘出蘊含其間的終極關懷與時代意義。

第一節　日心地動說與王權為尊的天道觀

一、天文新知已備於孔學體系中

近代以來西方天文學的輸入，傳統知識權威逐漸崩解，人生意義根源的「天」受到了撞擊，對於一個接受傳統教育的知識分子廖平來說，生命與信仰也隨之失去了安頓，無比的焦慮感是促使廖平要重新建構一個天人關係之學說最大的動力。下文擬先討論西方天文學的傳入，以及廖平的因應之道。

（一）地圓說與日心地動說的傳入

欲談近代中國天學與西方天文學產生交會的過程，除了需先追溯到利瑪竇在明末率先引介的地圓說，也要同時注意哥白尼的日心地動說傳入中國的情況。明末利瑪竇等耶穌會傳教士來到中國後，對地圓學說做過不同程度的介紹，但當時的傳播範圍及士人的接受度都非常有限，其中很大的原因牽涉到中、西方知識與文化背景的差異。[1]又當利瑪竇東來時，哥白尼在一五四三年提出的西方天文學界一大革命——日心地動說，已在歐洲問世，但來華的耶穌會傳教士並未特別宣說這個知識，利瑪竇所傳播的仍是托勒密的地心說。造成此種現象的原因，學界過往普遍看法認為是哥白尼學說與基督教會所宗主之地心說處於對立的緣故，所以教士們私而不傳，選擇介紹質疑日心說的第谷體系。[2]不過江曉原有不同的觀點，他指出來華傳教士在對待哥白尼學說的態度上與羅馬教廷的拒斥不傳並非完全一致。因為明末修訂《崇禎曆書》時，教士已將哥白尼理論傳入中國，完成於崇禎七年的《崇禎曆書》共譯出哥白尼《天體運行論》裡十一章的內容，並引用

1　詳見祝平一，〈跨文化知識傳播的個案研究——明末清初關於地圓說的爭議，一六〇〇—一八〇〇〉，《中央研究院歷史語言研究所集刊》，第六十九本第三分（一九九八年九月），頁五八九—六四五。

2　黃時鑒、龔纓晏，《利瑪竇世界地圖研究》（上海：上海古籍出版社，二〇〇四），頁一六五。

哥白尼二十七項觀察紀錄中的十七項。至於耶穌會士選擇第谷體系是因為當時歐洲對於日心還是地心尚在爭論不休，而第谷生前以擅長觀測享有盛譽，從測算的密合天度這一判據來看，第谷體系優於哥白尼體系，正是當時不少歐洲學者贊成第谷體系的原因。[3]

雖然《崇禎曆書》曾以中文描述哥白尼學說，但並不詳盡，而且撰文者羅亞谷（一五九三—一六三八）本人並不信此說，也影響了傳播的動力。一直到十八世紀乾隆年間法籍來華耶穌會士蔣友仁（一七一五—一七七四）的《地球圖說》才加以介紹，對傳播哥白尼太陽中心與地動學說扮演了重要的角色，[4]其中一段關鍵介紹文字云：

> 哥白尼置太陽於宇宙中心。太陽最近者水星，次金星，次地，次火星，次木星，次土星。太陰之本輪繞地球。土星旁有五小星繞之，木星旁有四小星繞之，各有本輪繞本星而行。距斯諸輪最遠者為恆星，天常靜不動。[5]

太陽為恆星，常靜不動；地球與火星、水星、木星等為行星，不惟地球有公轉，其餘諸星亦然；諸星又有衛星繞而行之，地球之衛星則為太陰，這些都是地動說的描述。蔣友仁也提到了這一學說問世以後的時人反應，謂「哥白尼論諸曜，以太陽靜、地球動為主，人初聞此論，輒驚為異說」，他也說明了為何人們會訝異於太陽靜、地球與諸星皆動的天文實相，因為「人在地面，視諸曜之行，皆環繞地球，而地似常靜不動，究不可以為地靜，而諸曜動之據也。」[6]日心地動說直接衝擊到中國的天動地靜觀，而乾嘉時期中國的士大夫學者，無論是幫蔣友仁潤飾文字的錢大昕，還是為其寫序的一代儒宗阮元都不能苟同此一說法。總之，由於《地球圖說》的成書，知道這個學說的清代重要學者或許不是太少，但真正相信的仍然很有限，直到晚清以後情況才有所轉變。

明末至清末的三百餘年間，中國學術界尚未形成西方天文地理學得以根植的土壤，當初耶穌會士所介紹的知識，無論是托勒密體系的地心說或哥白尼的日心地動說在晚清以前均未被學者留意，因而造成傳遞中斷的現象。直到鴉片戰後，隨著西學東漸，日心地動說再次經過傳播進入中國。魏源《海國圖志》百卷本第九十六卷提及哥白尼學說：「迨前明嘉靖二十年間，有伯霸尼亞人哥白尼者，深悉天文地理，言地球與各政相類，日則居中，地與各政皆循環於日球外，川流不息，並非如昔人所云靜而不動。……以後各精習天文諸人，多方推算，屢屢考驗，方知地球之理，哥白尼所言不謬矣。」《海國圖志》記載哥白尼學說的地方不少，並有地球沿橢圓軌道繞日運行的圖，[7]這可能是鴉片戰後中國人對哥白尼日心地動說的首次系統介紹。隨後傳教士或是譯

3 江曉原，〈耶穌會士與哥白尼學說在華的傳播〉，《二十一世紀》，第七十三期（二〇〇二年十月），頁九〇—九九。

4 杜石然編著，《中國科學技術史稿》（北京：科學出版社，一九八二），下冊，頁二一四。熊月之，《西學東漸與晚清社會》（上海：上海人民出版社，一九九四），頁四一—四二。江曉原，〈歐洲天文學在清代社會中的影響〉，收入黃愛平、黃興濤主編，《西學與清代文化》（北京：中華書局，二〇〇八），頁四七四—四七五。

5 蔣友仁譯，何國宗、錢大昕潤色，阮元補圖，《地球圖說》（續修四庫全書據湖北圖書館藏清阮氏刻文選樓叢書本影印，上海：上海古籍出版社，一九九七），頁九。又見（清）阮元，《疇人傳》（上海：商務印書館，一九三五），第三冊，卷四十六，〈蔣友仁〉，頁六〇三。

6 蔣友仁譯，何國宗、錢大昕潤色，阮元補圖，《地球圖說》，頁九。

7 魏源，《海國圖志》（長沙：岳麓書社，一九九八），卷九十五—九十六，九十九—一〇〇。

介西書的學人在各通商口岸等處出版的科學讀物中多有介紹哥白尼學說者，傳播遂逐漸普及。[8]而且時代氛圍改變，加之中國人視野望向世界，學者們至此才開始真正接受地圓及地動說。大約甲午戰後，哥白尼學說已經深入中國人心，在戊戌前後表現得最為明顯。[9]

（二）廖平對哥白尼學說的接受認知

上文提到光緒二十幾年是哥白尼學說廣被晚清知識分子接受的時代，廖平從經學三變之後的光緒二十三年開始回應地圓及日心地動說，並探討與之密切相關的天體、宇宙觀，光緒二十八年後又將經學區分為天學與人學，這個過程中，哥白尼理論一直是被他援引以建構自己天學的學說之重要組成部分。至於廖平透過哪些東、西方文本去認知哥白尼理論？又東西方知識畢竟是不同的兩套系統，他如何去調適轉化？這些都是後文要探索的問題。

廖平在接受西方傳入的天文知識同時，有一個強烈的意識，就是要維護與抬高孔子與經典的權威性。他一方面積極吸收新知，另一方面論述這是孔子學說早已具備，包含在一切的經傳注疏，以及緯書、子書等他所謂孔經的輔翼當中。這樣的特性也表現在他對當時學人逐漸接受的地球繞日之地動說的描述上：

> 西人地動天不動之說，中人詫怪，莫之或信。及觀《尚書・考靈曜》所述，與夫《河圖・帝覽嬉》之文，皆暢論四游之本旨。而〈堯典〉之「光被四表」，鄭氏康成以為四表即四游，取義吻合。至於各經注疏家，詳四游者，歷歷可指，可見中人已先西人巻其厥詣，非西

人能為中人創其奇聞也。[10]

古人所說的「地游」相當於地球的公轉運動。《尚書緯．考靈曜》提到地游時說：「地有四游，冬至地上北而西三萬里，夏至地下南而東復三萬里，春秋分則其中矣。地恆動不止，人不知，譬如人在大舟中，閉牖而坐，舟行，不覺也。」又曰：「地與星辰四游，升降於三萬里之中……」[11]《河圖．帝覽嬉》也有四游的內容：「立春，星辰西游，日則東游。春分，星辰西游之極，日東游之極，日與星辰相去三萬里。立夏，星辰北游，日則南游。夏至，則星辰北游之極，日南游之極，日與星辰相去三萬里。」「立秋，星辰東游，日則西游。立冬，星辰南游，日則北游。秋分，星辰東游之極，日西游之極。冬至，星辰南游之極，日北游之極。相去各三萬里。」[12]由於

8 例如合信於一八四九年編寫的《天文略論》，在廣州出版，系統的介紹西方近代天文學。另外還有麥嘉締於一八五〇年到一八五三年，在寧波出版的《平安通書》；哈巴安德於一八四九年編，出版於寧波的《天文問答》；一八五九年出版於上海，由偉烈亞力與李善蘭合譯英國天文家侯失勒的《談天》。王韜於一八六〇年前所編的《西國天學源流》、《西學原始考》、《西學圖說》，這些著作也都清晰的介紹了哥白尼的日心地動說。又見熊月之，《西學東漸與晚清社會》，頁一五二－一五四，一七一－一七四，一九三－一九六，二七一－二七五。

9 陳勝崑，〈哥白尼學說在中國〉，《科學月刊》，第十一卷七期（一九八〇年七月），頁五五－五八。郭雙林，《西潮激盪下的晚清地理學》（北京大學出版社，二〇〇〇），頁二〇一，二〇四。

10 廖平，〈四游說〉，收入氏著，《地球新義》（一九三五年孟冬，開雕版藏），卷下，頁五三a。

11 《尚書緯．考靈曜》，收入安居香山、中村璋八輯，《緯書集成》（河北：河北人民出版社，一九九四），上冊，頁三四四－三四五。

12 《河圖．帝覽嬉》，收入安居香山、中村璋八輯，《緯書集成》，下冊，頁一一一四。

緯書中有許多古代天文知識，因此廖平常徵引緯書以說明其中的內容是當今西方天文地理之所本。[13]

除了傳達經典微言的緯書以外，廖平也列舉各種經學注疏內容中有關於「四游」的解說者。例如《尚書．堯典》的「光被四表」，鄭玄引緯書解「四表」為四游；又鄭玄注《周禮．地官．司徒》、《禮記．月令》，都提到地有升降、星辰有四游，而分別為《周禮》、《禮記》鄭注作疏的唐代賈公彥、孔穎達又在承認鄭注的前提下對四游的說法再加以疏解。[14]既然注疏中不乏地動說的依據，廖平還要說明經文本身就有地動的直接表述，只是前人不曾體會。例如他對《詩經．關雎》的「悠哉悠哉，輾轉反側」做了新解，曰：「悠，音義近游。……悠哉悠哉，即謂游行也。……輾轉反側，即地球之繞日四游。」又曰：「考西人四游，地球繞日，有輾轉反側之形，則〈關雎〉之輾轉反側以之訓四游，尤為切合。日在中，地以四游繞之而成四時。」[15]以「輾轉反側」來解說地球繞日時，同時自轉與公轉的樣態，這當然是以己意附會解經，但必須了解他最終無非是要表達，令今人「詫怪」的、西方傳入的「地動天不動」之說，不論是在經文本身、或者表達經典微言的緯書，以及漢唐學者解經的注疏中都可得見，足見西方天文知識並不足奇，那是孔子思想本已具足的。

廖平亦將經傳注疏中關於日心地動的說法與哥白尼理論的內容互相排比對讀，以下擇要列出A、B、C三組例子，期能更清楚呈現他欲將西方天文知識納入傳統經學體系的方式：

	廖平引經文	廖平引鄭玄注、孔穎達疏	廖平闡發哥白尼說
例A	《周禮．地官．司徒》：日至之景，尺有五寸者，謂之地中，天地之所合也，四時之所交也，風雨之所會也，陰陽之所合也。[16]	鄭注，景尺有五寸者，南戴日下萬五千里，地與星辰，四游升降於三萬里之中，是以半之得地之中也。[17]	侯失勒《談天》云，地自轉，故地平界之東半向下行，而西半向上行，然其行人不能覺，故反疑諸曜漸移，見地平界掩星而曰入地平焉。[18]
例B	《禮記．月令》。[19]	鄭注〈考靈曜〉云，地蓋厚三萬里。春分之時，地正當中，自此地漸漸而下。至夏至之時，地下游萬五千里，地之上畔，與天中平，夏至之後，地漸漸向上。至秋分，地正當天之中央，自此地	歌白尼論春、夏、秋、冬四季之輪流，亦由地運動而生。地球所循之本輪，相應於渾天之黃道，地兩極之軸斜行於黃道之軸，而地赤道斜行於本輪各二十三度半，是為黃赤距緯。地循本輪，其軸恆斜，而其極恆向天之兩極。設地球之與太陽應者，在赤道北二十

13 例如廖平曾說：「諸緯言天球河圖，即今西人全球之所本，……欲求中國古義，以實西人之說，非緯不能平。」見廖平，《諸緯經證．序》，收入高承瀛等修、吳嘉謨等纂輯，《光緒井研志》（台北：臺灣學生書局，一九七一），〈藝文志〉，頁七七六—七七七。引文中的「天球河圖」，廖平一反傳統注疏的說法，而解之為天體與地球的世界地圖。

14 廖平，〈四游說〉，收入氏著，《地球新義》，卷下，頁五三a—五九a。

15 廖平，〈四游說〉，收入氏著，《地球新義》，卷下，頁五五a—五九b。

16 廖平，〈四游說〉，收入氏著，《地球新義》，卷下，頁五五b。

17 廖平，〈四游說〉，收入氏著，《地球新義》，卷下，頁五五b。

18 廖平，〈四游說〉，收入氏著，《地球新義》，卷下，頁五六a。

19 廖平，〈四游說〉，收入氏著，《地球新義》，卷下，頁五六a。

例C	
《禮記·月令》。23	
鄭注〈考靈曜〉云，天旁行四表之中，冬南、夏北、春西、秋冬，皆薄四表而止。地亦升降於天之中，冬至而下，夏至而上，二至上下，蓋極地厚也。地與星辰皆有四游升降，四游者，自立春，地與星辰西游，春分，西游之極，地雖西極，升降正中，從此漸漸而東，至春末復正。自立夏之後北游，夏至，北游之極，地則升降極下，至夏季復正。立秋之後東游，秋分，東游之極，地則升降正中，至秋季復正。立	漸漸而上。至冬至，上游萬五千里，地之下畔與天中平。至冬至後，地漸漸而下。此是地之升降於三萬里之中。20 孔穎達疏云，二十八宿之外，上下東西各有萬五千里，是為四游之極，謂之四表。據四表之內，並星宿內總有三十八萬七千里，然則天之中央上下正半之處則一千九萬三千五百里，地在其中，是地去天之數也。21
《地球圖說》，水、金、地、火、木、土六曜之本輪旋繞乎太陽，太陰之本輪旋繞乎地球，而土、木二星又各有小心之本輪繞之。然太陽、地球、土、木非為各本輪之中心，而微在其一偏，其相距之數，各為兩心差。歌白尼將此諸輪作不同心之圈，而刻白爾（筆者案：刻卜勒）細察游曜之固然，證此諸輪皆為橢圓。24	三度半，此處見太陽於天頂，此時地旋轉於本心，則見太陽於夏至圈繞地左行，北方之晝長，南方之晝短。夏至後第八日為太陽最高之時，因此時地距太陽最遠故也。地循本輪與太陽應者漸近赤道，太陽正當地之赤道，此時地旋轉於本心，則見太陽於赤道圈旋行，而晝夜適平。秋分後，地球與太陽應者漸距赤道向南，在赤道南二十三度半，此時地旋轉於本心，則見太陽於冬至圈繞地左行。冬至後第八日，是為太陽最卑之時，因此時地距太陽最近故也。地循本輪與太陽應者漸近赤道，則見太陽於赤道圈旋行。地行本輪一周，人從地面視之，則見太陽於黃道上循行一周，而為一歲矣。22

冬之後南游，冬至，南游之極，地則升降極上，至冬季復正。此是地及星辰四游之義也。[25]孔穎達疏云，地有升降，星辰有四游。[26]

從以上表格中的內容可以看到廖平認識哥白尼理論的主要西學來源包括蔣友仁的《地球圖說》以及《談天》一書。《談天》為偉烈亞力與李善蘭合譯，一八五九年出版於上海，係英國天文學家侯失勒[27]（一七九一—一八七一）的名著，所譯為一八五一年的原書版。是書在上海出版之後十五年，徐建寅（一八四五—一九〇一）又把一八七一年新版的最新天文學成果補充進書中，一八七四年由江南製造局出版了增訂版。書中對太陽系結構和行星運動有詳細的敘述，是一部自成系統的學術著作。[28]又廖平曾讀《海國圖志》，[29]其中也有不少哥白尼學說的介紹，這些都

20 廖平，〈四游說〉，收入氏著，《地球新義》，卷下，頁五六b。
21 廖平，〈四游說〉，收入氏著，《地球新義》，卷下，頁五六a。
22 廖平，〈四游說〉，收入氏著，《地球新義》，卷下，頁五七a—五七b。
23 廖平，〈四游說〉，收入氏著，《地球新義》，卷下，頁五七b。
24 廖平，〈四游說〉，收入氏著，《地球新義》，卷下，頁五七b—五八a。
25 廖平，〈四游說〉，收入氏著，《地球新義》，卷下，頁五七b。
26 廖平，〈四游說〉，收入氏著，《地球新義》，卷下，頁五八a—五八b。
27 侯失勒的生平，可參見《談天》卷首的〈侯失勒約翰傳〉。
28 鄒振環，《影響中國近代社會的一百種譯作》（北京：中國對外翻譯出版公司，一九九六），頁四九—五二。

屬廖平閱讀世界的一部分。

再者，廖平詮釋天文學的方式，從表格的引文來看，主要從古籍特別是《尚書緯．考靈曜》的「地有四游」之觀念發揮，並與哥白尼的學說相互牽引。「地有四游」指一年春夏秋冬四季，地各游至一處。冬至，地經北向西游到三萬里處；夏至，地經南向東游三萬里回到起點處。春分，地游到經北向西所經過的弧形軌道中間；秋分，地則游到經南向東所經過的弧形軌道中間。這種類似地球公轉的說法應是古人觀察天象後的猜測。中國古代很早就知道通過對天象的觀察、星宿位置的變化來確定四季，如〈堯典〉和〈夏小正〉也都有這方面的記載。陳遵嬀推測《尚書緯．考靈曜》提到的星辰四游，這種對地游的認識應來自於人們仰觀天象的感知。而且緯書出自西漢末年，西漢生產力的發展與科技水準的提高可能也間接帶動了對天象的敏感度。例如《漢書．食貨志》記載當時已能製造十餘丈高的大樓船，人們若乘坐其中勢必無法覺知船的行進，僅能見到外面景物向後運動，古人也許就在這種情況下悟出地在移動的道理。〈考靈曜〉把地不斷在旋轉，人卻無感的情形比擬人坐於舟中，舟行而人不覺，與哥白尼在《天體運行論》中的比喻幾乎毫無二致。[30] 因此先撇開廖平以己意解經的層面不談，他所認知的中國本有地圓與地動之說並非毫無傳統依據。又例如中國古代宇宙體系最為通行的雖然是周朝即已存在的天圓地方概念之「蓋天說」，但秦漢以後又有「渾天說」、「宣夜說」。《晉書．天文志》解釋渾天說曰：「渾天如雞子，天體圓如彈丸，地如雞子中黃，孤居於天內」，以天如雞卵，地如卵黃，天包著地，地在天中，可說是一種類似地圓說的宇宙體系，只是它對日、月、列宿距離地之遠近及彼此之間的旋轉方式均無詳說。又如前文提到《尚書緯．考靈曜》、《河圖．帝覽嬉》等緯書中不少關於地動的說法，已經隱隱透露出地與星辰是圓轉之物的概念。此外，《春秋緯．元命苞》有「天左旋，地右動」之語，《河圖．括地象》也說「天左動起於牽牛，地右動起於畢」，[31]牽牛為牽牛星，畢是二十八宿之一。戰國的《尸子》與東漢的《白虎通義．天地》都有天向左旋、地向右動的描述，[32]宋代張載的《正蒙．參兩篇》曾討論到地與天的問題，他承認地圓地動，但不相信天旋。[33]

29 廖平，〈繙譯名義敘〉，收入氏著，《地球新義》，卷上，頁五a—六a。廖平，《大共圖考．序》，收入高承瀛等纂修，吳嘉謨等纂輯，《光緒井研志》，〈藝文志〉，頁八二四。

30 陳遵媯，《中國天文學史》（台北：明文書局，一九九〇），第六冊，頁一八二一—一八二二。陳遵媯以漢代科技的提升應可增進人們對天象的敏感度。如《漢書》指出：「是時粵欲與漢用船戰逐，乃大修昆明池，列館環之。治樓船，高十餘丈，旗織（幟）加其上，甚壯。」樓船規模之大，足見建造水準之高。參見班固撰，顏師古注，楊家駱主編，《新校本漢書并附編二種二》（台北：鼎文書局，一九八六），〈食貨志〉第四下，頁一一七〇。又出自西漢末的《尚書．考靈曜》說：「地有四游，……恆動而不止，人不知。譬如人在大舟，閉牖而坐，舟行不覺也。」將樓船建造與〈考靈曜〉內容合看，可以感覺到古代科技知識與天象推測的聯繫。

31 《春秋．元命苞》、《河圖．括地象》之文分別見於安居香山、中村璋八輯，《緯書集成》，中冊，頁五九九；下冊，頁一〇九〇。

32 《尸子》中有言：「天左舒而起牽牛，地右闢而起畢昂。」見尸佼撰，汪繼培輯，《尸子》（台北：中國子學名著集成編印基金會，一九七八），頁五〇七。《白虎通義》有言：「天道所以左旋，地道右周，……左旋右周者，猶君臣陰陽相對之義。」見班固，《白虎通義》（台北：世界書局，一九八六），卷下，〈天地〉，頁五五九。

33 張載曾說：「地在氣中，雖順天左旋，其所系辰象隨之，稍遲則反移徙左右爾；間有緩速不齊者，七政之性殊也。」又說：「凡圓轉之物，動必有機，既謂之機，則動非自外也。古今謂天左旋，此直至粗之論爾，不考日月出沒、恆星錯曉之變。愚謂在天而運者，惟七曜而已。……太虛無體，則無以驗其遷動於外也。」可知他承認地圓與地動，但以天旋之說的推理缺乏說服力。見張載撰，王夫之注、湯勤導讀，《張子正蒙》（上海：上海古籍出版社，二〇〇〇），卷一，〈參兩篇〉，頁一〇一—一〇二。

雖然古代存在著上述這些零星的地動思想言論，但由於長期以來天圓地方、天動地靜的主流思想籠罩了整個思想界，在人們心中根深柢固，導致地動說從來沒有引起足夠的重視。而廖平在晚清不斷強調以孔子為中心的古籍早有地動、地球繞日的概念，就知識接受的歷程來說，他其實是先受到西方天文學的觸動，再回過頭來審視尋求中國本有的非主流說法。在他極力要將兩者畫上等號的過程中，也顯示出其已先接受並深信哥白尼理論。晚清與廖平一樣持日心地動說古已有之者不少，例如邵懿辰、張德彝、唐才常、譚嗣同的文集著作中都有過類似的言論，[34]可說是西學中源說的一種反映，[35]不過廖平基於尊孔尊經，把這個傳統學術的根源都上溯到聖人孔子。其次，廖平視西方現有的科學知識從中國孔子以後早已有之，但是中國的天學理論有更勝於西方天文學的地方，這是廖平所以要闡發傳統天學精義的重要原因，也是下文所要呈現的重點。

二、以尊王為中心秩序的天道象徵

要深入討論廖平的天學時，必須先了解中國傳統的天學特色。由西方傳入的「天文學」是一個純屬自然觀的領域；但是傳統天學的自然觀總是與人文社會關密切連繫在一起，古代儒家圍繞天道觀展開的論爭，往往關懷的是人間的現況。例如明代沈榷曾攻擊西洋天文曆法的解說方式，是一個例子：

> 天無二日，亦象天下之奉一君也。惟月配日，則象于后，垣宿經緯，以象百官；九野眾星，以象八方民庶。今特為之說曰「日月五星，各居一天」，是舉堯、舜以來中國相傳綱維

之最大者而欲變亂之。36

將天上的日月星辰與與人間帝、后及眾百官的秩序互相對應，這種天人之際的色彩是中國天學的特色。又如之前提到阮元不能接受蔣友仁的《地球圖說》，主因如同他在《疇人傳》中對哥白尼日心地動學說的批評：「上下易位，動靜倒置，則離經畔道，不可為訓，固未有若是甚焉也。」37清代學者呂吳調陽於一八七八年寫了一本《談天正義》，持論類似阮元，堅持天文學必須「本之

34 郭嵩燾曾在日記中記述邵懿辰與他談論西方天文學時指出：「地本靜，而天以氣鼓之，即《易》所謂承天而時行也。張子《正蒙》已主此說。近日西洋暢發其說，以日為主，五星環之，地輪又環其外。」見《郭嵩燾日記》（湖南：湖南人民出版社，一九八〇），卷一，頁二六。張德彝隨郭嵩燾出使的日記中也因自己坐大輪船的經驗寫道：「按《尚書緯・考靈曜》云：『地常動不止，而人不知，譬如在大舟閉牖而坐，舟行而人不覺。』是華人早有先見也。當日彝在艙中，閉目靜坐，……又焉知船向南渡耶？」見張德彝，《隨使英俄記》（長沙：岳麓書社，一九八六），頁二八五。戊戌運動期間，唐才常曾說：「西人格致之學，其理多雜見周、秦諸子，其精者不能出吾中國聖賢之道，即《朱子語類》中，如論地動、論空氣、論雷電，已多與西士暗合。」見《唐才常集》（北京：中華書局，一九八〇），頁二二八。同一時間，譚嗣同也認為：「地圓之說，古有之矣。惟地球五星繞日而運，及寒暑晝夜潮夕，則自橫渠張載發之。」見《譚嗣同全集》（北京：中華書局，一九八一），上冊，頁一二三—一二四。諸人的言論，又見郭雙林，《西潮激盪下的晚清地理學》，頁二〇九。

35 清代西學源出中國說的討論，可參全漢昇，〈清末的西學源出中國說〉，《嶺南學報》，四卷二期，廣州，一九三五年刊。江曉原，〈試論清代「西學中源」說〉，《自然科學史研究》，七卷二期（一九八八年）。王爾敏，〈中西學源流所反映之文化心理趨向〉，收入氏著，《中國近代思想史論續集》（北京：社會科學文獻出版社，二〇〇五），頁五四—六〇。王揚宗，〈「西學中源」說在明清之際的由來及其演變〉，《大陸雜誌》，九十卷六期（一九九五年六月）。

36 沈榷，〈參遠夷疏〉，收入徐昌治訂，《聖朝破邪集》（台北：華宇出版社，一九八六），頁八。

37 阮元，《疇人傳》，第三冊，卷四十六，〈蔣友仁〉，頁六一〇。

大易」，並且嘆道：「嗚呼！天道之不明，聖教其將絕矣。」[38]很明顯的，阮元、呂吳調陽最終關心的不在於天文科學知識的正確與否，而是貫串天人的聖教是否遭到了紊亂或被打破。[39]即使後來的嚴復、康有為論改革，也經常用「天道」來說明「人道」，用自然界的變化發展說明社會變革的必要性和必然性。嚴復在《天演論》中說「天道變化，不主故常」，「不變一言，決非天運」。[40]矛頭直接指向董仲舒「天不變，道亦不變」的形上學觀點。康有為曾在萬木草堂講述宇宙非一成不變，太陽系有其生成和演化的過程，並從中得出這樣的結論：「天地之大德曰生，生生之謂易。聖人只做得生生二字，天下之理只一『生』字。」[41]總之，把自然觀中的生生、變易思想結合到人文社會觀中，以說明改革的重要性，這也是天人合一概念的推衍。[42]而廖平視中國的天學更勝西方天文學一籌的，也正在於天學中蘊含了人間價值的源頭。但究竟廖平所要強調的這個根源於天的價值是什麼，是後文要探索的重點。

對中國人來說，傳統「天圓地方」宇宙觀的空間感支持著社會和政治的秩序，也就是說中國天學呈現的宇宙觀是政治、倫理等知識的基礎。但是地圓說衝擊了這個框架，因為大地變為圓形的球體，僅為諸星之一，球面上沒有中心和邊緣，如此則中國過去根深柢固的天圓地方、中央與四方等預設的基礎將不能成立，這也是何以地圓思想在明末及清末會引起震撼的重要原因。接著，哥白尼的日心地動說又動盪了天動地靜、天尊地卑的本來牢不可破之價值。嚴復曾說：「波蘭人哥白尼盡破地靜天動舊說，證地為日居行星之一，歲歲繞日。……喟然嘆曰：偉哉科學！五洲政治之變，基於此矣。」[43]在傳統中國知識、思想與信仰世界中，人們總是以道德的自覺性、國家政治與家族倫理的同一性以及社會秩序的有序和諧為文明價值的中心，而且總是以為在這一點上中國優於西洋，但這種自信逐漸受到了嚴厲的挑戰，[44]因為以往被認定的牢不可破之價值，如今未必是真價值。站在天人關係的思維來看，人世秩序被挑戰與天學秩序受衝擊可說是一體的兩面。例如嚴復從哥白尼的學說，同時帶出了政治變革的問題，他認為自然界既然已不再是天尊地卑，那麼政治制度當然能夠順時而變，尊者可以不再尊，卑者可以不再卑，這個想法與晚清民權思想這一重大議題有關。甲午戰後，民主、民權，以及與之密切相關的議會觀念逐漸萌芽茁長，戊戌前後大興，但也引起甚烈的爭論，[45]這些都是廖平建立自己學說的重要背景。

38 轉引自鄭文光、席澤宗，《中國歷史上的宇宙理論》（北京：人民出版社，一九七五），頁一一〇四。

39 李善蘭於一八五九年為《談天》作序時有言：「西士言天者，曰恆星與日不動，地與五星俱繞日而行。議者曰，以天為靜，以地為動，動靜倒置，違經畔道，不可信也。……竊謂議者未嘗精心考察，而拘牽經義、妄生議論，甚無謂也。」這段話指向阮元等人將客觀的宇宙研究拘牽經義的無謂與荒謬。見侯失勒撰、偉烈亞力譯，李善蘭刪述、徐建寅續述，《談天》（《續修四庫全書》據華東師大圖書館藏清咸豐刻同治增修本影印原書版，上海：上海古籍出版社，一九九七），李善蘭序，頁一。不過阮元等人在那個時代的言論所反映者，正是傳統知識分子的天人學之最終關懷，我們需抱以同情的理解。

40 嚴復，《天演論》（《續修四庫全書》據北大圖書館藏清光緒盧氏慎始基齋刻本影印原書版，上海：上海古籍出版社，一九九七），〈導言一〉，頁一。

41 康有為講述、黎祖健恭錄，蔣貴麟校訂，《南海康先生口說》（台北：臺灣商務印書館，一九八七），〈學術源流三〉，頁一三。

42 當代學者對康有為結合自然觀與人文社會觀的討論，主要有房德鄰，《儒學的危機與嬗變：康有為與近代儒學》（台北：文津出版社，一九九二），頁一二八—一二九。張灝著，高力克等譯，《危機中的中國知識分子：尋求秩序與意義》（北京：新星出版社，二〇〇六），頁三七—六五。楊貞德，〈「天生人」與「天上人」——試析康有為民國時期的天論〉，發表於中央研究院文哲所「禮與倫理」研究群主辦，「造化與造物：現實與想望的交織」學術研討會，二〇一〇年十一月二十六日，會議論文，未刊稿。

43 嚴復，《政治講義》，《嚴復集》（北京：中華書局，一九八六），第五冊，自敘，頁一二四一。

44 葛兆光，《七世紀至十九世紀中國的知識、思想與信仰》（上海：復旦大學出版社，二〇〇〇），頁五八九。

廖平在甲午戰後幾年要重新詮釋天學，其實何嘗不是深感人世秩序、意義世界的逐漸「崩解」，他要從「天」的源頭去詮說什麼樣的價值是不可撼動的。處在西方天文學傳播已經普及的晚清，在知識上，他已無法像阮元等人的否認日心說或地動說，那麼他如何處理這些新的天文觀念與自己心中固存的宇宙觀之間的關係呢？我們試著從廖平於光緒二十三年間所作的〈八行星繞日說〉的內容來分析：

按西人新著八行星之一論，大致先以太陽為太空之心，而八行星繞之。（廖平自注：八行星皆繞日四游，《詩》言「游」言「行」，皆法行星。）行星有六：一曰金，二曰水，三曰地，四曰火，五曰木，六曰土。月為地球之小星，周圍地球隨地而繞太陽，此皆中國儒先所早知，不僅西人言之也。西人近又測得二行星，曰天王、曰海王。八行星之小星如月者共計有二十：地球有一，海王有一，火星有二，木星有四，土星有八，天王星有四。……是日為天子，八行星如八伯各占一州，向日繞行，即四正四隅，分布八方，以衛帝座也。[46]

引文中的「西人新著八行星之一論」，是指英籍傳教士李提摩太所著的〈八星之一總論〉，刊登於光緒十八年十一月的《萬國公報》中。[47]廖平在承認日心說的同時，不忘強調各行星：金星、水星、地球、火星、木星、土星，六星繞太陽，是「儒先所早知」的。他也得知西方近來又測得天王、海王二星，共八大行星，有些又有各自的小衛星繞行，若我們把廖平所認知的八大行星繞日繪成示意圖如圖4.1。

他指出八星繞日，正是符合經典所昭示的秩序：以太陽比擬天子居中央，八行星如八伯，分布八方以「衛帝座」。這個根據主要來自於《禮記．王制》：「天子百里以內共官，千里之內以為御。千里之外，設方伯。……八州八伯。」〈王制〉以四海之內有九州，中央一州為天子之王畿，其餘八州分屬八伯，廖平以為這是貫通群經的制度，核心精神在於尊奉天子：

然則天子居王畿，八伯各主一州，群經之所同，非獨〈王制〉一篇之私言也。……九州亦如田制，一夫百畝，公田居中，八家同養公田，即拱衛神京之意也。……博士之義，凡事推本於天，聖人法天而行，不敢以私意制作。……《禮》云「大報天而主日」，按，天無方體，以日主之。又日為君象，《孟子》所謂「天無二日，民無二王」是也。以列宿比諸侯，所謂十二諸侯聚於王庭，此皆自古相傳，日為天子，星比列辟之舊解也。[48]

廖平論天子與八伯的關係，亦猶如井田之制，天子如公田居中，其他八家同養公田，即「拱衛神

45 王爾敏，〈晚清士大夫對於民主政治的認識〉，收入氏著，《晚清政治思想史論》（廣西師範大學出版，二〇〇五），頁一九〇。又參見湯志鈞，《戊戌時期的學會和報刊》（台北：臺灣商務印書館，一九九三），第四章，頁一四三—一一九。
46 廖平，〈八行星繞日說〉，收入氏著，《地球新義》，頁二七b—二八a。
47 李提摩太著，蔡爾康譯，〈八星之一總論〉，《萬國公報》第四十六冊（一八九二年十一月，台灣華文書局影印合訂本第二十一本），頁一三一一八二。
48 廖平，〈八行星繞日說〉，收入氏著，《地球新義》，頁二七a—二七b。

京」之意。他推崇西漢博士的聖人法天思想，這主要來自於今文家，例如董仲舒的《春秋繁露》就曾說「聖者法天」、「天者，百神之大君也」，[49]凡事推本於天。既然要法天而行，廖平接著發揮一己的重點所在：天之道在於以「日」為尊。他引《禮記．郊特牲》的郊祭之禮「大報天而主日」一句作為論據。鄭玄注云：「大猶徧也。天之神，日為尊。」孔穎達《疏》曰：「天之諸神，莫大於日，祭諸神之時，日居諸神之首，故云日為尊也。」[50]郊祭時，要遍祭各天神，而天神中又以日神最為尊貴。〈郊特牲〉的注疏僅止於說明祭天以日為主，但廖平又援引《孟子．萬章》中的「天無二日，民無二王」概念，將「日」的象徵與天子、君緊密的連繫在一起，透過古已有之的日與君之比擬，大力發揮尊奉一君的理念。又廖平指出，繞日的行星若觀察時見到有「升降遲留伏逆」的情形，就好比地上的天子諸侯之間有巡狩朝覲往來之禮

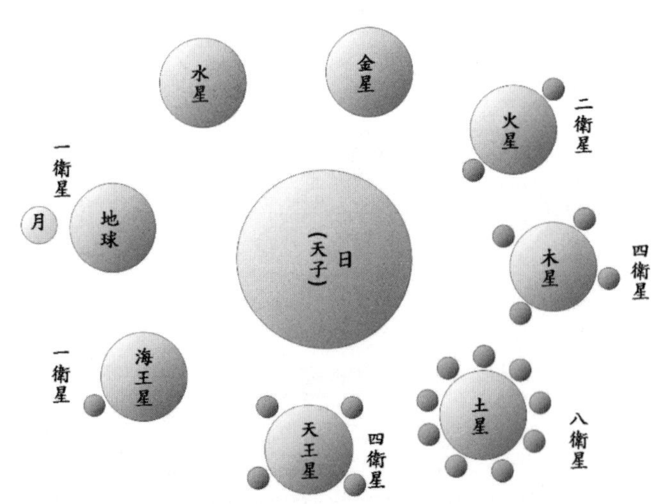

圖4.1　八大行星繞日及其附屬衛星示意圖

一樣；且八大行星又都有各自的小星圍繞，這也如同〈王制〉所說的，每一州的方伯都有自己的屬國，各有疆域。而且圍繞各八大行星的小星甚多，除了常見者以外，較遠或不可見者，猶如地球中的夷狄，位處荒遠，來去無常，天子所不治理，即是傳統所謂的「王者不治夷狄論」[51]之天道展現。總之，這是一個以天子為中心，八伯環列，由內到外的結構是君主、華夏、夷狄，有中央、有四方，是個尊卑有序的天上世界。近人陳德述曾批評廖平的比附，曰：「行星繞日運動是自然現象，以天子為中心的行政組織是社會現象。所謂『升降遲留伏逆』是我們觀察星球運動的視覺結果，與『巡狩朝覲往來』風馬牛不相及。……純粹是主觀主義的附會，沒有任何客觀的必然聯繫。」[52]我們無法說這樣的批評不對，但是站在思想史的角度，還可以更深一層的去體察廖平表述背後的所以然，因為將天道、人事相結合，正是傳統的天學精神。

再回到廖平的尊君之說上。在廖平之前，乾嘉時期的阮元以日心地動說顛倒乾坤，不足為訓；嚴復則以為這破除了天動地靜的宇宙觀，正好可以順理成章的改變陽尊陰卑、君權獨尊的成說，發揮民主平等的理想。廖平於此卻做了一個巧妙的轉化，在接受日心說的學理下，同時又將

---

49 見《春秋繁露》〈陰陽終始〉、〈郊語〉。又《漢書．董仲舒傳》的天人三策也具體表現了董子的天人思想。見班固撰，顏師古注，楊家駱主編，《新校本漢書并附編二種二》，〈董仲舒傳〉，頁二五〇〇—二五一六。

50 鄭玄注，孔穎達正義，《禮記正義》，頁四九七。

51 在何休的《春秋公羊傳解詁》就有「王者不治夷狄」的觀念，宋代的蘇軾專門寫了〈王者不治夷狄論〉，成為系統的理論。見蘇軾，《蘇軾文集》（北京：中華書局，一九八六），卷二，頁四三—四四。這套思想落實在歷代以來統治者對邊疆地區的治術上，就是「羈縻」政策。

52 陳德述，〈著名今文經學家廖平的哲學思想〉，收入氏著，《儒學文化新論》（成都：巴蜀書社，二〇〇五），頁四一六。

以「日」為中心的「天道」與尊君思想做一個緊密的結合，將人君的尊貴繫於最高的價值根源。他何以要如此的維護君主權威？首先是如同先前所說的傳統宇宙觀的動搖。原本「天圓地方」的概念是結合了宇宙與倫理的秩序，天體呈圓形，地則開展為井字的方形，天地有一個象徵皇權的中心，向外推衍成差序格局，便成為中國（以皇帝為中心）居中的文化心理，現在西方地理天文學知識的激盪，使得人們的主要信仰也被撼動了。例如廖平尊經書院的同學，四川富順的宋育仁（一八五七—一九三一）在一八九五年的著作《采風記》中，對於西方天文學傳入的衝擊，有一段表達一己憂慮的頗具代表性言論：

其（筆者案：西學）用心尤在破中國祖先之言，為以彼教易名教之助。天為無物，地與諸星同為地球，俱由吸力相引，則天尊地卑之說為誣；肇造天地之主可信，乾坤不成，兩大陰陽，無分貴賤，日月星不為三光，五星不配五行，七曜擬於不倫，上祀誣而無理，六經皆虛言，聖人為妄作。據此為本，則人身無上下，推之則家無上下，國無上下。從發源處決去天尊地卑，則一切平等，男女均有自主之權，婦不統於夫，子不制於父，族性無別，人倫無處立根，……學者以耳為心，視為無關要義，從而雷同附和，人欲塞其源，而我為操器，可不重思之乎？[53]

宋育仁的話透露的重要訊息是，傳統的宇宙觀與價值觀是互相依存，無法分開的，西學對傳統宇宙觀的挑戰也就是對傳統價值觀的挑戰；宋育仁的憂慮，廖平也有同樣的心聲。與天道觀受衝擊難以分割的另一面，是甲午戰爭的刺激。

甲午戰爭的刺激對廖平天道理想的建構有密切關係。根據上述廖平將八大行星繞日說與《禮記·王制》互相闡發，可以感覺到他提出的天道上之政治組織圖像，似乎是各大諸侯國之下，又各自有著所屬的若干更小的政治實體，但是他們均尊服於最高的天子地位。這其實是經典中，特別是《春秋》的理想天下秩序。他此處特舉〈王制〉的制度架構，是因他視〈王制〉為群經之制，[54]又廖平思路中的經學非史實，是孔子託古為今後萬世所立之法，所以未來世界上的國際實體間的關係將會逐漸進化為〈王制〉的經典秩序，這當然是體現廖平個人的想望。由於中國的天下圖景和禮儀系統原本建立在中央與邊緣、內與外的封貢體系模式上，但甲午戰敗使中國的天下體系與禮儀規範徹底瓦解，藩屬國一一脫離中國，中國被迫進入條約體系下國家對國家的西方國際秩序下，僅是萬國之一，再也不處於天下的中心。廖平期待能夠用孔子的義理重構新的世界圖像，再次尋回中國居於中心的位置，除了是民族自尊的心態外，還包括他本身對於經典中封建秩序的嚮往。〈王制〉中的各諸侯國之間或是諸侯國與從屬國之間是靠著禮制的尊卑等級來維繫，是「大字小、小事大」的有禮有序之倫理關係，倫理的頂端、中心是天子或皇帝。在廖平看來，這自然優於以西方為主體的「強凌弱、眾暴寡」之國際現狀。[55]他希望這套經學價值可以逐步將全球納入大一統的秩序裡，這是他理想的世界觀，接著把這套理想投射到天上，結合哥白尼的太

---

53 宋育仁，《采風記》（清光緒刊本），卷三，〈禮俗〉，頁九—一〇。

54 廖平，《古學考》，《廖平選集》，上冊，頁一一六—一一七。

55 廖平，《大統春秋公羊補證》（光緒三十二年，則柯軒再版），卷二，頁四二b—四三b。

陽系理論，作為價值根源的建構。

也因著甲午戰敗，一些知識分子開始進入傳統政治制度的根本進行審視，包括對議會制度的討論與提倡，矛頭已經直接指向君主政體。本來，天子不僅是一個帝國的統治者，而且是宇宙和諧的「天」之最高代理人，它的制度基礎是建築在三綱思想為中心的價值觀上。但是當帝制無法應付當前的政治危機，連帶的失去了道德的威信，傳統秩序的思想基礎也開始被質疑。[56]大約在戊戌變法前後，儒家的價值系統第一次受到比較全面的挑戰，是以康有為為首的變法主張。康有為的改制雖以孔子之名，其實是以西方的政治為藍圖，要讓西方的立憲、民主取代君權獨尊的政體。康有為亦將政治理論植根於自己所發揮的一套宇宙論中。在他的思想裡，「天」或宇宙由陰、陽二氣交互作用而形成，是具有意志、情感和創生能力的有機體，萬物皆由天所生，與天同氣。[57]而「天者，仁也」，人均秉受天之氣所生，有天賦的道德修養能力，因此每個人都為天之子，是為「天民」，所以人人皆獨立而平等，並由此推導出自由、平等和民主，是與天同氣的人類順應天道之「仁」的必然結果。[58]從這裡也可以見到，康有為對君權的看法雖與廖平有巨大差異，類同的是兩者都將自己的價值上溯於天，不脫「天人合一」的思維，深具那一代受傳統教育下的知識分子特色。雖然康有為衝盪了君權，但畢竟沒有直接攻擊儒家。最先向儒家價值系統公開發難的是譚嗣同，他在《仁學》中對傳統的名教綱常提出了尖銳的批判。[59]約略同時，也陸續有人從平等的角度主張改變原來以三綱為主體的道德與倫理標準，激起了強烈的反駁與批判，例如蘇輿所編的《翼教叢編》之言論，頗能代表反對者的心聲。

廖平不認同康有為諸人的立憲主張，主要原因也在於憂懼以君為主體的三綱價值陵夷，且他所信仰的經典秩序之美好圖像，也讓他興起要從「天」這個根源去維護他心目中自孔子以來所獨有的無可取代之價值，從「天」去尋求最高的政治倫理依據，重建以天子（皇權）為中心的天道觀。但處在新舊不同的宇宙觀交會碰撞之際，兩者之間存在著斷裂，他的思想特色也表現在時代意義上。我們必須強調，廖平並不否認，而且是接受西方天文學在知識層面上的研究成果，正因如此，他才要宣稱以孔經為主體的傳統典籍已經具備當今的天文知識，例如哥白尼學說。不過重點在於他認為西方天文學仍然不如中國的「天學」，這個論點建立在唯獨中國的天學所具有的宇宙文化空間之秩序觀上，這個秩序觀被他視為孔子思想的精義，是始終要堅持的。他一方面要讓孔子思想可以適應時代，一方面又要守住固有的秩序，故需不斷的吸收、轉化兩邊的知識與概念，從而形成一套自己獨特的「天學」體系，而且隨著時間，他的構思也愈加細緻。

56 張灝對於傳統宇宙觀受衝擊而動搖的議題有不少討論，見於其多部著作中。參見氏著，《烈士精神與批判意識》（台北：聯經出版公司，一九八八），頁一五一一七；《危機中的中國知識分子：尋求秩序與意義》，頁六－九，二一六；《時代的探索》（台北：中央研究院，二〇〇四），頁二一－二三。

57 康有為，《春秋董氏學》（北京：中華書局，一九九〇），〈春秋微言大義第六上〉，頁一二六－一四四。

58 康有為，《春秋董氏學》，〈春秋微言大義第六上〉，頁一二八－一三〇。康有為，《孟子微．中庸注．禮運注》（北京：中華書局，一九八七），《孟子微》卷一，總論第一，頁七，九，一三，一六，二三。《中庸注》，頁二〇八。

59 余英時，《知識人與中國文化的價值》（台北：時報文化，二〇〇七），頁一〇九。

第二節　人、天秩序：六合之內與六合之外

一、《詩經》、《易經》為統宗的六合之外世界

廖平在光緒二十八年時進入了經學四變的階段，此時已進入了二十世紀。二十世紀的頭十年與十九世紀的末十年已經很不一樣，翻譯與傳播的西書愈來愈多；廖平在這樣的時代背景下努力的吸收新學，一邊持續著之前對「天」的知識建構。他這個時期論經學最大的特色，是將經學統領的學術明確劃分為兩大領域：人學與天學；人學是孔子為六合以內的世界立法，天學是為六合以外的世界立法。他在《四益館經學四變記》自序中云：

> 壬寅（一九〇二年）後，因梵宗大有感悟，始知《書》盡人學，《詩》、《易》則遨遊六合外。因據以改正《詩》、《易》舊稿，蓋至此而上天下地無不通，即道、釋之學，亦為經學博士之大宗矣。[60]

廖平曾孫廖宗澤所著的《六譯先生年譜》在光緒二十八年條下亦云：「成《知聖續篇》一卷。始悟天人之學。」[61]而《知聖續篇》云：

言經學者必分六藝為二大宗：一，天學；一，人學。人學為《尚書》、《春秋》。……天學為《詩》、《易》。62

經學既然分為二派，亦各有表述的疆宇，《知聖續篇》又云：

分畫諸經疆宇，六合之外，《詩》、《易》。六合之內，謂《書》；先王之志，謂《春秋》。63

以上劃分天、人的方式是以重新分配六經為中心，而且把經學分為天、人的理念從光緒二十八年之後一直持續到晚年，歷經四、五、六變。光緒三十二年為五變的始年，它是在四變的基礎上再加入一些新的內容，以下稍簡述兩者的異同。四變之時，六合之內的人學二經是小統的《春秋》與大統的《尚書》，天學二經是《詩經》與《易經》，但未區分小大統。到了五變時，人學與天學都各加一經，並且在天學也區分小統、大統。此時，六合之內的人學三經是《禮經》（附小樂）、小統《春秋》、大統《尚書》；六合之外的天學三經是《樂經》（附大禮）、小統《詩經》、大統《易經》。

60 廖平，《四益館經學四變記》，《廖平選集》，上冊，頁五四五。
61 廖幼平編，《廖季平年譜》，頁六五。
62 廖平，《知聖續篇》，《廖平選集》，上冊，頁二四三。
63 廖平，《知聖續篇》，《廖平選集》，上冊，頁二三三。

由以上四變、五變內容的概略敘述，可以得知經學五變是廖平建立人天之學的完備時期，而至於經學六變只是對《詩經》、《易經》內容做更深入的發揮。附帶一提的是，廖平在經學四變之後自號「四益」、「四譯」，是取《潛夫論》所說的「聖為天口，賢為聖譯」之意。[64]他自稱推源並「翻譯」了孔子經典的微言大義，是孔子的代言人，可以使千載失傳的經義再譯於今日。在經學五變、六變完成時，又先後改號「五譯」、「六譯」。廖平採用「翻譯」這一新穎的詞彙，相當耐人尋味。晚清是傳統經學衰微和建構現代知識系統的關鍵時期，當時學者往往致力於改換舊學，並使其融入新的知識系統內，而對西方新知的引介與新學科的建立，均藉由翻譯一途。在這樣的時代氛圍下，廖平相對於翻譯西書的學者，反過來自稱是「翻譯」孔子之經，似有一種與晚清譯西書的學者互別苗頭的意味。可以隱然推知他的心態就是要彰顯孔學，同時還要為孔學推陳出新，認為前人並未讀懂孔學真義，透過他的翻譯才能彰顯之，使人了解孔學並未遜色於西學，而且還有更殊勝於西方者，這也是他學術的特色，當然這個特色也表現在其天學的論述中。

再回過頭來討論廖平的天學。經學三變時，他將《詩經》、《易經》設定成世界大統學說的經典，四變時將二者提升為六合外的天學，五變時，又設定《詩經》為天學小統，屬「神游」，《易經》為天學大統，屬「形游」。何以《詩》、《易》是天學的統宗？首先從廖平論天學與《詩》的關係來看，他的〈哲學思想論〉中可以找到一些線索：

> 近來研究空理，有思想家、哲學家，催眠術家亦發達焉。學者或頗訝為神奇，不知此固吾國老生常談，特少專門研究耳。《論語》以學、思分為二派，天道遠，人道邇；人事為學，

天道為思，「思」與「志」同，即古「詩」字也。……是《詩》全為思想學，全為夢境，思、夢全為靈魂學。[65]

廖平以為《詩經》所講的是天道的思想哲理，所以「《詩》言為天道，故《詩》之言『思』，思想哲理」。[66]不過這樣的表述仍很模糊，為了往下探索其本意，我們注意到他稱《詩》為「靈魂學」，又牽涉到「催眠術」，這是清末民初新興的兩門學科、專有名詞，或許以下先透過對它們的理解，可幫助我們深入解讀廖平的天學思想。催眠術與靈學（廖平稱靈魂學）是彼此相關的兩門新興學科，也有人認為靈學已經包含了催眠術。從一八五〇、一八六〇年代，英國學者開始從事所謂Psychical research，是研究死後世界、靈魂、鬼神等現象的一門學問。大約一八七〇年代開始，日本學者受到英國風氣的激勵，也開始研究催眠術，並將Psychical research譯為「靈學」。明治時代的學術氛圍又影響到當時留日的中國學生，他們接受了「靈學」的譯名，再將之傳入中國。[67]根據黃克武先生的研究，靈學的研習在清末民初學人中蔚成一股風潮。例如革命黨人陶成章（一八七八—一九一二）於一九〇二年旅居東京時曾撰寫《催眠學講義》，談到催眠術

64　廖平，《四益詩說》（一九一八年，四川成都存古書局刊），頁四。
65　廖平，〈哲學思想論〉，《四益館雜著》（一九一五年，四川成都存古書局印行），頁七一a—七一b。
66　廖平，《孔經哲學發微》，《廖平選集》，上冊，頁三〇七。
67　吳光，〈靈學．靈學會．《靈學叢誌》簡介〉，收入《中國哲學》，第十輯，頁四三二。黃克武，〈民國初年上海的靈學研究——以「上海靈學會」為例〉，《中央研究院近代史研究所集刊》，第五十五期，頁一〇一，一〇五—一〇六。

的源起、原理、施行方法，並介紹所謂的「天眼通」、「靈交神游」、「神通魔力」等。蔡元培在一九〇五年曾翻譯日本井上圓了（一八五八—一九一九）的《妖怪學講義》，又在一九〇六年編輯《催眠學講義》，也是這個潮流的一部分。不論是在清末的日本還是民初的上海，都成立過一些有關催眠術、靈學研究的團體，它們在當時都自稱是最先進的「科學」。[68]有了這樣的背景知識，再來看廖平的陳述，當會有新的體悟。

廖平以人學完備之後，就邁入以《詩經》為統宗的思想靈魂神游之世局。廖平的經學，包括《詩經》，從一變到三變的轉折過程中，早期的學術史意味濃厚，重在商榷今古、論辨真偽。而三變之後論大小統，四、五變論天學，學術史的意味轉淡，論學風格更趨向與時代思潮或時事結合的發揮，他的經學也逐漸脫離了傳統經傳注疏的框架，刊落前人成說，直接發抒他心目中「孔子」的本懷。他在成於民國二年、五變時期的《孔經哲學發微》中解釋《詩經》的性質曰：

> 「思」與「志」同，即古「詩」字也。（廖平自注：《緯》云：「在心為志，發言為詩。」是志、詩本為一字，「思」從心從囟。囟為腦，即西人「腦氣筋」之說，於思想尤為切合。）「詩」為思想，故《詩經》中「思」字甚多……[69]

從「《詩》言志」一語解說「志」與「思」同，故《詩》的內容與心思有密切關係。又以「思」字從「心」從「囟」，囟為腦，即是西方人「腦氣筋」之說。「腦氣筋」（或「氣筋」）的詞彙是早期傳教士所翻譯，為後來的「神經」之意。[70]由於近代西方醫學、解剖學、生理學知識的傳入譯介，晚清社會對「腦」和「心」功能分際的認識逐漸清楚，了解到「腦」才是人身的主宰，為思慮、智慧、記憶與意識之府。此類的知識表達在當時的衛生及生理學、西醫學書籍，或各種學報雜誌中均普遍存在。[71]在這樣的思潮環境下，廖平以《詩經》一書的性質是表達腦神經思想覺知的運作，又將之與《周禮》的掌夢官、秦代的占夢博士、[72]古籍如《楚辭》所說的夢境，以及〈招魂〉、〈遠遊〉篇章的飄渺意象，或是道家《列子》、《莊子》的凌虛御空、游於物外等說法互相牽合，指稱這些都是宗於孔子《詩經》的後學所做的闡發，等同於新興的靈學、催眠術所談的夢境、出神或靈魂出竅。他於《莊子敘意》中說：

---

68 黃克武，〈民國初年上海的靈學研究——以「上海靈學會」為例〉，《中央研究院近代史研究所集刊》，第五十五期，頁一〇六—一〇七，一二四—一三〇；《惟適之安：嚴復與近代中國的文化轉型》（台北：聯經出版公司，二〇一〇），頁一六〇，一六三，一六五—一六八。

69 廖平，《孔經哲學發微》，《廖平選集》，上冊，頁三七四。又見廖平撰，黃鎔箋述，《詩緯新解》（台中：文听閣圖書公司，二〇〇九），頁二五。

70 黃河清，〈「神經」考源〉，http://www.huayuqiao.org/articles/huangheqing/hhq04.htm（檢索日期：二〇一八／六／三十）。

71 有關「腦」的知識從晚明到晚清的傳播與研究，可參見鄒振環，〈《泰西人身說概》與「腦主記憶說」〉，收入氏著，《晚明漢文西學經典：編譯、詮釋、流傳與影響》（上海：復旦大學出版社，二〇一一），頁三四四—三五四。張仲民，《出版與文化政治：晚清的「衛生」書籍研究》（上海：上海世紀出版集團，二〇〇九）。張仲民，〈身體、商業與政治——艾羅補腦汁的生意經〉，見復旦大學等主辦，「近代中國知識轉型與知識傳播（一六〇〇—一九四九）學術研討會」，二〇一一年十月二十二—二十三日，會議論文集，未刊稿，頁二一九—二二一。

72 廖平曰：「考占夢立官，《始皇本紀》已有卜夢博士，『獻吉夢於王』……」見氏著，《孔經哲學發微》，《廖平選集》，上冊，頁三七四。

《詩》為神游，……《楚辭》所謂神雖去而形留，鬼神之學不見不聞，非可言喻，魂夢則智愚所同，故經之天學每借夢境以立神游之法，《周禮》掌六夢，文與《列子》全同，《楚辭·招魂》以為掌夢職事。《莊子》云夢為鳥而戾天；夢為魚而潛淵。《詩》所謂匪鶉匪鳶，翰飛戾天；匪鱣匪鮪，潛逃於淵，即此義也。故《詩經》全部皆為神游夢境。73

《孔經哲學發微》中說：

讀《詩》如《楚辭》與《莊》、《列》之華胥化人之宮，蕉鹿、蝴蝶，同屬神游。……74

〈哲學思想論〉中說：

是《詩》全為思想學，全為夢境思夢，全為靈魂學。……〈遠游〉云：「神雖去而形留」，是《楚辭》之周游六虛，即為《詩》神游夢想之師說。75

因此《詩經》全為解說靈魂學，《楚辭》、《列子》、《莊子》等內容可說都是《詩經》神游說的注腳；而靈魂出離形體、以大腦神經運作游於另一個世界的所謂「神游」之境，廖平認為這就是靈（魂）學、催眠術的本質。從以上所徵引的原文，可以看到這些陳述類乎虛無飄渺，致使過往的學者難以掌握其中的語境，往往以為廖平思想墮入虛玄，因此「玄遠」、「怪誕」、「難以理解」

的評價就不可避免。此刻我們若將視野放大到清末民初的知識傳播與思潮觀看，便比較容易體悟出他所汲取的時代資源以及要傳達的心意所在。

廖平在接觸到了關於「腦」的知識，以及靈學、催眠術這些號稱「科學」的新學後，他要說明孔子至聖先知，孔學無所不包，世人引為新奇而趨之若鶩的「時尚」，其實是孔子的學術中早已具備，所以他說這些新興學科「學者或頗訝為神奇，不知此固吾國老生常談，特少專門研究耳」！[76]又說：

> 蓋世界進步，魂學愈精，碧落黃泉，上下自在。（廖平自注：鬼神之事，未至其時，難取徵信，惟夢者雖屬寤寐之近事，而神通肉體之分別，可藉是以考鑒焉，此千萬年娑婆世界，飛相往來之事跡，預早載述，使人信而不疑，樂而忘倦，則惟恃此夢境以道之。）……《詩》為靈魂學之大成，固可由《楚辭》、《列》、《莊》而通其理想，若修養家之出神，與催眠術之移志，則事實之萌芽矣。[77]

73 廖平，《莊子敘意》（台北：藝文印書館據一九二一年刊本影印，一九七二），頁四—五。
74 廖平，《孔經哲學發微》，《廖平選集》，上冊，頁三七六。
75 廖平，〈哲學思想論〉，《四益館雜著》，頁七一b。
76 廖平，《孔經哲學發微》，《廖平選集》，上冊，頁三七四。
77 廖平，〈哲學思想論〉，《四益館雜著》，頁七二a。

依此論說，世界愈進步，更能證明以孔子所統領的傳統學術體系具有時代性。雖然民初上海靈學會發起人之一的楊璿以及嚴復也曾將靈學研究、催眠術與傳統的道術或《易經》、《老子》、佛學聯想在一起，[78]不過廖平思想不同於近代靈學、催眠術者，在於他宣稱《詩經》、《楚辭》、《列子》、《莊子》等敘述的「神游」所看到的「夢境」，是世界進化到天學時期以後的六合之外宇宙之真實景象，呈現孔子對未來宇宙的預知，因此這也是孔學內容殊勝於西方靈學之處。《詩經》是孔子預告天學的「小統」階段，這個時期的人類進化到能夠「神游」，即肉體停留於某一處，精神神通能自在遨遊，飛翔往來於宇宙星際間，孔子在兩千年前已經把這個千百萬年後會發生的事載入以《詩經》為主的典籍中，藉夢境之說以顯未來之真實。接著，天學還會再進化到以《易經》敘述為主的「大統」階段，那時就不僅僅是「神游」了，而是人的形體能游於各星系的「形游」，是天學中的極致。為什麼《易經》主形游呢？廖平引《易傳》的「精氣為物」之說，[79]將之解釋成精氣化為物質，以形體飛升往來於太虛之間：

> 人種進化至於千萬年後，輕身服氣，鍊氣歸神，眾生一律，同有佛慧，各具神通，入實無間，入虛如實，水不濡、火不熱。……在彼時為普化，眾生同等，往來無間，生於其時之人，亦同仙佛具大智慧、大神通，同為恆河沙數百千億萬之化身。……則為日用尋常，周游六漠，亦如車舟往來郡國，人人能知能行，乃平常進化之極典。[80]

到了能形游時，人人如道家所說的辟穀飛身，也都同於仙佛一樣具有大智慧、大神通。[81]因此被廖平視為輔助《易經》的佛、道內容，並非是修行有成後的神祕境界，而是世界、人種進化到極致的具體結果，蒼茫宇宙星辰間的真實境況。這也表現了廖平對達爾文物種進化的信仰，而孔子學說已經展現了這一套進化的程序。

廖平的天學內容也可能曾受過晚清科幻奇譚的影響，例如魯迅於光緒二十九年所翻譯的儒勒·凡爾納（Jules Verne, 1828-1905）之《月界旅行》、荒江釣叟光緒三十一年的《月球殖民地小說》、蕭然鬱生光緒三十二年的《烏托邦遊記》、東海覺我（徐念慈，一八七五—一九〇八）的〈新法螺先生譚〉等小說中都有旅行月界、殖民星球或遊於諸星系等對外太空的遐想，這在十九至二十世紀的轉折之際已成流行題材，[82]亦有學者稱之為「地理想像」，認為源自於一八九五年後大量出現的報刊雜誌，轉化了中國既有的地理知識，從而提供源源不絕的認知想像動力。[83]在

78 楊璿在學習西方的精神科學、靈魂研究之後，覺得西方這一套學問不如中國固有的道術來得精妙。他說：「至我聖賢經傳，仙佛典乘，其理完，其象備，其體弘，其用廣，其相偉，其功普，其神化，其智圓，以視催眠等術，糞土焉耳。……吾行吾固有之道術，則方術莫能外也。」楊璿，〈扶乩學說〉，《靈學叢誌》，一卷一期（一九一八年），著作，頁二。又嚴復曾致信給上海靈學會的侯毅，提到英國一八八二年所創設的英國靈學會所研究的內容及自己的感想，其中有云：「人心大用，存乎感通，無孤立之境。其言乃與《大易》『精氣為魂，感而遂通』，及《老子》『知常』、佛氏『性海』諸說悉合。」嚴復著，王栻主編，《嚴復集》，頁七二一。以上楊璿、嚴復之說，又見黃克武，《惟適之安：嚴復與近代中國的文化轉型》，頁一七二—一七三，一九二—一九三。

79 廖平，《孔經哲學發微》，《廖平選集》，上冊，頁三七〇。

80 廖平，〈孔子天學上達說〉，《四益館雜著》，頁五六b。

81 廖平，《四益館經學四變記》，《廖平選集》，上冊，頁五五七。

82 王德威，《被壓抑的現代性：晚清小說新論》，第五章，頁三二九—三九七。

這樣的背景下，廖平再以中土的學術資源，如道教的修鍊飛昇，《列》、《莊》的凌虛御空、游於物外，以及佛學超越此世的意境，構造了一幅將來天界人種遨遊於宇宙間的景象，也反映了他本人對進化與新知識未來發展的一種樂觀及想像。例如他曾於《四益館經學四變記》中說：「周遊六漠，魂夢飛身，以今日時勢言之，誠為力所不至。然以今日之民，視草昧之初，不過數千萬年，道德風俗，靈魂體魄，已非昔比。若再加數千年，精進改良，各科學繼以昌明，所謂長壽服氣，不衣不食，其進步固可按程而計也。」[84]即可說明這種情形。

為什麼廖平要建構一個「六合之外」的世界呢？在《莊子．齊物論》中有言：「六合之外，聖人存而不論。」中國的思想家自古以來對於超越源頭只做肯定而不去窮追到底的態度，與西方是大異其趣的。[85]廖平要建構彼岸的世界，與西方基督教的影響有關，當時傳教士於四川省廣傳基督福音，接觸西方宗教的機會大增，[86]廖平也注意到中西方宗教的差異性。[87]他要塑造孔子為至聖「先知」，那麼建構一個孔子已經預知，且已為世人規劃好的彼岸世界就成為勢所必然。其次，西方實證性的天文學本來就是探討六合之外的學問，當中國人生哲學基礎的宇宙觀遭遇到西學衝擊時，要回應西方與重新詮釋固有知識與生命賴以安頓的哲學問題時，傳統知識分子可能就會再用本有的學術資源去解說一套六合之外的空間體系。廖平所引用的資源，除了中、西方天文學、靈學等知識外，可能還吸納了晚清科幻奇譚，並對傳統的《詩》、《易》、佛道思想，做完全不同於過往學者的轉化詮釋。

以上的討論可以得知在廖平的概念裡，所謂靈魂、神祇，以及佛教中的「佛」、「天人」，道教的「仙」，或是道家的「至人」、「神人」、「真人」、「化人」，都不再是我們以往認知中的陰間鬼神或是修道有成的仙佛，而是進化到未來世界中的進步人種，可以用神識或形體自在往來於具體的星際空間中。至此，「天」已經沒有了天人相應的神祕性，而趨向於一個表徵宇宙星際的自然天。但是如果說廖平意識中的「天」僅僅是一個純粹的自然天，事實又並非這麼簡單。首先，最明顯的例子是廖平始終宣稱孔子為承受天命的素王，上天既然能夠賦予使命，就不能等同於自然天，仍然是具有意志與神力之天；[88]而且他也從來沒有放下傳統把「天」作為一個超越價值的存在。之所以會有這種矛盾現象，是西學新知與傳統價值觀碰撞下所造成的過渡時代之思想

83 潘光哲，〈中國近代「轉型時代」的「地理想像」〉，收入王汎森等著，《中國近代思想史的轉型時代》（台北：聯經出版公司，二〇〇七），頁四六三—四六九。

84 廖平，《四益館經學四變記》，《廖平選集》，上冊，頁五五四。

85 余英時，〈天人之際〉，收入氏著，程嫩生、羅群等譯，《人文與理性的中國》（台北：聯經出版公司，二〇〇八），頁一七—一八。余英時，《知識人與中國文化的價值》，頁一八。曾師從於廖平的四川學者李源澄（一九〇九—一九五八），因時代較廖平更晚近，故能完全跳脫傳統的天人思想，從歷史與學脈的流變做出評議。他指出：「漢代陰陽家喜以自然配合人事，而言天人感應，又以之言政，故流為災異之學。宋學復興，以釋氏言宇宙為幻化，故喜言天。……嚴格論之，儒家實不求知天，其言『天人合一』者，所以使人與天不衝突，使春秋戰國以來，人本之思想與古代神道思想相調合。」誠為持平之論。見李源澄，〈天人合一說探源〉，原刊於《靈巖學報》創刊號（一九四六年十月），後收入於林慶彰、蔣秋華主編，《李源澄著作集》（台北：中央研究院中國文哲研究所，二〇〇八），第三冊，頁一〇四九—一〇五〇。

86 林頓，〈清代外國教會在川勢力簡述〉，《四川大學學報》，一九八五年第四期，頁八七。

87 廖平學，黃鎔箋釋，《世界哲理箋釋》（一九二一年，四川成都存古書局刻），頁七a—七b。

88 孔子受天命為素王是廖平建立孔經理論的根荄，曾說：「蓋天命孔子不能不作，然有德無位，不能實見施行，則以所作者存空言於六經，託之帝王，為復古反本之說。」又說：「《緯》云：孔子受命為黑統，即玄鳥、素王。莊子所謂玄聖、素王之說，從〈商頌〉而寓之。〈文王〉篇『本支百世』，即王魯；『商之孫子』，即素王；故屢言受命、天命，此素王根本也。」見廖平，《知聖篇》，《廖平選集》，上冊，頁一七六，一八〇。

特色。那麼對廖平而言，天的超越價值是什麼，以及天與人的關係如何，都是下文要討論的重點。

二、天的運行、架構與人世秩序

廖平深受進化思想影響，認為地球的文明在萬年後發展到極致時，物種就會進化到更上一層的、六合以外的天界階段，那時的文明境界更高，地球的文明就相對成為野蠻。而即使到了天界階段後，這條進化之路也仍未停止。[89]人世的進化是伯↓王↓帝↓皇，廖平通常簡稱為「王伯」（小統）和「皇帝」（大統）兩大時期，天界的進程亦復如此。[90]人世之學是天界之學的基礎，天界之學是人世之學基礎上進一步的推展。他參合中外天文學的思想與名相，將整個宇宙劃分成四個層次：日系世界、昴星世界、四宮列宿世界、三垣世界：

> 今以本世界為君，日系世界為伯，昴星為王，四宮列宿為帝，三垣為皇。[91]

本世界指地球，日系世界即太陽系（伯），合多個太陽系就成為一個「昴星世界」（王），合數個昴星世界則為一個更大的「四宮列宿世界」（帝），最後，再合多個四宮列宿世界終成為最高層次的「三垣世界」（皇）。所謂的昴星、四宮、三垣本來都是傳統天文學中的名詞，昴星為二十八宿之一，四宮與三垣兩者，是中國古代天文學對於星空以北極為中心劃分的不同方式，[92]不過在廖平的筆下，它們已被轉化成了宇宙中大小不同層次的名稱。廖平也引申哥白尼的地球繞日說，來講解這四個層次的「天」之運轉方式：

地統月，合行星小星以繞日，日統行星（筆者案：太陽系）以繞昴星。[93]

又云：

按西人說日會世界者（筆者案：太陽系），以為八行星與小星共為九軌，軌各繞日，則當為一恆星。……然行星繞日，日又不能無所繞，西人有日繞昴星之說，雖未能大定，然日之率行星以繞大行星，則固人所公認無異辭者。……西宮以七宿合為一宮，……合數十星為一宿，……四方四宮以繞三垣，各星又繞北極之帝星。以人學之皇、帝、王、霸言之，北極為皇，四宮分占四方為帝，西宿昴星之一為王，日會所統為霸。[94]

89 廖平，〈孔子天學上達說〉，《四益館雜著》，頁五七a。

90 廖平，〈天人論〉，《四益館雜著》，頁八二a。

91 廖平，〈孔子天學上達說附「人天學內外不同說」〉，《四益館雜著》，頁五七b。

92「四宮」的內容可以《史記．天官書》為代表，〈天官書〉中把星空分中的二十八宿分屬於東、西、南、北四宮，分別稱為蒼龍、朱雀、咸池（白虎）、玄武，再加上中央北極附近的星群「中宮」，則星空的劃分共有五個區域。「三垣」的名稱始於隋代丹元子的《步天歌》，也是環繞北極的星空劃分，以紫微、太微、天市三區合稱三垣。今人推測三垣的劃分方式可能晚於二十八宿，約在戰國時代或之後，或許是因為二十八宿的分布還不足以包括廣大的星空，因而再創三垣以補充之。見陳遵嬀，《中國天文學史》，第二冊，頁五，三三。

93 廖平，〈孔子天學上達說附「人天學說具於佛經說」〉，《四益館雜著》，頁五七b。

94 廖平，〈天人論〉，《四益館雜著》，頁八二b。

地球統領月球及諸行星繞日，形成一個太陽系（伯）；太陽系的外圍又運轉著由無數太陽系組成的更大昴星世界（王）；昴星世界之外圍運轉著四宮列宿世界（帝）；四宮列宿世界之外圍運轉著最大的三垣世界（皇），這幾個層次共同的中心點是北極。也由於這四個層次的宇宙大小互相統理隸屬，如人世的秩序一般，所以說：「天學統系，亦如人學之以皇統帝，以帝統王，以王統霸也。」[95]由他所論的宇宙結構或運行來看，雖然掌握到了一部分近代傳入的西方天文學知識，例如衛星繞日，以及宇宙無垠、由多個類似太陽系的星系組成的概念等，不過所敘述的細緻內容並沒有確切的科學根據，只能說是自己的朦朧推想，稱不上是客觀的天文學研究。因為廖平對西方天文學、太陽系的知識來源，基本上得自於蔣友仁的《地球圖說》、晚清以來的報刊雜誌如《萬國公報》，或是侯失勒的《談天》等譯作，在學識上只是一種普通概念的認知。[96]與其說他重視天文知識的探索，不如說真正關心的是天的秩序與人間的關係。行文至此，也有必要補充說明晚清學人認識宇宙新學說過程中與佛學內容的關係，以及廖平的看法。

晚清由於西洋新知的衝擊，人們需要有一種理解西學的知識基礎。傳統儒家學說以血緣親情為思考基點的道德觀念，和以維護秩序為基本內容的宇宙觀念，以及經史子集為載體的人文知識，似乎不能提供一個完整和全面理解西方思想的基礎。而佛經的內容常讓人覺得與西方科學有若合符節之處，故晚清學人談佛學的一大契機，是把它當成與西學對話的本有資源之一，用佛學會通科學。純粹從宇宙方面的知識來說，佛經中的「無量日月」、「三千大千世界」、「風輪持水輪，水輪持地輪」各種說法，在人們看來，與西方天文學所描述的浩瀚宇宙星系之組成、地球自轉與大氣層等等現象頗為神似。梁啟超、譚嗣同、宋恕、孫寶瑄諸人在戊戌前後的著作中，都有「以佛學格西學之義」的內容，也代表那個時代的學人正逐漸跨出主流的人文意識，另外尋求知識背景支持的取向。[97]廖平也注意到了佛經中的說法，以及晚清學界的接受情形。他承認佛經內容的無量恆河沙數世界與西方所說的天文實相接近，因此指出「近人乃就西人所測，參合佛書立論」。然而他認為這樣的參合有所不妥，因為佛書是「隋唐以前華人就梵書翻譯而成，當時地球未出，行星之為地球繞日之測驗未明，……所有海、性、種、元大千世界，各以意為之立說」，畢竟缺乏實證的基礎。而且佛經以人類所居之本大地為「南贍部州」，位於宇宙中心須彌山的南

---

95 廖平，〈天人論〉，《四益館雜著》，頁八二b。

96 曾有學者讚許廖平「對於太陽系的知識已大大超出了古人。」又說：「他在吸取了中外古今的天文學思想營養的基礎上形成的天文學思想是相當傑出的。」見鄧萬耕、張奇偉，〈廖季平經學第四變及其哲學思想〉，《社會科學研究》，一九八六年第一期，頁七六。不過這種說法值得商榷，而且廖平對西方天文學、太陽系的知識，也並未超出同時代的學人例如康有為、章太炎等人，筆者個人覺得無法以「傑出」稱之。

97 梁啟超，〈說動〉，收入氏著，《飲冰室合集》（上海：中華書局，一九三六），第二冊，文集之三，頁三七。譚嗣同著，蔡尚司等編，《譚嗣同全集》（北京：中華書局，一九九八年增訂本），頁四六四。宋恕，〈六字課齋津談・九流百氏類第十一〉，《宋恕集》（北京：中華書局，一九九三），上冊，頁八五。孫寶瑄，《忘山廬日記》（上海：上海古籍出版社，一九八三），頁一六五，一八二，一八四，三九五。晚清學人以佛學作為與西方天文知識對話的資源之論述，亦可參見葛兆光的多篇文章：〈西潮卻自東瀛來——日本東本願寺與中國近代佛學的因緣〉、〈論晚清佛學之復興〉、〈「從無住本、立一切法」——戊戌前後知識人中的佛學興趣及其思想意義〉，均收入葛兆光，《西潮又東風：晚清民初思想、宗教與學術十講》（上海：上海古籍出版社，二〇〇六），頁五八，六五，八四—八七，一一一；葛兆光，〈孔教、佛教抑或耶教——一九〇〇年前後中國的心理危機與宗教興趣〉，收入王汎森等編，《中國近代思想史的轉型時代》（台北：聯經出版公司，二〇〇七），頁二二三—二二八。

方，也與地球繞日之說不合。[98]很清楚的，廖平認為佛學的宇宙觀在知識論上已經不合於哥白尼學說，不足以成為格義的資源。其次，從意義層面來看，他認為佛經一味的講無量世界、「恆河沙重重無限之天河」，這樣的知識陳述缺點是「大而無當」、「能博而不能約」，結果造成「毫無實用」，使人在價值感上「失所憑依」，「亦失立教宗旨」。[99]從這裡也可以理解，廖平談「天」，最終希望歸向一個教化的價值意義上，而佛學在這方面，對他而言也有所不足。於是他仍然要回到中國本有的天象、人事對應之思想精神上，去闡發天的秩序與人世的關係。

天的秩序與人間的關係究竟如何呢？首先，宇宙四個層次中，各層次的內部結構都有一個基本的架構。以天學中疆域屬「伯」的日系世界來說，那是一個以日為中心，周圍繞著衛星的太陽系，整個太陽系繞著中央的北極旋轉，即廖平所說的：「日統八行星、小行星，則為一大世界。《論語》：『譬如北辰，居其所而眾星拱之。』《禮記》：『前朱雀、後玄武，左青龍、右白虎，

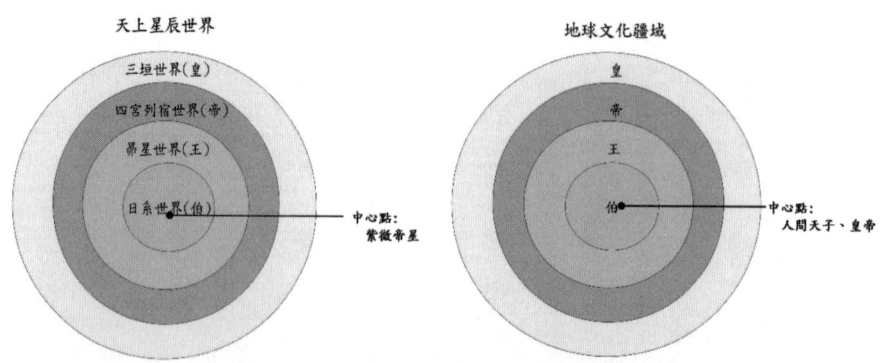

圖4.2　天上星辰空間與人世文化疆域對應圖

招搖在上。』」[100]當空間擴大到屬「王」的昴星世界時，也是依著這個模式，由好幾個太陽系圍繞著一個中心運轉，依此類推。因此無論宇宙大小如何劃分，都是由一個中央與周邊四方的模式所組成。他又將四個層次的天之大小與地球上伯、王、帝、王的疆域按比例相互對應，如圖4.2所示。

天上的空間與地上的疆域按比例互為對應，實是表徵著文化由內向外推擴，以下這一段話很具有代表性：

> 人學由伯王以推皇帝，自內而外，……由內推外，愈加愈大。如《春秋》九州在中國之心，推及要荒。海內四經則為王，海外四經則為帝，大荒四經則為皇。伯雖小，乃積天下中心以起例。天學……如以人事例之，則當以三垣北辰為伯推之，加四宮為王為帝，徧統諸天星辰乃為皇，此由中心以推外之說也。[101]

人學的疆域範圍由伯、王到帝、皇，自內而外，逐漸擴大，例如《春秋》中以禮樂冠帶之處的九州為中心，將文化向四周推及蠻荒之地；又例如《山海經》中，海內四經、海外四經、大荒四經

98　廖平，〈孔子天學上達說附「人天學說具於佛經說」〉，《四益館雜著》，頁五七b—五八b。
99　廖平，〈孔子天學上達說附「人天學說具於佛經說」〉，《四益館雜著》，頁五八a—五八b。
100　廖平，〈孔子天學上達說附「人天學說具於佛經說」〉，《四益館雜著》，頁五八b。
101　廖平，〈孔子天學上達說附「人天學內外不同說」〉，《四益館雜著》，頁五七b。

也是由內到外的層次觀，當文化能施及最外圍、最蠻荒之地時，就是到達「皇」的疆域與境界了。同樣的，天學中整個三垣世界遍統諸天的星辰，也如同整個地球統一以後的「皇」之疆域與境界，它也是要由「伯」（太陽系）的範圍逐步向外擴展的，而一個太陽系（伯）在整個三垣世界（皇）中所占的疆域比例，也大約如同地面上的方千里一州（伯）之於整個地球（皇）的比例。[102]因此仰觀天上星辰與俯視地上人事，概念是一致的。

此處我們也同時注意到了廖平的天學建構隨著時間有愈加細密的過程。光緒二十三年時只談到太陽系，光緒二十八年後從太陽系繼續擴及到整個宇宙星系的組成與運行。這期間最大的差異，是之前以太陽系中心的「日」表徵天子或皇帝，後期則發展成以北辰（北極星）為天的中心，與地上的天子、皇帝互相比擬、對應。這種現象擺置在他一路下來的思考方向上不無意義。中國自古以來，北極在人們心中占有神聖而特殊的地位。由於地球自轉，北半球的人們觀察天象時容易感覺到天體的正北方有一個基本不動的地方，其他星辰似乎都環繞著它運行，這個地方就是北極。北極的定點本來無星，最接近此處的一顆星便被當作北極的標誌，稱為北辰或北極星。北極因來自於獨一無二的中央地位，古代宇宙論無論渾天、蓋天、宣夜說皆以之作為天體運行的圓心，並被人們將之神祕、聖化，且與地上的帝王相聯繫，又稱作太一或紫微，於是它便逐漸擁有規範天體與人間秩序的雙重作用。雖然無論以「日」為尊或「北辰」為尊，對廖平而言都是為了展示尊君為核心的價值，但是葛兆光與日本學者福永光司都曾提出中國古代北極崇拜遠超過太陽崇拜的說法。[103]所以廖平後期的「以北辰為尊」較前期的「以日為尊」更具傳統天人思想的味道，同時也可以體會到他一直要努力的回到傳統的政教秩序上，積極的為天上、人間「立極」或

「立心」之目的，是要確立以孔子之道為主體的中國處於世界中心之地位。[104]總之，他要說明孔子已規劃了的禮樂教化，將從中國這個倫常中心向外傳播，未來將遍及世界成為大一統，倫常的中樞在代表孔子之道的皇帝身上，這個人間價值的根源也已經體現於天極中的北辰。

「尊北辰」的焦點既然表現在王化論上，那麼人間與天上的星宿秩序是一體的。他從傳統幾部天文地理的代表作說明天文與地上空間的對應：

〈天文訓〉、〈天官書〉與〈月令〉，其餘天文辨方分野，亦如地球之〈地形訓〉、〈地理志〉，天文證驗，上下相同。除常見之星以外，其遠者則亦如地球中之夷狄荒遠，天子所不治，來去無常，故以目所見之四宮為四岳，以所不見者為四夷。諸星之大小尊卑，亦如地上人事之法，此孔子天人之學也。[105]

《淮南子．天文訓》、《史記．天官書》與《禮記．月令》都有一個類同的方位觀。〈天文訓〉的

102 廖平，〈孔子天學上達說附「人天學說具於佛經說」〉，《四益館雜著》，頁五九a。

103 錢寶琮，〈太一考〉，收入李儼、錢寶琮，《科學史全集》（瀋陽：遼寧教育出版社，一九九八），頁二二一—二二四。葛兆光，〈眾妙之門——北極、太一、太極與道〉，收入氏著，《古代中國的歷史、思想與宗教》，頁一五一—二六。葛兆光，《七世紀至十九世紀中國的知識、思想與信仰》，頁四五二。福永光司，〈中國宗教思想史〉，收入長尾雅人等編，《中國宗教思想》（東京：岩波書店，一九九〇），頁八一一〇。

104 廖平，《知聖篇》，《廖平選集》，上冊，頁二〇二—二〇三。

105 廖平，〈孔子天學上達說附「人天學說具於佛經說」〉，《四益館雜著》，頁五九a—五九b。

「天有九野」是將天分為九個區域：中央均天、東北變天、北方玄天、西北幽天、西方顥天、西南方朱天、南方炎天、東南方陽天。[106]〈天官書〉將天空的星象以北極為中心，區分為中宮紫微垣、東宮蒼龍七宿、南宮朱鳥七宿、西宮咸池七宿、北宮玄武七宿，共五大部分。[107]〈月令〉的一大特色是將時序納入空間的方位中，天子有東、南、西、北、中五太廟，前四個方位分別配上春、夏、秋、冬四季，中央太廟為明堂太廟，然後按照不同的季節祭祀各個太廟，實施當季的政令。所以〈月令〉是討論理想制度背後的宇宙間架，反過來說，理想的政制是植基於宇宙秩序。[108]

總觀以上三個文本都呈現中央與周邊的空間概念。又地理方面的《淮南子．地（墬）形訓》中，相對於〈天文訓〉的「天有九野」者是地有九州：東南神州、西南戎州、正西弇州、正中冀州、西北台州、正北泲州、正東陽州；[109]《漢書．地理志》也敘述地上的州國與天上的分野相對應。[110]天上星辰的空間感與地上一致，所以廖平說：「就目所能見周天之星辰，就地球中辨方正位，體國經野，設官分職之法，推之於天下。」[111]此語出自《周禮．天官冢宰》：「惟王建國，辨方正位，體國經野，設官分職，以為民極。」經由地理方位的確定來劃分人際社會的職分等級，表現出政治倫理的尊卑意義。承受天命的王者「擇天下之中而立國」，[112]接受四方諸侯及蠻夷戎狄的朝奉；未濡染王化者則被視為散諸四方的「化外之民」。[113]地上如此，天上亦然，所以廖平又說：「除常見之星以外，其遠者則亦如地球中之夷狄荒遠，王者所不治，來去無常，故以目所見之四宮為四岳，以所不見者為四夷。」這涉及傳統對外關係的理論與實踐。在傳統的天下觀中，天子所統治的「天下」在理論上是沒有邊界的，管轄力道的強弱也隨著遠近、親疏關係採用差別方式，例如「五服」、「九服」的職貢制度，在現實上也是反映統治力由近及遠不斷的遞減，由強漸弱而轉無，由「治」到「不治」的現象。這種現象融合了華夷親疏的等差觀念，形成了天子不治荒遠的夷狄，「以不治治之」的理論。廖平把這樣的思想連繫到天上的星辰，以遙遠而目所不見者比擬為天象中的荒遠夷狄。因此諸星之遠近、大小尊卑，也如地球上的人事一般，互相對應。他強調如此的文化秩序也已昭示於孔子的天學裡，這獨有的精義最是西方天文學所缺乏之處：

> 孔作六經，以天包地，經中典制取法天文。《史．天官書》以天星分五宮，中宮天極，太乙之居。……經制法天，範圍百世，故聖欲無言。西學星象則立說破碎，無所取裁。[114]

106 劉安原著，何寧撰，《淮南子集釋》（北京：中華書局，一九九八），上冊，頁一八〇—一八三。
107 瀧川龜太郎，《史記會注考證》（台北：藝文印書館，一九七二），頁四五七—四六三。
108 張灝，《幽暗意識與民主傳統》（台北：聯經出版公司，一九八九），頁三七—四〇。
109 劉安原著，何寧撰，《淮南子集釋》，上冊，頁三一一—三一三。
110 班固撰，顏師古注，楊家駱主編，《新校本漢書并附編二種二》，〈地理志〉第八下，頁一六四一—一六六九。
111 廖平，〈孔子天學上達說附「人天學說具於佛經說」〉，《四益館雜著》，頁五八b。
112 呂不韋編，楊堅點校，《呂氏春秋》（長沙：岳麓書社，一九八九），頁一四八。
113 龔勝生，〈試論我國「天下之中」的歷史源流〉，《華中師範大學學報（哲社版）》，一九九四年第一期，頁九三—九四。
114 廖平，《書經弘道篇》（一九一八年，四川成都存古書局刊），頁二六a。

總之，具有人文秩序的經教內涵，正是中國天學相較於僅從自然物理探索星象，令人有「無所取裁」、找不到價值歸屬的西方天文學殊勝的地方，這也反映了廖平心中的價值觀。

三、天界進化的動力：另一種禮樂文明的傳播

待到現今的整個世界都濡染孔子教化的大一統之後，還要再往上進化到孔子規劃的天界階段，離現世必須經過萬年的時間，[115]那麼仍處於人世階段的當下，我們目前頭上存在的這個「天」之意義是什麼？又未來天界物種的時期，是什麼動因能使他們的文明進化？其實廖平論「天」，可分成兩個層面：第一，現在當下的人事（例如華夷觀等）就與天上的星象相對應；第二，當進化到天的境界後，除了物種進化了，在文化方面也與「人」的進程一樣，文化在「天」的疆域中由內向外傳播。第一點在前文的天、人對應方面已經呈現出廖平現世的天人關係思想了，現在就第二點做較詳細的說明。

如前所述，天界由小範圍到大範圍的四個階段為：日系世界（伯）、昴星世界（王）、四宮列宿世界（帝）、三垣世界（皇），前二者是小統，人種屬於神游階段，後二者是大統，人種屬於形游階段。天界進化的內容，除了人種從「神游」到「形游」以外，還有另一種天界時期的禮樂文明將會在「天」的疆域中逐漸傳播。經學五變是人、天之學建構完備的時期，從當中的內容可以看到，無論是人世之界還是天界，禮樂教化都是很重要的一環。《五變記箋述》中，人學（人世之學）三經是小統的《春秋》、大統的《尚書》，以及通用於小大統的《禮經》附小樂；天學（天界之學）三經是小統的《詩經》、大統的《易經》，以及通用於大小統的《樂經》附大

禮。雖然人學、天學的禮樂內容有「《禮經》附小樂」或「《樂經》附大禮」的名目差別，不過可以說明禮樂是人世之學、天界之學都不可缺少的教化內容。以下將人、天兩者的禮樂內容敘述比較，以便幫助理解禮樂在天界之學中的重要性。《五變記箋述》卷上提到人世時期的禮樂內容曰：

人有禮，乃為人，六藝中（黃鎔箋述：射御書數禮樂）先有小禮（黃鎔箋述：如〈曲禮〉、〈少儀〉、〈內則〉、《容經》、《弟子職》）、小樂（黃鎔箋述：十三舞勺、成童舞象……），此為《禮經》，乃修身、齊家事，為治平根本。[116]

人界之學的禮又稱小禮，為日常的倫理、儀節規範，從修身、齊家做起，但最終是要以禮來治天下，非僅止於個人的修養；[117]而小樂則是陶冶性情的歌舞。廖平又指出孔子之前雖然已有社會習俗流傳的禮樂，但當時的風俗仍質野，諸如同姓婚、不親迎、喪娶等均未合乎儀節，各國土著的音樂，如鄭聲、秦缻、楚歌楚舞等也不雅正。孔子酌宜定法，使禮樂必合乎節度與典雅，除了以

115　廖平言，「方今三千年內，大抵不出《春秋》治法（廖平自注：今之世局如大春秋），《尚書》王、帝、皇非再萬年不能盡，孔子新經，不過略行六分之一，萬年以後，乃能及其天學，又何廢經偏經之可言？」見廖平，〈孔子天學上達說〉，《四益館雜著》，頁五七a。

116　廖平學，黃鎔箋述，《五變記箋述》卷上，《廖平選集》，上冊，頁五五八—五五九。

117　廖平學，黃鎔箋述，《五變記箋述》卷上，《廖平選集》，上冊，頁五六一。

之教學陶冶學子的性情，同時欲把這套禮樂用之於郊廟、朝廷及冠、昏（婚）、燕（宴）、饗各種場合中，最終是期望禮樂可從人心的感動通於國政、化成天下，這也是文化能擴散到周邊的動力。因此人世進化不能沒有禮樂，進入天界階段亦是如此。[118]

天界的禮樂又稱大樂與大禮，大樂又稱「天樂」，廖平強調屬於天界之樂的《樂經》未曾亡缺，附存於《詩經》當中：

> 古有秦火經缺，《樂經》獨亡之說，不知秦火不焚孔經，《樂經》實尚存也。蓋宮商工尺譜記流傳，人情殊尚，久必變更，孔聖慮遠深思，求所以傳之永冀，乃以《樂經》附屬於《詩》。……《樂》存於《詩》，理精義確。[119]

《樂經》附於《詩》中，且未經秦火，故尚存於世。廖平引《莊子．天道篇》所云「與人和者，謂之人樂；與天和者，謂之天樂」，以「人樂」是為了治人，「功成作頌，感通鬼神」，但天樂卻是無聲無臭的「太音稀聲」：

> 聽之不聞其聲，視之不見其形，充滿天地，包裹六極。……故大樂與天地同和。……是則太音希聲，感而後動，冥漠相洽，變化自然。故天樂者，其生也天行，其死也物化，靜而與陰同德，動而與陽同波，一心定而王天下。其鬼不祟，其魂不疲，言以虛靜推於天地，通於萬物，此之謂天樂。[120]

天樂（大樂）的描述如此的高遠玄妙，它的作用簡言之就是通於萬物，與天地同和。至於天界的「大禮」內容，廖平說得不是很具體，在《五變記箋述》卷下僅簡單的提到「禮為別，樂為和」、「大禮與天地同節」，此種情形可能是天的境界離人世還太遙遠，不易具體建構其中的禮樂細目，也或許是他心中的大禮、大樂特別著重在精神，而非外在的形式儀文。例如他說：「人學為有體之禮、有聲之樂、有服之喪，天學乃變有為無，亦如《列》、《莊》、釋書之貴無而賤有。然所謂無，非真無，別有真耳、真目。……其言有無，亦對庸耳俗目而之耳。」[121]總之，實踐禮樂教化，從人間世界到天上世界都是天經地義，不可或缺的進化資格。[122]又廖平這種文化由中心到周邊、再從人到天不斷傳播的立論，除了借助於傳統天下觀的概念（包括《公羊》學與《尚書》、《周禮》服制的文化觀），還蘊入了西方傳入的進化論，並結合宇宙諸天星系的視野，以及晚清興起的太平大同、烏托邦理想等。

從以上的討論來看，廖平所論的天、人兩者之間並不是斷裂的。因為從兩個階段來說，首先，當下人世的疆域中，文化的空間觀與天文星空的方位是相對應的；其次，未來人類進展為天

118 廖平學，黃鎔箋述，《五變記箋述》卷上，《廖平選集》，上冊，頁五六一—五六二。
119 廖平學，黃鎔箋述，《五變記箋述》卷上，《廖平選集》，上冊，頁六〇七。
120 廖平學，黃鎔箋述，《五變記箋述》卷上，《廖平選集》，上冊，頁六〇六。
121 廖平，《四益詩說》，頁二。
122 廖平，《禮運三篇合解》（民國七年，成都存古書局排印本），頁二五a。

界的另一層次之物種後，進化的模式是以另一階段的禮樂文明為本，天的文明疆域也由中央向四周擴大，與人世之界相同。所以人、天雖然有不同階段與物種的區別，但兩者的精神又是相合的。廖平言：

> 善言天者，必驗於人；善言人者，亦必驗於天，……故天人之學，重規疊矩，如表之有影，聲之有響，一而二，二而一，天道遠，人道邇，知人即所以知天。[123]

人學是天學的基礎，天學是人學基礎上的進一步推展，天、人關係是協調的，不論它們是當下的人世與天象的互相對應，或是人、天前後兩種進化的階段，「天」與「人」的內在精神都可以說是「合一」的。美國學者約瑟夫．列文森（Joseph R. Levenson）在《儒教中國及其現代命運》一書中提到了廖平的人、天之學時說：「他把光明和純潔歸於天，而把黑暗和雜質留給了地。天是他的歸宿所在。」[124]這種說法應是來自於西方基督教天人隔斷的思路，[125]沒有真正得著廖平的本意。對於中、西方的宇宙認知差異，考古學家張光直（一九三一—二〇〇一）曾經如此描述：「中國人對於宇宙的認知型態，是依循著『存有的連續』而進行的。由此，產生了所謂『天人合一』的宇宙觀，而與西方依循著『存有的破裂』的認知型態所建構出來的『天人隔離』的宇宙觀相異。」[126]廖平作為一個受傳統教育的知識分子，他最終的理想還是要回歸天人合一的境界，其天人學說與傳統之間有著精神上相當的承續性，只是它的內容樣貌已經不能與傳統畫上等號，也存在著特別是知識層面上的斷裂性。

第三節 西方天文地理知識洗禮下的新分野觀

前文說過，廖平將人種進化分成「人」、「天」兩個階段，天界的階段也有小、大統之分，小統只能神游，大統則能辟穀飛身，形游於宇宙星際間。不過廖平論「天」不僅在未來的層次，在當下人世的時期，我們仰頭望見的「天」、星空也扮演了重要的角色，因為人與天的秩序是不可分割的。在詮釋人、天秩序時，廖平對星象分野有諸多的詮釋，他為什麼如此重視分野的概念？又處在西學新知的洗禮下，他如何轉化傳統的理論？

星象分野的本質是要建立起天、地秩序之間的映射對應系統。簡單而言，分野是人們根據地上的州域來劃分天區，把天上的星宿分別配屬於地上的州、國，使星宿與地上的政區相互對應。如此則某一天區出現某種天象所主之吉凶，即為針對地上某一州國而兆示者；相對的，地面上的人事吉凶也會反應在天區上，這是天人感應思維的運用。《周禮．春官．保章氏》記載保章氏的職掌為：「掌天星以志星辰日月之變動，以觀天下之遷，辨其吉凶。以星土辨九州之地，所封封

---

123 廖平，〈天人論〉，《四益館雜著》，頁八二a。

124 列文森（Joseph R. Levenson）著，鄭大華、任菁譯，《儒教中國及其現代命運》（廣西：廣西師範大學出版社，二〇〇九），頁二六三。

125 例如西方中世紀神學家聖奧古斯丁（St.Augustine）所著的《上帝之城》（*City of God*），即是以「天」為光明純潔，「地」為污濁黑暗。

126 張光直，〈從中國古史談社會科學與現代化〉，《中國時報》，一九八六年四月一日，第八版。

域，皆有分星，以觀妖祥。」《周禮》的成書時間雖有爭議，不過歷來學者推測多不晚於戰國，可見分野理論出現得很早。現代學者張啟亮指出：「分野說最早是《尚書．禹貢》的九州分野，這種方法大約形成於西周時期。到春秋時期則發展為各國為基準的分野說，《左傳》中多有這種分野說實用例證。到戰國時則用二十八宿和五星相對應十二州及各國區域。分野說經過長期發展，終於形成一套複雜的體系，西漢以後有不少星家企圖把各種分野協調起來。」[127]這段話道出了分野理論有長時期發展的歷程，而且具有十分複雜的體系。

關於分野的理論與內容，當今已有多位學者做過較為深入的研究。[128]李勇曾經對大量的史料進行排比分類，歸納出中國古代星象分野大體有幾種模式，由於資料整理較為全面，此處對他的研究稍做介紹，以俾對古籍中分野的類型有一個大體的掌握。李勇將分野區分為五大類：第一類，十干分野、十二支分野、十二月分野。主要是分別以十干、十二支、十二月配上春秋時期的國名或地名，資料出自於《淮南子．天文訓》、《漢書》〈天文志〉、〈五行志〉、瞿曇悉達的《開元占經》等。第二類，單星分野。例如李淳風《乙巳占》中記載《洛書》有二十八宿分野，即以〈禹貢〉的二十八座山川各配上二十八宿的某一星宿。第三類，五星分野。這類分野方式出自《淮南子．天文訓》、《漢書．天文志》、《爾雅．釋天》、《史記．天官書》和李淳風的《乙巳占》。以東方歲星（木星）、南方熒惑（火星）、西方太白（金星）、北方辰星（水星）、中央鎮星（土星）將天區劃分為五方，並與地上的秦、吳、楚、鄭、宋等春秋之國的疆域相對應。第四類，北斗分野。依北斗七星劃分天區，並與〈禹貢〉九州對應，《春秋緯．文耀鉤》、黃鼎的《管窺輯要》卷二十一和《遁甲演義》中都有這方面的論述。第五類，十二次及廿八宿分野。木星每十二年（實際是十一．八六年）運行一周天，古人便把周天分成十二等分，每一等分稱為一次，共十二次，每一次分別配上廿八宿中的某些星宿，再與地上的各國相對應。史料中有很多此種分野模式的記載，包括《周禮．春官．保章氏》鄭玄注、《呂氏春秋．十二紀》高誘注、《淮南子．天文訓》高誘注、《史記．天官書》、《漢書．地理志》、《晉書．天文志》、《乙巳占》、《開元占經》、《管窺輯要》、庾季才撰，王安禮重修的《靈臺祕苑》、王希明的《太乙金鏡式經》、徐發的《天元曆理全書．考古之四》，以及《六壬大全》等。[129]另外，李智君也曾將與分野有關的大量史料歸納成若干種形式。[130]從這些研究成果可以看到分野理論的繁富龐雜，廖平在建構自己的思想時，對各種史料也有自己的選擇取捨或是融合不同的體系再轉化發揮，以下則將焦點放在廖平分野觀的探討上。

127 張啟亮，《宇宙星象探密》（北京：氣象出版社，一九九二），頁四三。

128 曾研究過星象分野的學者與著作，例如陳遵嬀，《中國天文學史》，第二冊。江曉原，《天學真原》。馮時，《中國天文考古學》（北京：社會科學出版社，二〇〇一）。殷善培，《讖緯中的宇宙秩序》（台北：花木蘭出版社，二〇〇八）。單篇論文方面，主要有林金泉，〈詩緯星象分野考〉，《成功大學學報》，第二十一期（一九八六年十一月）。李智君，〈分野的虛實之辨〉，《中國歷史地理論叢》，第二十卷第一期（二〇〇五年一月）。李勇，〈對中國古代恆星分野和分野式盤研究〉，《自然科學史研究》，第十一卷第一期（一九九二年）。宋京生，〈舊志「分野」考——評古代中國人的地理文化觀〉，《中國地方志》，二〇〇三年第四期。孟凡松，〈清代貴州郡縣志「星野」敘述中的觀念與空間表達〉，《清史研究》，二〇〇九年二月第一期。張嘉鳳，〈傳統中國天文的成立與開展——以分野說為中心〉，收入祝平一主編，《中國史新論．科技與中國社會分冊》（台北：中央研究院、聯經出版公司，二〇一〇）。蔡長林也曾研究過晚清今文家崔適的分野觀，見氏著，《論崔適與晚清今文學》（桃園：聖環圖書公司，二〇〇二），頁一六四—一七五。另外涉及傳統天文學的著作也多會提到分野，但常是概略性的介紹，此處不一一列舉。

129 李勇，〈對中國古代恆星分野和分野式盤研究〉，《自然科學史研究》，第十一卷第一期（一九九二年），頁二二三—二二五。

一、星象分野與大一統的世界觀

廖平以五經為孔子所作，一切的義理自然具足於經文之中，因此要討論所謂「孔子」的分野說時，也須從五經本身作為源頭出發，他的依據是《尚書．禹貢》的「九州」內容已經隱含了天象分野的「微言」。當然這只是廖平要將一切思想上溯於孔子的說法，事實上〈禹貢〉只講地面的九州，完全沒有涉及天上的星象分野。將分野溯源於〈禹貢〉後，廖平便致力於如前文所序列的、為數甚繁雜的古籍分野資料，他的焦點多集中於《周禮》、《左傳》、緯書，特別是《春秋緯》、《尚書緯》、《易緯》，以及《淮南子》等書，宣稱當中的分野體系都是宗於〈禹貢〉本有的「微言」而發揮。廖平經學三變以後視《周禮》為孔子親作，《左傳》是孔子弟子所撰，緯書是通往群經微言的「祕鑰」，《淮南子》與先秦的九流思想均源自孔子；他又強調傳、記、子、緯都是孔經的輔翼，依此推論，這些書籍中的分野

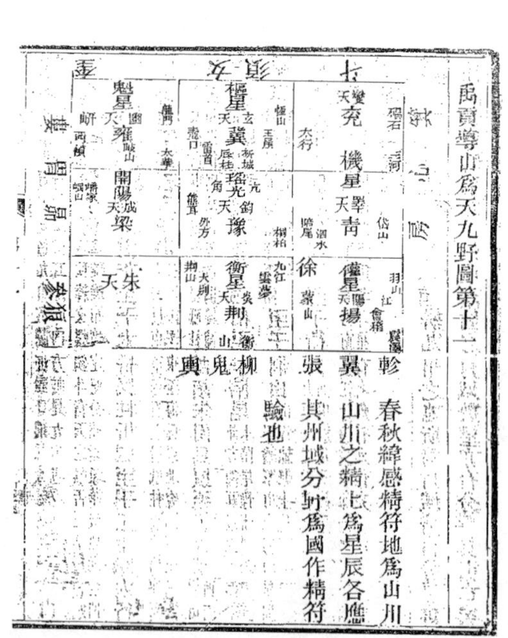

圖4.3　「〈禹貢〉導山為天九野圖」，廖平，《皇帝疆域圖》，第十一，頁38a。

本來就是孔子思想的一部分。

廖平闡述分野，除了文字敘述之外，也常透過圖像來呈現自己的心思。以下我們先參照他所繪製的「〈禹貢〉導山為天九野圖」（圖4.3），以及他的說明來分析其觀點。

從圖4.3可以看到〈禹貢〉的九州：兗州、青州、揚州（圖中印刷未明）、冀州、豫州、荊州、雍州、梁州、徐州，廖平將它們分別配上北斗七星：天樞、天璇、天璣、天權、玉衡、開陽、瑤光（搖光），這種分野方式是來自於《春秋緯．文耀鉤》的北斗分野。他自敘此圖曰：

> 《春秋緯．文耀鉤》……布度定紀，分州繫象，華岐以北，龍門、積石，至三危之野，雍州，屬魁星。太行以東，至碣石、王屋、砥柱，冀州，屬樞星。三河、雷澤東，至海岱以北，兗州、青州，屬機星。按，太行山以東為兗州，王屋、砥柱為冀州，海岱則為青州。……荊山西南至岷山、北距、鳥鼠，梁州，屬開陽。外方、熊耳以東至泗水，陪尾，豫州，屬瑤光。……大別以東，雲夢、九江、衡山，荊州，為衡星。蒙山以東至羽山，南至江，會稽、震澤，徐、揚之州，屬權星。[131]

130 李智君將分野分成四大種形式：1.行星、星座及星空區域與地對應的分野形式。包括行星（五星）分野、北斗分野、十二次及二十八宿分野。2.氣象與地對應的分野形式。如《天文氣象雜占》和《乙巳占》中，以天上的不同雲氣與各地域互相對應。3.時間與地對應的分野形式。如《漢書．五行志》及《開元占經》中的十二月分野。4.抽象概念與地對應的分野形式。如干支分野、九宮分野。詳見李智君，〈分野的虛實之辨〉，《中國歷史地理論叢》，第二十卷第一輯（二〇〇五年一月），頁六四—六五。

此段文字幾乎全文抄錄《春秋緯．文耀鉤》的內容，將〈禹貢〉九州分配北斗七星：雍州屬魁星（天璇）、冀州屬樞星，兗州、青州屬機星（璣星），徐州、揚州屬權星，荊州屬衡星，梁州屬開陽（開星），豫州屬瑤光（搖星）。[132] 除此之外，從圖中亦可見到九州之上又有九天的名稱：鈞天、罣天、變天、玄天、幽天、成天、朱天、炎天、陽天；再以二十八宿分配於九州之上、九天之中。以二十八宿分配九天是來自於《尚書緯．考靈曜》及《淮南子．天文訓》中「天有九野」的內容。《尚書緯．考靈曜》說：

> 天有九野，九千九百九十九隅，去地五億萬里。何謂九野？中央鈞天，其星角亢。東方皋天，其星房、心。東北變天，其星斗、箕。北方玄天，其星須、女。西北幽天，其星奎、婁。西方成天，其星胃、昴。西南朱天，其星參、狼。南方赤天，其星輿、鬼、柳。東南陽天，其星張、翼、軫。[133]

《淮南子．天文訓》也有相似的內容：

> 天有九野，九千九百九十九隅。……何謂九野？中央曰鈞天，其星角、亢、氐。東方曰蒼天，其星房、心、尾。東北曰變天，其星箕、斗、牽牛。北方曰玄天，其星須女、虛、危、營室。西北方曰幽天，其星東壁、奎、婁。西方曰昊天，其星胃、昴、畢。西南方曰朱天，其星觜巂、參、東井。南方曰炎天，其星輿鬼、柳、七星。東南方曰陽天，其星張、翼、軫。

《尚書緯》與《淮南子》中所稱的天區名稱及分星略有不同，廖平做了對照比較，標示出不同之處，並認為兩者概念是相同的：

> 《尚書緯．考靈曜》，天有九野，九千九百九十九隅，去地五億萬里，何謂九野？中央鈞天，其星角、亢（廖平自注：《淮南》有氐），東方睪天（廖平自注：《淮南》作蒼天），其心房、心（廖平自注：《淮南》有尾），東北爕天，其星斗、箕（廖平自注：《淮南》有牽牛），北方玄天，其星須、女（廖平自注：《淮南》有虛、危、營室），西天（筆者案：應作西北）幽天，其星奎、婁（廖平自注：《淮南》有東壁），西方成天，其星胃、昴（廖平自注：《淮南》有畢），西南朱天，其星參、狼（廖平自注：《淮南》作觜巂、參、東井），南方炎天，其星輿、鬼、柳。東南陽天，其星張、翼、軫（廖平自注：《淮南》同）。[134]

儘管兩者說法有一些小差異，但廖平認為不妨礙意義的相通，都是以天的九野對應地的九州。

131 廖平，《皇帝疆域圖》，第十一，頁三八b。
132 只有一處不同的是，《春秋緯．文耀鉤》將太行以東歸屬冀州，廖平則以為屬兗州。見安居香山、中村璋八輯，《緯書集成》，中冊，頁六六四。
133 安居香山、中村璋八輯，《緯書集成》，上冊，頁三五二。
134 廖平，《皇帝疆域圖》，第十一，頁三九a。

綜上所述，廖平將〈禹貢〉的地上九州搭配天上分野的模式，主要是徵引《春秋緯．文耀鉤》以北斗七星配九州的北斗分野模式，以及《尚書緯》及《淮南子》的「天有九野」之說。又隋朝蕭吉的《五行大義》中有九宮分野之說，廖平亦加以引用。《五行大義》以《淮南子》中的九天對應九州，再結合上北斗七星的北斗分野模式與八卦九宮方位：

> 此九天亦屬北斗九星之數，故下對九州。炎天數九，屬斗第一樞星，應離宮，對揚州；變天數八，屬斗第二璇星，應艮宮，對兗州；昊天數七，屬斗第三璣星，應兌宮，對梁州；幽天數六，屬斗第四權星，應乾宮，對雍州；鈞天數五，屬斗第五衡星，應中宮，對豫州；陽天數四，屬斗第六開陽星，應巽宮，對徐州；蒼天數三，屬斗第七瑤光星，應震宮，對青州；朱天數二，屬斗第八星，應坤宮，對荊州；玄天數一，屬斗第九星，應坎宮，對冀州。135

引文中的九天九野與北斗配九州的分野模式在前文已經交代過，這裡有必要補充的是八卦九宮分野的方位觀。九宮之說源於《易．乾鑿度》，其方位的圖示如下：

(四)巽	(九)離	(二)坤
(三)震	(五)中	(七)兌
(八)艮	(一)坎	(六)乾

從圖示來看，它是一個以中心與外圍八方（四正四維）組成的方位觀，廖平認為它與《尚書緯．考靈曜》、《淮南子》〈天文訓〉、〈墜形訓〉的天之九野與地之九州所要表達的空間觀、方位觀之概念均是相同的。整體來看，廖平援引的各分野模式基本上沒有超出現有的典籍記載，但是經由他解說之後，便具個人特色與時代意義，其中最重要的，是他指稱地上的「九州」為整個世界，非僅止於中國一隅，這是孔子的「微言」。再回來看上述《五行大義》中的九宮分野，廖平也一一分配上當今世界五大洲的名稱或地理位置：

> 《五行大義》云，此九天亦屬北斗幾星之數，故下對九州。炎天（廖平自注：《淮南》其星輿、鬼、柳七星）數九，屬斗第一樞星，應離宮（廖平自注：《淮南》謂之次州），對揚州（廖平自注：當今澳州）；燮天（廖平自注：其星箕、斗、牽牛）數八，屬斗第二璇星，應艮宮（廖平自注：《淮南》謂之薄州），對兗州（廖平自注：當今坎拿大）；昊天（廖平自注：《淮南》作顥天，其星胃、昴、畢）數七，屬斗第三璣星，應兌宮（廖平自注：《淮南》謂之弇州），對梁州（廖平自注：當今尼羅河之西）；幽天（廖平自注：其星東壁、奎、婁）數六，屬斗第四權星，應乾宮（廖平自注：《淮南》謂之台州），對雍州（廖平自注：當今歐州）；鈞天（廖平自注：其星角、亢、氐）數五，屬斗第五衡星，應中宮（廖平自注：《淮

135 蕭吉著，錢杭點校，《五行大義》（上海：上海書店出版社，二〇〇一），頁二六。

南》謂之冀州），對豫州（廖平自注：當今中國）；陽天（廖平自注：其星張、翼、軫）數四，屬斗第六開陽星，應巽宮（廖平自注：《淮南》謂之神州）對徐州（廖平自注：當今南美）；蒼天（廖平自注：其星房、心、尾）數三，屬斗第七瑤光星，應震宮（廖平自注：《淮南》謂之陽州）對青州（廖平自注：當今北美）；朱天（廖平自注：其星觜巂、參、東井）數二，屬斗第八星，應坤宮（廖平自注：《淮南》謂之戎州）對荊州（廖平自注：當今尼羅河之東）；玄天（廖平自注：其星須女、虛、危）數一，屬斗第九星，應坎宮（廖平自注：《淮南》謂之濟州）對冀州（廖平自注：當今露西）。[136]

上述的引文內容，是廖平將《尚書緯・考靈曜》、《淮南子・天文訓》的天之九野、《淮南子・墬形訓》的地之九州，以及北斗分野、九宮分野、二十八宿分野，與當今的世界做一個組合。若將這篇引文內容做成以下的表格可以更清楚的呈現：

天之九野	地之九州	當今世界	北斗分野	九宮分野	二十八宿分野
炎天	揚州（次州）	澳州	樞星	離宮，九	輿、鬼、柳
變天	兗州（薄州）	坎拿大	璇星	艮宮，八	箕、斗、牽牛

昊天（顥天）	梁州（弇州）	尼羅河之西	璣星	兌宮，七	胃、昴、畢
幽天	雍州（台州）	歐洲	權星	乾宮，六	東壁、奎、婁
鈞天	豫州（冀州）	中國	衡星	中宮，五	角、亢、氐
陽天	徐州（神州）	南美	開陽星	巽宮，四	張、翼、軫
蒼天	青州（陽州）	北美	瑤光星	震宮，三	房、心、尾
朱天	荊州（戎州）	尼羅河之東		坤宮，二	觜巂、參、東井
玄天	冀州（泲州）	露西		坎宮，一	須女、虛、危、室

以上的表格顯示，廖平將地上九州和天上的九天九野、北斗分野、九宮分野、二十八宿分野結合，再配上今日的世界，當然位居世界之「中」者為中國，欲表明天、地相互映照的空間秩序

136 廖平，《皇帝疆域圖》，第十一，頁四二a—四二b。

感是範圍整個新地理學的視野。在此概念下，廖平同時製作了一幅「大統分野圖」（圖4.4）。

「大統分野圖」中的九州名稱出自《淮南子．墬形訓》：東南神州、正南次州、西南戎州、正西弇州、正中冀州、西北台州、正北泲州（廖平作濟州）、東北薄州、正東陽州；再配上世界五大洲或國名，並上映二十八宿分星。圖中，非洲橫跨九州中的兩州，南、北美及坎拿大（加拿大）橫跨九州中的三州，露西（俄國）獨占九州中的一州。另外歐洲、澳洲各占九州中的一州，中央的冀州代表中國，北斗七星位於其間，象徵中國在北辰居中之處。廖平認為來自孔子星象分野之說的精神，就在於彰顯世界「大統」的終極理想。

廖平雖然汲取傳統星象分野的內容，但是他的新觀點在於「天」所對應者，已

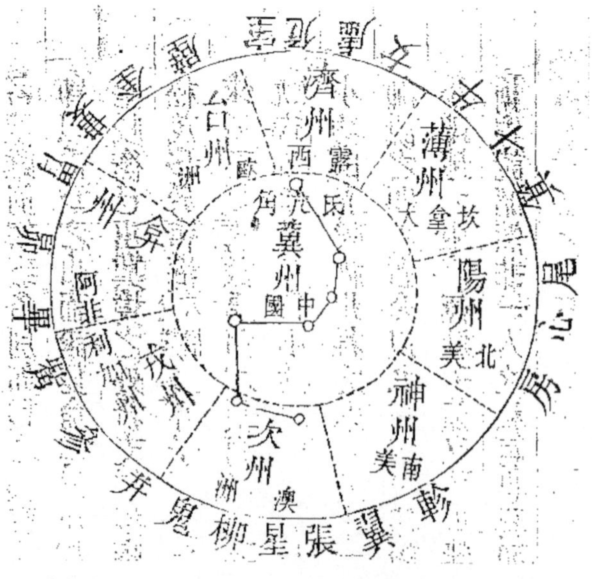

圖4.4 「大統分野圖」，廖平，《皇帝疆域圖》，第十一，頁41b。

經不是中國一隅了，而是整個地球的疆域。他用這種方式重新詮釋分野說，透露了某些訊息：傳統分野理論是以「天下」的九州（當今的觀點僅止於中國）對應整個天空，但是在近代新世界觀洗禮下的廖平已經知道中國並不等於天下，分野說有其不合理性，故將「九州」轉喻為當今五大洲，中國如北辰居中統理天下（世界），故分野是孔子預示新世界觀的微言，這代表的深層時代意義又是什麼呢？以下將做進一步的探討。

二、時代考驗下的分野新說

分野說的矛盾，宋代知識分子已有人提出疑問。例如周密在《癸辛雜識》中說：「十二州之內，東西南北不過綿亘一二萬里，外國動是數萬里之外，不知幾中國之大。」並認為若以二十八宿來分配天下，「中國僅可配斗、牛二星而已」。[137]或許由於元代以後國土開拓到無遠弗屆，一些中國士人已可意識到中國只是天下的某一小部分，致使對分野說產生質疑。[138]晚清處在中西世界交通之下，星象分野的理論自然受到更大的衝擊挑戰。從大量的明清地方志可以看到，分野（或

137 周密，《癸辛雜識》（北京：中華書局，一九八八），頁八一—八二。

138 元朝在蒙古人席捲歐亞之後，廣袤的空間中人來人往，通過絲綢之路東來的外國人，比起漢唐來不知多了幾倍。柳詒徵曾說，蒙元時代的文化「兼蓋中國、印度、大食及歐洲四種性質。」當時的人們即使沒有見過世界地圖，也可以或顯或隱的感知到天下之廣，並非只有中國一處。葛兆光也說，我們也許對那個時代的「全球化」估計太低，其實很多異域知識的傳播和影響，在中國已經相當深刻和廣泛。見柳詒徵，《中國文化史》（上海：東方出版中心重印本，一九九六），下冊，頁五四四。葛兆光，〈謎一樣的古地圖〉，收入氏著，《宅茲中國：重建有關「中國」的歷史論述》（台北：聯經出版公司，二〇一一），頁一四三—一四五。

星野）往往都置於卷首或顯要位置，因為在近代地理學的經緯度未出現之前，地區的空間定位往往靠著分星位置的描繪來表述。但不代表時人都堅信這套說法，例如乾隆皇帝在《御題毛晃〈禹貢指南〉詩注》就曾言「分野之說本不足信」，這應是晚明清初西方傳教士帶來了世界新知的影響，讓分野逐漸失去了知識基礎。[139]道光之後，由於更多西方天文地理知識的輸入，知識界對分野（或星野）的態度也在轉變中，多數的批評或爭論，常是將重點放在中國僅為大地一隅，無法含容整個天際星空的分野。例如道光時期的貴州《大定府志》中，修志者明白表達分野之說不可信：

> 分野之說，雖原於《周官》、《春秋左氏傳》，然其說殊不可信。周天三百六十度，包大地之外，中國為地無幾，安能盡分二十八宿？況本朝幅員廣遠，古分野僅及其半，其餘分野所不及者，又若之何？[140]

又同為道光年間貴州《遵義府志》的〈星野〉也提到傳統分野理論於近代地圓說傳入之後所面臨的難題：「經星盡乎天度，而中國不盡地球，以地球一隅之中國配周天之經星，……雖善調解，理終渺茫。」[141]雖然這類的批評詰難在晚清的地方志中並不全面，[142]但可以令人感受到一個時代在知識變遷下，思想、信仰也自然跟著產生變化。廖平的分野新說，也是建立在如此的時代氛圍之下。

廖平也感受到傳統知識體系的權威性正在流失，於是他要說明孔子並非不知中國僅為大地一隅，而是要藉著星象分野之說，彰明未來王化將普及整個地球的「大統」之義。他說：

> 《周禮》主全球，則動言天道，……〈保章氏〉掌天星，以志星辰日月之變動，以觀天下遷。辨其吉凶，以星土辨九州之地，所封封域，皆有分星，以觀妖祥。……蓋地球地象華離，難於肖象，又陵谷變遷，時有改易。且在海外，不睹不聞，無徵不信。故經皆取象天道，以天有九道，萬古不易，人人仰望而知。故分野諸法，皆借天以馭地，以地形難於形容，故借天象以定之。[143]

孔子預示全球大統，就表現在對天的分野上。因為地象本身不易形容，山陵川谷也會變遷，更重要的是當時海外世界未開通，人們視野有所侷限，也不易相信有地球的存在。故孔子有取於天道，要以天的遼闊，使人人仰望而知地象的廣闊亦然。這是以天象借喻大地，「以九州之山，印

139 孟凡松以乾隆不信星野說是因為星野理論失去了近代知識的基礎。李智君則分析分野體系的繁雜混亂與多樣性，有不夠嚴謹的一面，認為這是自古以來不為皇權擁有者所重視的原因。分別參見孟凡松，〈清代貴州郡縣志「星野」敘述中的觀念與空間表達〉，《清史研究》，一期（二〇〇九年二月），頁一八；李智君，〈分野的虛實之辨〉，《中國歷史地理論叢》，第二十卷第一輯（二〇〇五年一月），頁六一、六五、六九。不過從明清大量地方志中，特別是道光以前，可以見到「星野」往往置諸卷首的情形來看，它是否真的不為歷來的統治者所重視，仍有可商榷的餘地。

140 黃宅中修，鄒漢勛纂，《道光大定府志》（成都：巴蜀書社，二〇〇六），卷十二，〈疆里記第三上〉，頁一七九。

141 平翰等修，鄭珍、莫友之纂，《道光遵義府志》（成都：巴蜀書社，二〇〇六），卷一，〈星野〉，頁三六。注一四〇、一四一，又見孟凡松，〈清代貴州郡縣志「星野」敘述中的觀念與空間表達〉，《清史研究》，一期（二〇〇九年二月）。

142 筆者曾檢閱清代四川地區各縣的方志，發現其中的星野敘述繁簡不同，有寥寥數語者，似乎僅是依循慣例置入卷中；也有長篇累牘，詳細引述古籍內容者，或許此種現象也體現了時人對分野看法的參差。

143 廖平，《大統春秋公羊補證》，卷一，頁四六a—四六b。

證天之九野；天之範圍不小，即地之版宇無疆。天無私覆，地無私載，成象成形，經制宏博，古說昭然，非一人之私言也。」[144]又說：

> 自來解分野者，但就中國州地，分排北斗列宿。明達之士，亦知天闊地狹，不足以容納諸星。孔經正留此明顯易知之義，以待後人之推闡。……況地球既出，孔義益明。倘仍拘泥，舊如史公目衍為怪誕，則真井蛙藩鷃，不足語江河之大量，天地之高者也。[145]

引文指出自古以來談分野的學者，以為古籍內容是要以中國一處對應整個星空，因而產生了知識上的矛盾，這是沒有得著孔子「宏博經制」的本意。若明達之士當能體會到天際的廣闊而中國僅占一隅，無法對應整個星空，這正是孔子的伏筆，留給後人去思索推闡之處。孔子要暗示世界的廣大，故藉天象啟發後人，現在世界已經開通，地球的存在正可以印證經義的指向當代。

不過，既然廖平已經覺知傳統分野理論有其不合理性，為什麼仍然如此重視分野，一定要抓住它的觀念再去轉化詮釋？是否分野本身還有更深刻的意涵？又廖平在詮說一己的思想時，什麼是他要堅持的？又擺落了什麼？這都有時代意義在其中，下文擬從這幾個問題出發續做深究。

三、天象的王化秩序之堅持與占驗的擺落

「分野」在廖平的新解下，成了孔子以天的遼闊暗喻地球的存在，但如果目的僅止於此，那麼他之前把鄒衍的大九州說上溯到孔子，並與世界牽引，已說明孔子有地球的思想了（見本書第

二章），為何還要再詳言天上的星象分野？最重要的原因，是分野的思想本身就有王化的意味在其中。分野的空間範圍被賦予君權或王土所及的憑證，具有表徵王化、確立地方空間位置與地理歸屬認同等方面的意義。

分野理論中，天上的空間所往下對應者，以地面「九州」為範疇，被劃在九州區域內者代表華夏疆域，已經將往上對應的整個分野星空占滿，一般來說，「四夷」在分野體系中沒有資格占得一個空間位置。如同李淳風所謂的「星次不霑於荒服」，[146]歷代以官修為主的正史、方志等更強化了這一觀念。凡是邊陲地帶，由王朝任命流官或設置正式的行政機構之後，史書或方志往往將這個「地方」納入星象分野的某一區域分星之下，代表進入了「九州」之內，象徵從蠻夷到王化的轉變，成為以皇權為基礎的政治倫理秩序中之一分子，在王朝疆域體系內有其空間的一席之地，具地理文化歸屬的意義。[147]也因為星象分野有著濃厚的君權與王化意識在其中，故民

---

144 廖平，《皇帝疆域圖》，第十一，頁四一a。

145 廖平，《皇帝疆域圖》，第十一，頁四二b—四三a。

146 關於分野理論中，周邊異族在天上沒有占得位置的問題，古人已有爭議。例如《邵氏聞見錄》卷八中，記載南北朝時由於異族已經入主中原，梁武帝曾疑惑他們是否也能「應天象」？若是可以的話，則是從星占理論上奪走了梁朝天子的正統地位。又唐代李淳風的《乙巳占》卷三也記有時人的這一疑問，是否「星次不霑於荒服」？李淳風的回答是「……華夏者，道德禮樂忠信之秀氣也，故聖人處焉，君子生焉。……故孔子曰：夷狄之有君，不如諸夏之亡，……以此而言，四夷宗中國之驗也。」明白指出四夷在分野體系中沒有資格占得一席之地，只能視為中國的附庸。見江曉原，《天學真原》，頁二二六—二二八。

147 宋京生，〈舊志「分野」考——評古代中國人的地理文化觀〉，《中國地方志》，二〇〇三年第四期，頁七六；孟凡松，〈清代貴州郡縣志「星野」敘述中的觀念與空間表達〉，《清史研究》，一期（二〇〇九年二月），頁一六，一八。

國以後，王權崩潰，連帶的皇權的源頭——「天」，也失去了神聖地位，意在維繫天下九州文化空間體系的分野說亦自然的走入歷史。有了這些分野的文化概念之後，就可以理解為何廖平如此看重分野這個傳統思想，以及要把世界五大洲納入「天有九野」的天文空間之動機。按照分野的理論，蠻荒之地、九州之外，分野所不志，現在廖平以分野對應整個地球五大洲，指稱這是孔子預示未來的「大統」境界，說明未來全球五大洲都是王化要普及的疆域，而且大統分野的「天有九野」之中心為中國，也是王化的起點處。正因為世界大一統是在遙遠的未來，因此即使民國成立，君權走入歷史，廖平的分野說也沒有受到影響，因為他期待未來世界要統一在實施孔子之道的普世皇權之下，它的終極價值根源也在於「天」。以下從廖平對「十二次」分野的解釋來看，更可以讓人體會到他欲建構一個世界王化「大統」的本懷。

廖平建構的大統分野，主要引用的是傳統九州配九天分野的資料，但他也提到了十二次分野，並加以應用。何謂十二次分野？當行星經過星空時暫居之處所，稱為星次。木星的運行是每十二年一周天（實際是十一．八六年），於是古人把黃道附近的一周天自西向東的方向分為十二等分，即十二次，木星每經過一次則為一年，而每一次都有一個名稱。《周禮．春官．保章氏》的鄭玄注引《堪輿》提到這十二次的名稱為星紀、玄枵、娵訾、降婁、大梁、實沈、鶉首、鶉火、鶉尾、壽星、大火、析木。每一個次都有二十八宿中的某些星宿互相對應。《漢書．律曆志》詳細記載各次所對應的二十八宿方位：

> 星紀，初斗十二度，……中牽牛初，……終於婺女七度。

玄枵，初婺女八度，……中危初，……終於危十五度。
娵訾，初危十六度，……中營室十四度，……終於奎四度。
降婁，初奎五度，……中婁四度，……終於胃六度。
大梁，初胃七度，……中昴八度，……終於畢十一度。
實沈，初畢十二度，……中井初，……終於井十五度。
鶉首，初井十六度，……中井三十一度，……終於柳八度。
鶉火，初柳九度，……中張三度，……終於張十七度。
鶉尾，初張十八度，……中翼十五度，……終於軫十一度。
壽星，初軫十二度，……中角十度，……終於氐四度。
大火，初氐五度，……中房五度，……終於尾九度。
析木，初尾十度，……中箕七度，……終於斗十一度。[148]

這十二次分野又被配上地上十二個區域的州、國。本來分野的體系就十分龐雜，廖平既然主要選擇了九天九野的模式來建立空間的秩序觀，應可不必再理會不同模式的十二次分野。不過廖平卻將這兩種不同劃分方式結合，以十二次分野是「外十二州之星土」，[149]換句話說，地上分為內九

148 班固撰，顏師古注，楊家駱主編，《新校本漢書并附編二種二》，〈律曆志〉，頁一〇〇五—一〇〇六。
149 廖平，《皇帝疆域圖》，第十一，頁三九九。

州、外十二州的區域，天上的星辰也是內九州、外十二州的分野，它的空間方位如圖4.5。

從下面筆者依據廖平說法所繪的圖示（圖4.5），可以看到它具有一個「內九州、外十二州」的文化分野概念，可是當我們把這個圖4.5的圖示與之前廖平繪製的「大統分野圖」（圖4.4）相互對照，卻會發現「大統分野圖」（圖4.4）只有九州，竟不見外十二州，這該怎麼解釋呢？在本書第二章曾分析過廖平對〈禹貢〉九州與〈堯典〉十二州的經學史爭議，提出個人的一家之言：內九州、外十二州並存，是文化意義上的「內冠帶，外夷狄」之意，而外十二州終將會消失，同化成九州的一部分。「大統分野圖」的九州是俟後、未來要實現的理想。以往蠻荒之地、九州之外，星野所

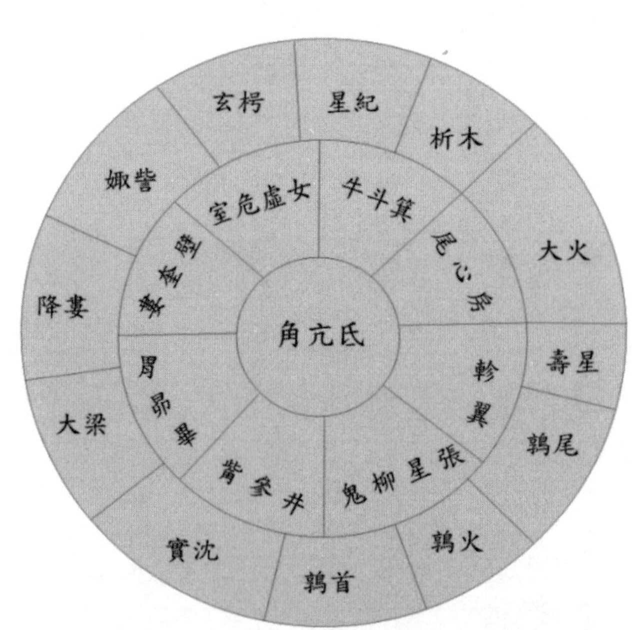

圖4.5　內九州、外十二州星象分野示意圖

不志，而「大統分野圖」（圖4.4）中，全世界五大洲已經分配占滿了「內九州」，「外十二州」消失不見了，代表將來全世界都已沾被在王化的禮樂冠帶文明之下，再也沒有遠方蠻野的夷狄存在。地上的人事如此，天象的秩序亦然，這也是廖平詮分野一個很重要的精神所在。

以上的論述時時都可以看到廖平欲繼承傳統天人合一、人間秩序根源於天道的理想與信仰。然而，受了時代新知的影響，廖平在講分野時也已經與傳統面貌有很大的不同，這個不同主要表現在他對「占驗」的態度上。分野說本身包含了一個不可忽略的學理，就是天人之間的占驗。《周禮．春官．保章氏》說「以星土辨九州之地，所封封域皆有分星，以觀妖祥」，這句話顯示分野包括兩方面的內容，其一為星辰與地域的對應方式，其二是依據某種特定的星土對應來占卜各地的吉凶。不過頗耐人尋味的是，廖平雖然甚為重視分野說，卻完全不談它的天人之間休咎感應、占驗的思想，而且持反對的態度。[150]事實上，廖平已經否定了傳統陰陽五行的宇宙觀，在本章的第二節也分析過，廖平所建構的「天」，某個程度已經趨近於一個宇宙星際之間的自然天，這是受西方天文學知識的洗禮有以致之。在這種情況下，他不能接受天人感應的思維也是必然的走向。因此他一方面堅持天、人秩序的一體，但又不相信天、人之間有吉凶禍福的符應，這種矛盾就可以被理解。

另一個可供與廖平並提比較的例子是康有為。觀康有為完成於民國十五年的《諸天講》[151]中有〈古以占驗言天之謬〉一文，可以看到西學新知如何影響著這一輩學者對占驗的觀感，康氏言：

150 廖平曾批評漢代的今文經師「喜談災異，蒙蝕經誼」，見廖平，《經話（甲編）》，《廖平選集》，上冊，頁四四二。

> 自般巫咸言天，已主占驗。……直至近世，談天雖寡，然皆知日月食之有定，而彗孛之見，人心猶驚。古言天文者，以張衡為古今第一，崔子玉推為數術窮天地，制作侔造化。今日本大學藏平子地動儀，遺制猶有驗焉。然張衡云：在野象物，在朝象官，動係于占，實司王命。四布于方，為二十八星，日月運行歷行示休咎，五緯經次，用彰禍福。北周克梁，獲庾季才為太史令，撰《靈臺祕苑》一百二十卷，占驗益備。蓋諸星千萬，欲名無從，不得不假人事以名之，故其積久有自來。既為人事，自有崇卑得失，而占卜自生矣。其後，君主權大，先聖不得已以天統君，故藉天象以警戒之，亦不得已之事。故歷代天官五行之志，皆主占卜。今以地球大通，百國平立，君主繁多，漸改民主，或只立議長。進而知吾地蕞爾，僅為日游星之一，豈能以諸恆星應一國百官之占卜乎？可笑事也，皆不必辯，更不引徵。[152]

康有為試著解釋他所認知的天學占驗之說所形成的過程。他指出從傳說中上古能夠溝通天人、開創用筮占卜的巫咸[153]開始，占卜就是最主要的行使通天之方式。傳統天文學家中，張衡的成就堪稱古今第一，但如此講求科學實證的學者，仍然不免要將天文比擬人事。也由於天文、人事的相互牽引，自古一路下來，占驗之說歷久不衰，例如北周太史令庾季才所撰的《靈臺祕苑》也是這類思想的代表作。[154]天象與人事互相比附的起因，大概是天上星辰之多，不得不假借地上人事之名稱以作辨別，久而久之就產生了天、人之間的吉凶對應之聯想；再加上後來君主權大，先聖只好藉著宣說君權來自於上天，以天象警戒國君修德，這也是不得已的事。康氏又認為，今日地球開通，君主已漸改為民主，天人感應之說已經失去了歷史的依憑。很顯然的，康有為不承認天人之間存在著占驗感通，說那只是古代君主專制下的神道設教。他又進一步從近代以來天文地理知識的角度指出，地球僅為眾多星球之一，況且中國又僅是地球的一部分，豈能將整個星際與中國蕞爾之地的百官人事相應？他語氣強烈的批評道：「分野之說，其謬尤甚。吾中國僅當大地八十分之一，地為日之游星之一，日為二萬萬恆星之一。豈能以恆星為州郡分野？實堪駭笑。……皆大謬不足辨也。」[155]康有為完全放棄分野說，所表現的思想與學術，以及其中隱藏的意義，正可以與廖平做一個比較對照。

廖平也和康有為一樣不承認占驗、吉凶感應之說，但是對「分野」的處理態度不同。我們清

151 《諸天講》又名《諸天書》，或又稱《天游廬講學記》，是康有為最後一部專著，完成於一九二六年。據康有為《諸天講．自序》中說，他在二十八歲時「因讀《歷象考成》而昔昔觀天文焉。因得遠鏡見火星之火山冰海，而悟他星之有人物焉，因推諸天之無量，即亦有無量之人物、政教、風俗、禮樂、文章焉，乃作《諸天書》。」但由於感到「談天豈有盡乎？故久而未布。」一九二六年，康氏在上海創辦「天游學院」，在講學中時及諸天之論，門人從而「咸請刻布此書」，於是他在同年夏天整理舊稿，編輯成書，並作序付刻。然第二年春康氏即去世，至一九三〇年由其弟子伍莊出資，唐修主持具體校刻工作，在上海初刻出版。見樓宇烈，〈點校說明〉，收錄於康有為，《諸天講》（北京：中華書局，一九九〇），頁一。

152 康有為，〈古以占驗言天之謬〉，《諸天講》，頁九—一〇。

153 關於巫咸的年代、傳說，記載紛紜。《史記．天官書》說：「昔之傳天數者，高辛之前重、黎，於唐、虞，羲、和，有夏昆吾，殷商巫咸……」《史記．封神書》載「殷太戊時有巫咸」，因此司馬遷以巫咸是殷商太戊（殷中宗）時期的人。《太平御覽》卷七十九引《歸藏》曰：「昔黃帝與炎帝爭於涿鹿之野，將戰，筮於巫咸……」以巫咸為黃帝時人。古書中談到巫咸的地方還很多，例如《離騷》、《呂氏春秋》、《莊子》、《世本》等等，說法亦不盡相同，但多以其為用筮占卜的創始人。

154 《靈臺祕苑》，北周庾季才撰，據《隋書．經籍志》載，共一百二十卷，現在見到的只有二十卷，是北宋王安禮等人重修。此書為古代占星書，與唐代李淳風的《乙巳占》，瞿曇悉達的《開元占經》，以及明代的《觀象玩占》性質類同。

155 康有為，〈古以占驗言天之謬〉，《諸天講》，頁一〇。

楚的看到，廖平、康有為都因為受天文、地理的西學新知影響，皆體悟到傳統的分野說有不盡合理之處，康有為選擇直接放棄這一學說並直斥為荒謬，但廖平卻仍然要保留、重視分野，將它從內部重新轉化詮釋為合理的一家之言，顯示了兩人觀點的差異，筆者認為造成這種差異的關鍵，在於兩人對「皇權」認知的價值觀不同。蓋傳統分野說的核心精神之一，是以皇權居中，用王化逐漸將周邊納入天下九州的政治倫理秩序中，這個概念是廖平所要堅持的，而且懸為世界大一統的終極理想。而康有為理想政制的進程是要由君主到君憲，再到民主共和，最終極的想望是《大同書》中完全平等，沒有階級等差的境界。皇權在兩人心中的終極存在與否，應在很大程度上影響了他們對分野態度的不同。又純粹從學術理路上來看，康有為不相信春秋時期就有星土分野之術數，以為皆劉歆所偽造，他於《新學偽經考》中說：「歆造分野之說散布《周禮》、《左氏》、《國語》諸書……」[156]同為今文學家的崔適也是接著這條劉歆偽造說的論點做更深入的辨偽。[157]雖然康有為與崔適一味的將經典或古籍的不合理處都推給劉歆造偽的說法未必客觀，[158]不過此處的重點在於藉著廖平與康有為、崔適這些今文學者不同觀點的比較，可以看到近代今文經學家彼此之間的細部思想並非一致，包括他們對「天」的看法也是呈現著多元的面相，這些看似微小的差異其實不容小覷，常反映了價值觀的重大分歧。

總之，廖平的分野觀深具個人與時代的特色，他信仰堅持的是分野所蘊含的王化秩序，故即使分野遭遇了西方天文地理新知的衝擊，他也積極的要為分野理論賦予新義，並期待王化秩序能在未來施之全球。不過他對於傳統分野說中很重要的一環：占驗，卻刻意的忽略、漠視，這些都體現了傳統學術思想與信仰在近代的變遷軌跡。

小結

處在傳統天學在西方天文學的衝擊下，廖平接受新知與堅持傳統之間的表現是一個典型。西方天文學撞擊到具有秩序內涵的傳統天學，加上甲午戰後封貢體制瓦解的震撼，以及表現倫理的君主制度與三綱的受質疑，都使廖平甚為憂心。他繼承傳統的思維，要從天象尋求人間倫理政治的終極意義，堅持中國居於中心的王化論世界觀，期望將世界納入孔子的經教秩序裡，並把這個信仰上溯到傳統觀念中價值的根源：天。廖平所論的天、人兩者之間並不是斷裂的。因為從兩個層面來說，首先，當下人世的疆域中，文化的空間觀與天文星空的方位相對應；其次，未來人類進展為天界的別類物種後，進化的模式是以更高階段的禮樂文明為本，天的文明疆域也由中央向四周擴大，與人世之界相同。所以人、天雖然有不同階段與物種的區別，但兩者的精神又是相合的。又例如廖平信仰堅持分野所蘊含的王化秩序，故即使分野遭遇了西方天文地理新知的衝擊，

156 康有為，《新學偽經考》（香港：三聯書店，一九九八），〈劉向經說足證偽經考第十四〉，頁三八一—三八二。

157 崔適，《史記探源》（北京：中華書局，一九八六），卷五，頁五；崔適，《春秋復始》（北京：北京大學，一九一八鉛印本），卷三十五，頁二—三；卷三八。

158 錢寶琮認為康有為的劉歆偽造分野之說並不客觀。他說：「康氏不信春秋時期有星土分野之術數，以為皆屬劉歆所偽造。今按《漢書．五行志》所載劉歆占驗說之涉分野者，與《漢書．地理志》盡合，以之解釋《左氏傳》，實多抵牾。《左傳》、《國語》之文字非劉歆所能偽造，事理之顯而易見者也。」見錢寶琮，〈論二十八宿之來歷〉，收入李儼、錢寶琮，《科學史全集》（瀋陽：遼寧教育出版社，一九九八），第九卷，頁三六五。

他也積極的要為分野理論賦予新義，目的也無非要說明王化秩序已經體現於天道之中。

雖然對廖平而言，「天人合一」的秩序不可撼動，但為了要讓孔子思想可以立足於當代，在將西學新知如天文學、進化論或其他諸如靈學、催眠術、腦氣筋等各學說的引入孔學與詮釋過程中，也使他在自覺或不自覺中使「天」的性質發生轉化。尤其是對於占驗、天人感應思維的漠視擺落，更讓「天」失去了傳統思維中本有的感應與神祕性，有朝著自然天發展的趨向。之所以會有這種矛盾現象，是西學新知與傳統價值觀交會激盪下所造成的過渡時代之思想特色。

再從廖平推尊孔子的方式與經學的變化來看，他因為憂懼經教價值的流失，盡力援引西方學術概念進入「孔經」，無非是要說明經義包羅一切學術。就一個經學家的本位立場而言，自然可以說是抬高經學與孔子的地位，相信孔經視野的寬廣與完整全面性。但我們若從學術史的角度觀之，這同時也蘊含著五經與傳統學術已經不敷時代的需要，所以要不斷的吸納、收編新知。這也說明，在知識擴張的晚清，經學與原有的注疏系統已經不能構成單獨的學術權威，因此在廖平的建構過程中，何謂他心目中「孔經」的知識內容，永遠是不斷在新增的。如此也隱然表現了經典神聖地位的逐漸滑落，以及經學本身的義理被逐步稀釋架空、轉化的事實。從以往常被視為「保守」的經學家廖平身上，我們體會到世界上沒有絕對缺乏反思與自我調適的文化，只是程度的深淺與自覺不自覺，或是表達的方式不同而已。實際上，傳統永遠在守舊、更新、創新不斷的相互運作之中，發展、轉型與變化，因此絕不存在永恆不變的傳統。

廖平、康有為本欲尊聖，最終卻造成經學解構的弔詭，[159]這個經典之論是我們已經熟悉的。但我們即使知道經學最終的命運是解體，仍然有必要措意於它中間慢慢轉變，與西方相互碰撞、矛盾來回的諸多過程。因為這個過程釋放出了重要的訊息，呈現了經學本身、不同的經學家個體與社會文化、知識系統擴張之間相互作用的複雜性。同時透過廖平的研究，也讓我們看到了傳統學術思想與信仰在近代變遷的軌跡。

159 王汎森，〈從傳統到反傳統——兩個思想脈絡的分析〉，收入氏著，《中國近代思想與學術的系譜》（台北：聯經出版公司，二〇〇三），頁一一一—一二二。

第五章

《春秋》撥正下的世界秩序與中國

——從「二伯」的理想談起

前面第三章、第四章論述廖平以《尚書》的內容為資料，詮釋出了中國居於全球中心的文化空間藍圖，並將這樣的人間秩序投射到價值根源的「天」。在這套人世與天界的理想藍圖下，廖平也繼續衍繹中國與國際間具體的關係模式。他以《春秋》的制度設計了理想的國際新秩序架構，而《春秋》的「二伯」正是這個秩序之制度的核心內容。

本章從析論「二伯」的經學文獻源流與意義切入之際，也將探討是什麼時代課題促成廖平要重新架構一個不同於當世西方主導下《萬國公法》的國際關係圖景？又他以全球大一統為終極理想的世界觀也牽涉中國當下、未來所應採行的政體型態，同時也反映了一己的倫理觀，這些都與晚清康有為的立憲主張，以及革命派的立場產生交鋒，深具時代性。最後，隨著時間的推移與外在環境的變化，廖平對「二伯」的發揮開始走了完全不同的方向，透露了他世界觀視野的轉變與時代的交織，以及經學在近代轉化過程所面臨的困境，這些都是本章要探索的議題。

第一節 《春秋》的「二伯」與世界秩序

一、經典撥亂與致太平的期望

廖平於光緒二十九年完成的《大統春秋公羊補證》是發揚孔子《春秋》撥正世界的重要著作，代表著從經學三變以後面向世界的《春秋》詮釋。此書以「大統」為名，指世界大一統，以孔子之道為「統」，全球三萬里之內同奉孔子之道為正朔，[1]這是廖平筆下孔經的最終理想。相對的，現在的中國稱「小統」（小一統），因為中國從春秋以後接受了聖人的教化，已經撥亂完成，全奉孔子之道；現在要以撥中國小統的舊法施於全球，撥世界之亂以成大統。[2]他引伸《史記．孟荀列傳》所稱鄒衍「先驗小物，推而大之，至於無垠」之語，這也是《大統春秋公羊補證》又名《公羊春秋經傳驗推補證》的由來。

由於廖平以三綱五常為經教的核心、文明與夷夏的判準，視西方文明程度與中國春秋以前政教風俗類同，故以《春秋》「撥亂世，反之正」的「亂世」指謂其當日的泰西：

> 中外開闢情形，大抵相同。中國至春秋，文明略同今西國，孔子作經以明制度為大例，於春秋時制，進以新禮新制，如親迎、三年喪、不內娶、譏世卿之類是也，今以中法推之全球。[3]

《大統春秋公羊補證》中詳細列舉西方與中國春秋時期的相似處，諸如國際間的爭戰、弒君之風、男女自擇配偶缺乏禮儀、重女權不符乾坤之道、倡議院民權，沒有君臣尊卑觀念等等；意指應以中國為表率撥世界之亂。他比擬今天的世界如同一個「大春秋」，[4]中國是世界（大春秋）中的「諸夏」，[5]現在要「用夏變夷」，這也是立基於《公羊》之王化自近及遠的理念，[6]充分表

1　廖平，《大統春秋公羊補證》（光緒三十二年，則柯軒再版），卷一，頁三a。
2　廖平，《大統春秋公羊補證》，〈凡例〉，頁二a—二b。
3　廖平，《大統春秋公羊補證》，〈凡例〉，頁八b—九a。

現了要以《春秋》面向世界的關懷。

（二）「二伯」的經典文獻依據

廖平要以《春秋》面向世界來撥亂反正，又突出齊桓、晉文「二伯」在《春秋》中的地位，視為孔子特別託寓的符號：

> 齊、晉，二伯也。《春秋》上無天子，下無方伯，故以二伯主其事。二伯者，上輔天子，下統方伯，《春秋》見百二十國，雖所書事甚多，然以齊、晉為統宗。《孟子》宣王問齊桓、晉文之事可得聞乎，亦《春秋》之教也。[7]

引文指出「二伯」是《春秋》所託，其職責在上輔天子、下統方伯，《春秋》所書之國、事雖甚多，但以齊桓、晉文為統宗，這是《春秋》的核心精神所在。在此先探討「二伯」的文獻出處及概念來源，這又可先從與「二伯」觀念密切的「分陝」一詞說起。

「分陝」原意是指周成王即位之後，身為輔佐之臣的周公、召公代替天子行使統治，並將天下分為東、西兩邊。由於傳統政治思想中，周、召二公的事蹟被賦予崇高的道德意義，因而也使得「分陝」的概念受到學者的重視。「分陝」的概念，最早的文獻內容見於《春秋公羊傳．隱公五年》的傳文：

> 天子三公者何？天子之相也。天子之相，則何以三？自陝而東者，周公主之；自陝而西者，召公主之，一相處乎內。

傳文以「天子之相」有三位，其中周、召二公輔佐成王，出居地方分別治理「自陝而東」與「自陝而西」，另一位則處於「內」。司馬遷在《史記．燕召公世家》中對此亦有所記述，《史記》的成書本有承襲自《公羊傳》之處，益知最初「分陝」記載的焦點，乃在於周、召二公與分治東、西。「分陝」一詞則首見於《史記．樂書》，內容明白指稱周、召分治的故實，周、召「分陝」而治更是周天子「威盛中國」之前的重要統治階段。[8]

東漢初年的《公羊》博士李育對「分陝」的議論，進一步擴展了這個詞語的意涵，其說法見於《白虎通》：

---

4 晚清時期將時局比擬為春秋、「大春秋」或戰國的學者甚多，見王爾敏，〈十九世紀中國國際觀念之演變〉，收入氏著，《中國近代思想史論續集》（北京：社會科學文獻出版社，二〇〇五），頁九八—一〇三。不過真正深入《春秋》的人不多，欲以《春秋》一經的思想來建構理想世界觀如廖平者亦少。

5 廖平，《大統春秋公羊補證》，〈圖〉，頁一四b。

6 廖平，《大統春秋公羊補證》，〈圖〉，頁一四b。

7 廖平，《大統春秋公羊補證》，卷九，頁一八a。

8 趙立新，《西晉末年至東晉時期的分陝政治：分權化現象下的朝廷與州鎮》（台北：花木蘭文化出版社，二〇〇九），頁一〇—一一。

> 王者所以有二伯者，分職而授政，欲其亟成也。〈王制〉曰：「八伯各以其屬，屬於天子之老二人，分天下以為左右，曰二伯。」《詩》云：「蔽芾甘棠，勿翦勿伐，召伯所茇。」《春秋公羊傳》曰：「自陝已東，周公主之。自陝已西，召公主之。」不分南北何？東方被聖人化日少，西方被聖人化日久，故分東西，使聖人主其難，賢者主其易，乃俱致太平也。[9]

李育綜合《禮記．樂記》、《禮記．王制》、《詩．小雅．甘棠》和《春秋公羊傳．隱公五年》四種文獻的內容得到的結果。李育所謂的「二伯」似指某種職官，天子以其名號對此「天子之老」二人給予「分職而授政」。李育又引《公羊傳》周、召二公分主「陝東」和「陝西」，這是以「二公」等同於「二伯」，將「二伯」的職掌與周、召分主東西相應。[10]據李育所引的《禮記．王制》說法：「八伯各以其屬……曰二伯。」「二伯」也如同諸侯之長，分主東、西方地域，權力在諸侯之上，以輔佐天子為目的。鄭玄釋《禮記．王制》的「二伯」為：「老，謂上公。《周禮》曰『九命作伯』，《春秋傳》（《公羊傳》）曰：『自陝以東，周公主之；自陝以西，召公主之。』」[11]鄭玄的解釋與李育以「二伯」為「天子之老」的意思並無不同。鄭玄並以為〈王制〉的「二伯」亦即《周禮．大宗伯》中「九命作伯」的「伯」，鄭玄釋「九命作伯」云：「上公有功德者，加命為二伯，得征五侯九伯者。」所以鄭玄視「二伯」為兩位加九命之錫的「上公」，也等同於「分陝」的二公。

由上述「分陝」與「二伯」概念的發展來看，周初總領諸侯以朝王室的「二伯」，與後來征伐諸侯翼衛王室的「二伯」，顯然為漢代學者所混淆、合併。[12]廖平即是在漢代學者論述與合併

「分陝」、「二伯」的基礎上，建構一己的思想理論。[13]

廖平的「二伯」理論，也因著他將經典規劃世界的建構分為藍圖（以《尚書》為主）與實踐（以《春秋》為主），而有不同層面的表述面貌。為了要讓廖平的「二伯」概念有完整的呈現，此處先簡介其《尚書》中的二伯思想，期望透過分析大統藍圖中的二伯所表達之願景，能更了解《春秋》二伯的實踐目的與關懷。

（二）《尚書》的「皇二伯」：致太平的願景

《尚書》中分陝而治的周、召二公，是輔佐周成王平治天下，造成周朝盛世之前的重要人物。廖平因著這樣的意象，詮釋周、召二公為孔子所託的、致未來世界太平的符號。在廖平的論述下，致太平又與周公營洛邑有密切關係。《公羊傳．隱公五年》的傳文中只提到周公、召公分治「陝東」與「陝西」，並未提及周公經營洛邑之事，但廖平將《尚書》的周公營洛邑與分陝一事做了緊密的結合，使兩件事合而為一。他謂孔子託周公營洛邑，分成「東洛」與「西洛」，分別代表地球的東、西半球之京，先開闢「東洛」，代表東半球高度的禮樂文明先完成。接著，周

---

9 陳立撰，吳則虞點校，《白虎通疏證》，卷四，〈封公侯．論設牧伯〉，頁一三六—一三八。

10 同上注。

11 鄭玄注，孔穎達正義，《禮記正義》，頁二一九—二二〇。

12 趙立新，《西晉末年至東晉時期的分陝政治：分權化現象下的朝廷與州鎮》，頁一四—一五，二二—二三。

13 廖平於《大統春秋公羊補證》的隱公三年條下，原文徵引《白虎通》中李育對「二伯」、「分陝」的說法，足見他完全認同李育的觀點。

公便把東半球託付給召公，自己再到西半球闢建具有禮樂文明的「西洛」。他在《書中候弘道編》「周公七篇」的〈君奭〉中注解云：

> 《公羊》，陝以東主之周，陝以西主之召。二公本周初之二伯，孔經因之，以為小統分陝而治，大統當分洛而治。……大統，召公治東洛，周公治西洛。古說賢者為其易，聖人為其難是也。[14]

廖平論大統時期的分陝二公：周公、召公的職掌為召公治理東半球，周公治理西半球，這是從《公羊傳》中轉釋出來的。《公羊傳．隱公五年》的傳文之意是讓周公治「陝東」，使召公治「陝西」，原因是「東方被聖人化日少，西方被聖人化日久，故分東西，使聖人主其難，賢者主其易」，這段話牽涉到周初的歷史地理與文化。周朝的發源地在西土，因此西土被認為長久以來有禮樂的薰陶，東土缺乏這樣的因素，所以不如西土文明，故周公居東、東征、建東都洛邑都具有將王化傳布於東方的意識。故《公羊傳》將王化未普及的、較難治理的東土交給聖人周公治理；將久染王化的、較易治理的西土交給次於聖人的賢人召公治理，這是《公羊》傳文的本意。

但是廖平論大統蘊入了地球東、西方文明的思維，他說「大統，召公治東洛，周公治西洛」，這與《公羊》傳文相反過來，讓召公主東、周公主西。原因是周公已使東半球沾被儒家教化，易治，可放心交給賢者召公主政；西半球未染王化難治，故聖人周公前往主政，繼續開拓化導。當然廖平所謂分陝的「周公」、「召公」已非歷史上的周、召二公，也是孔子因著周初史事與人物所託的兩個符號。[15]又因「周公」、「召公」為未來「皇帝」時期統括全球的「二伯」，因此廖平又名之為「皇二伯」。[16]使用「皇」字，也是強調全球、大一統狀態下的二伯。

由於周、召「分陝」是周天子即將致太平、威盛中國之前重要的統治階段，廖平將這個經典概念轉化、擴大，放置到「地球」上，「皇二伯」的分治表徵著東、西半球初統一於孔子之道下，臻於世界大同前夕的狀態：

> 大統東西合併，文質彬彬之事也。……《緯》以周、召為二伯，與《詩》傳同。《傳》云：陝以東，周公主之；陝以西，召公主之。[17]

又說：

> 《論語》：「文質彬彬，然後君子。」東文西質，兩京相合，統一於東洛，是為君子所。[18]

---

14 廖平，《書中候弘道編·周公七篇》，頁四b。

15 廖平，《書中候弘道編·周公七篇》，頁一九b中也曾明言：「經託周公，故用代詞，非真周公也。」「召公」的符號亦然。

16 廖平，《書中候弘道編·周公七篇》，頁六b，一三b。

17 廖平，《詩緯經證·序》，收於高承瀛等修，吳嘉謨等纂輯，《光緒井研志》，〈藝文志〉，頁六五一。

18 廖平，《書中候弘道編·周公七篇》，頁二三a。

東方主文、西方主質，大同世界的形成過程是由具禮樂文明的東半球主導統一西半球，成為一個文質彬彬的君子世界。以上是廖平論「皇二伯」與「分陝」的意義所在。[19]

在廖平的表述下，出自《尚書》周、召二公的「皇二伯」與《春秋》的「二伯」，前者為理想藍圖，後者為行事指引，這兩個概念是連繫在一起的：「周、召為二伯，如《春秋》之齊桓、晉文。」[20]周、召所昭示的是致太平的願景，齊桓、晉文是如何實踐的內容。歷史上的周、召二公與齊、晉二伯年代不同，但在廖平經史有別的意識下，他們都不是真正的史實，而是孔子託寓的經典符號。

二、《春秋》的「二伯」與秩序關懷

由於廖平論述如何實踐「用夏變夷」的經典主要在《春秋》，又其《春秋》學一個很重要的理論，就是藉著齊桓、晉文「二伯」所傳達的微言大義，說明經學與世界／地球的關係：「藉桓、文之史事，推皇帝之共球。」[21]蓋《春秋》精神在撥亂，「二伯」是《春秋》託寓的撥亂至太平過程中的符號；經典是孔子為兩千年後的現世、全球立法，故此處從「二伯」的微言與理想談起，探討廖平如何構述孔經的撥正世界之道。

（一）《春秋》、〈王制〉與「二伯」

廖平以齊桓、晉文為《春秋》的「二伯」，最初的依據來自《穀梁》，[22]「二伯」一詞在《穀梁傳．隱公八年》有明文：「誥誓不及五帝，盟詛不及三王，交質子不及二伯。」此處的「二伯」

是齊桓公與晉文公，「二伯」身分須受命於天子，「未得王命未可以為伯」。[23] 根據朱浩毅的研究指出，《春秋》三傳在「霸」、「伯」的理解上有其差異性，也就是「行霸」與「受伯」之分。大致上，《公羊》、《左傳》較傾向於「彊國」能被承認為「霸」，但《穀梁》特重禮制，本不承認有強國為「霸」的地位，以為天子既在，無以容「霸」，但是又不能否認史實上諸侯力政的局面，於是只有承認強國是受天子之命的「二伯」。由於「霸」、「伯」二字同音通假，且又因前人詮釋《春秋》時，在流傳過程中也早已混淆了兩者，以至於三傳中的「霸」或「伯」已不易為人所區分。但透過三傳文本的分析比較，仍可具體的感受到《穀梁》的「二伯」與其他二傳不同之處，就在於它特別具有一種禮或制度的精神。[24] 廖平論「二伯」，主要也是寄託了禮與制度的精神在其中。

19 在此需補充說明，廖平論及「周公」建東半球之後，將到西半球建西京之際，究竟是將東半球託付於召公或是讓位給成王？或者是由成王為天子，召公、周公擔任成王之下的「二伯」？廖平似乎沒有特別明晰的交代。在《書中候弘道編》的〈洛誥〉中指出，周公讓成王主東洛；在同書的〈君奭〉、〈多士〉等篇中，又以召公治東洛。但不論主東洛者為成王還是召公，這兩者仍是不相衝突的，因為在廖平筆下，無論「成王」、「召公」或「周公」，都只是孔子所託的符號，重點是要以文化的角度將地球分為東、西二半部。即使在「皇二伯」之上的統治者，也未必是一個具體的人物，而是一個象徵孔子之道文質彬彬的「泰皇」出而統治世界。這是廖平論大統時期「分陝」的目的所在。

20 廖平，《大統春秋公羊補證》，卷一，頁四〇a。

21 廖平，《大統春秋公羊補證》，〈提要〉，頁一a。

22 廖平，《起起穀梁廢疾》，《廖平選集》（成都：巴蜀書社，一九九八），下冊，頁一〇三。

23 范寧著，楊士勛疏，《春秋穀梁傳注疏》（台北：藝文印書館，一九八九），頁二四，五二。

24 朱浩毅，〈《春秋》三傳對「霸／伯」的理解及其詮釋問題〉，《史學彙刊》，第二十期（二〇〇五年），頁一七—四〇。

廖平於經學一變時治《春秋》，以《穀梁》傳於孔子鄉國的魯地，應最得孔子本意，這也是他當時重視《穀梁》的原因。他本著《穀梁》以禮傳經的特點，進一步論證了《穀梁》所言禮制與〈王制〉完全吻合，孔子作《春秋》的宗旨在於「存王制」，所以〈王制〉是孔子為後世制作的「王法」，《春秋》制度皆本於此。[25]到了經學二變，廖平已轉而認為《公羊》、《左傳》制度同屬純正今學，與《穀梁》無分高下，並且主張合通三傳，以三傳的制度均嫡傳於孔子思想，彼此互通。所以三變以後他論《春秋》三傳都以〈王制〉貫通，即使是在闡發《公羊》或《左傳》，內容也多援引他早年對《穀梁》禮制的詮釋，這對廖平來說並無矛盾，因為孔子的制度是共存於三傳的。他既然以〈王制〉為《春秋》制，而〈王制〉也包含「二伯」，居於〈王制〉封建制中的重要位置。在《何氏公羊解詁三十論》的「諸侯四等論」中，廖平即以〈王制〉與《春秋》做結合，更能見出〈王制〉、二伯之於《春秋》的意義所在：

> 《春秋》制二伯之典，修方伯之法，詳卒正之事，錄微國之名。……曹、莒、邾、滕、薛、杞為卒正大者，……郯、繒、牟、介、葛為屬國小者，所謂微國。蔡、陳、衛、鄭同為方伯，楚、秦、吳為外方伯，與魯共八國。齊、晉為二伯，曰「天子之老」。每州二百十國，統於方伯，八州八（方）伯，統於天子，二老分主東西，此《春秋》制也。魯與蔡、陳、鄭、衛事齊、晉，以事大之禮言，如與京師同行朝禮也。曹以下兗州之國，……統於方伯，事之如君也。[26]

以上的引文是廖平根據〈王制〉的封國制而說。〈王制〉曰：「千里之外設方伯，五國以為屬，屬有長；十國以為連，連有帥；三十國為卒，卒有正；二百一十里為州，州有伯；八伯以其屬屬於天子之老二人，分天下為左右，曰二伯。」他依此將《春秋》各諸侯國按位階分成二伯、方伯、卒正、微國四種不同的等級，魯與蔡、陳、鄭、衛等方伯之國必須尊敬行禮於齊、晉二伯之國；曹國等卒正之國統於方伯之國，須對待方伯之國如同國君；依此類推，微國亦應以禮節尊事卒正之國。廖平論〈王制〉制定這套大、小國的禮制是為了「明尊卑、大小之分」，[27]這也是他視〈王制〉為孔子微言極重要的原因之一。因此《春秋》以〈王制〉為制度，目的是要彰明各諸侯國應以禮制相互維繫；又因為周天子微弱，王道不行，於是孔子將這個秩序的維繫者託給了「二伯」：

> 齊、晉，二伯也。《春秋》上無天子，下無方伯，故以二伯主其事。二伯者，上輔天子，下統方伯，《春秋》見百二十國，雖所書事甚多，然以齊、晉為統宗。《孟子》宣王問齊桓、晉文之事可得聞乎，亦《春秋》之教也。[28]

25 廖平，《何氏公羊解詁三十論．王制為春秋舊禮傳論》，《廖平選集》，下冊，頁一三五—一三六。
26 廖平，《何氏公羊解詁三十論．諸侯四等論》，《廖平選集》，下冊，頁一三七。
27 廖平，《何氏公羊解詁三十論．託禮論》，《廖平選集》，下冊，頁一三九。
28 廖平，《大統春秋公羊補證》，卷九，頁一八a。

二伯職責在上輔天子、下統方伯，討伐內亂以維持封建禮制於不墜，[29]所以〈王制〉與「二伯」的制度在《春秋》裡具有深刻的天下秩序關懷在其中。

（二）《春秋》隱託「二伯」統理今日世界

廖平主張通經致用，以經典是指向現世與未來的引導，他甲午戰後論〈王制〉與二伯，主要目標是針對晚清整個世界的國際關係而發，有著淋漓盡致的表述。他曾數度將《春秋》的「二伯」與方伯之國比擬為西方的各列強，例如先是以齊如英國，晉如美國，楚如德國，後來又以晉為俄國，楚為南州新國，前後並不一致，[30]但廖平的重點不在於一一對應，而是要彰顯經典的現世價值性，思考如何以孔子之道統理紛爭的國際現況。以下的一大段言論頗具代表性，畫龍點睛的表達出他長久以來詮釋「二伯」及〈王制〉的經世關懷：

> 今日天下紛紛，三萬里中分裂，各地自相雄長，如春秋之局，所謂亂世。考現在各國等級，有帝、有王、有總統，有獨立自主、有保護半權、有屬國、有殖民地，……然大旨不出強凌弱、眾暴寡，弱肉強食，所謂權利世界而已。……公法雖倡，為息兵平禍，有名無實，徒為強國魚肉之助。按古今時勢相同，春秋之齊、晉、秦、楚、吳侵滅諸國，橫暴寇虐，大抵與今時勢相同，初無所謂典禮道德。孔子欲為萬世圖長治久安之策，乃尊天扶王以立極，託諸強國為二伯，尊二伯以申王法。……其次等之國，因其土地，立為各州牧，再次則以為卒正，再次則以為連帥、屬長，迄終之以附庸。變易弱肉強食之春秋，為尊讓禮樂

之天下，……各小國之統屬強國，不曰畏其勢力，以為天子所立之二伯，例得專征，統屬列國，尊二伯即所以尊天王。其會盟侵伐，不曰私利便己，以為明天子之禁戒，約諸侯有罪，二伯、方伯專征殺，得致天王典禮以討之。諸侯之有功德者，奉天子命，得以間田褒進之。……所謂撥亂世，反之正者，……非今日之時局，不足以為世界，非大一統之天下，不足以為反之正。[31]

引文指出今日天下紛紛，地球上強國分立，如春秋時代的亂世。各國的體制，有帝國、王國、總統制之國；就主權方面說，有獨立自主之國，有受保護國、半權之國、屬國、殖民地等。但這些現況反映出的都是強凌弱、眾暴寡、弱肉強食的權力世界，雖然有國際公法的提倡，但有名無實，徒為強國利用之以魚肉弱國。古今時勢相同，春秋時期的齊、晉、秦、楚、吳等，橫暴侵滅諸國，同於當今的列強。孔子欲為萬世圖長治久安之策，乃建立一個法天的最高價值之王法，「託諸強國為二伯，尊二伯以申王法」。廖平又於《穀梁春秋經傳古義疏》中說：「《春秋》尊二伯以代王治朝。二伯即所以尊天王，扶微抑強，振王道於不墜，《春秋》治功也。」[32]以二伯來統理諸國，尊有道，伐無道，這是要用〈王制〉的理想重構整個世界：

29 廖平，《大統春秋公羊補證》，卷二，頁一四b；卷七，頁三二b。
30 廖平，《大統春秋公羊補證》，卷六，頁一四a，一五a。
31 廖平，《大統春秋公羊補證》，卷二，頁四二b—四三b。
32 廖平，《穀梁春秋經傳古義疏》（民國十九年，成都鴻寶書局刊本），卷三，桓公元年，頁三b。

就大一統之義言之，以今之帝國為二伯，……，以王國為方伯，以保護國為卒正，以半權國為連帥，以屬國為屬長，再以諸小國比於百里、七十里、五十里，合天下而立二伯，則二伯為帝矣。崇天以為皇，□德配天，未能一統，以天代之。大二伯為天子，大八伯為天王，大十六牧為天牧，大三卿為天吏。再以《春秋》之會盟禮樂征伐組織之，易變勢利之世界，為昇平文明之世界。小事大，大字小，小大相維，各有經義□制，以道德仁義為依歸，易變權詐陰謀之陋習，方伯以下各據一《春秋》以為典禮行事之楷模，二伯奉天道，燮理陰陽，損益調和於其上，而皇道平，帝功成。[33]

廖平很明顯的希望在世界造成一個「大〈王制〉」的局面，世界各國依照國家土地大小、強弱，分成「大二伯」、「大方伯」、「大卒正」等，由「大二伯」擔起專責，使大國保護小國，小國尊敬服事大國，形成一個「小事大，大字小」的理想國際狀態。「事大」、「字小」的出處來自《左傳》，講的是國際交往準則：「小所以事大，信也；大所以保小，仁也。背大國不信，伐小國不仁。」[34]小國事奉大國的道德規範是「信」，大國保護小國的道德規範是「仁」。總之，廖平希望他當前的國際，能夠依據孔子《春秋》的理想，改變弱肉強食的局勢，轉為禮樂尊讓的境界。

在討論二伯的職責與功能時，可能也會令人聯想到一個問題：《春秋》的齊桓、晉文之上有周天子的存在，但是廖平論「二伯」維繫世界秩序時，上面有一個更高的統治者存在嗎？首先回到《春秋》本身來看。《春秋》之中有周天子的存在，是沒有疑問的，二伯也是要夾輔周室。但是《公羊》又說春秋「上無天子，下無方伯」，因為周天子微弱，因此以經義來說，天子幾乎不存在，王法才需藉由二伯來執行。故廖平說：「未出皇王，先詳二佐。」[35]「二伯」的理想，就是要在還缺乏整個世界的「王法」時，透過禮的秩序安排達到大同太平的狀態，那時自然出現了一個表徵孔子之道的「皇王」居於世界的中心，也就是「皇道平，帝功成」的時候了。

然而是什麼樣的時代課題讓廖平反思要以經典重新架構一個不同於當世的國際關係圖景？下節將做更詳細的探討。

第二節　對西方國際法的反思：素王禮制下的理想新世界體系

從第一節的論述可以理解到廖平抬出《春秋》「二伯」以申王法，就是要對治當前的國際亂象。他提到：「公法雖倡，為息兵平禍，有名無實，徒為強國魚肉之助」，[36]換句話說，西方主導下的公法不但不足以維繫世界秩序，反而助長了強國的氣燄，惟有《春秋》的制度與精神才能挽救這種局面。那麼西方公法的特質是什麼？《春秋》與之相較有何不同？理想的世界體系又是什麼型態？這些都是接下來所要討論的問題。

33 廖平，《大統春秋公羊補證》，卷二，頁四三b。
34 《左傳》哀公七年。見杜預注，孔穎達疏，《左傳正義》（台北：藝文印書館，一九八九），頁一〇〇九－一〇一〇。
35 廖平，《大統春秋公羊補證》，〈凡例〉，頁四a。
36 廖平，《大統春秋公羊補證》，卷二，頁四二b。

一、以《春秋》制度重構國際新秩序

十九世紀末，西方用民族國家、條約體系衝撞中國的天下觀，欲用西方的標準將中國納入全球體系中。中國天下觀的圖景和禮儀系統原本建立在中央與邊緣、內與外的關係模式上，甲午戰後，這樣的秩序徹底動搖，朝貢體系及禮儀規範陷入崩潰的境地，這不但是國家的危機，而且是一種信仰的危機。這也激起了一些知識分子為了要應對西洋文明的衝擊，於是反過來要用另一套價值系統來統理全球，重構新的世界圖像。[37]例如康有為曾力圖綜合儒學及西方各種知識為現世提供普遍的真理。[38]因此尋找一個放諸四海皆準的理論是時局的刺激有以致之，在廖平的觀點中，他所信仰的經學也唯有必須適應、符合全人類的需求，成為普世的真理，才有繼續存在下去的可能。他在成於光緒二十四年的《地球新義》〈提要〉中說：

> 使聖經囿於禹域，則祆教廣布，誠所謂以一服八者矣。……苟畫疆而自守，以海為限，則五大洲僅留尼山片席，彼反得据彼此是非之言以相距，而侵奪之禍不能免矣。[39]

廖平強烈的意識到，在中國的價值體系即將被西方消融、覆蓋之際，如果孔子學說僅僅止於為中國制法，那麼最終將喪失自己立足的依據，屈從於西方的規則。這就是甲午戰後，為何廖平要把整個世界納入到經學的視野中，並致力於以經學重構新世界圖像之主要原因。不過安排世界秩序為什麼要用《春秋》，即是廖平所詮釋出來的「大〈王制〉」或「素王之制」？回到當時來看，晚清類似廖平主張用《春秋》作為國際大法的學人不少，他們的論說雖未必深入，但可以令人感覺到多是針對《萬國公法》做回應；或許廖平以《春秋》作為世界的制度法理，可置於此脈絡來探索，期望能更深入的梳理出它的時代意義。

美國籍長老會傳教士丁韙良（W.A.P. Martin, 1820-1916）在同治初年選定美國外交家亨利．惠頓（Henry Wheaton, 1785-1848）所著的《國際法原理》（*Elements of International Law*），於一八六三年（同治二年）譯成中文，名之為《萬國公法》。一八六四年經由總理衙門撥銀付梓刊印，一八六五年進呈御覽，成為同文館生徒修習的重要課目，可見頗受朝廷的重視與推廣。[40]丁氏此書的出發點在介紹、幫助中國認識西方外交制度與慣例，提具一種國際公法教材，對無論朝野人士的外交新知無疑是重要的思想資源。[41]最初一些著名學者如郭嵩燾、鄭觀應、陳熾等都

---

37 汪暉，《現代中國思想的興起》（北京：生活．讀書．新知三聯書店，二〇〇八），上卷，第二部，頁七二六。

38 康有為的《實理公法全書》也是這方面思想的代表。見蕭公權著，汪榮祖譯，《康有為思想研究》（台北：聯經出版公司，一九八八），頁三八八—四〇九；吉澤誠一郎，〈康有為的幾何公理——《實理公法全書》與追求普遍真理之夢想〉，收入黃寬重主編，《基調與變奏：七至二十世紀的中國》（台北：國立政治大學歷史系，二〇〇八），第二冊，頁三二五—三三七。

39 廖平，〈地球新義序〉，收於高承瀛等修，吳嘉謨等纂輯，《光緒井研志》（台北：臺灣學生書局，一九七一），〈藝文志〉，頁八二七—八二八。

40 丁韙良翻譯《萬國公法》、以及晚清國際法輸入的相關研究已經不少，往往都會敘述到總理衙門對丁氏《萬國公法》的資助過程之原委這段歷史過往，故此處不再明細臚列各著作的名稱。

41 不過，現今學者也不乏從多元的視域，例如用後殖民主義史學的觀點來重新解讀《萬國公法》在十九世紀的傳譯，視之為歐洲中心主義下的文化霸權之擴張。此一類的論點，可參見劉禾著、陳燕谷譯，〈普遍性的歷史建構——《萬國公法》與十九世紀國際法的流通〉，《視界》（石家莊：河北教育出版社，二〇〇〇），第一輯，頁六四—八四。

對《萬國公法》抱持著讚賞的態度，寄望此法可以「平息列國紛爭」，「安於輯睦」。[42]然而隨著清朝外交不斷的挫敗，並對國際局面的逐步認識，批評《公法》的言論也愈來愈多。曾紀澤曾經在光緒十八年的日記中說：「今日之天下，一弱肉強食之天下也。」又說：「《萬國公法》，各國條約，……條條是道。惟強國能以責弱國，弱國不能責強國也。……弱國則勢屈而理與之俱屈耳。」[43]說明即使有《公法》的存在，卻是只有強國能援據之以要求弱國遂行己意，弱國僅能無奈的屈就於強國。對於《公法》的普遍性評價，章清曾根據上海格致書院於光緒十五、十六年間的課藝，以及科舉廢八股改試策論後，供士子應試「揣摩」之用的讀本《中外策問大觀》（刊印於一九〇三年）兩份資料做過詳實的研究，所顯示的是讀書人雖已對《公法》有所了解，但對其能否真正落實，卻是疑慮重重。例如格致書院學生王佐才曰：「小國援公法，未必能卻強鄰；大國藉公法，足以挾制小國。則所謂《萬國公法》者，不過為大侵小、強凌弱，藉手之資而已，豈有真公是公非之議論哉！」鍾天緯曰：「夫《萬國公法》一書，原為各國應守之成規，並非各國必遵之令甲，強者藉此而愈肆其強，弱者恃此而無救其弱，久矣垂為虛論矣。」《中外策問大觀》所收文字亦不乏指出為國者必先能自強，否則《公法》不足恃的言論；[44]對《公法》持負面評價者不勝枚舉最主要的原因就在於《公法》無法主持公道，不能改變大侵小、強凌弱的國際局面。

由於飽受欺凌，對《公法》缺乏信心的局面下，也激起士人對《春秋》的注意與情感，認為《春秋》維繫列邦之法的大義高於《公法》，更有資格成為濟平之道。以《春秋》通國際法的思想在甲午戰前已經開始，更盛於於甲午戰後，是因為此時士人日益明顯的感覺到《萬國公法》雖強調邦國自主、尊重他人主權，[45]且列強從來欲以這套原則改變中國傳統的天下秩序，納入西方觀念主導的世界體系中，但是卻又不平等的對待中國。而中國士大夫在無能違背《公法》，且承認世界各國也需有一套法理來維繫的同時，以儒家思想來評判《公法》，並試圖建立起文化自信心，抬出一部出自中國文化又可完全符合人類公理的國際法：《春秋》，以取代《公法》，這背後的心態就可以被理解。一八九五年後這類的言論很多，包括維新派諸子梁啟超、徐仁鑄、宋育仁、劉銘鼎等都曾說過孔子作《春秋》為「萬國公法」，甚至乃是「萬世公法」。[46]故晚清學者主張以《春秋》作為世界的公法，與時局的刺激及對《萬國公法》的反思有密切關係，在此大環境下再來省視廖平的《春秋》學主張，當更能體會他的理想所在。

42 郭嵩燾，《郭嵩燾日記》（長沙：湖南人民出版社，一九八〇—一九八三），第三卷，頁一三六、八〇九。鄭觀應，《易言．論公法》，夏東元編，《鄭觀應集》（上海：上海人民出版社，一九八二），上冊，頁六六—六七。陳熾，《庸書》（光緒二十三年，慎記書莊石印，中研院近史所郭廷以圖書館藏），外篇卷下，〈公法〉。

43 曾紀澤，《曾紀澤日記》（長沙：嶽麓書社，一九九八），光緒十八年八月二十三日、十二月二十日。

44 《己丑格致書院課藝》（上海：上海圖書集成印書局印，一八九八，中研院近史所郭廷以圖書館藏），頁二—三，〈王佐才答卷〉、〈鍾天緯答卷〉。雷瑨編輯，《中外策問大觀》（一九〇三年，硯耕山莊石印），卷四，頁二一a—二一b；卷十四，頁四a。俱見章清，〈晚清中國認知「天下」的基調與變奏〉，收入黃寬重主編，《基調與變奏：七至二十世紀的中國》，第三冊，頁三二一—三三三，三三七—三三八。

45 丁氏所譯的《萬國公法》第一卷第二章即明揭邦國自治、自主之權，不必聽命於他國。見惠頓著，丁韙良譯，《萬國公法》（上海：上海書店出版社，二〇〇二），頁一二—一三。

46 梁啟超，〈讀孟子界說〉，《飲冰室合集．文集》（上海：中華書局，一九四一），頁一七—二〇。徐仁鑄，《輶軒今語》，收入唐才常、李鈞鼐等著，《湘學報》（長沙：湘學報社，光緒二十三—二十四年，中研院史語所傅斯年圖書館藏），第三十一冊。宋育仁，《采風記》（清光緒間刻本，中研院史語所傅斯年圖書館藏），卷五。劉銘鼎之說，見于寶軒編，《皇朝蓄艾文編》（台北：臺灣學生書局，一九六五），卷十三，頁三四a，總頁一二四一。

廖平注意國際公法的言論不止一處，除了前文引述過的，他曾指西方公法「有名無實，徒為強國魚肉之助」外，他在〈公羊春秋補證後序〉中也再次提到《春秋》的朝聘盟會如同今日各國條約會盟的「國際公法」，且認為《春秋》是立綱常以為萬國法，[47]明顯將《春秋》與國際法相提並論。又成於民國二年的《孔經哲學發微》中有「虎哥」之名，[48]此名現今常譯為胡果．格勞秀斯（Hugo Grotius, 1583-1645），為十七世紀的荷蘭學者，西方公法學由其創生，被歐洲學者譽為國際法之父，丁韙良在《萬國公法》中譯其名為「虎哥」。廖平在著作中提到此譯名，應是見過《公法》一書的內容。另外，廖平曾與寫過《公法導原》（作於一八九九年）的學者胡薇元有過接觸，或許亦曾受過胡氏思想的啟悟也不無可能。[49]這些直接、間接的線索，加上大環境的背景，我們有理由說，他是要從經學中找出一個勝於《萬國公法》的價值觀，重新安排世界，目的誠如他所強調的，要改變「強凌弱，眾暴寡」的國際現實。廖平與其他疑慮《公法》、移情《春秋》的學人相較之下，其特殊之處就在於他以〈王制〉作為《春秋》的制度基礎，「二伯」的領導為中心，詳細清晰的結構了一幅具大、小、尊、卑的「素王禮制」之世界秩序圖像。這種秩序之所以被如此的架構，一方面是基於對西方《萬國公法》的不信任，但更深邃的原因，是處在傳統天下觀以及西方概念下萬國並立的世界局面之間，於兩者的矛盾激盪下，他要重新建立一套以中國倫理為世界道德秩序中心的新世界體系。

二、為世界「立心」：以「素王之位」居中的道德共同體

惠頓的《國際法原理》於一八三六年出版後轟動一時，被世界各國高度重視，意味著當時

以西歐為中心的民族國家新秩序已經開始形成，當它被譯為中文刊行後，目的也在於向中國的官方與精英人士介紹這個西方觀念下的全球意識，從而讓中國也加入以各民族國家為主體組成的世界體系。按照《萬國公法》的概念圖像，中國所處的位置和地位，是屬於「萬國之一」。若純粹就地理方位來說，甲午戰後的人們並不陌生這樣的知識，中西溝通以地理學科作為先行學科起著導向作用，已是方家之論。由認識世界地理開始，打破傳統中國與四夷天下秩序的信念，進而接受萬國並存的世界，確實構成了西學東漸的最初環節。[50]不過耐人尋味的是，認識到天下是「萬國」：以「國家對國家」的政治實體之存在，並不等於把中國也當成萬國之一。依據金觀濤、劉青峰的研究，從傳統天下觀過渡到列國並立的世界觀的兩端之間，出現了一種「以中國為中心的萬國觀」時期，時間大約在一八六〇年後到甲午戰爭之前。它的特色是此時的士人多數依然承認中國在世界中的文化至上，與傳統天下觀的差別僅在於：萬國是中國必須認知和打交道的對象，

47 廖平，《大統春秋公羊補證》，〈後序〉，頁三b—四a。

48 廖平，《孔經哲學發微》，《廖平選集》，上冊，頁三四四。

49 胡薇元的《詩緯訓纂》成於一九一八年，為廖平所激賞，並應胡氏之請，為之作序；見胡薇元，《詩緯訓纂》（清光緒至民國間刊本，中研院史語所傅斯年圖書館藏），廖平序。我們無法確定胡氏一八九九年作《公法導原》時，廖平是否已經與之相識，或是見過此作，不過胡氏長年仕宦於四川，具聲譽，又對漢學與今文學有所研究，若是其與廖平早有接觸亦是有可能的。關於胡薇元其人及《公法導原》一書的介紹與研究，見徐興無，〈儒家思想與近代國際法的「格義」——讀丁韙良《中國古世公法論略》與胡薇元《公法導源》〉。網路資料：http://aiwk.sysu.edu.cn/A/?C-1-65.Html（檢索日期：二〇一一／六／三十）。筆者案：《公法導原》的內文又有作「公法導源」者。

50 周振鶴，〈一度作為先行學科的地理學——序《晚清西方地理學在中國》〉，載鄒振環，《晚清西方地理學在中國：以一八一五年至一九一一年西方地理學譯著的傳播與影響為中心》（上海：上海古籍出版社，二〇〇〇），頁一—七。

更積極有為的強調和國際接軌，但並沒有改變華夏中心意識的本質。[51]廖平曾對《海國圖志》等世界地理著作有過回應，探索與突出中國在萬國中的定位，[52]無疑的也可算是一個「以中國為中心的萬國觀」之具代表性的學者。

針對整個時代的大思潮來說，中國中心的萬國觀解體於甲午戰敗後，危機感使得朝野士大夫對儒家倫理的優越性產生懷疑，視中國不再處於「萬國」或「世界」中心的至高無上地位，在這種情形下，西方（包括日本）的思想制度反成為被學習的對象，中國許多知識分子甚至主動承認西方為文明而自居世界的邊緣。[53]然而有意思的是，廖平要讓中國的倫理秩序成為萬國中心的努力，主要時間卻是在甲午戰後，也就是說，正是在人們對傳統失去信心、把中國「去中心化」的大浪潮中，廖平反而更積極的要讓傳統的經教價值具有普世性。

對廖平來說，西方由國與國對等關係所組成的民族國家之世界並不是一個理想的秩序體系，筆者若用現代的語彙來替廖平發言，可以說西方的國際關係型態缺乏情感與人文關懷的精神；廖平有如此的感觸，與其受儒家倫理型態的天下觀影響也有深厚的關係。儒學把天下看作「家」的同構放大，從而使得兩者都是倫理的載體。周朝以封建宗族的方式作為治理天下的紐帶，與天子關係親近，或接受王化較深的諸侯國是為華夏，再以華夏文化為中心向外擴張。秦漢以後，雖然改封建為郡縣，但天下是倫理載體的本質沒有改變，因為宗族是社會組織的基本單元，只要某一地區接受儒家教化，鄉間的仕紳就能將宗族與遙遠的皇權連繫起來，納入大一統帝國的治理中，帝國疆域依此逐漸擴大，所以這個帝國也是沒有邊界的。「主權」一詞在中國與西方的意義不同，以中國來說是指皇帝的權力，皇權之所以崇高，是因為它處於倫常等級的頂端。中國人心目中的國家（天下）是一個「道德共同體」，主權是道德共同體之首行使的最高權力。而西方從中世紀開始，國家就是與立法權、契約緊密相聯的主權單位。近代西方「國際法」的合法性建立的基本前提是：世界各地的政治實體都是形式平等的主權單位。但是《春秋》封建制的禮儀範疇內，爵位高低不等的各諸侯國均臣屬於最高地位的周天子，從而並不是近代「國際法」所預設的作為相互平等的主權單位之國家含義。[54]中國與西方的「國家」概念既然有根本的區別，以廖平之於時代的敏銳，對此必定是清楚的，是故他將《春秋》各諸侯國比擬對應於當代列國，我們不能簡單的以為他不懂得東西方兩種國際體系的差異而擅自以經典內容妄加比附，應該說他要打造更高一層次的理想。說得更清晰一些，他是要改變西方觀念下，形式平等、國家對國家的主權單位互動模式，改用中國的倫理秩序為主體架構重新統合世界各國，成為《春秋》中以尊卑禮儀互相維繫的、世界性的「道德共同體」。

51 金觀濤、劉青峰，〈從「天下」、「萬國」到「世界」——晚清民族主義形成的中間環節〉，《二十一世紀》，第九十四期（二〇〇六年四月），頁四四。金觀濤、劉青峰，〈十九世紀中日韓的天下觀及甲午戰爭的爆發〉，《思想》，第三期（二〇〇六年十月），頁一二〇—一二一。章清，〈晚清「天下萬國」與「普遍歷史」理念的浮現及其意義〉，《二十一世紀》，第九十四期（二〇〇六年四月），頁五五—五七。

52 魏怡昱（綵瑩），〈孔子、經典與諸子——廖平大統學說的世界圖像之建構〉，《經學研究集刊》，第三期（二〇〇七年十月），頁一一一—一三八。

53 羅志田，〈學戰——傳教士與近代中西文化競爭〉，《民族主義與近代中國思想》（台北：東大圖書公司，一九八八），頁一一九—一四七；〈理想與現實——清季民初世界主義與民族主義的關聯互動〉，收入王汎森等著，《中國近代思想史的轉型時代》（台北：聯經出版公司，二〇〇七），頁二七一。

54 汪暉，《現代中國思想的興起》，上卷，第二部，頁七一八。

這個具有中國倫理特色的共同體重要內容之一就是大國保護小國、小國尊事大國，這套秩序的主要維繫者是「二伯」，惟有靠孔子的這種禮制才能改變紛爭無公理的世界；而且如此的理想境界孔子早已預設，將會在遙遠的未來實現。在此順道補充說明，丁韙良雖然也曾將《春秋》與《萬國公法》互相格義，說明中國古代已有國際法的概念，[55]不過出發點與廖平不同。丁韙良從《春秋》說明中國先秦已經有與國際法相通的慣例、言辭、觀念，為的是更方便的把中國接引入歐洲國際法的體系中；但是廖平很清楚的知道《萬國公法》與《春秋》的秩序體系是有相當差異的，他提倡《春秋》正是要打造完全不同於西方的國際新秩序。最後，從廖平對列強與《春秋》各國的對應比擬，也可以隱然看出他最終的期望。《春秋》的完美秩序既然是會實現在進化後的未來，那麼以當今的列強對應《春秋》各諸侯國，也代表未來歐洲列強皆「同化」成為華夏諸國，都在一王大法的規範之下，不再是「蠻夷」。又《春秋》諸國之中，中國到底相當於哪一國或居於哪個位置呢？廖平在安排世界秩序的代表作《大統春秋公羊補證》一書中並沒有明說。《公羊》家長久以來都有《春秋》「王魯」的說法，因魯國縱然不夠強盛，但卻為孔子鄉國且為禮樂之邦，故寄託新王大法，以魯為正朔所在；晚清學者也有將秉禮的魯國投射於中國者。[56]不過，廖平在早年已經否定了《春秋》有「王魯」之說，主張《春秋》只有素王之制，不曾託魯為王，魯國只是必須遵守素王禮制的諸侯國之一，[57]如果他將中國比魯國，就缺乏具體條件上的意義。我們根據廖平所主張的「用夏變夷」說法，以中國為「諸夏」作為世界的中心，化導世界或萬國；萬國最終也將會來朝於中國這個具有孔子之道的中央「皇極」之地，那也是禮樂文明、倫常教化的中樞。[58]如此一來，廖平的心意就很明顯了：世界未來會依循著進化程序成為大一統的道德共同體，不論它是如同周代的封建制或是秦漢以後的帝國型態，中國都是處在倫常等級的軸心；若是擺放到《春秋》中的位置上來，就如同禮興樂盛後的周天子京師之位，也即是廖平所說的「皇道平，帝功成」之後的「皇王」之位，[59]筆者又依據廖平的概念稱之為「素王（皇）之位」。

綜上所述，廖平《春秋》的理想是要改變當前世界以西方價值為主體的秩序模式，把《春秋》的封建禮制變成整個世界為範圍的「大封建／大〈王制〉」。又廖平既然點出了未來理想的世界是一個大封建的模式，這又牽涉到他對世界大一統下理想政制的看法，因為封建制的頂端即是倫常等級的頂端——皇權，這同時也關係到當下中國所應採行的政治體制為何的問題，並直接與立憲派及革命派所主張的民權或民主、平等之近代思潮產生交鋒，深具時代性，下一節即以此為討論的重點。

55 丁韙良，《中國古世公法》（光緒二十三年，慎記書莊石印，中研院近史所郭廷以圖書館藏）。
56 胡薇元，《公法導原》（出版者不詳，光緒二十六年），頁三三。
57 廖平，《何氏公羊解詁三十論．主素王不王魯論》，《廖平選集》，下冊，頁一四〇—一四二。
58 廖平，《皇帝疆域圖》（一九一五年，四川成都存古書局刊），第四十，頁九四b—九五b，九九a—一〇〇b。
59 廖平，《大統春秋公羊補證》，卷二，頁四三b。

第三節 理想的政治體制與倫理觀

廖平所期待的未來大一統世界，是統合全球的「大封建」之政治結構，把世界納入經典的制度內容中。這一未來性的制度理想，其實也提示了我們，廖平對未來與當下政治體制的看法，因為他服膺傳統以來把王者當成處在天下或國家道德共同體倫常中心地位的思考，無論疆域從「中國」擴及「天下」或「世界」，以皇權為中心的政治架構都是他所堅持的。又廖平論經典改制，對現世、未來的期待，亦表現於對《公羊》三世說的發揮，所以此處要討論廖平對中國當下與世界未來的理想政制與倫理觀，也有必要對其三世說的觀點做探討，期望透過這樣的分析能彰顯出廖平的主張在時代中的特色。

三世說是《公羊》學中相當重要的議題，但是在《公羊》的傳文裡並未明言「三世」一辭，後世學者對「三世」意義的闡發，主要是根據《公羊》傳文中的「異辭」（記載文辭有異）而發揮的。在隱公元年、桓公二年，以及哀公十四年的傳文中均出現了「所見異辭，所聞異辭，所傳聞異辭」的說法。由《春秋》經文與《公羊》傳文來看，「異辭」的原因，主要是緣於經文所載之事距離孔子修《春秋》的時間遠近而言的。「所見」即孔子親身所見，記錄較詳細；「所聞」是孔子聽聞而來，記錄稍簡；「所傳聞」為傳聞之說，是年代更久遠前的事，記錄更簡略。到了董仲舒再加以發展，而有「三等」之說：所見一等是昭、定、哀三世，所聞一等是文、宣、成、襄四世，所傳聞一等是隱、桓、莊、閔、僖五世，共三等，這是將魯國十二公的歷史分成三個階段，並依據各階段與孔子關係的親疏遠近、恩情厚薄來解釋書法不同的問題。

東漢的何休著《春秋公羊傳解詁》，繼承董仲舒據情感等差記事的三等說而深化之，並賦予另一樣貌。他指出孔子筆法以所傳聞世是衰亂之世，所聞世是升平之世，所見世是太平之世，《春秋》中歷史的發展，是由衰亂世，進而升平世，進而太平世。這種「三世遞進」的理論，是與「異內外」的觀念相結合的。《公羊傳》中有「內其國而外諸夏，內諸夏而外夷狄」之說，有內外、夷夏之分。何休認為，在衰亂世、升平世時，內外、夷夏的差別並未消失，到了太平世則不再有分別，「天下遠近大小若一」，天下是一個統一的天下，實際上就是表達了太平世即是「大一統」。[60]故三世說從《公羊傳》、董仲舒到何休的說法，是有一個發展過程的。何休的三世遞進理論最深刻的意義，是寄託了文明以本國為中心，從華夏到周邊地區漸進的撥亂起治，直至王化大行的理想。何休的三世說與實際春秋的史實並不合，因為春秋時代的社會是時代愈後愈混亂，並非趨向太平的歷程，但在何休及其以後的《公羊》學者眼中，這正是孔子以《春秋》撥亂起治、「文致太平」的操作。[61]後世的《公羊》學者在論及孔子的「微言大義」時，往往以撥亂、漸進與三世的模式作為發揮一己理想的基礎，但是各人或因面對的時代不同，或因價值觀念的多元，因此詮釋的內容及偏向的重點也有很大的差異。

前文提到何休的理論中，「三世」與「內外」是連繫在一起的，「內外」又是以夷夏來區

60 何休，《春秋公羊傳解詁》，卷一，隱公元年條。

61 段熙仲，〈《公羊》春秋「三世」說探源〉，收入《中華文史論叢》第四輯（北京：中華書局，一九六三），頁六七—七六。

分。而晚清中外交通，在學者的感知下，夷夏、內外的判分以及「華夏」文化能夠傳播的範圍都不再宥限於中國內部本身，因此近代《公羊》學者論述「三世」時開始結合上世界的視野。與廖平同時，也談《公羊》三世且同樣將世界視野納入經學最具代表性的人物可說是康有為。

康有為以政體的變化說明三世的遞嬗，這是他論孔子《春秋》改制最大的特色。在其理論下，世界各地歷史的發展由古代到未來是據亂世、升平世、太平世，三世分別連繫上三種不同的政治體制：「據亂世尚君主，升平世尚君民共主，太平世尚民主」，[62]而且由君主專制向君主立憲、民主制度進化更是必然的過程，也是放諸四海皆準的規律。[63]三世進程既不可躐等，也不可守舊不前，否則違時而有禍患，[64]以目前來說，改變政體的方向就是立憲法、開國會。[65]要在當下中國建立起君主立憲制度取代君主專制政體，可說是康有為大半生政治活動的目的。康氏將政體的進步與「文明」連繫在一起，這是他的一家之言。他說：「蓋孔子之言夷狄、中國，即今野蠻、文明之謂。野蠻團體太散，當立君主專制以聚之，……文明世人權昌明，同受治於公法之下，但有公議民主，而無君主。」[66]康氏在奏議和文章中多次說到西方國家正把中國視為「野蠻之國」，也警告清朝統治當局，若不迅速更張改弦，就會淪為「夷狄」和「野蠻」的可悲境地。總之，文明的發展與政體的進步均構成了康有為進化的「三世」說之重要內容。

康有為在論述劉歆偽造古文經的基礎上，雖然曾受廖平經學二變以前的啟發，但是在具體的政治理想上彼此卻有很大的差異，這種差異也呈現於他們皆視為表徵孔子改制之《春秋》三世說的不同發揮上。此刻要析論廖平現世、未來的理想政體觀，也需先從其對《春秋》三世理想的終極願景探討起。

一、廖平的三世觀與現實的政治意義

廖平的《公羊》三世說有前後期的不同發展與見解。成書於光緒十二年的《何氏公羊解詁三十論．三世論》中有他當時對三世的看法。他認為《春秋》雖然有三世之說，但表達的只是孔子本身聞見的詳略影響到書法的不同，與董仲舒所謂情感的厚薄無關。同時，他不承認來自董、何的以「隱桓莊閔僖」、「文宣成襄」、「昭定哀」各為一世的三世劃分方式，也不相信《公羊》有何休所說的三世遞進理論，主要原因是經、傳文中沒有董、何論點的依據。[67]這種解經特色與先前依循董、何三世說的多數清代《公羊》學者有很大的不同，表現了廖平有著欲擺脫既有經學注疏或成說，要返回經、傳文本身去探求孔子本意的傾向。到了甲午戰後，他解經開始與現實世界結合，此時他受進化論影響，也轉而接受了何休《公羊》學世運日趨太平的說法，不過對於三世的劃分法，仍然沒有跟從董、何，而是依據己意對魯國十二公重新進行分配。光緒二十九年成書的《大統春秋公羊補證》中有言：

62 康有為，《孟子微．同民第十》，《孟子微．中庸注．禮運注》（北京：中華書局，一九八七），頁一〇四。

63 康有為，《論語注》（台北：宏業書局，一九七六），卷二，〈為政〉，頁五二。

64 康有為，《中庸注》，《孟子微．中庸注．禮運注》，頁二二三。

65 康有為，〈請定立憲開國會摺〉，收入湯志鈞編，《康有為政論集》（北京：中華書局，一九八一），上冊，頁三三八。

66 康有為，《論語注》，卷三，〈八佾〉，頁六一。

67 廖平，《何氏公羊解詁三十論．三世論》，《廖平選集》，下冊，頁一四七—一四八。

……宣公居中，上推隱、桓，如述古，下逮定、哀，如知來。……宣公居二百四十二年之中，隱、桓如三皇，莊如五帝，僖如三王，文如齊、晉二伯，此古之皇、帝、王、伯，……此孔子述古也。成如秦、漢，伯、王雜用。襄如唐、宋，盡闢中國。昭如明至今，中外交通。定、哀則數千百年後，鳳鳴麟遊，為皇之大一統。[68]

這是變形的三世說，《春秋》魯國十二公中，閔公在位短促，故未被列入。隱公至文公是一世；宣公位居中間，承先啟後，自成一世；成公至哀公是一世。根據廖平的敘述，將其三世說繪成一表如下：[69]

三世分期	《春秋》十二公	世運	歷史分期	二伯的有無
一世（述古）	隱公、桓公	皇太平之世	三皇	無二伯
	莊公	帝世	五帝	有二伯
	僖公	王世	三王	
	文公	伯世	齊、晉	
一世	宣公			
一世（知來）	成公	伯世	秦、漢、霸王雜用	
	襄公	王世	唐、宋、盡闢中國	

昭公	帝世	明至今，中外交通	
定公、哀公	皇太平之世	數千百年後	無二伯

隱公至文公是往古，世運由皇太平之世依序降至帝世、王世、伯世，表示時代愈趨混亂。宣公位於中央，成公至哀公象徵世運由伯世、王世、帝世到皇太平之世，表示時代愈趨太平。述古與知來是一摺扇形的立面，這是變形的三世觀，然而我們不禁會有一個疑問：服膺進化的廖平，怎會矛盾的出現世運先沉淪、退化又逆轉而至太平的特殊說法？環顧當時的《公羊》學界，康有為、譚嗣同的著作也曾有先退化、後進化的類似現象，這是因為上古太初時的和諧無爭讓《公羊》學者覺得與未來太平世境界有相似的樣貌。[70]姑不論廖平是否清楚的意識到這與其力主的進化互相衝突，從他所強調的重點來看，述古的目的是為了知來，所以要強調的積極性也在於未來。我們從上表所看到的《春秋》魯國十二公世系已經不再是過往的歷史紀錄，而為經典符號。成、襄、昭、定、哀配上從秦、漢以下不斷向未來推進的歷史，說明孔子《春秋》早已預見、規劃了中國與世界的進程。王伯之世的終點是唐、宋，王化已盡闢中國；明代以後至今（指

68 廖平，《大統春秋公羊補證》，卷六，頁三四a。

69 此表的整理略參丁亞傑，《清末民初公羊學研究：皮錫瑞、廖平、康有為》（台北：萬卷樓圖書公司，二〇〇二），頁二九一。

70 康有為，《春秋筆削大義微言考》（台北：宏業書局，一九七六），頁二〇二，二四〇，三五〇，五一七。譚嗣同，《仁學》，收入《譚嗣同全集》（台北：華世出版社，一九七七），頁八七—八八。

晚清），中外開始交通，開啟了「帝」的世局，帝局的啟動這個說法之於廖平是別具意義的，代表王化從中國開始將逐漸向外傳播，數千百年之後，全球會大統於孔子之道下，是為「皇太平之世」。所以地球即將邁入以孔子之道為中心的新世運，恃有經典的昭示，中國遭遇外患不應再視為困境，應積極實踐經典，用夏變夷，最終達到太平世的大一統境界。

由上所述，廖平的三世觀並沒有如同康有為一樣導向中國當前政體的改變，他所講的《春秋》改「制」，是未來要實現「以天統王，以王統二伯，以二伯統諸侯」的世界性之「大〈王制〉」。另外，這裡要附帶提及的是廖平變形三世觀中一個具有意義的概念：「隱、桓無伯，定、哀亦無伯。」[71]伯指二伯；隱、桓與定、哀對廖平而言，都是「皇太平之世」，是沒有二伯的狀態，代表上古純樸和諧或是未來禮興樂盛、王化大行之時，權歸天子或皇帝，都不再需要二伯來維護秩序、拱衛中央。總之，既然《春秋》的教化已經「洋溢中國」，現在是「施及蠻貊」的時候了，用夏變夷在制度層面就是要堅持現有的王權體制，並以中國為世界之「諸夏」、「王畿」、「小標本」，將中國已經成功實踐了的封建經制推向世界。不過這裡有一個明顯的問題是，廖平以《春秋》經制（或〈王制〉）非春秋時代之史實，乃孔子所託之經制，至於秦代以後中國所行的制度是郡縣非封建，那麼中國何曾實行過經制呢？廖平在《知聖篇》中有自圓其說的解釋：

> 郡縣一事，秦以後變易經說者也。似乎經學在可遵、不必遵之間。不知秦改郡縣，正合經義，為「大一統」之先聲。禮制：王畿不封建，惟八州乃封諸侯。中國於「大統」為王畿，

> 故其地不封諸侯。……夫治經貴師其意，遺迹則在所輕。除井田、封建外，亦不能拘守舊文而行。……[72]

引文指出，秦代以後實行郡縣制，似乎中國沒有實行過經典的封建制，當然也不曾有過「二伯」的存在，殊不知郡縣制正是符合經義的制度。經學禮制中，天下九州，中央的王畿不封建，惟有周邊的八州乃分封諸侯，中國正好是未來全球「大一統」疆域中央的王畿，王畿裡沒有封建諸侯正是經制，代表將開啟世界大統的先聲。

或許有人會質疑，廖平沒有明言中國當前的政治體制如何變革，徒託一個遙遠的大統未來，意義何在？但筆者認為，廖平對未來的最終想望，其實也表達了他如何看待眼前應致力或堅持的方向。對他來說，封建核心的王／皇權體制不但是當下中國所應堅持的，而且是進化到世界大統後的理想政制，因此尊君始終都是不變的信念。他這些論點的對話與反駁對象，主要是被他視為陵夷君權的立憲派，還有主張徹底剷除君權的革命派，以及這兩派均有涉及到的廢經、非聖、民權、平等諸說。下文即詳細探討廖平的倫理觀與理想的政治體制。

71　廖平，《春秋左氏古經說疏證》，《廖平選集》，下冊，頁四二七。

72　廖平，《知聖篇》，《廖平選集》，上冊，頁一八八。

二、論立憲與革命皆背離三綱故不足取

廖平於光緒二十九年時曾語氣強烈的批評道：「通經致用為立學本根，近《公羊》學愚人，害貽王國……」[73]提到近代的《公羊》學者愚弄人民，接著又對自己撰著的《大統春秋公羊補證》說明作書的重要動機之一：

> 孔子繙經創制，以空言垂教。自亂法者依託傳義，海內因噎廢食，群詬《公羊》作俑，甚至以為教亂之書。……又撥亂世，反之正，於今日實務最為深切，既以政治範圍中外，倫理、教宗（筆者案：疑為「宗教」）、風俗、性情，凡足以引導外人、開通中智者，亦發皇帝學補救利益百問題，先得全書綱領，庶得迎刃而解。[74]

廖平明顯的將矛頭指向康有為及其門人等「亂法者」依託《公羊》傳義，對經學入室操戈，曲解《春秋》為立憲之說，致使海內學人群詬《公羊》為造成紛爭的始作俑者，甚至視為教亂之書。他語重心長的指出，因不了解《公羊》而棄之不讀是因噎廢食，事實上，《公羊》發揚孔子《春秋》的撥亂反正之意，正是今日現實情況所最需要者，足以作為世界的政治、倫理、宗教風俗之引導。廖平言下之意，自己要為《公羊》正本清源，掃除人們來自康有為等的誤解，而康氏等維新派最大的謬誤，在於他們看待三綱倫理的觀點以及與之密切相關的政體觀。他說：

> 近年來學派，守舊者空疏支離，時文深入骨髓，尤難滌拔；維新者變本加厲，廢經、非聖、革命、平權，三綱、尊尊尤所切齒。不知禮失求野，專指生養而言，至於綱常名教，乃我專長，血氣尊親，文倫一致，舍長學短，不知孰甚。[75]

廖平以當時的論學、論政者有「守舊」與「維新」兩個極端。守舊指的是完全不理會西學，以及否認學習西方一切器物製造者；維新者主要是針對欲立憲的戊戌諸子，也包含了新興的革命論者。他認為守舊者固步自封不足取，而維新者變本加厲，廢棄經典、非毀聖人，主張革命、民權，一聽到「三綱」、「尊尊」便切齒憤恨。不知綱常名教乃是中國獨有而勝於外人者，若是丟棄了，也失去了立國的精神。所以廖平的政治主張是從維護三綱倫理的立場出發。

針對時人所提倡的議院之制，廖平從經典的內容指出，孔子學說中早有類似的內涵，並非是泰西獨有的創設。他說：

> 泰西議院通達民隱之善政，考〈王制〉養老乞言，八十以上者有事問諸其家，蓋養老乞言即議院之制，養國老於上庠，養庶老於下庠，所謂上、下議院。〈洪範〉：「卿士從、庶民從。」卿士為二伯、貴官，庶民是鄉里所選。他如「詢於芻蕘」、「不廢鄉校」、「周爰咨

73 廖平，《大統春秋公羊補證》，〈凡例〉，頁九b。
74 廖平，《大統春秋公羊補證》，〈凡例〉，頁一一a。
75 廖平，《大統春秋公羊補證》，〈凡例〉，頁一〇b。

謀」，議院之制，著名經傳，人所共知者也。[76]

西方議院通達民隱的善政，在古代經典中已經具備。例如《禮記》的〈文王世子〉與〈內則〉都有「養老」、「乞言」，鄭玄注云：「養老人之賢者，因從乞善言可行者也。」[77]〈王制〉中提到虞、夏、商、周四代的養老禮將老者依據身分、位階區分為國老與庶老，分別被奉養於不同的學宮，[78]虞舜時代稱為「上庠」與「下庠」，這些都與西方上、下議院的精神相符合。又《尚書・洪範》有言：「卿士從、庶民從」，說明施政之時，人主與卿士、庶民皆同心相從，[79]廖平以「卿士」、「庶民」亦分別類同於上、下議院的議員。其他如《詩・大雅・板》的「詢於芻蕘」，謂即使如采薪樵夫之賤者身分，主政者猶當與之謀議；《詩・小雅・皇皇者華》有「周爰咨謀」，指見忠信之賢者應訪問之以求善道；[80]《左傳》襄公三十一年記載的鄭國子產「不廢鄉校」，作為議政的場所，這些都具有議院廣詢民意、通下情的善政精神。廖平從傳統中找議院精神的依據，正與康有為等人托古改制，從群經中尋求議院思想的手法相似，都是流行於晚清學界之銜接中西的方式。不過他話鋒一轉，認為能夠達到善政如議院的精神者，經典本已具備，但是孔子之教有更勝於議院之諦者；也就是說，實行經意可以獲得議院的優點，但是經典更崇高的理想，不在議院之制，這個理想就在於禮制的秩序。

西方君民共主的立憲制對廖平而言終究不如經制之文明，議院制度在他看來就如同春秋時期，周天子的權柄下落至各諸侯，如此則上下顛倒易位、以下僭上，故主張君民共主的立憲制度使君權下移，並未進於文明。《春秋》立王法、道名分，撥亂反正，重在循名責實，「以貴治賤，以賢治不肖，以大夫治民，以諸侯治大夫，以二伯治諸侯，以天王治二伯，以天治王，盡奪下權，以反歸於上。」而且要使君臣上下「等威、儀物各不相同」，[81]有尊卑、禮序才是真文明。必須補充說明的是，廖平並沒有全盤否定議院的功能，但認為那僅適用於西方「草昧初開」[82]的情況，他說：

> 今海外政治家競言平權、自由，中士亦豔稱之。考平權之說，出於封建苛虐以後，民不聊生，迫□為此。蓋海邦開闢甚晚，荒陬僻島，酋長苛虐，通達民隱實為救時善策，國勢少壯，因之富強，然此乃初離蠻野之陳跡，與經說不可同年而語。[83]

廖平的認知中，西方開闢較晚，近代以前受封建的苛虐，未如中國早進於王化之文明，人們不得已而必須與上爭權，平權、自由之說由之產生，意在通達民隱的議院制不失為救時之善策，但非

76 廖平，《大統春秋公羊補證》，卷十，頁三四b。
77 鄭玄注，孔穎達疏，《禮記正義》（台北：藝文印書館，一九八九），頁三九四。
78 鄭玄注，孔穎達疏，《禮記正義》，頁二六五。
79 孔安國注，孔穎達疏，《尚書正義》（台北：藝文印書館，一九八九），頁一七六。
80 毛亨傳，鄭玄箋，孔穎達正義，《詩經正義》（台北：藝文印書館，一九八九），頁三一九—三二〇，六三三—六三四。
81 廖平，《大統春秋公羊補證》，卷一，頁二〇a，三二a。
82 廖平，《大統春秋公羊補證》，卷六，頁一九a。
83 廖平，《大統春秋公羊補證》，卷六，頁二七a。

長久之道。[84]今人徒豔羨西方的政治思想，不知其與孔子的經義相較，高下自是不可同日而語。回顧近代中國人開始閱讀盧梭、孟德斯鳩等人提倡天賦人權、主權在民、社會契約論的著作在戊戌以前，但當時這類書籍仍在零星傳播之中；戊戌政變以及庚子重創後，因救亡的要求，西方民主學說便較戊戌變法時期更為人們矚目稱道，被大量譯介進來，無論是立憲或革命主張者均深受影響。[85]前述廖平的政治觀點多見於其光緒二十九年的《大統春秋公羊補證》，從中也可以看到他對時人逐漸接受西方政治思想的焦慮。事實上，廖平對西方政體並非一無所知，舉具體的例子來說，他於光緒二十八年以前曾讀過介紹世界上各種政治體制的《佐治芻言》，[86]另外，他所熟稔的《海國圖志》、《瀛環志略》也有不少這方面的敘述，但在他看來，這些都比不上中國經典的核心：三綱、尊卑、禮序的精神。

廖平在光緒二十九年時一再提到他對「廢經」的憂心，以時局來看，雖然在光緒三十一年科舉正式廢止之前經學教育尚未完全失去憑依，但是自光緒二十七年清廷明令廢除八股取士後，清末教育界隨著國家富強的需求，多重在實用專門之學方面，無論是官立學堂或民立學堂，經學課程已經不多，或是徒具形式。[87]廖平自來都是贊成廢八股與主張實學的提倡，但是對經學的存續甚感憂慮，尤其政治局面上，革命派明揭剷除君權，戊戌以來的立憲諸子或許仍以尊孔為旗幟，然而他們藉著孔子以言民權、君民共主的基調，在廖平看來都是與上爭權、陵夷三綱，對經學入室操戈，與「廢經」無異了。行文至此，我們已經可以說明廖平的政治立場與康有為的立憲觀點有著植根於倫理觀上的根本不同，而我們以往較少意識到這層差異。

也因著君權不可受衝擊的倫理信念，廖平一併批評了革命論者的思想，對革命派刊物如《新中國》、《浙江潮》中主張去君權、非革命不足以存中國之說，援引《春秋》明王法，以貴治賤、以賢治不肖的說法予以駁正之。[88]他尤其站在《公羊》的文化觀反對革命論者的種族觀：

> 又《春秋》進夷狄為中國，以吳、楚為伯牧，《公羊》並非袒中惡外，鄙夷狄不得等於人類，乃後儒之邪說。地球大通，民胞物與，日本表彰同文同種之義，亟相親愛。諸人或已入仕途，或身列科第，祖宗世守已數百年，今小不得志，即自命為皇帝（筆者案：應作「黃帝」）子孫，……喪心病狂，設為迷局，蠱惑少年。不知《春秋》之義，今之川、湘、江蘇皆為夷狄，文為東夷，禹為西夷，皇帝（筆者案：應作「黃帝」）子孫，降居若水，泰伯斷髮文身，堯舜以前，中國皆夷狄，今則亞洲皆中國。《春秋》入中國則中國之，將來大統，亦皆為中國。[89]

84 廖平，《大統春秋公羊補證》，卷六，頁一九a

85 熊月之，《向專制主義告別》（香港：中華書局，一九九〇），頁一三六—一四六。熊月之，《中國近代民主思想史》（上海：上海社會科學院出版社，二〇〇二），頁三四二—三四六。

86 廖平，《知聖續篇》，收入李耀仙主編，《廖平選集》，上冊，頁二六五。

87 陳美錦，《反孔廢經運動之興起（一八九四—一九三七）》（台北：國立台灣大學歷史所碩士論文，一九九一），頁八二—八六。

88 廖平，《大統春秋公羊補證》，卷八，頁六四b。

89 廖平，《大統春秋公羊補證》，卷八，頁六四b。

晚清革命派的種族國族主義，是一套以漢族為主體，建構黃帝為共同的血緣先祖，刻意排除其他族群於「中國」之外的意識形態。然而《公羊》學的宗旨是擯棄一切的界限，以文化判分夷夏，主張夷狄進中國則中國之，因此廖平指出今日的「中國」也是自上古以來從夷狄的階段不斷的進化於文明而來。他以堯舜前的中國皆屬夷狄，文王、大禹分別出自東夷、西夷，又引用「泰伯奔吳」的歷史傳說，說明今日中國的東南等地也原是斷髮紋身的蠻族，接受了從周室奔吳的泰伯教化，終成為後進於文明的華夏之域。雖然以今日族群建構的學理角度觀之，這是自古以來緣於政治需要有意識的塑造而成，未必是事實，[90]不過這讓我們理解到廖平在定義何謂「中國」時，不是以特定的血緣作為認同的基準。他提到將來大統時，整個世界「亦皆為中國」，足見「中國」這個符號對他而言沒有固定的邊界，它代表地球疆域視野中的「華夏」概念。廖平稱許日本當時政界與思想界欲團結同文同種的大亞洲主義，[91]雖然仔細說來大亞洲主義的最後目的是黃白人種對決，與廖平的大同關懷並不相契，但在他看來，日本能視沾染漢化的亞洲為一體，無異於發揚孔子與《春秋》天下一家的精神，勝於狹隘的種族主義。

不可否認的，廖平與康有為都是在一個擴大了的世界重新放置「中國」，仍透過傳統的天下主義去理解當代國際局勢，最高目標乃在於「平天下」。廖平也讚賞康有為欲將孔教普及世界的豪情，並認同採用首發於康氏的孔子紀年，[92]奉孔子為教主，假此以為重整中國政治、文化秩序之權輿；他們同樣視凝聚成為「中國」的主要質素在於一套以孔子為代表的道德與文化秩序，有別於革命派的抬出黃帝紀年且疾呼的漢族血緣共同體。然而即使如此，我們仍不能忽略在兩人類似的文化視野下，因著倫理觀的差異所表現的政治主張之離合事實，乃至於兩人在世界範圍裡終極世界觀具體內容的不同，例如廖平嚮往普世皇權架構的大統／大同有別於康有為要從立憲到民主乃至消弭一切階級等差的大同，都可說是發端於倫理觀下對民主、平等、三綱的不同認知所發展而來。

三、為民立君的重要與經教三綱不違背平等精神

廖平既不贊成立憲也反對革命，那麼面對中國的積弊有什麼解決之方？回溯自鴉片戰後，有識之士多曾提出中國上下隔閡、民情不通是失敗的一大原因，到十九世紀七〇年代，稱讚議院制度可以使上下一心的聲音隨處可聞。[93]康有為把甲午戰敗的國恥直接歸咎於君主專制所造成的民情不通，解決之道是逐步實施君主立憲。[94]廖平也承認當前中國的君民關係不能盡如人意，但癥

---

90 王明珂，《華夏邊緣：歷史記憶與族群認同》（台北：允晨文化，一九九七），頁二五六—二八四。

91 一八九八年一月，日本貴族院議長、東亞同文會創立人近衛篤麿催促日本與同種結成聯盟，致力研究中國問題，為黃白人種大對決做準備。見Marius Jansen, "Konoe Atsumaro," in Akira Iriye, ed., *The Chinese and the Japanese: essays in political and Cultural interactions*（Princeton, NJ: Princeton University Press, 1980）, p.113. 又戊戌年間，日本首相大隈重信發表「保支論」，謂日本為報答漢化之恩，有義務招架住西方，以便讓「支那」有充分的時間自強。見Marius Jensen, *Japan and China: From War to Peace, 1894-1972.*（Chicago: Rand McNally College Publishing Company, 1970）, p.136.

92 廖平稱許康有為欲行教泰西之語，見廖平，《經話（甲編）》，《廖平選集》，上冊，頁四四八。又廖平之後的著作亦有採用孔子紀年者。

93 例如近代早期的魏源、洪仁玕、郭嵩燾、馮桂芬都有提到中國上下隔閡，應通君民之情或是開議院的主張，見熊月之，《向專制主義告別》，頁七〇—七一。

94 康有為，〈上清帝第四書〉，《七次上書彙編》（台北：宏業書局，一九七六），頁七八。

結點並非君主制度的問題，而是沒有按照經典的教化實行。他以時人推崇西方的民權、君民平等之說高於講究尊卑的經傳之上為本末倒置，認為上位者若能體察經教的「貴民詢庶」、「勤求民隱」，切實執行，便能上聞疾苦、下達德意，根本無需在制度上變更，與君主爭權。[95]他還結合進化思想，說明為民立君可行之久遠，且不必擔心人君酷虐的問題：

> 持平權之說，每以人君酷虐為辭，不知大同之世，民智較今更甚，文明天生，聖賢以為君相，其德性道藝，遠出臣民之上，鳥獸草木，咸得其所，何況同類之黎庶。夫人之聖、賢、愚、不肖，萬有不齊，縱使民智極開，其中亦有優、劣、純、薄之分。元首聖□，迥非聾盲所可臆度。[96]

引文內容以時代愈進化，至大同之世，人民智力愈高，作為人民君相者的德性道藝更遠高出臣民之上，故能讓萬物咸得其所。這種看似「異議可怪」之論，其實是反映了晚清《公羊》家對於體質與人性、人種進化的觀點。康有為、梁啟超都曾受西方人所倡的「進種改良之學」（優生學）影響，[97]並結合上進化論，皆在著作裡提到從據亂世到太平世的過程中，體質、人種會愈來愈優良，智慧也會愈高，風俗愈淳善。[98]廖平此觀念與康、梁等人相類，但仍有不同者。例如梁啟超曾說太平之世「天下一切眾生智慧平等」，[99]然而廖平認為，即使大同之世民智極開，人群仍會有聖、賢、愚、不肖的優劣純薄之分，在萬有不齊的現實下，階級等差是必然的，故為民立君也是必須的。那麼他憑什麼認為同在進化之下，未來的君主智力道德均能高人一等？這還是要回到傳統尊君的理路來看，若我們閱讀唐代韓愈的〈原道〉一文，或許可以找到相關的聯繫。〈原道〉篇中極力宣揚君權的神聖性，將帝王與聖人視為合一，同為教化之源，這麼一來君王便具有一種彷彿命定的能力與價值。[100]受西方民主思想洗禮的嚴復曾針對韓愈的論點作〈闢韓〉一文批判與駁斥，護衛君權的屠仁守復作〈辨闢韓〉以申辯之。[101]足見韓愈〈原道〉在清末曾經是論爭的焦點，詳細過程不擬詳論，此處僅簡單說明廖平特別肯定並提高君王的能力價值是其來有自，源於傳統的尊君思想。總之，在面對西方傳入的政體與倫理新觀時，他所堅持不可變革者，不外是本有的倫理綱常。

儒家講求貴賤、尊卑的倫理秩序，又以「君臣」的關係被列為三綱五常之首，不僅是倫常的綱領，更是絕對王權秩序下的理論依據。大約戊戌前後，民權思想形成一股沛然莫之能禦的思

95 廖平，《大統春秋公羊補證》，卷六，頁二七a—二七b。

96 同上注。

97 鍾月岑，〈科學、生物政治與社會網脈——近代中國優生學與比較研究取徑之反省〉，《古今論衡》，第二十二期（二〇一一年六月），頁六七—八一。

98 康有為，《禮運注》（台北：宏業書局，一九七六），頁一六；《論語注》，頁三七，一七五；《日本書目志》（清光緒間，上海大同譯書局石印本），卷一，〈生理門〉，頁一八a。梁啟超，〈讀孟子界說〉，《飲冰室合集》（上海：中華書局，一九三六），《文集》，第二冊，頁一九；〈史記貨殖列傳今義〉，《飲冰室合集》，《文集》，第二冊，頁四五。

99 梁啟超，〈史記貨殖列傳今義〉，頁四五。

100 韓愈，〈原道〉，《韓昌黎集》（台北：漢京文化，一九八三），卷一，頁八—九。

101 嚴復，〈闢韓〉，收入氏著，《嚴幾道詩文鈔》（台北：文海出版社，一九六六），卷三，頁四—八。屠仁守，〈辨闢韓〉，收入蘇輿撰，楊菁點校，《翼教叢編》（台北：中央研究院中國文哲研究所，二〇〇五），頁一三〇—一三九。

潮，但也造成甚激烈的爭議。主張民權、平等與否通常也是提倡新政者與當時比較「激進」的思想家之間主要的分野所在。當時倡導新政者以維護倫紀，批評民權思想最重要的代表作可算是蘇輿所輯的《翼教叢編》與張之洞的《勸學篇》。《翼教叢編》一書係因「康黨」而來，[102]張之洞成於光緒二十四年的《勸學篇》也是針對康有為而作。張氏以變革是必須的，然而在可變與不可變之間，自有一定的準則，可變者在於法制、器械、工藝，不可變者是倫紀、聖道、心術，即其所謂的三綱四維之「道本」。蓋張之洞認為綱常名教是中國社會的倫理基礎，不可與民變革，並批評民權思想與平權之說違逆了自然的倫理秩序，[103]將造成社會秩序混亂，《翼教叢編》的持論亦是如此。從廖平的道器觀來看，他認為軍事、外交、農林、礦業等是形而下之「器」，可以變革，也必須取法西方，但是三綱的禮序乃我所賴以立國的形而上之「道」，必須堅守之，由此看來，廖平與張之洞的「中體西用」思想頗為接近。廖平一生與張之洞的深厚淵源，以及張之洞對廖平學行的關注，當然是我們推測他受張氏影響的原因之一；[104]另外，在廖平的年譜中，光緒二十四年條下記著：「三月，張之洞《勸學篇》成書。此書大意在正人心，開風氣。」[105]這應也表達了一己的認同之心。從這個方面來說，作為《公羊》家的廖平，其現世的政治主張和倫理觀似乎較接近張之洞及《翼教叢編》中的諸學人之思想，反而與同樣主張《公羊》的康有為一派以民權、平等作為改革政體依據的傾向有一段距離。這是值得一提與比較的現象，因為透過廖平《公羊》學與倫理觀的探討，可以體會到《公羊》在晚清各個不同學者的詮釋下可以有完全不同的樣貌，表現在政治主張上，並不必然導向變政、立憲，而是呈現著多元性的面相。附帶補充說明的是，我們當然也不能把廖平的學理與思想籠統的等同歸屬於張之洞與《翼教叢編》一派，因為諸如孔子為後世制法、詮釋《公羊》泯除中外界限文化觀等都是張之洞、朱一新、王先謙、葉德輝等《翼教叢編》一派學人所反對甚至厭惡者。

再者，廖平在同樣衛護三綱的意識下，觀其論述的方向與語彙，其實仍隱隱然可見到與《翼教叢編》諸學人有所差異之處，特別在對「平等」的認知上，以下先舉廖平的一些言論以探討其三綱思想：

《禮經》記曰：臣以君為天，子以父為天，妻以夫為天，《白虎通義》所謂三綱之學也。泰西宗教偏主一天，中人煽其說，遂昌言廢三綱，以為三綱之義有違公理，凡君、父、夫可以任意苛刻，臣、子妻皆求平等、自由以放肆其酷虐。[106]

西方人曾抨擊中國受縛於三綱，亟勸中國尊天主，以天綱人則世法平等，人人不失自主之權；[107]人們受西人影響，遂認為三綱之義有違公理，昌言廢三綱，事實上經典所言的「臣以君為天，子

102 《翼教叢編》的編輯源起、思想內容，可參蘇輿撰，楊菁點校，《翼教叢編》，〈導言〉，頁一—五〇。賴溫如，《晚清新舊學派思想之論爭：以《翼教叢編》為中心的討論》（台北：花木蘭文化出版社，二〇〇八）。

103 張之洞，《勸學篇》（台北：文海出版社，一九六七），內篇，〈明綱第三〉，頁一二；外篇，〈變法第七〉，頁五一。

104 張之洞對廖平的提攜之恩及對他學行之關注，可參見廖幼平編，《廖季平年譜》（成都：巴蜀書社，一九八五），同治三年、光緒元年、六年、九年、十五年、宣統元年條；頁一二、一三、二三、二八、四五、六九。

105 廖幼平編，《廖季平年譜》，頁六〇。

106 廖平，《大統春秋公補證》，卷十，頁一三a。

以父為天，妻以夫為天」並非指國君、父親與丈夫可以任意的苛虐其臣下、兒子、妻子。他又說：

> 經義之說三綱，為人父止於慈，君使臣以禮，不敢失禮於臣妾；小事大、大字小，初非使君、父、夫暴虐其臣、子、妻，如俗說君父教臣子死，不敢不死者也。抑廢三綱之說與釋放奴隸同考，以奴隸待臣、子、妻，經傳絕無其說。如《春秋》殺世子目君，甚之也；弒君稱人，為君無道；父不受誅，許子復仇；夫人與公同言薨、葬，就其大端而論，實屬平等，並無偏重。于倫常中橫加以奴隸之名，非宋以後之誤說，言西學者過甚之辭也。按經傳以尊統卑，于平等、大同中衡量輕重，君與臣平也，父與子平也，夫與妻平也，而其中究不能無尊卑區別，乃文明以後之區別，初非奴隸苛刻之比也。……蓋其平等之中，必有智、愚、貴、賤，以智統愚，以賤下貴，天理人情之自然，不惟中人如此，西人亦萬不能離也。[108]

廖平殷切說明經義中的三綱是互相以禮對待，並沒有如同俗語說的「君要臣死，臣不得不死」之壓迫意識；又有人將廢三綱與西方的釋放奴隸互相比擬也是不正確的，因為經傳絕無以上虐下的說法。他並舉出四種《春秋》中的書寫方式為例，說明經傳中的倫常實屬「平等」：

第一，國君若是殺了世子或自己同母所生之弟，《春秋》便把國君的稱號寫出來，以彰顯國君的行為不應該。

第二，《春秋》若是寫出被殺國君的名字而不寫弒君者的人名，便是責君無道。

第三，《公羊傳》有言，若國君無理的殺害自己的父親，作兒子的可以報復國君殺父之仇。

第四，國君夫人過世時，《春秋》比照國君過世書「薨」，下葬時同樣書「葬」，有夫妻齊平之意。

廖平從以上四例說明經典教化中，國君不能為所欲為，父子、夫妻關係也是對等的，總之三綱的精神平等，並不存在以上虐下的問題。至於在平等的精神中，不能沒有尊卑的差別，因人有智、愚、貴、賤，以智統愚、以賤下貴，乃天理人情之自然。細究廖平所申說的經教三綱之「平等」，其實只是一種互惠的觀念，它也許只表示不同社會地位的人所具有的不同道德職責，未必含有西方平等主義的含義，但廖平卻將互惠的觀念視同為平等。姑且不論他是否刻意要連繫經典與西方的價值且沒有真正理解西方「平等」的義蘊，我們僅注意到他與《翼教叢編》一派學者有著隱微的差別。《翼教叢編》提到「平等」一詞時，使用的語彙常是「邪說」、「無父無君」、「滅絕倫常」、「悖謬」、「背叛聖教」等，這一類的尖銳批評觸目皆是，但廖平在護衛三綱時，卻也同時強調三綱具有平等的精神，說明他對「平等」的概念，相對不是那麼視如冰炭與排斥，甚至是重視而認為必要的，這也是可以注意的一個現象，表現時代思潮逐漸對他的影響。

或許因為廖平視三綱倫常應有互惠的關係，也體現在他對吳虞的同情理解與對待自己晚輩的態度上。一九一〇年十一月，吳虞因不滿其父的行為與田產問題發生衝突，被父親告到官府。吳

107 譚嗣同亦曾提到「西人憫中國之愚於三綱也，亟勸中國稱天而治，以天綱人，世法平等，則人人不失自主之權，可掃除三綱畸輕、畸重之弊矣！」見譚嗣同著，湯志鈞、湯仁澤校注，《仁學》（台北：臺灣學生書局，一九九八），頁七二—七六。

108 廖平，《大統春秋公羊補證》，卷十，頁一三a—一三b。

虞文散發〈家庭苦趣〉一文，敘述其父與前後兩個續娶婦人的不堪行徑，公然發表於《蜀報》第八期，並陸續於其詩注中抒發非孔非孝的言論，在辛亥年前後公開刊登，這些行為都使他不見容於成都一批以禮教自持的人物，視之為大逆不道的名教罪人。[109]廖平對此事卻有大不同的態度，他對吳虞父親的行為，以及撻伐吳虞的一群護衛名教者都很不以為然，他「主張新理」，為吳虞抱不平，並憐惜的勸吳虞言論宜稍平和，以免觸忌，吳虞亦銘感於心。[110]廖平對吳虞當然也有私人的情誼，但不能忽略了他心目中視三綱包含著互惠的觀念：若父有咎，不能僅單方面的責怪人子非孝，這應是他能同情理解吳虞的主要原因。又宣統三年，四川保路運動風潮中，廖平是一個急先鋒，並擔任《鐵路月刊》的主筆，勇於與不合理的清朝當權者抗爭。辛亥革命勝利後，廖平因在保路運動中的無畏表現，加上他在文化界的知名度，被四川軍政府任命為樞密院院長，但隨即去任。[111]那麼進入民國之後，廖平對政治的態度如何呢？王闓運《湘綺樓日記》曾於民國五年的〈丙辰七夕跋竹庵詩錄〉云：「廖倡新說，談革命，遂令天下紛擾。」現代學者龍晦也據此相信廖平有傾向於革命的言論，[112]而事實是否如此，資料尚不夠詳細，無法遽下論斷。不過，不斷的接觸新知與時代思潮，一直都不失為廖平的重要特質。下面的兩個例子也可以說明廖平思想有其活潑的一面。

中國傳統中，普遍強調子女應避親長的名諱，然而光緒三十四年三月，廖平最小的女兒誕生，取名「幼平」，拋開固有倫常性習俗的拘束，這是值得一提的事。其次，四川井研縣人余慧在二〇〇七年的《樂山日報》發表〈我眼中的廖平先生〉一文，有段話提到五四運動後的廖平，頗具參考價值：

廖平先生是開明的長者。五四運動後，他讓家裡的女孩子放足，開創井研放足先例。他應孩子要求將成都的房產和一筆現金儲蓄進行分配，不分男女，人人有份。這在二十年代的四川也是一個創舉。他支持女兒和青年們成立「研新社」，創辦私立學校，並在資金上給予支持。[113]

曾被劉師培目為思想風氣的開通比其他省份要晚十年的四川，[114]尤其僻處井研的鄉間，廖平在那

109 李璜，《學鈍室回憶錄》（台北：傳記文學雜誌社，一九七三），頁一二—一三。趙清、鄭城編，《吳虞集》（成都：四川人民出版社，一九八五），〈前言〉，頁四，一八—二〇。吳虞和其父爭訟與清末民初時代思潮的關係，又見余英時，〈中國現代價值觀念的變遷〉，收入氏著，《現代儒學論》（香港：八方文化，一九九六），頁八五。王汎森，〈思潮與社會條件——新文化運動中的兩個例子〉，收入氏著，《中國近代思想與學術的系譜》，頁二五五—二七〇。

110 吳虞在一九一一年底的日記中記道：「季平極不以當事諸人及老魔為然，主張新理，謂諸人及老魔所為太不平也。」中國革命博物館整理，榮孟源審校，《吳虞日記》（成都：四川人民出版社，一九八四—一九八六），上冊，一九一一年十一月二十五日條，頁一四。又廖平過世時，吳虞撰有〈哭廖季平前輩〉詩：「四十非儒恨已遲（予非儒之論，年四十始成立），公雖憐我眾人嗤（袁世凱尊孔時，公與予步行少城東城根，勸予言論宜稍平和，恐觸忌）。」見趙清、鄭城編，《吳虞集》，頁三七八。

111 廖宗澤編撰，駱鳳文校點，《六譯先生年譜》，收入四川大學古籍整理研究所編，《儒藏．史部．儒林年譜》，頁八六一。黃開國，《廖平評傳》（江西：百花洲文藝出版社，二〇一〇），頁一五四。

112 龍晦，〈廖平經學初探〉，《西華大學學報》（哲學社會科學版），二〇〇四年第六期（二〇〇四年十二月），頁二二，注一一。

113 余慧，〈我眼中的廖平先生〉，刊於四川《樂山日報》，http://www.jingyan.gov.cn/scjy/lswh.nsf/6d805a40234870cd482565d4002340d2/0e48eb7ca855cb65482573a80027304 8?OpenDocument（檢索日期：二〇一二／三／五）。

114 中國革命博物館整理，榮孟源審校，《吳虞日記》，上冊，一九一二年六月十九日條，頁四八—四九。

種氛圍下仍能開井研的先例，讓家裡的女孩放足、不區別兒女的均分財產，以行動資金支持女兒和青年們研求新學，他的同鄉後輩甚至以「開明」稱讚他。這些資料都提供一個側面，讓我們用更寬廣的視角看待廖平對倫理的態度。

最後再回到本節的主題，我們以上討論了廖平心目中真正經教的三綱倫常，是在互惠的對待下而不失尊卑、上下之序，他認為中國的君主制度正是可以體現與維繫「禮」的精神，這是西方所不可契及之處，也是中國可以成為世界的「華夏」，以及經教可以成為普世價值的原因。廖平在光緒二十九年之前不斷的強調要用《春秋》來撥正世界，在世界造成一個符合禮序的經制：「大〈王制〉」。然而這種「平天下」式的關懷與世界格局的眼光，隨著時間與外在環境的變化，也使廖平世界觀思想的細部內容逐漸的產生變化，表現在經學詮釋上最值得注意的，是他對「二伯」的發揮走了一個完全不同的方向：從平天下的期待到僅聚焦於中國本身振興的強調。這個過程所透露的訊息是什麼？下一節即針對這個議題續做探討。

第四節　視野的轉變：從世界的「二伯」到中國的「二伯／二霸」

廖平在經學三變時雖然已說過《春秋》同時兼具有小、大統的兩面性，要以中國小統為立基點「驗小推大」，以撥正中國的方式撥正世界。但是到了光緒三十二年的經學五變之後，觀其此時論《春秋》，似乎不再談世界大統的一面，而更強調中國小統的實踐。以《春秋》所託的齊桓、晉文「二伯」來說，光緒二十九年以前的表徵是維繫整個世界的秩序，到了光緒三十二年五變後，卻成了指導中國本身行「伯／霸」的經典法則。他稱《春秋》的性質是「王伯／霸」之學，此時他也特別要闡發之前所不曾明白區分的「王」、「伯／霸」之別，那麼王、伯／霸的精神意義為何，即是下文要討論的重點。

廖平認為當今的實用之學是性質屬於「王伯／霸」（王道與伯／霸功）之學的《春秋》，但重點又在於「伯／霸」的精神：

> 大同之「皇帝」，小康之「王伯」，出於六藝，為至聖原始要終之全體。儒家以王自畫，不敢言大同，而專言小康，是或一道也；乃又攻伯，或曰孔門五尺童子，羞稱五伯；或曰仲尼之徒，無道桓文之事。《論語》盛推管仲之功，《春秋》專言桓文之事。凡一己宗旨之外，皆欲屏絕之，不唯與聖言相反對，《春秋》一經，亦皆在屏絕之內。此等偏狹私心，流為學術，吾國儒者，遂以孔子為專研王學之聖人，……於二伯之學術，亦以為聖人所羞稱。……變法維新，久不能進步者，其無形之現象，實在於此。[115]

廖平批評儒家不敢言孔子所規劃的大同理想，只敢言小康時期的學理，但是小康之學兼包「王」、「伯／霸」的理想，儒家又僅以王道自我設限，攻擊伯／霸道。這些儒者，有的根據《荀子．王伯》所言「仲尼之門人，五尺之豎子，言羞稱呼五伯／霸」，有的徵引《孟子．梁惠王》中「仲

115 廖平，〈大同學說〉，《中國學報》，第八期（一九一三年六月），頁九。

尼之徒無道桓文之事者」的說法，相率鄙薄伯／霸功，無視於《論語》盛推管仲的功業，以及《春秋》特別重視齊桓、晉文二伯的事蹟。他認為「全部《春秋》，大抵齊桓、晉文之事也」，而齊桓、晉文「二伯」即是伯／霸功的表徵。[116]既然《春秋》分為「王」、「伯／霸」，何以切要者又在於「伯／霸」？兩者的性質有何根本差異？廖平在討論這個問題時，也牽涉到對前人王、伯／霸看法的討論或回應。此處有必要對歷代學術史上的王、伯／霸思想做一個介紹，不過此一議題的研究已有不少成果，本文僅擇要就與廖平思想有關的部分，主要集中在孟子、荀子、朱熹、陳亮的王、伯／霸觀點，做一簡單的回顧。

王、伯／霸之辨始於孟子，是學術史上的定論。《孟子．公孫丑上》指出王道與伯／霸道的分野在於「以德行仁」與「以力假仁」。「以德行仁」能使人民「中心悅而誠服」；而使用「以力假仁」的伯／霸道，雖能達到事功的目標，卻不能真正得到人心。因此黜伯／霸道、行王道是孟子政治思想的中心主張之一。相較於孟子的尊王黜伯／霸，荀子則是在推尊王道的同時，也承認現實施政中的伯／霸道仍有其價值性。《荀子》〈王伯／霸〉、〈彊國〉中指出隆禮尊賢的國君能夠成就王道，如果無法達到「王者之政」，那麼若能「重法愛民而伯／霸」，也未嘗沒有可取之處。但荀子也不是沒有貶抑伯／霸道之意，才有「仲尼之門人，言羞稱呼五伯／霸」一語，並認為五伯／霸是「小人之傑也，何足稱乎大君子之門哉！」不過與孟子的「黜伯／霸崇王」相較，荀子是傾向於「崇王而不賤伯／霸」，[117]這是可以肯定的。

歷史上最重要的王伯／霸之辨，當屬朱熹與陳亮的論辯。朱熹修養論的重要命題在於存天理、去人欲，若是為了某種目的而產生的行仁義舉，就不是純粹的仁心之發，不論最後結果如何，都不能說是「王道」，只能說是「伯／霸道」。[118]基於這樣的觀點，朱熹多次提及齊桓、晉文的作為是「假仁義以濟私欲」的「伯／霸者」特質。[119]朱熹也認為漢唐之主如劉邦、李世民雖具英雄之質美，但都是以人欲而行伯／霸道，天理不行，故不足論。朱熹的立場可說是孟子思想的繼承及發展，[120]亦很明顯的是從君主的心術上來論斷的。陳亮雖然也不否認天下之大本在君心，但處於南宋頻遭外侮之世，他認為只談性命而不計功利不能真正改變現實狀態，故欲從政治、兵略、經濟上要求改革，希望能國富民安，以成復仇之志。[121]相較於朱熹曾以心術論管仲相桓公「九合諸侯，不以兵車」，卻非「行仁」者，陳亮則以《論語．憲問》的「桓公九合諸侯，不以兵車，如其仁，如其仁！」及「一匡天下，民到於今受其賜。微管仲，吾其被髮左衽矣」二句為「稱其有仁之功用也」，[122]以孔子讚許管仲相桓公以成就「仁之功用」，因此主張「伯／霸道」是為成就「王道」的手段，就其「功用」而言，正是「王道」的體現。

在簡單回顧了孟子、荀子、朱熹、陳亮的王伯／霸觀之後，再回過頭來看廖平對這一議題的

116 廖平學，黃鎔箋述，《五變記箋述》，收入李耀仙主編，《廖平選集》，上冊，頁五六三。
117 洪巳軒，〈荀學要義——以「三辨之學」為主軸〉，《孔孟月刊》，四十二卷十期（二〇〇四年六月），頁四六。
118 黎靖德編輯，《朱子語類》（台北：大化書局，一九八八），上冊，卷二十五，頁四一二。
119 朱熹，《四書或問．孟子或問》（京都：中文出版社，二〇〇一），上冊，頁一一。
120 關於朱熹的王霸思想，可參見田浩著，姜長蘇譯，《功利主義儒家：陳亮對朱熹的挑戰》（南京：江蘇人民出版社，一九九七），頁一〇一—一〇七。
121 陳亮，〈中興論〉，鄧廣銘點校，《陳亮集》（北京：中華書局，一九八七），卷二，頁二二。
122 陳亮，〈又乙巳春書之二〉，鄧廣銘點校，《陳亮集》，卷二十，頁二八九。

闡發，當更能見出其特色所在。

一、「王」、「伯／霸」的重辨：對伯／霸功的推崇

廖平雖以《春秋》為王伯之學，但他以「王學可緩，而切要者在於伯」，[123]認為當今的局勢應以伯／霸功的追求為重：

> 《春秋》者，王伯之學，以仁義為主。……即揭明王伯之宗旨也。齊桓公存三亡國，仁也；伐楚責貢，義也。晉文踐土盟諸侯，皆獎王室，義也；無相侵害，仁也。《孟子》：「三代之得天下以仁」，王學也。葵丘申五命，伯者之義也。（黃鎔注：伯者假仁，則偏於尚義。）孔孟淵源，學無異轍。乃宋儒據「仲尼之徒不道桓文」之語，（黃鎔注：《荀子》亦曰「仲尼門人，五尺豎子，羞稱五伯。」）遂謂孔孟皆黜伯崇王。斯言也，不但抹殺一部《春秋》，且率天下之人而禍仁義者也。何也？使學者高言王道，鄙棄伯圖，矜語德化，不尚武功，坐致南宋不振，神州陸沉。……學說有差，國家受害，是不可以糾正。[124]

廖平首先說明，齊桓、晉文「二伯／霸」的功業是符合仁義的。齊桓公援救了被戎、狄入侵的燕、邢、衛三國，使不致於滅亡，這是仁的表現；責楚國不入貢周王室而伐之，這是義的表現。[125]又晉文公大會諸侯於踐土，呼籲尊崇周天子，這是義的行為；約束各國勿相侵害，這是仁的體現。如此強調二伯／霸的作為具有仁、義的特質，很大的成分是為了回應宋儒的思想。廖

平指出，宋儒根據孟、荀所謂的孔門不道桓文、五伯／霸之語，遂以為孔孟都黜伯／霸道、崇王道，如此一來不但抹殺了《春秋》的精神，不能理解孔子以《春秋》救亂世的苦心，而且率天下之人傷害仁、義的真實內涵。因為假使學者高談王道、德行，鄙棄武力、伯／霸功，將會致使國家積弱不振。既然廖平不滿宋儒的崇王賤伯／霸思想，那麼對於這一思想的源頭——孟子的王伯／霸之說如何看待呢？他以同情的角度理解孟子主張王道，認為孟子所處的時代，戰國七雄彼此競相攻伐，需一有德之王者出而統一，始能救民於水火。[126]他並未批評孟子的崇王黜伯／霸，相反的，卻對持類似觀點的宋儒予以反駁，最重要的原因就在於行王、行伯／霸非高下之別，重點在其「時」的問題。廖平一方面繼承清代漢學反對宋學空談心性的傳統，另一方面也是將宋朝國力與近代中國的遭遇做比擬，認為在弱勢的處境下，所學應「徵諸實用」，這與陳亮處在南宋外侮之際，反對儒者「低頭拱手以談性命」的思想有異曲同工之妙。不過廖平的特色是他將對治亂世的「伯／霸」學繫屬於孔子的《春秋》，《春秋》的核心精神就是以孔子所託的二伯／霸功業昭示後學，廖平認為這是過去注解《春秋》三傳的學者如何休、范寧、賈逵、杜預都不曾真正體會的，所以他要「商榷何、范，砭箴賈、杜」，[127]使學者了解孔子的《春秋》大義以徵諸實用。廖

123 廖平，〈大同學說〉，頁一〇。

124 廖平學，黃鎔箋述，《五變記箋述》，頁五六二。

125 齊桓公援救三國的事跡始末，詳見《左傳》莊公三十年、三十一年、閔公二年、僖公元年的記載。責楚不入貢之事，詳見《左傳》僖公四年的記載。

126 廖平學，黃鎔箋述，《五變記箋述》，頁五六三。

平也注意到歷代以來學術與世運的關係：

> 顧驗之往古，必先有學說發明於先，而後事蹟從而踐之。「王伯之學」以內夏外夷為宗旨。故秦築長城，北卻匈奴。漢世繼踵，闢南越，降夜郎，通西域，征大宛。國威遠播，號稱「天漢」。此博士明經之功也。新莽攝政，「古學」初噪。無德用事，誤引周公之聖，謬法井田之隆，致使天下分裂。然中興以後，國勢不弱，猶縱橫於蔥嶺東西，兵破安息，直抵波斯海灣，可謂盛矣！厥後清談誤國，漸以不競；唐崇佛學，儒尚駢麗；宋宗道學，黨派私爭；明始制藝；清代八股。皆於經學粉飾支葉，咸非其本義。由是晉有五胡之亂，其卒也南北相持；唐有藩鎮之禍，其終也五季傾軋；宋多內訌，而外患乘之，蒙古崛起；明阿同姓之私，頒《朱注》為憲令，高談性理，騖虛棄實；清承明敝，利用腐儒，安常守舊，傑出樸學，字句瑣碎，經術晦闇。迄於今日，邪說橫流。甚謂「孔子畢生，海外未經遊歷，地球未嘗夢見。」將欲廢孔毀經，別求宗主。此非孔經之咎，乃諸儒解經之咎也。128

廖平推崇漢朝能夠向外開拓，國威遠播，這是西漢博士的「明經」之功。到了王莽時代，推重古學，不能理解所謂「周公」之學，弄得天下分裂。魏晉時期清談誤國，招來五胡之禍；唐朝崇尚佛學，也影響國力，最後有藩鎮之亂，五代之間互相傾軋；宋朝宗奉理學，黨爭內訌，外患入侵。明清實行八股，清朝又以樸學為學術基調，使得經術破碎晦暗，故於今國力衰弱，甚至出現廢經的「邪說」，這都是不了解孔子經典的真正意義。以上廖平推崇歷史上的霸功與陳亮的推崇漢祖唐宗十分神似，不過廖平卻只有盛讚漢朝，不推唐朝，事實上盛唐的武功並不亞於漢朝，何以他獨鍾於漢？其實廖平所鍾者在於西漢的經術，認為西漢能重視施行通經致用的今文經學，所以能使國力強盛。

對於伯／霸業、事功的重視，晚清時期，在廖平之前的魏源亦曾注意到這個問題。魏源認為後儒因為孟子的「王、伯／霸」、「義、利」之辨，遂以為兵食之政、實業之事為孔子門徒所羞稱之事，不知古代聖人的理想皆欲以事功平治天下，否則空言心性、恥言富強的「王道」將一無用處，所以他說自古「無不富強之王道」。[129]不過魏源論「王」、「伯／霸」與廖平仍是有所不同，廖平是將「伯／霸道」、「王道」分成兩個階段，伯／霸道的階段先完成了，才能進入到王道的階段。但魏源是將「伯／霸道」併入「王道」的價值體系之內，有伯／霸功才能成就真正的王道。魏源、廖平兩人雖然對於王、伯／霸的詮釋方式有所差異，但對「伯／霸」的重新反省思考並從而推崇之的心念是相似的，這與晚清以來外患的刺激都有密切的關連。

中國傳統的政治思想，長期以來都以王道為追求目標，尚德而不以力治為然。近代以來，在西方列強的侵逼下，思想的一個重大轉向，是對富強的追求和對「力」的推崇，魏源是此一轉向的先鋒。自強運動時期，洋務派求「強」的指向則十分明顯。黃遵憲在著於光緒十三年的《日本國志》中比較了中國傳統與西方對武力軍事的不同觀念，最後有了耐人尋味的看法。他雖然

127　廖平學，黃鎔箋述，《五變記箋述》，頁五六四。
128　廖平學，黃鎔箋述，《五變記箋述》，頁五七八—五七九。
129　魏源，〈默觚下．治篇一〉，《魏源集》（台北：鼎文書局，一九七八），頁三六。

嘆息於西方的軍備對立，認同中國古聖人的深戒窮兵黷武，但卻話鋒一轉的說：「今日之事，苟欲禁暴戢兵，保大定功，安民和眾豐財，非講武不可矣。」[130]最終仍是無奈的體會到講武的必要。戊戌之後，康有為甚至明白的說「天道無知，惟佑強者」，只有兵強才能號稱文明，使人敬重。[131]光緒三十二年，學部頒布了新式學堂的教育目標，提出「尚公」、「尚武」、「尚實」、「尊孔」、「忠君」五項教育宗旨，[132]明白的揭示尚武精神，是儒家傳統以來所罕見的。這種現象還反映在當時教科書的內容上，根據沙培德（Peter Zarrow）的研究，清末民初一些歷史教科書的作者對於那些國勢強盛的朝代常給予很高的評價，甚至嚴酷的秦始皇，此時也被稱許其能夠保疆衛土。[133]廖平對霸功的重視，可以放在這樣的時代背景下來理解。

尚力的局面與心態也使傳統的道德觀念隨之轉變。當中國人漸漸的發現，在列強主導的國際秩序中，生存競爭原則是弱肉強食的刺激下，嚴復介紹的達爾文進化論在知識界很快的就產生了共鳴。其實嚴格說來，崇武尚霸並未背離原本儒家的道德理想，例如從儒家對商湯、周武王「弔民伐罪」的肯定觀念言之，儒家顯然並沒有絕對要放棄戰爭、純任道德的主張，只是使用「力」時，必須要以「德」為出發點。然而孟子的「尊王賤伯／霸」觀念經後世不斷的論述，特別是經過宋儒的發揚，已逐漸內化成為顛撲不破的傳統文化價值。[134]現在再回到廖平的語境來看，其實他所批評的，主要也是針對宋儒以來言心言性，不重武備、不切實際的侈談仁義。如果說廖平的崇武尚力並沒有脫離儒家本有的道德理想，那麼接下來要討論的他如何主張以「譎而不正」的態度自處於國際社會，就是針對儒家的不足而思彌補或轉變的。

二、「譎而不正」更勝於「正而不譎」：伯／霸者應具備的特質

廖平對於《春秋》二伯的齊桓公與晉文公，有一個很特殊的觀點。《論語．憲問》載有孔子的兩句話：「晉文公譎而不正，齊桓公正而不譎。」廖平以此二句中，時代較後的晉文公置於句首，是嘉許晉文勝於齊桓之意。為何會以為孔子嘉許晉文，廖平認為從齊楚召陵之盟，以及晉楚城濮之戰二事來比較，就可以看出孰優孰劣。[135]「城濮」與「召陵」之事為何？又什麼是「譎」，什麼是「正」？從這兩句描述語所出的《論語》，以及《春秋》特別是《左傳》的齊桓、晉文史事及注解等資料中可以看到相關的論述，而廖平的觀點也多針對《左傳》的內容抒發己意，因此本文先呈現《左傳》、《論語》的說法，再進一步探討廖平所欲強調的重點所在。廖平始終以《左傳》為解經之書，致力於三傳會通，而且到晚年有更加重視《左傳》的傾向，視之為近

130 黃遵憲，《日本國志》（天津：天津人民出版社，二〇〇五），頁五三三—五三四。

131 康有為，〈上海強學會後序〉，收入湯志鈞編，《康有為政論集》，頁一七一。康有為，《物質救國論》（台北：宏業書局，一九七六），頁三六。

132 舒新城，《近代中國教育史料》（台北：文海出版社，一九七九），頁九七。

133 沙培德（Peter Zarrow），〈啟蒙「新史學」——轉型期中的中國歷史教科書〉，收入王汎森等著，《中國近代思想史的轉型時代》，頁七二。

134 張啟雄，〈中華世界秩序原理的源起——近代中國外交紛爭中的古典文化價值〉，收入吳志攀、李玉主編，《東亞的價值》（北京：北京大學出版社，二〇一〇），頁一一〇—一一一，一四〇—一四二。

135 廖平學，黃鎔箋釋，《五變記箋述》，頁五六三。

代國際外交的參照，[136]故他對《左傳》的抉意，也是其以孔經面向世界的詮釋。

由於《論語》中，孔子沒有具體的指出齊桓、晉文的何種行為屬「正」或「譎」，因此後世的學者往往從記載二者事蹟最詳細的《左傳》做探討，去尋找孔子的本意。杜預注解《左傳》，兩次提到晉文公「譎而不正」，第一次是在敘述城濮之戰觸發的前因時。戰爭發生的原因，是本與楚國同盟的宋國叛楚，轉而與晉交好，楚國因而圍攻宋國，宋國遣使到晉國求援。晉的狐偃建議先攻擊楚新得的同盟國曹、衛，如此一來，楚必救之，就可以釋宋之圍。[137]於是晉文公伐曹侵衛，拘執曹伯，卻不依例交給京師，而逕送至宋國，欲藉此激怒楚國，使其與己交戰。杜預稱晉文公此一行徑是孔子所謂的「譎而不正」。[138]杜預第二次提到晉文公「譎而不正」，是在城濮之戰剛結束時：

> 《春秋》：僖公二十八年，冬，公會晉侯、齊侯、宋公、蔡侯、鄭伯、陳子、莒子、邾人、秦人於溫。
>
> 天王狩於河陽。
>
> 《左傳》：是會也，晉侯召王以諸侯見，且使王狩。仲尼曰，以臣召君，不可以訓。故書曰，天王狩於河陽，言非其地也。
>
> 杜預注：晉侯大會諸侯，而欲尊事天子以為名義，自嫌強大不敢朝周，喻王出狩因得盡群臣之禮，皆譎而不正之事。[139]

城濮戰後，《春秋》經文於僖公二十八年條下記載：冬天，晉文公大會諸侯之師於溫。經文又繼續寫著：周天子到河陽狩獵。《左傳》解釋，這個盟會是晉文公召天子來溫，使諸侯朝見，且請天子狩獵；並引孔子之語說，以臣召君，不可以垂訓後世，所以《春秋》一改舊史的天子至溫受朝，故意書寫王到河陽狩獵。杜預注解以晉文公欲諸侯共尊事周天子，但當時周室已衰微，文公自嫌強大，若忽帥九國之師入京，恐啟人有篡奪之思，權宜之計，遂召眾諸侯共會於溫，諭令周天子出狩，其實是來此就會受朝。杜預以此等權謀之事皆為「譎而不正」。

除了杜預以外，何晏的《論語集解》也在出自《論語．憲問》的這兩句話下，引用鄭玄的觀點，以「譎」為「詐」，認為召天子來讓諸侯朝見，是使詐的方式，不值得稱許，與杜預的看法類同。至於齊桓公的「正而不譎」，何晏引馬融的說法，認為是表現在「責包茅不入，問昭王南征不還」的「公義」之上。[140]邢昺《疏》綜合申述道：

> 此章論二霸之事也。譎，詐也。謂晉文公召天子而使諸侯朝之；是詐而不正也。齊桓公伐楚，實因伐蔡而遂伐楚，乃以公義責包茅之貢不入，問昭王南征不還，是正而不詐也。[141]

136　廖平，〈大同學說〉，頁一一一一二。
137　參《左傳》僖公二十六年、二十七年傳文。見杜預注，孔穎達疏，《左傳正義》，頁二六五—二六七。
138　杜預注，孔穎達疏，《左傳正義》，頁二六八。
139　杜預注，孔穎達疏，《左傳正義》，頁二七六。
140　何晏注，邢昺疏，《論語注疏》（台北：藝文印書館，一九八九年），頁一二六。
141　何晏注，邢昺疏，《論語注疏》，頁一二六。

齊桓公伐楚發生在魯僖公四年，所持的原因是楚不向周天子進貢祭祀所需的菁茅，以及周昭王巡守南方而不還的往事。邢昺《疏》則點出了桓公最初源於私人恩怨侵蔡而遂伐楚的事實，卻仍然認同馬融所說的「伐楚以公義」，出現了一種矛盾，而且齊桓公以久遠前溺於漢水的周昭王不復作為攻楚的口實，是否真的心術純正而不使詐，實令後人費解。然而不論齊桓公是正是譎的爭議為何，總之，前人均以孔子《論語》所說的「正」為善，「譎」為負面的評價；但廖平的解讀則完全相反。

相較於前代學者的說法，廖平將晉文公的「譎」重點放在戰爭進行的過程以及結果上，以此彰顯霸者所需具備的特質：

> 夫文譎桓正，孔子正據城濮、召陵之事比較優劣。晉用詭謀以戰勝，（黃鎔注：《左氏》所載蒙馬曳柴等事，皆兵家權謀用奇之術。臨事好謀，孔子所與。）齊僅責貢以□事，（黃鎔注：《春秋》曰：「楚屈完來盟于師」。為齊桓諱。）聖意尊晉而抑齊，《春秋》書曰：「楚師敗績」，嘉晉文也。故顛倒時代，先文後桓。宋儒主張「誠」「正」，薄棄詭譎，既與聖評相反，又不識「九合」、「一匡」褒獎霸功之意。142

晉楚城濮之戰，晉在戰爭過程中擅於權謀，諸如使用蒙馬、曳柴等詐術，最後文公贏得一場全勝的戰役，聲勢威嚇，非華夏的楚難以敵之。反觀齊、楚完成召陵之盟前的過程，是齊僅先以包茅不入貢的公義責之，接著楚為避齊鋒，遣使屈完請和；齊國見到楚的國力強盛，不能用強力屈楚，只好在召陵與楚國結盟。廖平認為這兩者相較之下，優劣互見，《春秋》書晉楚城濮之戰曰：「楚師敗績」，足見嘉許晉文公之武力聲威，但反觀《春秋》書齊楚召陵之盟曰：「楚屈完來盟于師」，這是為齊桓公的不夠強盛之屈辱而避諱。

「譎」勝於「正」的說法很特殊，儘管《韓非子・難一》曾有過「戰陣之間，不厭詐偽」的說法，卻從來不是儒家的主流思想，經典更不曾主張操弄權謀式的爭鬥競強。但是廖平面臨的是一個兩難的處境。若將廖平自身的經驗設成一個座標，那麼這個座標的此端是他本有的學術與信仰背景，那是傳統以德化為核心內涵的、「正而不譎」的經典世界；然而座標的彼端卻是一個爾虞我詐、「譎而不正」的國際局面，這兩端之間存在的是一個難以跨越的鴻溝。他在這兩端之間尋求經典與現世的對話，找到的銜接橋梁就是《春秋》中的齊桓、晉文二伯／霸，何以選擇二伯／霸，這與《春秋》對二伯／霸的書法有關。孔子的政治理想雖是主張王道的以德服人，但春秋是一個亂世，諸侯相互爭戰，必須以強力維繫著國際秩序與國內和平。《春秋》中對於霸者的作為常使用「實與而文不與」的書法，表達了在孔子看來，現實雖然並非合理，但這種局勢下，他對霸者的褒貶並不是善惡截然二分，也有肯定之處，這固不失為中庸的理解現實態度，但是也有其模糊性。廖平緣於受晚清以來的刺激，相信孔子之道必能與時推移，他因著《春秋》之中孔子對於齊桓、晉文二伯／霸態度的模糊性，極力解釋為孔子對霸道的推崇，把長期以來，特別是自宋儒以下，隱然被擯於儒家傳統主流之外的尚力思想用自己的方式重現到經典的真理之下，賦予

142 廖平學，黃鎔箋釋，《五變記箋述》，頁五六三。

新義，再加入了傳統所未曾有過的質素：「譎」，說成是孔子對治亂世的大法，讓中國能立足於世界，這也不無重塑經典教義與儒學的意味。

從以上的論述，現在可以更清楚的比較出廖平思想的轉變之處。光緒二十九年以前，經學三、四變的時候，二伯的論述重視禮在國際秩序的重要性，中國為諸夏，處在世界的中央，要以中國的經典用夏變夷。但是到了光緒三十二年的五變以後，本來是經學制度性的「二伯」轉變成了具霸者形象的「二霸」，由世界性的關懷轉成了對中國本身行霸的重視。再從《春秋》對世界與中國的教化方面來看，三變、四變時認為中國已經完成了《春秋》的教化，而且到達美盛的狀況，《春秋》的功用只有對治西方，以中國為榜樣撥正世界。但是五變後不再提《春秋》撥世界之亂，著重把重心放到中國之上，甚至不再認為中國已經完成了《春秋》的教化，反而中國還需要《春秋》的霸道來引導，期能在世界中自強。

我們可以感受到廖平的思想從胸懷整個世界的秩序安排到悄悄的轉變成以中國的強盛為最重要的關注焦點，這種思想的發展是有跡可尋的。他稍早建構「大〈王制〉」期望取代《萬國公法》時，就已經認識到國際間是一個強凌弱、眾暴寡的現實，在這種體悟下，逐步走向強調振興中國的武力，就成為一個必然的導向。其次，他的轉變也很可能受了外在政局與思潮的影響。光緒三十一年日俄戰爭爆發，日本打敗俄國，在中國仕紳眼中這是立憲優於帝制的明證，於是中國仕紳欲模仿日本建立君主立憲的民族國家勢不可擋。立憲派為了有效抵制以「排滿」為重要特徵的革命浪潮，強調中國各民族具有共同的利益關係、命運和責任，對無論是否認同立憲的漢族人民省思中國各民族一體化之「文化民族主義」或「國族」的歷史趨勢產生積極影響。光緒三十二年正是清廷預備立憲開始的第二個年頭，清廷和廣大仕紳主張儒家文化是民族認同符號，民族國家通過立憲建立，主權為立憲國家所擁有，表明中華帝國在「文化民族主義」支配下有迅速向現代民族國家轉化的傾向。[143]或許這種時代的氛圍正是促成廖平在光緒三十二年後，關切焦點從「天下」轉移至「中國」本身的重要契機。不過廖平還沒有使用到「民族主義」這樣的詞彙，也還沒有走到那一步，因為他最終極的目標仍然是世界一統。必須要理解的是，廖平的思想雖然有變化，但是沒有斷裂，並觀他同時期（五變時期）的其他著作，例如從《孔經哲學發微》、《世界哲理箋釋》的內容來看，他從來沒有放棄過以孔經化導世界、「用夏變夷」的理想。對他來說，行霸是「小康」時期的實踐目標，但是引領世界進於未來的文明也是要同時並進的，[144]最終不止是要中國的強盛，而且要追求世界大同，所以他同時強調：「以大同為精神，以小康為實用，因時制而為，此議切要，尤在化其自私自利之舊習，而以聖學大同為歸宿云。」[145]這是傳統知識分子關懷整個天下的精神。[146]儘管如此，我們仍必須強調，這個「平天下」的目標在光緒三十二年以後被

143 黃興濤，〈現代「中華民族」觀念形成的歷史考察——兼論辛亥革命與中華民族認同之關係〉，收入劉鳳云、劉文鵬編，《清朝的國家認同：「新清史」研究與爭鳴》（北京：中國人民大學出版社，二〇一〇），頁二七七，二七九—二八一。

144 詳見廖平學，黃鎔箋釋，《世界哲理箋釋》（一九二一年，四川成都存古書局刻）。

145 廖平，〈大同學說〉，頁一三。

146 近代學人一方面主張切近現實、尚武敵愾的國家主義（或民族主義），一方面又擺盪於崇尚未來理想的世界主義，是一個時代的特色。見羅志田，〈理想與現實——清季民初世界主義與民族主義的關聯互動〉，收於王汎森等著，《中國近代思想史的轉型時代》，頁二七九—二八三。廖平未曾使用「世界主義」與「國家主義」的詞彙，也不能確定他在清末民初是否已經接受了這樣的新概念，但是他追求地球「大統」或世界「大同」，則與「世界主義」的理想若合符契；主張中國行霸，又略帶有「國家主義」的意味。廖平的思想體現了這樣的時代思潮特色，但也有自己的獨特性。

他挪到更遙遠的未來是一個事實，以中國行「伯／霸」為當務之急，當下就必須要實行從前儒者所罕言的「霸」，要讓中國即刻就能立足於世界。相較於廖平思想前期，這是一個很大的轉變與特色，當下的重點是本國的強盛，而非平治天下（世界），他透過經典的語言呈現出此一意向。

本文也觸及了一個歷史問題，即經學在近代中國轉型過渡時期的蛻變情況。經學在近代的衰退為勢之必然，已是一個公認的事實。原本儒家的真精神、儒學的生命力，體現在以經典經世的一面，包括經學對世道人心的規範，也包括其對實際政治的指導。近代以降，西學東漸，種種的原因造成經學的致用功能急遽的弱化，目前學界的相關研究，偏重於從「由經化史」的角度探詢此一經學蛻變的內容。不過從本文的析論來看，由經入史並不必然就是經學嬗變過程中的唯一路線，廖平與康有為都是在經學權威遭遇時勢的逼迫挑戰之後，努力的要回復、強化過往經學治國、平天下的致用功能，以此重建經學的信仰，顯示了欲維繫經學命脈的用心。然而如此的挽留經學，仍難以讓經學的頹勢命運得到重生，因世局的遽變已經不是傳統經典的觀念所能回應。廖平、康有為各自要將吸取自當代的價值觀與政治主張注入孔經之中，孔經信息的增殖變得無所不能，經典的意義已經遠超出了一定的範圍，難以達成共識，也無法為多數的學者所接受。例如《公羊》的三世說，廖、康的詮釋可以導出全然不同的政治理念；就廖平本身的解經過程來看，面對世局與一己想法的轉變，他對「二伯」的理解也可以有全然不同的面貌。因此經學若要在近代脈絡下重新讓它成為致用之學實屬窒礙難行，但從學術變遷的角度來說，廖平固守經學的困境也是經學的近代轉化過程所呈現的重要特色之一。

小結

近代中國思想史上有一個從「天下」到「世界」的進程。「世界」這個新詞彙的認知既是地理的，也蘊入了來自西方政治的和文化的價值觀念，它逐漸取代了過往以中國居於中心的「朝貢體系」為基本框架下的「天下」觀念。然而對晚清人而言，該如何為中國在世界中尋求定位，卻是一個焦慮徬徨的過程。特別是在甲午戰後，中國處於被歐美欺凌歧視之列，被世界邊緣化甚至不曾「進入」世界的感受也日漸深刻。以晚清《公羊》家的代表性人物康有為為例，他內心的版圖中，屬「文明」的「諸夏」已成了歐美，而中國則大致落於「夷狄」的一邊，因此如何進入世界以成新「諸夏」的一員是迫切的渴望，對康有為而言，政體的改變正是扭轉中國在世界中的位置相當重要的一個關鍵。然而廖平的思想所展現的，卻是另一種如何為中國重新定位的典型。

美國學者約瑟夫．列文森（Joseph R. Levenson）在《儒教中國及其現代命運》中提到廖平的學術時指出，從事公共活動的儒家，例如薛福成，經常到書中去尋找「我們要做什麼」這樣的問題，而像廖平這樣「脫離實際」的儒家則問「我們是什麼」，或「我們在哪裡」。因此列文森視廖平的儒學與現實分離，是一個空談、缺乏積極性的表徵。不過筆者認為，廖平要說的「我們是什麼」或「我們在哪裡」，正是值得我們探討之處，因為它透露了一個傳統的知識分子，於世變之際，怎麼看待自身的價值，以及所要堅持的是什麼，透過廖平的研究，可以更細緻的思考這個問題。

廖平在詮經的過程中不斷的吸納時代新知，進化論、《萬國公法》、《佐治芻言》、盧梭與孟德斯鳩的西方民主學說、革命派刊物（如《新中國》、《浙江潮》）、甚至世界主義、民族主義都是他閱讀世界的一部分與關注的時代議題。但是他最重視的仍然是傳統文化的關懷，「三綱」倫常及以此倫常為基礎的皇權體制是廖平的堅持與信仰，認為西方沒有中國經典倫常為基礎的禮意和禮制引導，因此公法也不能改變弱肉強食的國際現實。說得更仔細些，中國在政治制度方面本身沒有什麼問題，是西方缺乏經典的沾被，故心術質野造成諸多的侵略與紛爭。現在改革者無論是立憲或革命派反而要去除足以作為普世價值的本有文化根荄以盲從西方，這才是他所痛心，視為本末倒置的事，他真正憂懼的是文化、三綱的陵夷。這也可說是近代《公羊》學者思想內部另一種方向的關懷，而以往較為人們所忽略者。

長久以來，我們容易有一種觀念，以為晚清《公羊》學者的政治立場往往是變政的主張。廖平的確在「新學偽經」、「孔子改制」的層面上啟發過康有為，但是孔子所改之「制」是什麼，以及如何為中國與世界提出一個理想的未來，廖、康兩人的觀點卻有很大的差異。廖、康同樣託於孔子的《春秋》以作為世界性的普遍真理，但價值觀上康有為可說是傾向於「變中國以從西方」，引西方民權的理念，先主張君民共主的立憲，認為惟有改變政體才不致於落入世界的邊緣與「夷狄」的命運，接著要過渡到民主，終極理想是無階級的大同。廖平可說是較接近於「變西方以就中國」，要將以三綱為精神、〈王制〉為架構的天子、諸侯體制普及於世，安排有禮有序的理想國際秩序，改變當今西方的國際體系，讓世界成為一個具尊卑禮讓的倫理共同體。也因著中國有三綱倫理為主體的經教，故能成為世界的「諸夏」，立足於中心的地位，從來不曾被邊緣化。因此廖、康兩人的孔子改制內容並不同調，這是植根於倫理觀的差異有以致之，故本文的研究也點出了近代《公羊》學者內部思想、政治理念的多元面相。

傳統經學重三綱，導向以王權為尊的價值觀，因此廖平要「挽救」三綱倫常，推尊王權，對於西方不同價值系統的制度，自是不易接納。因此廖平很少提出一套具體因應中國當前的制度，與他憂懼文化、三綱的陵夷正是他思想的一體兩面。因此要以經學作為致用之學來轉化近代中國的危機有其根本上的難行之處。而另一方面，康有為以西方的制度精神套入經學，又改變了傳統經學本有義涵，有「變中國以從西方」之嫌，因此廖、康詮釋經學的不同模式都同樣可以說明經學作為治國、平天下之學在近代的歷史下有其困境。

最後，透過廖平經學的研究，可以看到在世變的大環境下，經義的詮釋也在不穩定的狀態之中，可以有完全不同方向的解釋。本文所敘述的廖平從平天下式的制度性「二伯」之世界關懷到聚焦中國之「二伯／霸」的轉變，或是從傳統崇尚「正」到推崇「譎」的思想轉變，不無轉化或改造經學原有價值觀的意味，都有深刻的時代烙印在其中。時代在變動，關懷時代的經學家廖平的思想也在變動中，經學詮釋也跟著隨時轉變，「變」的過程無非是要讓孔子的教化能夠適應新的時代，把新的價值觀不斷的揉進「孔經」之中。因此廖平的經學，思想史的意味重於學術上求真的價值，本應具有恆常性的「經義」在他的生命歷程中所展現的卻常是變動不定的狀態。由於孔經信息的增殖變得無所不能，經典的意義已經遠超出了一定的範圍，難以達成共識，也無法為多數的學者所接受。因此經學若要在近代脈絡下重新讓它成為致用之學實屬窒礙難行，但從學術變遷的角度來說，廖平固守經學的困境也是經學在近代轉化過程所呈現的重要一環。

第六章

文質彬彬

——大統理想的經學實踐進路

廖平的大統理想欲以孔子之道來統治世界，待到全球開通之後「同尊聖教」；在這個過程中，還要以中國的「文」與西方的「質」互濟調和，最後是文質彬彬的太平極致境界。然而在說明世界可以依著孔經的普世價值逐漸臻於大統的境地時，廖平有沒有一套支持自己想法的史觀？中國當下該如何實踐經典？又先前第五章也提到，雖然世界大統始終是廖平的終極理想，但是在世變的過程中，他也有愈來愈重視中國本身應先振興的傾向，這個傾向對他的文質觀有沒有影響？廖平複雜多轉折的學思歷程中，在落實到未來理想的進路裡，其思想與方法是否也有轉變的過程？這些都是本章要探討的論題。

第一節 以孔經文明為五大洲的進化座標

一、進化意識下的經史區別

要討論廖平大統理想的經學實踐進路，首先應從其進化史觀說起。廖平論孔子為萬世垂法，有一個理論核心，就是經史有別，所謂「論孔學大要，在經史之分」。[1]六經為「經」而非「史」，本是清代今文經學家的一貫理念，只是廖平將這一理念推演到極至，成了六經內容皆為「符號」，非真有其事，後來康有為的《孔子改制考》亦脫胎於此一理念。王汎森先生在《古史辨運動的興起》一書曾對此種思想的演變有過十分詳細的研究。他指出，由清中葉的《公羊》家劉逢祿到凌曙，再到陳立，中間有一條清楚的思想脈絡。劉逢祿提出《春秋》中的魯與天王、諸侯都是所謂的「薪蒸」，這是說孔子假借魯史以發揮一己之義。凌曙於《公羊禮疏．序》中說《春秋》中所記載的事跡只在「有無」之間而已，不必把《春秋》的史事當真，這相當嚴重打擊了《春秋》經的信史性。承繼凌曙之學的陳立，又提出「筌蹄」之說，就是《春秋》中的史事皆如《莊子．外物》中所說的「筌蹄」，只要「義」能到手，「事」是可以當作筌蹄般的拋棄的。不管是「薪蒸說」或是「筌蹄說」，雖與廖平的「符號說」有緊密的關連，卻還是有相當的距離，因為他們畢竟不像廖平明白的宣稱經文中的史事全都是假的，都是「符號」。[2]而筆者認為，這種「符號說」，在廖平的老師王闓運的學說裡已有這樣的端倪，[3]廖平從學於王闓運，王氏的思想對他應有很大的啟發。總之，可以肯定的是廖平的經史之分與符號說，是接續從劉逢祿、凌曙、陳立、王闓運等一路延續下來的今文經學路向發展的結果，[4]不過，相對於其前輩的今文學者，廖

1 廖平，《孔經哲學發微》，《廖平選集》（成都：巴蜀書社，一九九八），上冊，頁三〇三。

2 王汎森，《古史辨運動的興起》（台北：允晨文化，一九八七），頁一三一－一六〇。

3 例如王闓運在《春秋公羊傳箋》中將「西狩獲麟」解釋為麟被獲於西方，就如同孔子之道無法行於海外的西方國家。孔子本是聖人，當王天下，不幸沒其位，所以著書希望後世的人能行其道，而且這樣的道，孔子當初已經預見，是要普及以後的西方世界的。此外，王闓運把《春秋》中魯哀公十三年的經文「公會晉侯及吳子于黃池」的「吳」也比為海外之國，影射西方。如此看來，王氏已有《春秋》「符號」說的端倪了。見王闓運，《春秋公羊傳箋》（據華東師範大學圖書館藏，續修四庫全書版據清光緒三十四年刻本影印），頁三四六－三四九。

4 丁亞傑指出，經學在清代地位崇高，在乾嘉時期是學者治學的主要範圍。但從錢大昕、俞正燮、章學誠以降，不斷從史學立場挑戰經學，劉逢祿、皮錫瑞對此也有所回應。廖平所論，即循劉逢祿，皮錫瑞軌跡。這同樣是把廖平的經史區別置於今文經學發展的脈絡之下。見丁亞傑，《清末民初公羊學研究：皮錫瑞、廖平、康有為》（台北：萬卷樓圖書公司，二〇〇二），頁一九四。

平的經史區別，又有內容上的深化與著重點的差異。

廖平之前的今文學家論經史之別，重點在於經典中的史事目的只是支持發揮經典之義，未必真有其事，且對象主要是《春秋》一經，他們基本上還未否定上古為黃金時代的想法。但廖平特別注意的是五經中的記載，愈上古以前的政治、社會愈完美，但史實卻是相反——愈古愈是蠻荒而未開化的狀況，如堯、舜、禹時代的真實情形是洪荒未開、大羹玄酒、茅屋土階的草昧之象，與經中的鴻規鉅制全然不同：

> 夫堯時禽獸逼人，舜如深山野人；又舜，東夷；文，西夷。孟子所稱，何等謭陋！他若《尸子》、《韓子》、《淮南子》所稱堯、舜，皆喬野無文，此猶可曰儉德也。《禮．明堂位》「土鼓、蕢桴、葦籥，伊耆氏之樂也」，已無八音克諧之雅。《墨子》「堯堂高三尺，土階三等」，難容群牧群岳之朝。《淮南子》舜作室、築牆、茨屋。《禮記》虞官五十，則與「百僚師師」不符。秦博士說古帝王地不過千里，則與五服五千里不合。《禮緯》唐、虞三廟，夏四廟，殷五廟，周六廟，已非「天子七廟」之制。《左傳》「天子七月」、「諸侯五月」、「大夫三月」，「士踰月」經制，《尸子》謂「禹之喪法，制喪三日」。況禹卑宮室，惡衣服（黃鎔注：《論語》）；堯下為巢，上營窟（黃鎔注：《孟子》）；不窋失官，竄之戎狄（黃鎔注：《國語》）；太王居邠，被侵狄人（黃鎔注：《孟子》）。草昧之象，載籍極博。以為文明者，固信經而不諳事實；以經為史者，又逐末而不識本根。謠諑煙霾，孔義不著。是當劃分經史之界，而後內容外觀，文野迥異，即孔經之作用亦顯。[5]

廖平從經典、先秦諸子、緯書以及《論語》、《國語》等著作中，爬梳出上古質樸的蛛絲馬跡，包括疆域狹小、音樂的粗糙、宮室規模卑隘；官制、廟制、喪制等均未如經典所明白揭示的完備。相反的，廖平認為上古時期同姓婚嫁、違逆人倫等不合於經典禮制的情形，在古籍中俯拾即是：

> 請以《春秋》事實證之：如同姓不婚，禮之大者也。《論語》，昭公取于吳；《左傳》，晉公子，姬出也；鄭子產謂晉平公內實有四姬；《荀子》，齊桓公「姑姐妹不嫁者七人」；《漢．地理志》，齊襄公姑姐妹不嫁，令國中民家長女不嫁，名曰「巫兒」，為家主祠；他若鄫季姬自擇配，徐女擇婿之南。又史傳所載魯惠、衛宣、晉獻、晉惠、楚成等，上烝下報，數見不鮮，全無忌憚。故人謂周公制禮，吾敢斷之曰：周公無禮也！[6]

廖平以《春秋》中所特別重視的同姓不婚之禮為例，指出雖然經典明白以此為法度，但是從《論語》、《荀子》或其他史傳所記載的內容來看，這樣的史實卻層出不窮；此外女子自擇配、國君烝報醜行等經典禮法不容之事，也是屢見不鮮的。因此廖平斷言，周公並無制禮作樂之事，禮樂文明是始於孔子的撥亂反正之作，舉凡《春秋》中常譏貶的世卿、喪娶、不親迎、娶母黨、喪期無

5 廖平學，黃鎔箋述，《五變記箋述》，《廖平選集》，上冊，頁五六六。
6 廖平學，黃鎔箋述，《五變記箋述》，《廖平選集》，上冊，頁五七一。

定數、喪中不釋官等事，正足以證明此為舊日通行之習慣，孔子作經，目的在垂法於後世。

這個地方有一個問題值得提出討論。廖平經學二變時期（約光緒十三年到二十二年）主張「尊今抑古」，即以孔子為制作六經的聖人，但何以當時的代表作如《知聖篇》、《古學考》等，雖也明確表達經史不同，卻並未特別著重於上古為蠻野的狀態，反而在始於光緒三十二年之後到民國七年的經學五變時期，才大力強調上古的洪荒未開與經典的內容不符？為什麼這個時候的廖平變得如此重視上古史的問題？這與晚清的進化思潮以及外國學者批評中國經典的史觀有直接的關係。一八九五年二月，嚴復在〈論世變之亟〉中指出，近代中國所遇到的問題，並非一朝一夕而成，而是根源於中西文化價值取向的差異。其中，又以歷史觀的不同最為重要：「嘗謂中西事理，其最不同而斷乎不可合者，莫大於中之人好古而忽今，西之人立今以勝古；中之人以一治一亂、一盛一衰為天行人事之自然，西之人以日進無疆，既盛不可復衰，既治不可復亂，為學術政化之極則。」[7]不管是退化論，還是循環論，一旦與厚今而求進的西式歷史觀相遇，便立即不堪一擊，故欲與外人爭勝，必須首先改變中國人的歷史觀念。此論對時人極具說服力，此後大約不到十年時間，進化已成為中國思想界中不言自明的「公理」和口頭禪，成為近代中國最核心的信仰之一。[8]

從一八九五年往後推十年，正是廖平經學五變的時期，也是國內進化思潮甚為風行的時期。也同樣在這個時候，外國學者對中國經典黃金古代的「退化史觀」予以批評，激起廖平積極的要為孔經辯護。他於宣統元年所著的〈尊孔篇．附論〉中引述西方人批評傳統經典的言論：

先文明而後蠻野，前廣大而後狹小，與進化之理相左。西人據此以攻經，謂耶教由一國以推全球，孔教經說乃由三萬里退縮以至三千，兩兩相形，劣敗優勝，則孔教必不能自存於天壤。[9]

西方人以基督教由一國以推全球，中國卻是由《尚書》記載的超越當今中國太多的三萬里疆域，退縮到今天只有三千里，而且上古文明又退為野蠻，譏經典內容不符實際，而且與進化之理相違背。民國二年，廖平於北京孔學歡迎會的演講中也說：「日本學說，以六經退化，有違進化公理。」他又指日本學者懷疑《尚書．禹貢》的疆域廣博為誇飾，而且在經典不正確的情況下，中國人卻仍尊經守古，坐此「奴性」，因此學術沒有進步。[10]廖平之後又再次提及：

外人推進化公理，尚疑《尚書》誇飾（黃鎔箋：日本那珂通世說）；且謂黃帝以來，疆域廣博，至姬周，而內地多夷狄，楚則鴃舌，吳乃文身，嗤笑中國人退化如此。比之子孫不肖，不能守成，如蠶自縛，無以解嘲。入吾室，操吾戈，中國學者何以禦之哉！[11]

7　嚴復，〈論世變之亟〉，收於王栻主編，《嚴復集》，第一冊，頁一。
8　王東杰，〈「反求諸己」——晚清進化觀與中國傳統思想取向〉，收錄於王汎森等著，《中國近代思想史的轉型時代》，頁三一五。
9　廖平，〈尊孔篇．附論〉，《四益館雜著》，頁二一九—二二六。
10　廖平學，黃鎔箋述，《世界哲理箋釋》，頁二b。
11　廖平學，黃鎔箋述，《五變記箋述》，《廖平選集》，上冊，頁五六九。

廖平指出日本明治時代的歷史學者那珂通世[12]（一八五一－一九〇八），用進化的眼光，質疑中國經典如《尚書》的記載，上古時期疆域廣大，政教修明，到了周朝春秋時期卻是境域縮小，內地多夷狄，吳、楚則是鴃舌紋身的南蠻之地，以經典與史實不符，甚而以此嘲諷中國後世子孫不能守成，致使文明退化如此。廖平此處未明言那珂通世的具體說法出自何處，考察那珂氏的著作，在晚清廣泛流傳於中國的是《支那通史》[13]，但此書中似乎沒有這麼鮮明的批判言論，[14]以管見推測廖平所指的，應是與那珂通世有密切關係的日本疑古學說。

那珂通世是將清代辨偽學者崔述（一七四〇－一八一六）的著作介紹到日本的第一人，他於一九〇三年校點出版了《崔東壁遺書》，給日本學界提供了引發疑古思潮重要的思想與資料資源。受那珂通世影響的嫡傳學生白鳥庫吉（一八六五－一九四二）主要透過《尚書》的研究，懷疑中國上古史的真實性，在一九〇八年前後提出了「堯舜禹抹殺論」，掀起了軒然大波，接著日本的重要學者如內藤虎次郎（一八六六－一九三四）、津田左右吉（一八七三－一九六一）等皆從其風，繼續疑古的研究與發揮。[15]因此廖平所謂的「日本那珂通世說」，也許還包括了後來學者的立論。廖平也許透過當時的報刊雜誌或譯書感受到這股風潮，另外，他與日本學界也可能有直接的交流，因為廖平在世時，其學術已很受日本學者看重。例如吳虞在一九二二年的日記曾提到東洋史學者小島祐馬（一八八一－一九六六）就很醉心廖平的學說，[16]同年也記載日本漢學家、道教學者小柳司气太（一八七〇－一九四〇）來中國時，向吳虞詢問廖平的著作，並要他的書目，[17]內藤虎次郎也曾注意他的學術動向。[18]從這些地方來看，他與日本學者接觸、直接了解日本學術狀況的機會不小。我們已知民初古史辨運動的疑古思想與清季今文家，特別是廖平、康有為的解經詮釋有密切的關係；不過在民國十二年古史辨正式開始之前，廖平已經注意到日本的疑古思潮，並試著回應這個問題了，這是個值得注意的現象。

---

12 那珂通世（一八五一—一九〇八），畢業於慶應義塾大學，曾任教於東京大學、早稻田大學。所著的《支那通史》，為日本最早的中國通史著作；又著《成吉思汗實錄》，是日本蒙古史研究的經典，由此成為日本東洋史學研究的重要奠基者，「東洋史」概念即由他最早提出。關於日本史研究，著作有《上世年紀考》。那珂通世二十二歲入福澤諭吉門下，福澤關於亞洲歷史停滯論的觀點也深深影響到那珂通世。

13 那珂通世的《支那通史》著成於一八九一年，是近代中國較早引進自日本的一種歷史教科書，在當時教育界、學術界均有很大的影響。一八九九年，由羅振玉主持的上海東文學社重刻出版，始在中國有廣泛的流傳。《支那通史》雖屬教科書善本，但是卷頁過多，不適合小學，尤其是初小學堂的歷史課本，柳詒徵（一八八〇—一九五六）有感於此，於一九〇五年將它改編成《歷代史略》，以合教科之用。《歷代史略》的出版，更助成了時人對《支那通史》一書的認識。

14 《支那通史》中關於上古疆域的問題，僅略為提及唐、虞之世，「中國不過三百里」，夏后、殷、周之世逐漸擴大。見那珂通世，《支那通史》（東京都：岩波書店，一九三九），頁一〇七、一四一。

15 童嶺，〈那珂通世、林泰輔與清末民初的中國學界〉，《文史知識》，二〇〇九年第五期，頁八二—八三。又見盛邦和，〈上世紀初葉日本疑古史學敘論〉，發表於二〇〇六年十二月二十九日的「國學論壇」網站：http://bbs.guoxue.com/viewthread.php?tid=430691（檢索日期：二〇〇九／十二／十五）。

16 吳虞在一九二二年二月的日記中說：「廖季平學說，在日本亦非常尊重，前數年，小島祐馬（支那學同人）在《藝文》（京都帝國大學文科機關雜誌）上介紹他的學說，小島君很醉心他的學說。」見中國革命博物館整理，榮孟源審校，《吳虞日記》（成都：四川人民出版社，一九八四—一九八六），下冊，一九二二年二月六日條，頁一五。

17 中國革命博物館整理，榮孟源審校，《吳虞日記》，下冊，一九二二年一月二十二日條，頁七。

18 列文森（Joseph R. Levenson）曾說：「一九一一—一二年的革命以後，廖平主持成都國學院數年之久。他的越來越大的隱士名聲，使得有名的日本史學家內藤虎（次郎），在一九一五年講學於京都大學時便說廖已在四川深山歸隱了。」見列文森（Joseph R. Levenson），〈廖平及其與儒家歷史的脫節〉，收入賴特（Arthur F. Wright）編；中央研究院中美人文社會科學合作委員會譯，《中國歷史人物論集》（台北：正中書局，一九七三），頁四四三。由此可知內藤虎次郎亦關注廖平的學術動向。

那麼，何以西方及日本學者不承認上古堯、舜盛世的言論，會引起廖平這麼大的震撼？因為歷史是由蠻野進化到文明的這個學理，是廖平所認同篤信的，正因他認同歷史只能是進化，不可能是退化，可是經典中明明記載著黃金美盛的上古三代制度完備、疆域廣大，與進化的理論又是背道而馳的。如果不解決這個問題，經典的公信力將會造成很大的傷害，所以他才說外國學者的這一批評「入吾室，操吾戈」，等於是打中了經典的要害。事實上，上古是否為完美的黃金時代，歷代的學者如王夫之、焦循等均曾在有意無意間質疑過這個問題，[19]但這些零星的個人見解，並沒有引起過多的注意，直到晚清進化思想傳入後，上古的問題才獲得較廣泛的反思。廖平即是在這樣的背景下重新思考古史的問題，不過作為一個「經學家」而非「史學家」的廖平，他的最終關懷不在於上古史實真相的深入探討，而是在於這種當史實與經說產生矛盾之際，如何能為孔子與經典合理的詮釋。廖平要說明的是，歷史誠然是進化的，而孔子也絕不是一個退化論者，他的經典是符合進化公理的。經典中的文明，正是孔子表達進化至未來的文明，透過上古樸陋的史實，再對照經典的文明，正可見出孔子的用心。在尊孔尊經的意識下，他否認經學為退化論，他說「經說若主退化，是乖世界公理。」[20]因此經典中的文明，絕對不可能是真正的古史，若是以孔經為史，則「無以為後來進化之地」。[21]廖平多次的提及孔經是主進化，非退化，可見他深深的認同近代中國的進化歷史觀，這也是他接受了這種時代思潮的明證。

進化論的思想意義在於它展示了一個美好的未來，從而為中國人提供了一條疏離於沉淪的現實，並走向未來的道路。從二十世紀初年以來，以進化論的觀點撰寫歷史可說是最時髦的口號。當時除了嚴復的《天演論》以外，如賴爾（Charles Lyell, 1797-1875）的《地學淺釋》，還有《斯賓塞爾文集》，嚴復翻譯的《群學肄言》、《社會通詮》，及十九世紀末到二十世紀初的一批社會學譯本等，都展示了以社會進化的眼光看人事、歷史、社會等面相。[22]廖平雖未明確的說出自己讀過哪些譯作，但是他很關心嚴復的著作，嚴復的思想對他也有很深刻的影響；[23]而且從廖平的著述內容來看，特別是在甲午戰後，他對當時出版的報刊雜誌閱讀很廣泛，曾對《國聞報》、《民報》、《新中國》、《浙江潮》、《國粹學報》、《萬國公報》等做過回應，[24]對時代思潮的脈動是敏感的，因此他接觸並接受晚清十分普遍的線性進化史觀，是可以做合理的推論，且答案是肯

---

19 蕭公權認為舊史家中的王夫之具進步史觀。王夫之在《讀通鑑論》卷十一中以人類文明是變而益進的，古時人與禽獸無異，及聖人作，文明乃興。若人不進反退，則今日已是鬼魅之域，顯然與事實不附。見蕭公權，《中國政治思想史》（台北：聯經出版公司，一九八九），下冊，頁六七〇。汪榮祖也指出「船山此說不僅一反厚古薄今說，且破一盛一衰之循環論，而提出日進無疆之史觀，暗與十七世紀以來西方進步思想相呼應。然船山之觀點不為當時所知，自不能發達。故晚清變法家之進步觀，大致得自近世西方之影響。」見汪榮祖，《晚清變法思想論叢》（台北：聯經出版公司，一九八三），頁一七。清代的焦循在《孟子正義》「大人者不失其赤子之心者也」章中，對《莊子》稱頌上古的和諧太平提出相反的意見。《莊子．繕性》曰：「古之人在混茫之中，與一世而得淡漠焉。陰陽和靜，鬼神不擾，四時得節，萬物不傷，群生不夭，人雖有知，無所用之。」焦循反駁曰：「豈知晦芒憔悴之初，八卦未畫，四時何由而節？漁佃之利未興，弧矢之威未作，人與鳥獸相雜，其靈於鳥獸者凡幾？不知粒食，其疾病疢毒於鳥獸蠅蚖之肉者又凡幾？而謂之不傷不夭，不亦妄乎！」見焦循撰，沈文倬點校，《孟子正義》（台北：文津出版社，一九八八），下冊，頁五五七。

20 廖平，〈闕里大會大成節講義〉，《四益館雜著》，頁二五六。

21 廖平學，黃鎔箋述，《五變記箋述》，《廖平選集》，上冊，頁五七七。

22 王汎森，〈進代中國的線性歷史觀——以社會進化論為中心的討論〉，《新史學》，第十九卷第二期（二〇〇八年），頁六一—九。

23 廖平的經學會進入三變，以經典規劃世界，以他晚年的回顧，自謂是讀了登於《國聞報》中，嚴復的〈擬上皇帝書〉一文的影響。見廖平，《四益館經學四變記．三變記》，《廖平選集》，上冊，頁五四九。

定的。

正因為上古的史實與經典的文明是如此的差異，才更能彰顯出孔子的經典為後世制法的神聖性。基於這樣的原因，廖平始終反對章學誠的六經皆史說。章學誠指出六經皆周官政典，[25]孔子與六藝的關係，他的看法是「六藝皆周公之舊典，夫子無所事作也」。[26]章氏敘述下的周公才是制作典章，集古聖之大成者：

> 周公成文、武之德，適當帝全王備，殷因夏監，至於無可後加之際，故得藉為制作典章，而以周道集古聖之成，斯乃所謂集大成也。孔子有德無位，即無從得制作之權，不得列於一成，安有大成可集乎？非孔子之聖，遜於周公也，時會使然也。[27]

章學誠強調孔子有德無位，述而不作，他的貢獻是傳授周公的政典以明其制、道。章學誠推尊周公勝於孔子，其實他是要說明經即帝王制作之典章，六經所載之「道」，必須藉具體的事物來呈現，是一種「道器合一」的觀念。但是廖平對這種將孔子描述成一個恪守周公舊典的形象，深表不以為然，他以春秋以前仍質樸無文的觀點，認為周公並沒有為周代制作一套禮制典章，他堅決的表示：「人謂周公制禮，吾敢斷之曰：周公無禮也！」[28]他指章學誠「六經皆史」之說為「市虎杯蛇，群入迷霧」，[29]並對同樣主張六經為古史的龔自珍、章太炎予以同樣強烈的批評，[30]因為如果六經皆為古史，就抹煞了孔子制作之意。

廖平又指出孔子制作的明證之一，即在先秦諸子對上古聖王的描述均不相同：兵家的堯、舜善戰，法家的堯、舜明察，墨家的堯、舜節儉質樸，道家的堯、舜清淨無為，儒家的堯、舜德望崇高，農家的堯、舜與民並耕。因此諸子皆藉著寄託堯、舜以自明學說。以此推知，《尚書》中的堯、舜也不是唐、虞時之真堯、舜，只是託古垂法而已。班固的《漢書．藝文志》謂諸子皆六經之支流餘裔，廖平以此申論，諸子既出孔子之後，之所以推美堯、舜，也是因為《尚書》中孔子以堯、舜託為大統的典範，故諸子亦從孔子而祖述之。而且《尚書》中的堯、舜記載不可能為史實，因為《論語》中，孔子曾言夏禮、殷禮的文獻不足徵，更遑論堯、舜時期。[31]是故廖平以孔子制作為命題，提出的依據就在於，從古籍中所尋出的種種跡象，推斷經典的美盛必非上古的

24 廖平曾閱讀過《國聞報》，見上注。回應《新中國》、《浙江潮》的言論見於廖平，《大統春秋公羊補證》，卷八，頁六四。《國粹學報》第二年第七期曾刊登廖平的文章；又廖平曾回應國粹學派之處，見廖平，〈墨家道家均孔學派別論〉，《四益館雜著》，頁六〇b。廖平也曾著〈八行星繞日說〉，知識來源應是得自於刊登在一八九二年十一月的《萬國公報》中，李提摩太著、蔡爾康譯的〈八星之一總論〉。最後，廖平在光緒二十四年撰有〈百年一覺書後〉，也是針對一八九一年底至一八九二年初的《萬國公報》中，連載美國貝拉米（Edward Bellamy）所著的小說《回頭看紀略》（《百年一覺》）而發。

25 章學誠，《文史通義．內篇．經解下》：「六藝皆周公之政典，故立為經。」見章學誠，《文史通義》（台北：華世出版社，一九八〇），頁三一。又《校讎通義．內篇．原道一》：「六藝非孔氏之書，乃周官之舊典也。」見章學誠，《文史通義》，頁五六一。

26 章學誠，《文史通義．內篇．原道上》，頁三七。

27 章學誠，《文史通義．內篇．原道中》，頁四一。

28 廖平學，黃鎔箋述，《五變記箋述》，《廖平選集》，上冊，頁五七一。

29 廖平學，黃鎔箋述，《五變記箋述》，《廖平選集》，上冊，頁五六九。

30 廖平，《孔經哲學發微》，《廖平選集》，上冊，頁三〇三。

31 廖平學，黃鎔箋述，《五變記箋述》，《廖平選集》，上冊，頁五六九—五七〇。

史實。廖平對於經史之別與上古質樸的看法，頗類似於康有為《孔子改制考》中的〈上古茫昧無稽考〉等內容。廖平這方面的論述，也多晚於光緒二十三年出版的《孔子改制考》。的確，廖平在寫作時，他曾明白表示看過康有為此一著作。那麼，我們是否可以說是廖平受了康有為的影響呢？其實康有為的《孔子改制考》受廖平的《知聖篇》啟發，已經是學界普遍認定的學術公案，而《知聖篇》中的孔子為後世制法，已可導出經典中的記載與上古聖人均為孔子所託的結論，所以也未必是康有為的觀點影響了廖平。再說，康、廖兩人對先秦諸子的看法也有差異。康有為先將諸子與孔子平列，以其各有道術，同於晚周奮起創教，皆託古改制，互相爭教，最後儒墨並盛，稱為顯學，因孔子為諸子之卓，終於樹立一統地位。但對廖平而言，凡子家皆出於孔門四科之學，再衍為九流，[32]孔子思想是先秦諸子之大原。這裡不擬詳細討論廖、康之間學說的孰先孰後與異同，而更著重時代進化思潮對思想家的影響。

由於進化的歷史觀打破了黃金古代的觀念，代之而起的是所謂「上古史的重新發現」，上古歷史變得極為樸陋，愈倫理化或儒家化的古史被認為愈不真實。[33]廖平接受了這樣的思潮，再結合上今文學尊孔的概念，因此強調上古樸陋，經典內容的美盛是孔子所託的進化至未來的目標，垂法於後世，透過孔經的進化公理，可以帶領全世界邁向最文明的境界。

二、孔經為進化公理

上述提到廖平接受了進化論歷史觀的影響，但是晚清這種歷史觀的形成，是源於對現實的渴求，因為渴求能成為像近代西方國家那樣的強國，視西方歷史發展的歷程是世界的「公例」，全世界各地文明的歷程無不與之相同，所以對比西方文明這支計算尺上的刻度，便可看出各個文明目前的階段。晚清的歷史著作中常有「公理」、「公例」之類的措詞，往往就是歸納近代西方的經驗所得到的一些原則，認為它們是放諸四海皆準的。[34]但是廖平在接收這些概念時，把所謂「公理」或「公例」的刻度，從西方文明，轉成以中國孔子經典為座標的進化觀。廖平不斷的提及經說符合「世界公理」、「進化公理」，「實行經意，則為進化」。[35]既然把進化的座標，從西方文明，整個的倒轉成孔子經典的文明，那麼一般人所認同的西方文明，就不再是文明，西方需要接受孔經的導引，才能進入真正的文明狀態。

由於近代中國面臨西潮衝擊，經過幾十年的中西學戰，愈來愈多的中國讀書人從自認居於世界文化的中心，視洋人為野而不文的「夷狄」，到主動承認西方為文明而自認野蠻，實際退居世界的邊緣，甚至以為中國尚未「進入」世界。中國讀書人真正開始意識到中國在世界的定位已由文變野，大約是在中日甲午戰爭之後，因此改善中國在世界的位置，或為中國在世界確立一個更好的位置，成為近代士人持續探索和努力的目標。[36]廖平在這樣的背景下，他不能接受中國被邊

32　廖平，《知聖篇》，《廖平選集》，上冊，頁一九六；廖平，《經話（甲編）》卷二，《廖平選集》，上冊，頁四七四。關於廖平與康有為對先秦諸子看法的差異，又見陳美錦，《反孔廢經運動之興起（一八九四—一九三七）》（台北：國立台灣大學歷史所碩士論文，一九九二），頁四三—四四，五三。

33　王汎森，〈近代中國的線性歷史觀〉，《新史學》第十九卷，第二期，頁一六。

34　王汎森，〈近代中國的線性歷史觀〉，《新史學》第十九卷，第二期，頁一一—一二。

35　廖平，〈尊孔篇附論〉、〈闕里大會大成節講義〉，分別見於《四益館雜著》，頁二一〇—二一六，二五〇—二五六。

緣化的處境，欲重新尋回中國在世界中心的地位，因此他要申論何謂野蠻，何謂文明，野蠻者為「夷」，文明者為「夏」，而中國的文明是遙遙領先於世界其他地區的。這樣的論據，就在於泰西的文化程度仍猶如中國上古春秋時期，孔子未生以前的情況一般。他在完成於光緒二十七年的《知聖篇》指出：

> 中國當開闢之初，與今西國同。孔子未生以前，中國所尚之教，與海外亦無大異。天不生孔子於中國開闢之初，而必生於春秋之世者，開闢之始，狉狉獉獉，以能興利除害、治器利生為要務，不暇及於倫常。語曰：「衣食足，禮義興。」《孟子》曰：「飽食煖衣而無教，聖人有憂之。」中國必待帝王捍災禦難，人民繁庶，天乃生孔子，進以倫常之道。海外必先之以天方、耶穌、天主開其先，而後徐弔之以進於孔子，此又一定之勢也。海外開闢在後，以今日形勢觀之，大約如中國春秋時之風尚。[37]

廖平以天不生孔子於洪荒，是因為大地開闢初時以治器利生為要務，不暇及於倫常，必須待到自然災難已經被抵禦，人民繁庶之後，上天才降生孔子，進以倫常之道。當然這不只指中國，海外亦然，而且上天以回教、耶穌教、天主教作為海外國家之先導，到今天西方進化至如同中國春秋的時期，已是孔子之道要施於其地的時候。又說：

> 今之西人，如春秋以前之中國，兵食之政方極修明，無緣二千年前已有教化。以中國言

之，無論還近荒徼，土司傜僮，凡經沾被教化，惟有日深一日，從無翻然改變之事。故至於今，中國五千里皆沾聖教，並無夷狄之可言。以一經教化，則從無由夏變夷之理也。[38]

今天的西方人，與春秋以前的中國雷同之處在於「兵食之政」非常修明，但是並未有教化。而中國在兩千年前就已沾被聖教，日深一日，故國內已無夷狄之可言，且依著進化公理，不可能再由夏變夷了。廖平也表明，《春秋》所言是「俟後之書」，所以不在描述中國先秦的春秋時期，而是暗示要撥正兩千年後，即當今的西方社會，[39]目的在「用夏變夷」。廖平對夷、夏的判分，就在於三綱倫常的有無，而三綱倫常、禮教文明也就是廖平心中經典最核心的價值所在，也是廖平引之為進化座標的刻度。

（一）論全球五大洲的進化依據

民國二年，教育部欲統一國音，召集全國讀音統一會於北京，命各省及蒙、藏、華僑各舉代表出席。廖平被推舉為四川省代表，於民國二年二月赴北京，旅京同鄉舉行歡迎會於湖廣會館，

36 羅志田，〈理想與現實——清季民初世界主義與民族主義的關聯互動〉，收入王汎森等著，《中國近代思想史的轉型時代》，頁二七一—二七三。
37 廖平，《知聖篇》，《廖平選集》，上冊，頁二七二。
38 廖平，《知聖篇》，《廖平選集》，上冊，頁二〇三。
39 廖平，〈尊孔篇〉，《四益館雜著》，頁七六。

請廖平講演，所講題目為〈孔學關於世界進化退化與大同小康之宗旨〉。此篇講稿後由廖平門生黃鎔整理並箋釋，成《世界哲理箋釋》一書，[40]書中揭示當今世界進化的依據與次第。

在此書中，廖平將世界五大洲的進化程度，由高至低依序排列為亞洲、歐美洲、南美洲、非洲、澳洲，並列出「世界進化六表」，可以見出廖平所持的進化依據。這六表分別為：「五大洲次第出海成陸如兄弟表」、「現在五洲比例表」、「五洲次第引進表」、「四弟用夏變夷與兄同冠年代表」、「中國孔經以前事實程度比今五洲表」、「中國孔卒以後經術進行比今五洲表」：[41]

表一：五大洲次第出海成陸如兄弟表

亞	**歐美**	**南美**	**非**	**澳**
長，二十而冠，先歐三千年出海。	仲，十二歲，先南美一千年出海。	叔，九歲，先非一千年出海。下三洲以土著論。	又叔，六歲，先澳一千年出海。	季，三歲，出海不久。

表二：現在五洲比例表

中	**歐美**	**南美**	**非**	**澳**
孔教久昌明。	祆教精者，思再求真理。	祆教盛行，以土著言。	多神未絕，祆教初行。	多神教。

表三：五洲次第引進表

亞	**歐美**	**南美**	**非**	**澳**
長兄之法以次相傳，不能躐等。	以亞教歐美，引之二十歲可以齊中國。	以歐教南美，引之二十歲可以齊歐美。	以南美教非，引之九歲可以比南美。	以非教澳，引之六歲可以比非。以土著論，不指客民。

表四：四弟用夏變夷與兄同冠年代表

亞	**歐美**	**南美**	**非**	**澳**
用孔已二千餘年，孔教洋溢，將浮海四布。	二千年後，如長兄加冠，全洲人民服習聖教，同文同倫，如今中土。	三千年後，如長兄加冠，由祆進耶，由耶進聖。	四千年後，如長兄加冠，由多神以進耶教，再由耶以至經。	五千年後，如長兄加冠，澳如今日中華又長出十二歲矣。

表五：中國孔經以前事實程度比今五洲表

經託**君**。孔前五百年。	經託**伯**。孔前千年如歐美。以下多火山。	經託**三代**。孔前約千五百年，如南美祆教。	經託**五帝**。孔前約二千年，如非多神，初行祆教。	經託**三皇**。孔前約二千年，如澳多神教。

表六：中國孔卒以後經術進行比今五洲表

澳 君。三歲。如戰國先秦，僅識六藝之學。	**非** 《春秋》伯。六歲。如唐宋，至今全球為大戰國，南美、非、澳尚不足伯者資格。	**南美** 《春秋》王。九歲。由今再加數千年，全球皆同用王法。	**歐美** 《尚書》帝。十二歲。地球四帝五帝。	**亞** 《尚書》皇。二十歲。全球一統，其餘六十歲為天學進退。

以下對各表約略的敘述與分析。首先，表一，「五大洲次第出海成陸如兄弟表」，視全球五

40 廖幼平編，《廖季平年譜》，頁七三。又見廖平學，黃鎔箋釋，《世界哲理箋釋》，頁一九。

41 整理自廖平學，黃鎔箋釋，《世界哲理箋釋》，頁六a—一〇b。

洲的形成為次第出海，亞洲出海成陸的時間最早，開化領先他洲。不過廖平也指出，亞洲迄今數千年，只有中國淑陶於孔教，其他地區如蒙藏信仰佛教，西亞為回教之區，俄羅斯、印度也尚未同被孔教。雖然如此，亞洲由於有受孔教洗禮的中國，故文化仍高於其他四洲。五洲文化猶如五兄弟，亞洲二十初冠，推之歐美文化正當幼沖之齡，非洲、澳洲則更加弱稚。[42]亞洲出海成陸的時間最早，不知這一說法的根據為何，但此處的重點主要在於以孔教的有無判分文化的高低。表二，「現在五洲比例表」，是以宗教性質比較文明程度。廖平指中國古代因尚在草昧，智識淺薄，亦崇奉多神教，繼知多神無益，故敬天為上帝；及至孔子作六經後，序人倫等威，禮意周洽，傳之二千年，文化蒸蒸日上。歐美耶教崇拜上帝，仍停留在中國孔子以前的敬天程度，況且「創世紀」的說法違反人種由猿猴進化的學說，不若孔經主進化符合實理。至於非洲、澳洲的宗教程度更遠落後於歐美耶教，廖平根據介紹外國地理的書籍描繪，謂澳洲及南非、西非的土人崇拜自然、神鬼諸物，非洲的革羅人樹皮蔽體，殺人而祭，野蠻自不待言。所以孔道才是最終要歸往的真理。[43]表三，「五洲次第引進表」，說明亞洲為文化上的「長兄」，因為「文明進步，冠絕全球，如五倫三綱、禮俗文教，皆足為五洋之巨擘」，其他各洲文明程度不同，欲臻於亞洲層次不能一蹴而幾，需由亞洲引領歐美，歐美引領南美，南美引領非洲，非洲引領澳洲，以先覺引導後覺，升高自卑，不可躐等。[44]表四，「四弟用夏變夷與兄同冠年代表」，指今日世界開通，孔教將浮海四布，而據亞洲以外四洲的程度，歐美需兩千年後，南美三千年後，非、澳各四、五千年後，才會依次進於孔子聖教。表五，「中國孔經以前事實程度比今五洲表」，說明孔經出現前兩千年，即經典所託的文明美備的三皇五帝時期，中國事實上的文化程度如僅同今天澳洲、非洲行多神教，後來孔經出現前一千五百年逐漸進步到如南美信奉祆教，到了孔經出現前一千年，中國文化類同於今天的歐美。表六，「中國孔卒以後經術進行比今五洲表」，指中國於孔子卒後已浸染孔教於今兩千年，其他各洲尚在起步階段。

總之，世界的文明是逐漸進化的，孔經的主張就是符合進化的實理，文明的程度也是依據孔經教化的沾被與否來決定，孔經最重要的核心內涵就是五倫三綱、禮俗文教。廖平不斷的提及五洲如兄弟，屬「夏」的亞洲或中國並不是要與其他尚屬於「夷」的地區隔絕，在進化的過程中，文化最高的地方如同「長兄」，需主動引領文化較低之「幼弟」，使「夷」進至於「夏」，這與《公羊》學的撥亂觀與世界主義是相結合的。最後，進化的極致就是要達到孔經文明的大同境界。

（二）大同的真義

廖平以孔子之教在今日世界開通，正是「施及蠻貊」，推行海外之時，到了數千百年之後，則合全球而道一風同，[45]這是未來一統大同的境界：

> 孔子之教，創始於春秋，推行於唐宋。今當百世之運，施及蠻貊，方始推行海外。數千

---

42 廖平學，黃鎔箋釋，《世界哲理箋釋》，頁六b。

43 廖平學，黃鎔箋釋，《世界哲理箋釋》，頁七a—七b。

44 廖平學，黃鎔箋釋，《世界哲理箋釋》，頁七b—八a。

45 廖平，《知聖篇》，《廖平選集》，上冊，頁二六八。

百年後，合全球而道一風同。「凡有血氣，莫不尊親」，乃將來之事，非古所有，而世俗之說，則與此相反，皆謂古勝於今。《中庸》言「大統」，有「生今反古，烖及其身」，亦初蠻野、漸進文明之義，乃俗解道家亦貴古賤今。如上古之「民至老死不相往來」，「剖斗折衡，而民不爭」，「聖人不死，大盜不止」諸說，不知此乃道家之反言。貴大同，賤小康，道家定說也，今乃賤今貴古，必係有為而言。蓋典章文物，後人勝於前人；至於醇樸之風，則實古勝於今。……故皇帝功用，典章文物，則欲其日新月異，而性情風俗，則欲其反樸還純，至新之中有至舊之義。[46]

廖平認為諸子思想皆出自孔經，為孔經之輔翼，未來大同時期即如道家的境界。他指出一般解道家者皆以為道家是貴古賤今，事實上道家既出自孔經，就與孔經一樣主進化，它所謂的民不爭、老死不相往來，也是未來才要實現，因為道家是「貴大同，賤小康」，所貴者在未來。進化至大統／皇帝時期，即大同之時，典章文物會愈來愈進步，但是人心性情風俗是反樸還純的，這種進化後的純樸又與洪荒初闢時的純樸不同：

由小康以臻大同，……疆域最大，風俗最純。宰我所問之五帝德。《詩》、《易》所謂「不識、不知」「無聲、無臭」；西人所著之《百年一覺》。文明則極其文明，純樸則極其純樸，不用兵爭，恥於自私，相忘於善，不知所謂惡，二者並行不悖。惟其未能文明，所以不能純樸，文明為純樸之根，文明之至，即純樸之至。開闢之初，狉狉獉獉，乃未至文明之純樸，非君子所貴。[47]

進化的階段分成小康與大同，大同的純樸才是文明的純樸，到了那時就猶如孔子所託的「五帝德」，以及《詩》、《易》不識不知、無聲無臭的狀態，又如西人所著《百年一覺》，都是沒有兵爭、恥於自私，不知惡而相忘於善的境界。

為了更深入了解廖平大同思想的內涵，此處有必要對他所舉的西人所著《百年一覺》簡單介紹。《百年一覺》原為美國作家貝拉米（Edward Bellamy, 1850-1898）的幻想小說《回頭看紀略》，今譯為《回顧》。內容是講一個年輕人於一八八七年在波士頓睡熟，到二〇〇〇年醒來，發現世界已發生驚人的變化，生產資料已經公有，兒童都由國家教養到二十一歲，按照才能和愛好分配工作，而且科技進步，以機器征服自然，充滿了安全和豐足。整個社會無等級，一切不平等現象都消除，犯罪聞所未聞，處處歌舞昇平，沒有軍隊，社會輿論決定一切，男女地位平等，但家庭仍是社會的基本單位。該書一八八八年在波士頓出版後不久，一八九一年十二月至一八九二年四月，以《回頭看紀略》為題，刊載在三十五至三十九冊的《萬國公報》上，旋即由英國傳教士李提摩太再次節譯，題名《百年一覺》。[48]此書中譯本的刊出，在晚清思想界起了很大的反響，例如譚嗣同曾評此書「彷彿〈禮運〉大同之象焉」。[49]康有為亦說：「美國人所著《百年一

46 廖平，《知聖篇》，《廖平選集》，上冊，頁二六八—二六九。
47 廖平，《知聖篇》，《廖平選集》，上冊，頁二六九。
48 鄒振環，《影響中國近代社會的一百種譯作》（北京：中國對外翻譯出版公司，一九九六），頁九八—九九。

覺》一書，是大同影子。」[50]也有學者認定康有為著作《大同書》就是啟發自《百年一覺》。[51]廖平似乎也認同孔子的大同世界類似於《百年一覺》的境界，但它們之間的相似點為何呢？以下從廖平作於光緒二十四年的〈百年一覺書後〉中可以較具體的看出他的觀感：

小統之義，……載記班班可考，而大同之說則甚略，歷來經師皆以不解解之。惟道家者流，專祖此派，莊、老之書，祖述帝道，與〈禮運〉大同相合。近時美人所著《百年一覺》，蓋將欲改之法度及將來之成效，託之睡覺，雖為彼教，而言頗合經說，蓋亦竊襲經義，以為文飾彼教之故智也。[52]

廖平指出傳統以來，對「大同」的解說非常簡略，歷來的經師甚至不做任何解釋。只有道家思想如《莊子》、《老子》祖述大同之義，與〈禮運〉大同相契合。近來美國人所著的《百年一覺》，雖是以基督教的精神貫穿其中，但它的完美制度與理想境界，頗合於孔子大同的經說，應是西方竊襲孔子的經義以文飾自己的不足。他又將《百年一覺》與〈禮運〉大同深入對讀，指出兩者的相同之處：

如謂教習及專門者，如律師、大夫、傳教等事，俟至三十五歲時始準出而為之。故凡任事者，皆老成練達之材，此選賢與能之說也。又謂昔人犯罪之多，一由窮民饑寒始為盜，一由貪婪不堪，因而爭鬥。今土地、貨物、銀錢均歸國家辦理，人皆衣食充足，無窮苦不堪之狀；貪婪之人，亦無所得罪。此謀閉不興，盜竊亂賊不作之說也。又謂一切事宜雖歸官辦，而自以相生相愛之意待之。即有暴虐，立即換任撤去，此講信修睦之說也。又謂前之貨物，某家賤則賣某家，今賣本國何價，賣外國亦何價；從前自製貨物，費工甚多，今國家所用之

49 譚嗣同在《仁學》中說：「地球之治也，以有天下而無國也。……人人能自由，是必為無國之民。無國則畛域化、戰爭息、猜忌絕，權謀窮，彼我亡，平等出。且雖有天下，若無天下矣。君主廢，則貴賤平；公理明，則貧富均。千里萬里，一家一人，視其家，逆旅也；視其人，同胞也。父無所用其慈，子無所用其孝，兄弟忘其友恭，夫婦忘其唱隨。若西書《百年一覺》者，殆彷彿〈禮運〉大同之象焉。」見譚嗣同著，蔡尚司、方行編，《譚嗣同全集》，增訂本下冊，頁三六七。

50 吳熙釗、鄧中好校點，《南海康先生口說》（廣州：中山大學出版社，一九八五），頁三一。以上譚嗣同、康有為的言論又見林啟彥，〈戊戌時期維新派的大同思想〉，《思與言》，第三十六卷第一期（一九九八年三月），頁四六、五四。

51 房德鄰認為，康有為在光緒十五、十六年之交，受廖平影響，完全轉向今文經，接受《公羊》學。光緒十七至十八年他在《萬國公報》上讀到貝拉米的《回頭看紀略》，受到啟發，便糅和《公羊》三世說、〈禮運〉大同說，著手寫作《大同書》。光緒二十七到二十九年他避居印度大吉嶺時，才基本完成了這部著作，以後又陸續修改。見房德鄰，《儒學的危機與嬗變：康有為與近代儒學》，頁二三八—二四〇。瑞典漢學家馬悅然（N.G.D.Malmqvist）所著的〈從《大同書》看中西烏托邦的差異〉一文，載《二十一世紀》，一九九一年第五期（一九九一年六月），認為康有為的大同論，與以《禮記．禮運》為代表的古典大同說的聯繫甚為薄弱。與其說康有為的這個構想來自古老的儒家經傳，不如說來自外來的學說，那麼是哪種外來學說呢？馬悅然認為可能是來自馬克思，也可能來自貝拉米（Edward Bellamy）。朱維錚以《大同書》中曾述及「共產」、「工黨」的政見，也曾暗襲《回頭看紀略》關於未來社會的流通和分配制度的構想，因此同意馬悅然的觀點。見朱維錚，〈從《實理公法全書》到《大同書》〉，收入氏著，《求索真文明：晚清學術史論》（上海：上海古籍出版社，一九九六），頁二五〇。事實上，《大同書》的思想十分龐雜，除了《百年一覺》以外，《禮記．禮運》、《公羊》三世說、墨家、老莊、《列子》、佛教、基督教、達爾文進化論、盧騷天賦人權說、西歐烏托邦社會主義等，對康有為都有一定程度的啟發。見林素英，〈康有為《大同書》與〈禮運〉的思想聯繫〉，發表於中央研究院中國文哲研究所舉辦，「廣東學者的經學研究第二次學術研討會」，二〇〇四年十一月二十五日，會議論文，頁三。

52 廖平，〈百年一覺書後〉，收入廖平撰，《地球新義》，頁三五b。

物，皆由製造廠以機器為之，故從前分利人多，今則生利人多，此貨惡棄地，不必藏己，力惡不出身，不必為己之說也。其他若自幼至二十一，皆在學讀書之日，則為少有所長之說。自二十一歲至四十五，皆作官作工之日，則為壯有所用之說。養老之資及幼童讀書之費，皆出於國，則為不獨親親子子之說。[53]

在《百年一覺》的理想中，如律師、醫師、傳教士等教習及專門人才等，都要到三十五歲以後始准許出而行使專業，目的是希望任事者皆為老成練達之材。[54]廖平視此為「選賢與能」之說。《百年一覺》裡，土地、貨物、銀錢均歸國家辦理，人們衣食充足，無因窮苦而犯罪之人，貪婪不堪者亦無有犯法之處，[55]廖平視此為「謀閉而不興，盜竊亂賊而不作」之說。又《百年一覺》中的一切事情雖歸官方辦理，但上下均以相親相愛之意對待，若有暴虐的上位者將立即被撤換，[56]廖平以此為「講信修睦」之說。又如貨物的價格自有公定，絕無欺騙詐偽之事；物品都由製造廠製辦，盡以機器為之，一人可做百人之事，因此生利之人多，[57]廖平認為這就是「貨惡其棄於地也，不必藏於己；力惡其不出於身也，不必為己」之說。其他如一般人民自幼年到二十一歲，皆按制度在學校讀書，自二十一歲至四十五歲皆作官作工之日，[58]這看在廖平的眼裡，不啻就是「少有所長」與「壯有所用」的理想了。最後，在《百年一覺》的土地上，養老之資及幼童讀書之費皆由國家支付，廖平讚此為「不獨親其親，不獨子其子」的精神。

總之，《百年一覺》不只是風俗淳厚、祥和無爭，而且是美好的制度臻於理想的境界。不過，廖平不讓西方專美於前，他認為這種理想是孔子早在〈禮運〉大同篇中就已經規劃好的，是西方竊襲了孔子的經義；而且更重要的是《百年一覺》猶有不及孔子教化之處：

> 彼蓋惟就生養富庶一門追摹景象，不知飽食煖衣，聖人之憂方長，惜其僅得聖人富民司空之一端，而於司馬、司徒之職少所究心，終亦徒託虛冥，難收實效。苟能用其意，再以倫理補之，斯乃完書，可徵實用。[59]

西方僅學得外在的興利養民之事，不能真正體會孔子聖道的精髓，就在於倫理—人倫綱常之上。《百年一覺》有此缺陷，故終將流於徒託虛冥，難收實效，因此若能以《百年一覺》的良法美意為基礎，再以倫理內涵補之，乃能成為一完美無瑕之書，能徵實用。從另一個側面的資料，也可以作為廖平重視大同理想需要蘊涵倫理的佐證，這個資料是邱廷方所著的《覺覺篇》之序文，收錄在《光緒井研志．藝文志》中。其實這篇文章也可能是廖平自作的。我們在出版於光緒二十六年的《光緒井研志．藝文志》中看到有一群學者的著作序文，與廖平發揚大統的思想非常類似，

---

53 廖平，〈百年一覺書後〉，收入廖平撰，《地球新義》，頁三五b—三六a。
54 貝拉米（Edward Bellamy）著，《回頭看紀略》，《萬國公報》第三十七冊，一八九二年二月。
55 貝拉米（Edward Bellamy）著，《回頭看紀略》，《萬國公報》第三十七冊，一八九二年三月。
56 貝拉米（Edward Bellamy）著，《回頭看紀略》，《萬國公報》第三十七冊，一八九二年三月。
57 貝拉米（Edward Bellamy）著，《回頭看紀略》，《萬國公報》第三十七冊，一八九二年三月。
58 貝拉米（Edward Bellamy）著，《回頭看紀略》，《萬國公報》第三十六冊，一八九二年一月。
59 廖平，〈百年一覺書後〉，收入廖平撰，《地球新義》，頁三六b。

彷彿有一個追隨廖平三變以後思想的學術社群，這些人也都是他的子姪、好友、門生。然而根據廖宗澤之《六譯先生年譜》提到，這些發揚大統理想多數未完成之著作的序文，都是廖平自己寫的。[60]既然自己寫的，為何要隸屬於其他人的名下？主要的原因有兩個，第一是戊戌變法，廖平因為被認為是康有為思想的源頭，受到牽連，《地球新義》當時也被毀版，因此為了不要太引人注目引起爭議，故把自己的著作分別託於多人之名。第二個原因是筆者推測，廖平受邀編纂《光緒井研志．藝文志》，當然有自由意志選擇自己認為重要的文章，而廖平的大統思想是他很重視且欲發揚的理念，但是基於自謙的立場，不便呈現這麼多自己的著作文章於〈藝文志〉中，於是改託他人之名置入其中。因此屬名邱廷方的《覺覺篇．序》也很有可能是廖平自作的。此書序文說：

> 西人李提摩太著《百年一覺》，為廣學會刊行本，專言百年以後大同全盛之事，可云美矣。惟專就耶穌宗旨立說，所陳大同風化，專詳生養安逸，而略於倫常，放言流弊，恐不免逸居無教之譏。是編以其書為初基，久而弊生，乃以倫理性情之教，引而進之，以畢皇帝之功能，進而愈上。則西人所謂覺者，固猶在夢中，是書亦仿其體，故入小說。[61]

引文指出《百年一覺》專言百年以後大同全盛之事，境界是完美的，只是專就基督教宗旨立說，僅詳於生養人民之事，忽略了要有倫常的教化，是其缺憾。所以邱廷方另著一小說《覺覺篇》，以原來《百年一覺》的美善為基礎，再將倫常教化注入其中，使層次提升，這也與廖平的想法相互呼應。無論《覺覺篇・序》是否為廖平所寫，或者真有邱廷方著作了這部小說，至少這篇序文是廖平親自選入的，也可代表是廖平所重視的思想。

在要說明廖平心目中的「大同」理想是一個深具人倫秩序的社會狀態之際，我們也應同時注意到，「大統」與「大同」其實是有所區分的。「大統」的重點在於以孔子之道來「統」世界，而「大同」較純粹的是一種境界。對廖平來說，這兩者本來就是一而二，二而一的，因為到了以孔子之道來「統」世界的時候，就是「大同」世界來臨了。不過這兩個詞彙相較，廖平重視的還是含有孔子之道在內的「大統」，從光緒二十三年經學三變以來，以經典規劃整個世界，所使用的多是「大統」一詞。但是民國以來，廖平不論是公開演講或是著作，常用「大同」一詞為題。例如民國二年二月，在北京演講的主題是「孔學關於世界進化退化與大同小康之宗旨」，後經門人整理箋釋而成《世界哲理箋釋》一書；民國二年六月又發表〈大同學說〉於《中國學報》第八期上。正巧的是，康有為《大同書》的部分內容，也是在這一年於上海刊行的《不忍》月刊上，初次面世。《不忍》月刊於民國二年二月創刊，《大同書》甲部「入世界觀眾苦」、乙部「去國界合大地」，首次在該刊一至七期的「瀛談」欄連載。民國二年，廖平致信康有為，提到康有為曾贈《不忍》雜誌二冊，對康有為民國以後的文化關懷表達認同感動之意，[62]應該可以確定廖平在

60 廖宗澤編撰，駱鳳文校點，《六譯先生年譜》，收入四川大學古籍整理研究所編，《儒藏・史部・儒林年譜》（成都：四川大學出版社，二〇〇五—二〇〇九），頁八一三—八一四。

61 邱廷方，《覺覺篇・序》，收於高承瀛等修，吳嘉謨等纂輯，《光緒井研志》（台北：臺灣學生書局，一九七一），〈藝文志〉，頁九五二。

閱讀《不忍》的當下也同時見到了其中連載的《大同書》之內容。那麼廖平此時對大同的關注，是否也受了康有為的啟發呢？筆者對此持保留的態度，因為在廖平的〈大同學說〉與《世界哲理箋釋》中，並未見到明顯的回應康有為學說之處，倒是在《世界哲理箋釋》中，明白批判了清末民初無政府主義的大同思想，向人們揭示何謂「大同」的真義，凸顯了廖平大同思想的重要特質。他說：

> 近來學者厭故喜新，以中國為半開化，必廢五倫，無家族，無政府，乃為大同，亦如海外去倫常，……而後為文明。[63]

清末民初的無政府主義者，較著名者如劉師培、吳稚暉、李石曾、江亢虎等等，他們無不強烈批判三綱倫理，認為中國以家族為本位的倫理觀導致了個人為本位的倫理觀及國家、社會倫理的不發達，如果不能改良傳統家族倫理即不能實現平等制度及國民公共觀念的進步，[64]因此廢五倫、無家族、無政府、齊財產等主張，都是從這樣的觀念而來。但廖平以廢五倫為「遂狂肆之私」，無家族為孟子說的「無父」，無政府則「民不統一如蜂蟻」，齊財產會使人民「相率而為游惰」，所以這種廢棄綱常名教的大同，廖平視之為「野蠻」的大同，不是真正〈禮運〉的大同。[65]或許廖平晚期多以「大同」一詞替代他之前較常用的「大統」，就是要回應同時代其他學人的大同思想，告訴人們何謂大同的真諦。

廖平並沒有如康有為的《大同書》一般，勾勒出具體大同之後的制度，但可以肯定的是，廖平的大同思想與康有為夷滅等級界限的《大同書》根本精神有很大的不同，即使是維新時期的設議院等主張，在廖平看來也是讓國君徒擁虛名，大權旁落，不符合經典的名教。[66]這也可以推測，何以戊戌政變後，廖平一直沒有承認自己認同維新派的政治主張，原因應非如前人所說的懼禍，仔細分析廖平的學說，可以說明癥結點仍是思想上存在的差異。總之，從小康到大同之路，甚至大同的境界，三綱五常始終都是廖平要極力維護的經教價值。

第二節　文質調和的孔經實踐

在之前討論「世界進化六表」時提及，廖平以亞洲／中國為進化最文明之處，但不代表已經到了極致，而且，若以孔經的理想為目標，中國目前只得「孔學之半」，[67]因為孔經的內容是文

62 廖平〈與康長素書〉中說：「惠頒《不忍》二冊，流涕痛哭，有過賈生。」見《中國學報》，第八期（一九一三年六月），頁一九。廖平在民國成立前堅持皇權體制，與康有為的立憲思想並不同調，但是康有為在戊戌政變後流亡國外，思想有所轉變，認為中國仍處於亂世，不適合變政，尤其辛亥革命後的亂象，更讓他堅定民主不可一蹴而幾的信念。因此民國成立後，康有為把心力轉放在尊孔與文化的關懷倡導上，這麼一來，反而與廖平的想法合轍。這也是廖平看了康氏的《不忍》雜誌會痛哭流涕，彷彿遇到知音的主要原因。

63 廖平學，黃鎔箋釋，《世界哲理箋釋》，頁三b。

64 曹世鉉，《清末民初無政府派的文化思想》（北京：社會科學文獻出版社，二〇〇三），頁七七。

65 廖平學，黃鎔箋釋，《世界哲理箋釋》，頁三b。

66 廖平認為春秋時期，國君的大權旁落於陪臣，在下位者操握政柄，上位者徒擁空名，就如同西方的議院，由在下者出令，在上者行令一般，等於把君相視同為奴隸。見廖平，《大統春秋公羊補證》，卷一，頁三一a—三一b。

質兼備，中國文盛，西方質盛，所以廖平曾說「寄語西人，毋徒矜物質文化以自豪。」又說「物質文明者，倫常反多蠻野；倫常文明者，物質亦不盡文明，不得專以物質為進化標準。」[68]總體說來，文仍是高於質，所以中國重文，僅得孔學理想的一半，有質無文的海外就更不如了，「僅如初小幼稚程度」而已。[69]當今無論中國、西方都要向大同的目標邁進，而廖平最關心的是中國目前實踐孔經理想的落實方式。這要從兩個方面進行，廖平以現在中外開通，正是孔經「施及蠻貊」的時候，中國應以文化引領海外他洲以進至於文明，這是屬於「文」的實踐層面；另一方面，中國缺少西方的「質」，正是本身最需要增進之處。

一、至聖六經兼包諸家：以儒墨為論述對象

由於中國與西方的船堅砲利與富強相較，的確不如西方而顯得過於文弱，又因中國實行了孔子的儒家之道兩千年，因此晚清以來知識分子對於孔子與儒家之道有諸多的反省與批評。[70]廖平也承認中國有文弊，但他要說明這不是孔子的思想造成的，是後人只學習了孔子教化的一半。為了說明孔經的內涵是多元而能適應時代的需求，他將孔子和六經與儒家區別，把孔子和六經的地位層次提高到儒家之上，強調六經並非儒家的私家著作，孔子也絕不僅僅是個儒者。他說「後世誤以六經為全屬儒家之私書，……至聖兼包諸家。」[71]孔子地位高於儒家的說法，廖平是承繼司馬遷的思想發揮的，他引《史記．孔子世家贊》曰「中國言六藝者折中於夫子」一語以說明孔子地位高於儒家。這句話是司馬遷撰〈孔子世家〉的意旨所在，司馬遷尊崇孔子繼承周代六藝之教的傳統，為了教學的需要，對上古以來的文獻資料做了系統的整理、校整與編次，形成

了《詩》、《書》、《禮》、《樂》、《易》、《春秋》的六藝（六經）體系，這是中國學術發展重要的轉變，使原來王廷獨專的知識，轉變為社會普及的文化，這是一大貢獻，司馬遷以此作〈孔子世家〉，將孔子的地位提到至高，又另作〈儒林列傳〉，使孔子有別於儒家。[72]故廖平以司馬遷撰〈孔子世家〉使孔子高於儒家是得著司馬遷的本意，但不同於司馬遷的是，廖平以孔子作六經，而非繼承周代六藝之教的傳統。六經既然不是儒家經典，且超越儒家，他又以《漢書．藝文志》所說的先秦諸子皆為「六經之支流餘裔」一語，作為孔子兼包諸家的依據，不過他的理論與《漢書．藝文志》不同的地方在於，其筆下的「六經」是出自孔子一人的著作。對廖平來說，孔子至聖，其學無所不包，所以他對當時的一些學者或報章雜誌將孔子界定為宗教家或是教育家、哲學家、政治家、理想家等深表不滿，認為這是以後來的學術分科名目，強名如天之至聖，這就與將孔子歸類為儒家一樣的謬妄。[73]廖平接著把孔子兼包諸家之說的要點放在性質分屬於文、質的儒、墨之上。

67 廖平學，黃鎔箋釋，《世界哲理箋釋》，頁三b。
68 廖平，〈闕里大會大成節講義〉，《四益館雜著》，頁二五a。
69 廖平學，黃鎔箋釋，《世界哲理箋釋》，頁三b。
70 例如宋育仁給陳熾《庸書》作序時，就曾經提到「天下之說曰：今日之病在尚文之弊」，可見中國病在尚文是當時流行的觀念。
71 廖平，〈墨家道家均孔學派別論〉，《四益館雜著》，頁六〇a。
72 逯耀東，《抑鬱與超越：司馬遷與漢武帝時代》（台北：東大圖書公司，二〇〇七），頁七六－七七。
73 廖平，〈墨家道家均孔學派別論〉，《四益館雜著》，頁六〇a。

廖平以孔經兼具文質，將屬質的一派歸給墨子為代表，便要首先說明墨子傳承於孔子的理由。他以墨子用《詩》、《書》、《春秋》立說，與孟子、荀子一樣的稱引經傳相同，可知墨子也是孔子的門徒。那麼怎知墨子傳承了孔子尚質一派的思想呢？因《淮南子》明言墨子學於儒者，因憤世勢濁亂，乃專言夏禮。廖平以為關鍵即在「夏禮」二字，因為西漢博士有「殷質周文」之說，殷屬質，夏年代又在殷前，以進化的角度判斷，夏文化必會比殷質野，所以墨子所言的「夏禮」一定屬質。西漢博士傳經，有文質二派，則《公羊》所謂的改文從質說，必定是由墨家所承繼的。相對於墨家的儒家則是主文，為從周之說。[74]廖平這麼處理，孔子之學就有具體的文、質兩派，他說「儒故不能規步孔子，墨亦不能自外生成」，[75]這句話是含有深意的，因為儒家不能範圍孔子，所以儒家的缺點就未必牽涉孔子；墨子是傳承孔子，墨家的功用，便是孔經本已具有的。

廖平接著論述孔子的質家思想有兩個欲實行的層面，筆者稱為「當下」與「俟後」之說，先講孔子主要關懷的「俟後」之說。因為孔子已經預想到將來孔道將大行全球，對於世界的蠻野之地，應先以三月之喪等簡質之禮循序導引之，不適合驟行三年之喪。墨子既然從學孔子尚質一派，其理念就如同《公羊》的「許夷狄者不一而足」，主張文化尚未開化時不能以美備的制度求全，所以墨家是為「行經」（執行經意）而設，墨子在戰國時只行三月之喪即是此意。再以孔子作經時的「當下」情況來說，文化未進，必先質而後文，也應先行三月之喪，再徐推至三年，但是孔子之後的儒者，懼怕用墨子派的簡質之後，完備的經說無法被保存，為了「存經」的考量，自孔子卒後，立即用美盛的制度行於中國至今，所以中國未曾實行過質家。這麼一來，使中國造成文弊的，就不是孔子與六經，而是主文的儒家了，但以儒墨兩家而言，兩者均是孔子的理想，缺一不可。[76]

廖平把墨子思想納入孔經體系中，充實了孔經具「質」的理想之一面，而他的這一處理方式，同時也在回應同時代諸子學興起的思潮。廖平在論墨子的同時，批評了國粹學派以孔墨為敵對的看法。[77]國粹學派從學術平等的觀念出發，夷六經於古史，並著力研究、肯定久被抹殺的諸子學價值。章太炎、劉師培等人對於墨家的評價都甚高，視墨家的道德、實用、兼愛等理念均為孔學所不足，並將諸子與西方政治觀念互相牽引比附。[78]晚清諸子學的興起，主受時代與西學的刺激，時人感受到傳統儒學有所不足，轉而向諸子尋求思想與因應時局的資糧，廖平詮釋墨子以及其他諸子學，也是在這種時代的需求下所產生。但是同樣在重視諸子學的前提下，國粹學派降低六經的地位，甚至夷六經於古史的學理是廖平所不能忍受的。廖平對諸子學的處理方式，迥別於國粹學派的學者，他是在尊孔尊經的旗幟下，將先秦諸子的思想都上溯到孔子，把諸子納入孔經的系譜中，以此充實、豐富，甚至轉化孔經的內容。濃重的尊孔意識，也是廖平的文章最終不能見容於國粹學派的主因。晚清國學保存會代表人物如鄧實、黃節、劉師培、馬敘倫等，以及與

74 廖平，〈墨家道家均孔學派別論〉，《四益館雜著》，頁六〇b。
75 廖平，〈墨家道家均孔學派別論〉，《四益館雜著》，頁六〇b。
76 廖平，〈墨家道家均孔學派別論〉，《四益館雜著》，頁六〇a—六一a。
77 廖平，〈墨家道家均孔學派別論〉，《四益館雜著》，頁六〇b。
78 鄭師渠，《國粹、國學、國魂：晚清國粹派文化思想研究》（台北：文津出版社，一九九二），頁二一四—二一五。

上述諸子關係密切，介在師友之間的章太炎，均為國粹派的健將。《國粹學報》一九〇五年發行後，基於保存國粹的理念，原來不存門互之見。身為今文經學家的廖平在該報頭兩年中，時有文章發表，頗形活躍。一九〇六年第七期上刊有他的三篇撰述：〈公羊春秋補證後序〉、〈公羊驗推補證凡例〉、〈春秋孔子改制本旨之三十問題〉，發揮孔子的「微言大義」之說。章太炎對此甚為反感，他於一九〇六年八月致書《國粹學報》的主持人劉師培，針對學報刊登廖平、王闓運談論孔子改制的文章提出批評，並指廖平附會西書與聖化孔子為「荒謬誣妄」、「全未讀書」，[79]此信刊在學報第二年（一九〇六年）第十二號上，自此之後，廖平的文章在學報上就消聲匿跡了。若再仔細思量，廖平認定孔經的精神在三綱，他尊君、維護名教綱常與反對革命的旨趣，與章太炎所倡導的民權、革命之說也有鮮明的差距。[80]透過《國粹學報》對廖平的文章從包容到完全切割的這個側面，也可以更清楚看出兩者思想主張的差異性。

而廖平於光緒二十五年三變時期以後開始研治先秦諸子與經學關係的學術方法與他肯定經學價值的理念，後來得到了他的弟子蒙文通的傳承。蒙文通於一九一一－一九一三年從學於五變時期的廖平，蒙氏後來在廖平探討經學與先秦諸子關係的基礎上，打破了孔子的權威，他認為並非諸子出於六經，而是經說能薈集諸子以為經術之中心，因此經學乃是集中國古代文化之大成，經學的價值便自然得到彰顯。這是用另一種方式發揚經學的重要性，廖平也可說是一個讓經學以另一種方式存續的先導者、啟發者。[81]

現在再回到文、質的問題上，既然兩者都是孔子理想的一部分，所以禮失求諸於野。中國文詳道德，為形上之道；西方質詳富強，為形下之器，兩者應互相取法。這透露出的訊息是，廖平雖堅具文化上的自信，但是西方各國步步進逼，也是顯而易見的，最終還是承認富強之術，中不如外，必須向西方學習。本文接著將重點放在中國應如何具體的採擷西方形下之器的論述上。

二、中國當增進「質」的層面

中國當取西方者，均是本身古已有之，現今應重新發揚者，主要包括外交、兵學、農工商賈方面的學問。也因廖平視春秋時期如今天的西方情狀，所以孔子《春秋》即是針對目前的西方與中國予以引導，這在完成於光緒二十九年的《大統春秋公羊補證》有詳細的發揮。《春秋》經文「成公十七年，十一月，公至自伐鄭」之下，廖平藉著這種國際間的戰爭抒發自己的想法：

> 鄭，中國樞紐，為當時戰場。西之土耳其，東之東三省，強國所必爭。……外交為聖人言語科，學者所當講習。……當此萬國交涉，時事維艱，不有言語一科何能振作？聖人為萬世

79《國粹學報》第二年（一九〇六年）第十二號。見國學扶輪社編，《國粹學報》（台北：文海出版社據國粹學報館於上海刊行之《國粹學報》影印，一九七〇），第四冊，頁三〇一八—三〇一九。

80 鄭師渠，《國粹、國學、國魂：晚清國粹派文化思想研究》，頁二一—二三，三一七—三一八。

81 蒙文通，《儒學五論．題辭》（廣西：廣西師範大學出版社，二〇〇七），頁一二—一六。蔡方鹿，〈蒙文通經學片論〉，收入四川大學歷史文化學院編，《蒙文通先生誕辰一一〇周年紀念文集》（北京：線裝書局，二〇〇五），頁一二九—一三三。劉耀，〈經術與諸子——廖平、蒙文通的經史傳承與民國學術〉，《四川師範大學學報》（社會科學版），第三十九卷五期（二〇一二年九月）。方彥傑，《蒙文通史學探析》（台北：國立政治大學歷史所碩士論文，二〇〇八），頁四〇—四一。

立法，先設此科，以圍範全球。區區西人之智慧，何能遠及千百萬世，與孔子相終始哉。[82]

春秋時的鄭國，是中國的樞紐，為當時的戰場，就如同今天的土耳其與中國的東三省，都是兵家必爭之地。處在這樣的局勢，外交就顯得非常重要。外交之學就是昔日孔門四科中的「言語」一科，是學者所當研習的。孔子聖人在兩千年前設了這一科，就是為了兩千年後全球的人們做準備，因此西方人的智慧是無法與孔子相比擬的。此外，他又認為外交之學在傳統古籍中也不少，例如《周禮》與《春秋》，他說：「《周禮》大小行人專掌外交，為言語縱橫之學，即今之外務部。《春秋》餘官不詳，行人屢見。唐宋以後，外交之學乃絕焉不講，所當恢復。」[83]《周禮》的大小行人之官專掌外交，如同今日的外務部一般；《春秋》中也屢見使官往來，可見這是古已有之的學問。唐宋以後就不見這種外交之學，這是今日應當恢復的。他又指出《左傳》之中多記載使官往來各國之事，有志實務者當援古證今以求實用，[84]兵學亦復如此：

富強之學，中不如外。群雄角立，兵戰時過古人。禮失求野，所當求益者。……兵學為政治之最精，大抵一統則惰，分角則勤，春秋亦為亂世，兵戰所必詳求。禮失求野，此當取法外人。[85]

此段指出中國應當取法西方的兵學（軍事）。外國兵學勝於中國，是因為西方國家林立，群雄較勁，因此武力發達。春秋時期的中國也是群雄相競，講究兵學。到了秦以後大一統，便不尚武力，今日應當抱著「禮失求野」的心態，取法外國人。他又說：

海外兵戰，較古尤為精詳。禮失求野，凡司空司馬之學，皆宜參用新法。外之法中者，獨在司徒一職。以《春秋》言，大抵外事當求野，內事則守舊。[86]

海外的兵學戰術十分精詳，中國當學之。以他的角度來看《春秋》，中國應學習西方的「司空」、「司馬」之學，即效法西方的武力之強；而西方應學習中國的「司徒」之學，即是教育文化方面之學。除了兵學之外，中國當學西方的，還有「農工商賈」之學。他認為「農工商賈諸學皆當取法外人。國勢強則外海自戢。凡被兵皆不善謀國，不能自強者。」[87]若要國勢強盛，還要注意發展農工商學。中國會被外侮，是因為不能發展這些專門之學有以致之。

由上可知，廖平對中、西世界的認知，是西方文化遠不如中國，而中國的富強之術不及西方。所謂的富強之術，不外是外交、兵學（軍事）以及農工商之學。這也與他提出的中國為

82 廖平，《大統春秋公羊補證》，卷七，頁三二b—三三a。
83 廖平，《大統春秋公羊補證》，卷十，頁一七b。
84 廖平，《大統春秋公羊補證》，卷八，頁一八b。
85 廖平，《大統春秋公羊補證》，卷七，頁一八a。
86 廖平，《大統春秋公羊補證》，卷八，頁一二b。
87 廖平，《大統春秋公羊補證》，卷七，頁一八b。

「文」，西方為「質」，兩者要相互取法，目標是與「文質彬彬」的大同世界之理念相互呼應。

第三節 從「六經」到「十二經」：論廖平道器觀的演變

上文討論廖平的文質觀，認為孔經本身已經具備文質彬彬的特質，但是所謂「孔經」的內容，在廖平思想的演進裡，似乎不是那麼的一成不變。民國二年，廖平在原先孔子「作」六經的基礎上，再提出孔子「述」六藝的說法，把六經與六藝合為十二經，是為孔經的內容：「學者論學，首在作、述之分。今決定其案，六經為作，六藝為述。孔子翻十二經，則六藝與六經同出孔定。」[88]由於廖平長期以來都是言必稱孔子「作」六經，從未有過或是承認過孔子也曾述古的說法，因此這個觀點的提出，就值得特別留意；又六經與六藝的關係也關涉到廖平的文質觀或道器觀，因此擬就其中的意義做一個探討。

首先從「十二經」一詞談起。廖平自光緒二十三年以後開始有十二經之說，並陸續提出自己的見解，以下先敘述廖平的看法與演變過程，並探討提出十二經的背後所蘊藏的意義。

一、十二經的提出與內容

廖平在成書於光緒二十三年的《經話（乙編）》中，首先關注到《莊子》有十二經的說法，但是廖平當時對十二經的存在與否及後人的解說是抱著質疑的態度：

> 讀古經不可以求孤證。蓋孤證或為字誤，或為羼誤，證以時事，並無其論，此可知也。如《莊子》有「十二經」之說，從古並無此言，必字誤也。緯書，東漢之初猶無此名，而〈李尋傳〉乃有「五經」、「六緯」之說，本謂緯星，乃強以為書名。使當時果有六緯與經並重，何以時人並不一及，惟李尋一語？東漢尊信讖記，無所不至，使緯名與經對文，何不以緯名讖？蓋緯名之貴，乃東漢末師私尊其學，俾與經對；西漢並無此說也。[89]

十二經之說，首出於《莊子》，但未明言何謂十二經的內容。《後漢書．李尋傳》以六緯與六經並重，認為十二經是六緯與六經的合稱。廖平對這種說法不以為然，他先指出《莊子》的十二經說是孤證，李尋僅以《莊子》的說法遽認有十二經的存在，本身就難以立足；再者，李尋以六緯配經，這是東漢末的儒者過於尊信讖記的結果。東漢初尚無緯書之名，西漢時期也沒有六緯與六經合為十二經的說法。

不過到了光緒二十六年，廖平著《古緯彙編補注》一書時，他有了完全不同於之前的看法，認為緯書早已存在，且表現孔子的微言：

> 莊子云：孔子翻十二經。舊說以六經六緯當之。考何君解《公羊》，鄭君注三《禮》，凡

88 廖平，《孔經哲學發微》，《廖平選集》，上冊，頁三二九—三三〇。

89 廖平，《經話（乙編）》，《廖平選集》，上冊，頁五二八。

屬古典通例，多斷以緯，蓋非緯則經不能解也。或曰：緯之名不見於〈藝文志〉，疑東漢儒者偽託。不知緯者，對經之文，所言多群經祕密，即微言也。班書之以微名，當即此書矣。……惟古書雜亂於東漢，竄點經典往往見於史傳，並以讖記雜入其中。後人不知緯、讖之分，並於讖緯，其誤久矣。[90]

廖平於光緒二十三年時認為東漢初年仍未有緯書之名，但光緒二十六年時他推翻了之前的說法，以自己之前因「緯」名不見於《漢書．藝文志》，遂懷疑緯書為東漢儒者偽託，不知〈藝文志〉中的「微」即是「緯」，所以緯書早已存在，是經師相傳的微言，「緯」也是與「經」相對之意。又何休解《公羊》、鄭玄注三《禮》多用緯說，非緯不能解經，因此廖平承認了緯書的存在與地位，也接受了六經加上六緯為十二經的說法。不過此處十二經中的六緯內容，廖平認為是完全沒有雜入圖讖的內容，因為這時他只認同緯書的價值，對於圖讖，則以其虛誕無理而不承認其為聖人的微言大義。[91]

到了光緒二十九年的《大統春秋公羊補證》中，他又再次重申緯書為經書相傳的微言，六經與六緯合稱十二經，[92]但不同的是他此時已推崇圖讖的價值，承認為聖人的微言大義，讖與緯是合一的：

緯與讖不可強分優劣，……昔賢不明俟聖之旨，區分讖、緯，判為兩派，今既知一原，又苦無明文可據，不復區其優劣，願與學者共明此微言，以復十二經之舊也。[93]

因為承認了圖讖的地位，故認為包含了圖讖的六緯加上六經才是復原了《莊子》所謂十二經的舊義。從光緒二十三年到二十九年，廖平對十二經與讖緯內容看法的不同，是有濃厚的思想轉變意涵在其中的。廖平以經典規劃整個世界的大統時期之始年就是光緒二十三年。在這往後的好幾年，他要逐漸聖化孔子的形象，因此緯書、圖讖中較神祕的天人關係、世界觀等對他神化孔子都是很重要的材料，這也是他逐漸重視緯書，更及於讖記的原因。在此需附帶說明的是，雖然廖平以六緯六經合稱的十二經可代表孔子之道，但卻不能說廖平以孔子「作」十二經，因為廖平明言六緯為先師相傳微言，非孔子所作。至於孔子所「作」的依然只有六經。

行文至此，筆者的主要目的並不是要深究廖平的讖緯觀，而是要說明「經數」所具有的意義，由此再導入與道器／文質相關的六藝加六經為十二經的論述中。先談經數的意義，經的數目在歷史上有許多次增減，經目的名稱內容，在歷代也每每不同。秦漢時有五經、六經、七經，唐代有九經、十二經，宋代有十三經、十四經，到了清代段玉裁更有二十一經之說，[94]因此經數與

90　廖平，《古緯彙編補注．序》，收於高承瀛等修，吳嘉謨等纂輯，《光緒井研志》，〈藝文志〉，頁七七五—七七六。

91　廖平於光緒十二年完成的《公羊解詁再續十論．圖讖論》中，對東漢何休的《解詁》以緯書說經表示肯定，但對於何休引用讖書，則予以尖銳的批評。他說何休引用的圖讖，包括孔子素王改制、為漢制作、預知劉邦將代周等神話孔子的說法，是「奇怪」、「虛誕無理」、「駭人聽聞」，並認為何休是處在東漢喜好圖讖的學術與政治風氣中，才會有這種解經言論。見廖平，《公羊解詁再續十論．圖讖論》，《廖平選集》，下冊，頁一六六。

92　廖平，《大統春秋公羊補證》，卷九，頁三一a。

93　廖平，《大統春秋公羊補證》，卷九，頁三一b—三二a。

經目在傳統學術的發展中，也會隨著時代、政治、教育、思想、文化等等的變遷或需要而不斷變化。[95]廖平會提出十二經，也絕不僅僅是為了客觀探索《莊子》所謂十二經的內容為何而已，必定是認為經術有所需要，但傳統的六經又已不敷滿足，因而在尊孔的前提下，繼續擴充經典的內容，把讖緯引入孔經，也是同樣的情形。有了這樣的概念，再來看廖平對十二經的發揮，當更能掌握這其中所透露的訊息。

二、實學的重要：「孔述六藝」與「孔作六經」合為十二經

民國二年，廖平再重新提出十二經的內容為六藝加六經，非原先所認定的六經六緯，所持的理由是六緯為傳六經而作，是六經的附屬，故不能與六經並數。他現在要提出能與六經並數的「六藝」，以作、述之分來論六經與六藝：

> 學者論學，首在作、述之分。今決定其案。《六經》為作，六藝為述。孔子翻十二經，則六藝與六經同出孔定。……六藝亦用古文譯為雅言矣。……吾國孔子以前，與今日泰西各國為正比例，吾國所無，或為今日泰西之所有（指器械工藝）。泰西今日所無，吾國乃獨有之。如六藝科目，泰西全有之，此不待孔子首創已有是事。則六藝之本為述古，加以刪修序定之名可也。若六經之學，全為泰西之所無，吾國孔前何能獨有？故不能不全歸之孔作。[96]

六經為孔子所作，為形上之道；六藝為孔子所述，為形下之器，兩者同出孔子手定。關於「六

藝」一詞，古來有兩種說法，第一種為《周禮》的禮、樂、射、御、書、數；另一種為六經的別稱，從上古到漢初，常有稱六經為六藝者。廖平所採取的是《周禮》的用法。廖平又以「六藝」為孔子「翻譯」之名，因孔子預知兩千年後的中國應取法西方海外的器物之學，但沒有一個與海外的器物之學相對應的名詞可以告知世界未通之前的中國人，所以用一個大家所熟悉的詞以替代。舉凡工械、技藝、農林、商賈各學，以及言語、文字、翻譯、測量、算學等各種實業皆統於六藝的禮、樂、射、御、書、數的範圍。孔子之前的中國猶如泰西，早有形下的器物之學，並非

94 周予同曾對歷朝經數的內容做過論述。關於「七經」的名稱，始見於《後漢書．趙典傳》注引《謝承書》，繼見於《三國志．蜀書．秦宓傳》，內容說明漢武帝以後就有「七經」了。七經指哪七部儒家經典呢？清全祖望《經史問答》解釋說：「七經者，蓋六經之外，加《論語》。東漢則加《孝經》而去《樂》。」也就是說，一以《詩》、《書》、《禮》、《樂》、《易》、《春秋》、《論語》為七經；二以《詩》、《書》、《禮》、《易》、《春秋》、《論語》、《孝經》為七經。這表示漢武帝以後，《論語》、《孝經》逐漸升格，與漢代「以孝治天下」的思想有關。關於「九經」的名稱，始見於《舊唐書．儒學傳上》。「九經」的內容，一般根據顧炎武《日知錄》以及皮錫瑞《經學歷史》的說法，指出唐代以科舉取士，在「明經」科中，有三禮（《周禮》、《儀禮》、《禮記》），三傳（《左傳》、《公羊》、《穀梁》），連同《易》、《詩》、《書》，稱為九經。所謂唐朝的「十二經」是指唐文宗開成二年（八三七）用楷書刻的十二經，除了上列九經外，再加上《論語》、《孝經》、《爾雅》，共計十二部儒家經典。關於「十三經」始稱於宋，是唐朝的「十二經」到宋代時再加上《孟子》，因而有十三經之稱。所謂的「十四經」即十三經加上《大戴禮記》。宋代史繩祖《學齋佔畢》說：「先時，嘗併《大戴記》於十三經末，稱十四經。」清代段玉裁個人主張的「二十一經」，是認為十三經之外，應加《大戴記》、《國語》、《史記》、《漢書》、《資治通鑑》、《說文解字》、《周髀算經》、《九章算數》等八書，為二十一經，以為這些都是周官掌教國子的保氏書數之遺。以上詳見朱維錚編，《周予同經學史論著選集》（上海：上海人民出版社，一九九六），頁八四九—八五三。

95 張壽安，〈龔自珍論「六經」與「六藝」——學術源流與知識分化的第一步〉，收入王爾敏教授八秩嵩壽榮慶學術論文集編輯委員會策劃編輯，《史學與史識：王爾敏教授八秩嵩壽榮慶學術論文集》（台北：廣文書局，二〇〇九），頁二二一—二三八。

96 廖平，《孔經哲學發微》，《廖平選集》，上冊，頁三二九—三三〇。

孔子首創，所以孔子對六藝是述古刪修，內容其實全是當今的泰西實學。[97]這樣的主張，與時局有密切的關係。道咸以後，經世風氣的興起，更出於外患內憂的實際需要，復受近代西潮衝擊後形成的「學戰」觀念影響，晚清士人對「學」的作用特別重視，到清季最後幾年朝野的一個共同傾向是強調「學要有用」。當時所謂學之「有用」是要能指導或至少支持中國面臨的中外「商戰」和「兵戰」，也就是要落實在「送窮」和「退虜」之上，尤其是後者。而近代中西國家實體競爭的實踐似乎表明了既有的中學實「不能」經世保國，甚至出現了一種嚮慕西方物質而欲揚棄傳統學術的主張。[98]廖平也體認到實學的「有用」和必須，是中國當努力的方向，但是他不能接受以孔子教化為核心的傳統學術已遜於西方，於是抬出被自己所轉化解釋的「六藝」，將它的內容說成是一種普世皆有的學問，亦即實學不是當今泰西諸國的創發，中國遠在春秋時期，孔子未降生之前早已存在，孔子述之，昭示後世的中國要繼續發揚這樣的學術。

廖平對十二經的實施方式，多反映在他對民初教育部廢止讀經一事的態度上。民國元年一月，蔡元培任教育總長，教育部公布《普遍教育暫行辦法》，規定「小學讀經科一律廢止」，「清學部頒行之教科書一律禁用」。四月，蔡元培發表《對教育方針之意見》，認為滿清時代的欽定教育宗旨有忠君、尊孔，忠君與共和政體不合，尊孔與信教自由相違，反對尊孔讀經。五月，教育部通電各省，重申廢止讀經的規定。普通教育廢止讀經，大學校廢經科，而以經科分入文科之哲學、史學、文學三門。[99]對於普通學校廢經一事，廖平提出一個自認為較「持平」的看法，他依據經典的學制將教育分為兩個層次：

> 《書大傳》曰：古之帝王，必立大學小學，十三（筆者案：應作十五）年始入小學，見小節焉，踐小義焉；年二十（筆者案：應作十八）入大學，見大節焉，踐大義焉，劈分大小，以為二派，此經例也。……竊以六經六藝合為十二，此即大節大義、小節小義之所以分也。[100]

依據《尚書大傳》的說法，廖平將教育分為「小節小義」／「小道小業」與「大節大義」／「大道大業」，本末先後，所學不同，學習次第，廖平認為應以六藝為「本」，六經為「末」：

> 必先入小學以治六藝，此如海外普通科學，凡士、農、工、商必小學通，而後人格足，畢業以後，各就家學以分職業，其大較也。其有出類拔萃者，妙選資格，以備仕宦之選。……

97 廖平，《孔經哲學發微》，《廖平選集》，上冊，頁三三〇。

98 羅志田指出，把中國傳統「送進博物院」，或從「現代」裡驅除「古代」，是從清季到民初相當一部分趨新士人持續的願望，其中吳稚暉可算是一個較激進的代表例子。吳稚暉身為革命黨，又信仰無政府主義，便主張中國應當面向未來，以盡可能最簡捷的方式接受「世界文明」；凡可能妨礙當時中國這一國家和中國人這一民族之美好未來的既存經史典籍，甚至中國文字，皆可棄置。這是在巴黎辦《新世紀》的中國無政府主義者共同分享的一個重要主張，而吳稚暉最樂道之。見羅志田，〈送進博物院——清季民初趨新士人從「現代」裡驅除「古代」的傾向〉，收入氏著，《裂變中的傳承：二十世紀前期的中國文化與學術》（北京：中華書局，二〇〇三），頁九四—九五。

99 蔡元培，〈全國臨時教育會議開會詞〉，收入高平叔編，《蔡元培全集》，卷二，頁二六四。

100 廖平，〈中小學不讀經私議〉，《四益館雜著》，頁一一〇a。又見廖平，《孔經哲學發微》，《廖平選集》，上冊，頁三三〇。

凡入大學者，必先入小學，此其科級之分，嚴肅判決，不可蒙混者也。101

將十二經中的「六藝」列為小學必讀，因為凡人皆必習六藝，然後人格健全，畢業後各就所學就業。如果有出類拔萃者，再入大學始能學習六經，以備仕宦之選。而凡入大學的人，必先入小學，這是科級區分，不可混淆。換句話說，六藝是大家都必學的，六經則不是人人都必讀。又說：

以學堂論，六藝為普通學，必先通六藝，而後具國民資格。國中無一不通六藝之人，即為教育普及。六經則專設於法政高等大學堂。中學堂以下，千人之中得入大學治經者，不過二三人，專為平治學培養人才。所有工械、技藝、農林、商賈各學，言語、文字、算學，皆統於六藝，經、藝分途，而後中外學業優劣偏全可見。如此則中小學堂讀經不讀經，問題非所急，惟當發明經傳小學、大學分科之區畫。102

他指出學習六藝，普通知識才能健全，具備國民資格，若國中每個人皆通六藝，即達到教育普及的地步，至於六經則設於法政高等大學堂，能進入者，千人之中不過二三人，這少數人是要被培養為治國平天下的人才。

廖平提出的這個觀點頗耐人尋味，他還是將「六經」放在「六藝」的層次之上，而且六藝與六經都是孔子的「十二經」，人人學習六藝實學並沒有流失孔子的經教價值，他認為這樣就平議了中小學是否讀經的問題，但是他也承認了中小學是不必讀經（六經）的。尤其他指出「經指宏深，義取治人，不適用於幼童普通知識，因科舉而必責之課讀，此其失也。」[103]不但認為經學義旨過深，不適合幼童的普通知識學習，甚至還批評科舉時代督責幼童讀經是一種缺失，這樣的說法或許也反映了時代的新教育思潮，但實在令人有點訝異是出自廖平的筆下。[104]對照他光緒二十九年時的言論：「孔子之道，兼包中西，以《春秋》為始基，故凡入學堂者，不可不先讀此書，以為中學西學之根柢。」[105]光緒二十九年時尚且認為學堂學生讀經為迫切之務，到民國之後卻以

101 廖平，〈中小學不讀經私議〉，《四益館雜著》，頁一一〇b。

102 廖平，《孔經哲學發微》，《廖平選集》，上冊，頁三三〇。又見廖平，〈中庸君子之道章解·附十二經終始〉，《四益館雜著》，頁五四a。

103 廖平，〈中小學不讀經私議〉，《四益館雜著》，頁一一一a。

104 兒童不適合讀經的問題，顧實、陸費逵等人在宣統年間也有相關的議論，也許廖平曾經注意過他們的說法。清末留學日本的顧實（一八七八—一九五六），曾於宣統元年發表〈論小學堂讀經之謬〉，批評光緒三十二年頒布的〈奏定學堂章程〉規定小學堂讀經，既不合古教育本法，更不合今教育之科學原則。他認為小學教育應是國民教育，專以養成國民人格為主；經書為治人之學，為做官之教科書，焉能施之於腦質發育未全之兒童？又說，《詩》、《書》、《禮》、《樂》為宗法社會之軌範，奚適於今日之用？所以強調，居今日而主張小學堂讀經，強今之世循古之法，乃正背科學之大原則，更背六經本有之大原則。他以小學堂關係民智之啟迪，反對這個時期以教授讀經為主。見顧實，〈論小學堂讀經之謬〉，《教育雜誌》，第一年四、五期合刊（宣統元年三月、四月）。又《教育雜誌》主編陸費逵（一八八六—一九四一）也認為，清末興學之成效不彰，肇因於〈奏定學堂章程〉有其缺失，建議應酌量變通，以符合新教育之原理，以促進教育之普及。見陸費逵，〈小學堂章程改正私議〉，《教育雜誌》，第一年八期（宣統元年七月）。陸氏也強調兒童不宜讀經，而且教育不可侷限於經書，並建議將經書做一分類，以分別納入修身、國文、歷史、法政等課程中。見陸費逵，〈論中央教育會〉，《教育雜誌》，第三年八期（宣統三年八月）。

為只有大學少數人才需讀經，是否他對讀經的觀感與熱誠有所轉變？又廖平現在對六藝實學的重視，與光緒年底講文質互救的說法相較，可以感覺到形下的器物實學，在他的心目中已經有逐漸提升的趨勢。以下從廖平「十二經」的主張與實踐方式，分析他對文質／道器的態度及其背後隱含的意義。

廖平的道器觀，當然也表達了他如何為中國在世界重新定位的思考模式。道器兼備或文質兼備，是進化最完美的狀態，用「十二經」來普及於世，就是要造成這樣的境界。廖平以當前西方所具足的形而下之「六藝」不是泰西的獨創，中國在春秋時代也已經具備，只是現在流失了，需抱著「禮失求諸野」的心態來尋回。但是形而上的道——至高無上的「六經」，卻是中國聖人的制作，沒有孔子，「文明」就無法產生。因此可以說，廖平的「文質觀」或「道器觀」，其實也是他的中西觀，中國所優於泰西的，就是擁有孔子之道，故以文化來說，中國依然處在世界的中心，這是他一貫的態度，但是細究其「文質觀」或「道器觀」內容的轉變，我們可以發現廖平如何定位「孔經」，以及其思想在時代中的特色與意義。

首先，從孔子「作」六經與「述」、「作」十二經來看廖平實學觀的演變。廖平光緒年底前所說的「以質救文」、「文質彬彬」，是以孔子所作的六經已經具備了文、質的成分，而且廖平從來都是言必稱孔子「作」六經，從來不曾承認孔子也有述古的時候。但是民國以來，孔子所「作」的「六經」對廖平來說似乎已經不夠了，所以開始提倡孔子曾「述」的「六藝」，把實學納入孔學成為十二經，如此重視六藝的地位，足見他認為實學是重要而必須的。廖平在民國初年這個時間點有抬高實學的意向，應不是偶然的。在甲午戰後，條約束縛更深，外商競爭更烈，中國憂貧，求富意念日漸急切，而求富途徑必須自發展工商入手，因而士人益加的強調實學與實業。根據王爾敏的研究，晚清的「實學」與「實業」原屬不同範疇，實學乃屬學術領域，而實業則在於種種的生產經營活動。但在一八九〇年代，原來納於實學的科技知識，付之行動，促之實現，遂至創生包羅一切新科技生產事業與經營之綜攝總稱，被命之為「實業」，與「實學」為一體之兩面。實業內容大致同於往昔之工藝，今世之工業，再加以組織經營體系，也包括商業及農、林、漁、牧等在內。但另一方面，甲午戰後的歷史潮流也進入維新、變法、立憲、革命等波瀾迭起的政治運動之中，無暇再加強擴張工商的建設。及至共和肇建，中華民國政府成立的開國要政，首在建設國家，期使達於富強之境；國人亦期望治平，上承前此二十年間（一八九〇—一九一一）思想的醞釀，眾志所趨，自然匯流為較穩慎的實業建國思想。[106]觀廖平於民國初年之後所稱的「孔經」中之「六藝」內容，傾向於實學的學理推闡，同時也是鼓吹促進實業的概念，因此重視實學實業，與其所處的時代思潮有密切的關係。

不能否認，將孔經從「六經」擴張成「十二經」，加入了被廖平所引申的「六藝」內容，的確是逐漸重視實學的表徵。而提出中小學不必讀經，只有少數進大學的高等人才始需讀經的主張，令人覺得似乎他對提倡經典（五經或六經）的熱忱降低了，而事實真相如何呢？我們要回到

105 廖平，《大統春秋公羊補證》，卷一，〈提要〉，頁一—二。

106 關於晚清實學的興起原因、內容意義及其與實業的關係，詳見王爾敏，〈晚清實學所表現的學術轉型之過渡〉，《中央研究院近代史研究所集刊》，第五十二期（二〇〇六年六月），頁二四—四七；又見王爾敏，〈中華民國開國初期之實業建國思想〉，收入氏著，《中國近代思想史論續集》，頁三三二—三四六。

廖平作〈中小學不讀經私議〉一文時的民國初年來看當時瀰漫於學界對經學的態度，才能較平允的掌握廖平的意態。自從光緒三十一年，清廷下詔從明年正式停止科舉以後，經學教育已經失去了一大羽翼，雖然清廷為了維護其統治基礎，仍致力於提倡讀經，規定在各級學堂之章程中，[107]晚清朝廷對「儒教」的尊崇可說有增無減，直到民國新教育體系廢經罷祀，「儒教」始可說是完全失去任何制度性的保障。[108]然而清末教育界因西潮以及國家富強的需求，多重視實用專門之學，許多新式實業學堂之設立如雨後春筍般四處林立，它們的教學綱目之中，往往未見列有經學，這是令人驚詫的時代巨變。[109]再從當時新興的學術名詞來看，先是晚清在「西學」或「倭學」等衝擊下出現對「中學」的強調，到清季最後幾年，進而在日本的影響下興起一股強烈的「國學」潮流，「國粹」、「國故」等漸成流行的名相，往往成為「中學」的象徵性表述。[110]民國元年（一九一二），嚴復就任京師大學堂總監督，於三月二十九日召集中西教員討論各科改良辦法時，主張將經科、文科兩者合併，改名國學科。[111]「國學科」的提出，與「國粹」、「國故」等這類詞彙出現的意義類似，表徵著經學的衰落已經非常明顯，因為經學如果只是「國學」的一部分，便無復任何特殊地位可言。嚴復對經學的態度，與正式廢經學的教育總長蔡元培其實相距不遠，都是不欲承認經學在教育上的特殊地位，而將經學併入某種學科，成為一種教學和研究的對象。雖然不能忽略仍有一些學者在觀念上還是捍衛著經學的獨特與至上，[112]但是從辛亥鼎革以後，整個大環境下的學術氛圍基本上對經學的存續相當不利。在這種情形下，廖平提出的高等人才始需讀六經（五經）的主張，一方面是為了延續經學命脈而做的不得已之妥協、權宜之計，可謂用心良苦；而另一方面，也反映了廖平的思想亦逐漸的隨著時代而變化，隱約的在承認、接受甚至主張除了六經（五經）之外，還有許多來自西方的重要新知有待學習，這些重要新知的內容已經超過六經能告訴我們的範圍。

最後，透過上述的分析，可以看到廖平從清末到民國以來對器物之學重視程度的隱微轉變，

107 清末廢科舉之後，也動搖了用人行政之大本，以及寓於其中的一套長治久安之治術。清廷亦感到此一內在危機，因此以倫理道德為由，於光緒三十二年，由學部頒布「忠君、尊孔、尚公、尚武、尚實」五項教育宗旨，並於〈奏定學堂章程〉中，加強各級學堂之經學教育，強調傳統之忠孝思想。

108 陳熙遠，〈孔．教．會——近代中國儒家傳統的宗教化與社團化〉，收入林富士主編，《中國史新論．宗教史分冊》（台北：中央研究院．聯經出版公司，二〇一〇），頁五一一—五一六，五三〇。

109 王爾敏對晚清實學與近代學術轉型的研究，有一個重要的心得，即是論及晚清實學，最值得注意者，是在此學術總綱之中，未見列有經學。特別是提倡實學者，例如江標、王仁俊俱是自幼出身於經學教育，經過層層科考，取得翰林出身，但他們卻只談實學，置經學而不顧，真可令人驚詫時代的巨變。見王爾敏，〈晚清實學所表現的學術轉型之過渡〉，《中央研究院近代史研究所集刊》，第五十二期，頁四六。

110 羅志田，《國家與學術：清季民初關於「國學」的思想論爭》（北京：生活．讀書．新知三聯書店，二〇〇三），〈自序〉，頁一—一三。

111 〈嚴總監召集教員會議〉，《申報》，一九一二年四月八日。又見嚴復，〈與熊純如書〉（一九一二年四月十九日），《嚴復集》（北京：中華書局，一九八六），第三冊，頁六〇五。

112 例如從經學專業逐漸轉向史學研究的蒙文通，仍然承認經學存在的獨有價值與特色，反對以西方學術之分類、衡量來劃分經學，他說：「自清末改制以來，昔學校之經學一科遂分裂而入於數科，以《易》入哲學，《詩》入文學，《尚書》、《春秋》、《禮》入史學，原本宏偉獨特之經學遂至若存若亡，殆妄以西方學術之分類衡量中國學術，而不顧經學在民族文化中之巨大力量、巨大成就。」見蒙文通，〈論經學遺稿三篇〉，收入氏著，《蒙文通文集》，卷三，頁一五〇。所以蒙氏心目中的「經學」非史學，非哲學，非文學，集古代文化之大成，為後來文化之先導，是具有法典性質的宏偉獨特之學。又見王汎森，〈從經學向史學的過渡——廖平與蒙文通的例子〉，收入氏著，《近代中國的史家與史學》（香港：三聯書店，二〇〇八），頁一五三—一五四。

而且也使我們更認識到，終身都「徹底」尊孔尊經的廖平，其實仔細分析他各個時期所尊的「孔經」，一直都沒有固定的內容；所謂的「文質彬彬」，也隨著時間存在著不小的內在質變，這也可視為變動時代經學、學術與思想的一個環節。

小結

廖平要為世界重塑價值標準，他以孔子教化為中國文化的核心，以孔經的理想作為全球文明的座標。這樣的論述背景，是在接受了西方進化論的學理下所做的轉化，承認世界文明是逐漸進化的，而孔經的主張就是符合進化的公理，文明的程度也是依據孔經教化的沾被與否來決定。孔經最重要的內涵就是倫常秩序，這也是中國文化冠於五洲之處。廖平雖堅具文化上的自信，但是西方各國步步進逼，使他最終仍然承認富強之術，中不如外，必須向西方學習。然而對他而言無論中、西之長處都具足於孔經本有的文質彬彬之內涵，而且這個內涵可以讓世界達於大統／大同的美好境地，在這個信念的前提下，廖平最關心的是中國目前如何實踐孔經理想的方式。他主張從兩個方面進行，第一，因為當下中外開通，正是孔經「施及蠻貊」的時候，中國應以文化引領海外他洲進至於文明，這是屬於「文」的實踐層面。廖平不斷的提及五洲如兄弟，屬「夏」的亞洲或中國並不是要與其他尚屬於「夷」的地區隔絕，在進化的過程中，要由文化較高的地方主動向文化較低之處傳播，使「夷」進至於「夏」；這是《公羊》學的撥亂觀結合世界主義的結果。又這條從小康到大同之路，三綱五常始終都是廖平要極力維護、強調不可或缺的經教價值。第二，由於中國缺少了孔經本已具有，但現在僅存於西方的「質」，這是目前最需要增進之處，因此中國要秉著「禮失求諸野」的心情學習西方的富強之術。

道器兼備或文質兼備，是進化最完美的狀態，用孔經來普及於世就是要造成這樣的境界。但是所謂「孔經」的內容為何，在廖平思想的演進裡，似乎不是那麼的一成不變。廖平光緒年底前所說的「以質救文」、「文質彬彬」，是以孔子所作的六經已經具備了文、質的成分，而且廖平向來都是言必稱孔子作六經，從不曾說過孔學有十二經。但是民國以後，孔子所「作」的「六經」對廖平來說似乎已經不夠了，所以開始提及孔子曾「述」的「六藝」，把器物實學、富強之術的概念引進孔學，占了孔學「十二經」之半，如此重視六藝的地位，足見廖平從光緒年底到民國初年，實學在他心中的地位有更加提升的趨向。他隱約的在承認、接受甚至主張除了六經（五經）之外，還有許多來自西方的重要新知有待學習，這些重要新知的內容已經超過六經能告訴我們的範圍。

透過這樣的分析，不但可以看到廖平從清末到民國以來道器觀的隱微轉變，而且也使我們更認識到，終身都「徹底」尊孔尊經的廖平，其實他所尊的「孔經」內容，一直都不是鐵板一塊，而是不斷的將新的理念或知識系統納入孔經，甚至轉化孔經的內涵。所謂的「文質彬彬」，也隨著時間存在著不小的內在質變，這也可視為變動時代經學的一個環節。

結論

廖平於光緒二十三年（一八九七）的經學三變以後，直到晚年的學說，向來理解者很少。其孫廖宗澤於〈六譯先生行述〉中云：

> 海內學者略窺先祖之學皆逮一、二變而止，三變以後冥心獨造，破空而行，知者甚鮮。五變六變語益詭，理益玄，舉是非之，索解人不得，雖心折者不能贊一辭，胡適之至目為方士。澤以莫測高深，未敢苟同。[1]

即使廖平之孫亦以其祖父之學說「破空而行」而未敢苟同。但透過本書的分析，可以說明以往常被詬病為牽強附會、愈變愈玄，難以引起學人重視的三變以後思想，其實有著深厚的時代意識。廖平汲汲要表達的主旨，是他在文化傳承的使命感下，以經典去重構的理想新世界圖像。

甲午戰後，傳統的意義世界受到嚴重的懷疑和挑戰，在價值感失落的年代，尋求各自心中的秩序，常是那一代知識分子經世理念背後的引導。傳統的三綱學說將皇權體制、中國的政治社會秩序和家庭核心倫理綰合成完整的結構，這個結構植基於固有的宇宙論、天人關係中。張灝曾在《危機中的中國知識分子：尋求秩序與意義》一書裡，針對近代知識分子為人所熟悉的四個領袖性學者：康有為、譚嗣同、章炳麟、劉師培的天人學說做一分析，發現此四人的思想儘管與傳統仍有千絲萬縷的牽繫，但是他們在重新詮釋天人關係，包括批判固有倫理所植基的宇宙論時，均表現出對三綱學說的挑戰。[2]而同樣是身處危機中的知識分子，廖平也積極想為中國的未來、經學及文化找尋解決之道，因此對廖平學說的研討，意義是雙重的：第一，對於一個在近代也具有一席之地的重要學者，我們忠實的呈現他將近半生未為人們所熟悉的學說，本身就是一種價值。第二，在熱烈的為中國當下尋求秩序與意義的過程中，廖平走了一條截然不同的路，和前述幾位近代領袖性學者挑戰過去的倫理觀相較，他展現了另一種典型的風貌，這些思想大量蘊藏於其經學三變以後（約甲午戰後）的著作中。長期以來廖平的研究成果看似豐富，可惜三變以後的經學卻幾乎未曾有過系統的闡發。故本書聚焦於這方面的研究，希望補足近代經學、思想與學術史在轉變過程中尚未明晰，但又不可忽略的一個區塊。

雖然本書的重心是廖平經學三變到五變的思想，然而三變後的經學觀並非憑空出現，仍是從早期的一、二變逐漸發展而成。因此在第一章中，筆者將經學一變到三變之間各變的出現因緣、轉折過程，以及各經的今古文觀做詳細的考索，最終歸結到三變以後的經學觀與特色。在探討的過程中，筆者發現以往被歸類為「常州學派」的廖平，其實學說內部與常州今文學派之間有其離合的過程。廖平早年於尊經書院已經接觸了常州今文學者的學說，但他當時對今古文對立互攻的學風未能心服，思欲走出一條較持平的道路，故有經學一變「平分今古」的產生。然而在感受到古文學授受源流不明的情況下，促使他回頭認同常州學者們從清中葉以來陸續辨偽古文的諸多理論，並進一步的推向極致，將古文合成一個有機的整體，劉歆是有意識造偽的始作俑者。因此經學二變以後的廖平被晚清及後世的學人視為今文經學的集大成者。

1 廖宗澤，〈六譯先生行述〉，收入廖幼平編，《廖季平年譜》（成都：巴蜀書社，一九八五），頁八八。

2 張灝著，高力克等譯，《危機中的中國知識分子：尋求秩序與意義》（北京：新星出版社，二〇〇六），頁二一六—二一七。

但即使是二變全面攻駁古文的過程中，廖平仍然有全然不同於常州學人的重要觀點。例如他主張《逸禮》曾真實的出現於孔壁中，並非劉歆所偽造，這與邵懿辰的立場相反；並且廖平還認為《逸禮》是劉歆援引來作偽《周禮》的底本，「偽《周禮》」的底本既然是真古籍，無形中就為自己三變之後接納《周禮》埋下了伏筆。而且他視《左傳》解經、屬今學，未曾經過劉歆更動的觀點，也與常州今文大將劉逢祿以《左傳》為古學、不解經、屬史學性質，且經劉歆竄亂的看法迥異。因此即使是二變極力尊今意識下的廖平，與另一位今文學的集大成者康有為相較之下，康有為其實更遵信、接近常州學派的理路。這也讓我們體會到，康有為直到晚年仍稱自己的今文學最先得自劉逢祿、龔自珍、魏源的啟發，而不曾提到廖平，[3]應該也有學術差異的具體因素存在。因此第一章的一、二節也發掘了被過去講論清代今文學發展史的大敘事下隱沒了的一些學術史視角。

第一章第三節則釐清了廖平經學三變以後對待今古文態度的問題。康有為、梁啟超曾說廖平三變以後承認《周禮》，自駁尊今的立場，淆亂了今、古文的界限。康、梁說對了一部分的事實，然而這並不代表廖平此後便能同時接受今文與古文經學。首先，廖平接納《周禮》是把它當成孔子的著作，與古文家的尊為周公之典並不同調。其次，廖平從三變以後對《詩經》的態度仍是以孔子的微言僅寄託於《三家詩》；《尚書》方面，他仍然堅定的延續今文二十八篇為備之說，只是從〈堯典〉中析出「皇篇」成二十九篇，基本上都是今文經學路數的發揮，而且此時也有更重視接近今文系統的緯書之傾向。所以若說三變以後已經「淆亂」或是泯除了今古文家派的意識，這樣的說法失之籠統，也未必正確，只能說他自謂的「不再立今古名目」是指為學目標已經不再致力於分判今古與辨偽古學了，而是把焦點轉向經學如何詮釋世界的方向上。在經學焦點轉向後，學術史的味道轉淡了，成了以己意說經的特色，在他詮釋下，孔子與經、傳的關係愈來愈緊密，地位也愈崇高，尤其是主張「大一統」的齊學被他刻意的強調，引申為孔子世界大統的思想。

第二章析論廖平如何用經典與傳統學識回應新世界的地理圖像。由於十九世紀九〇年代中期以後，近代地理學在知識界已經基本普及，人們也必須接受大地為圓體，無處非中，以及客觀上自身所處位置的相對性。西方地理知識的擅場在於測繪技術、地圖的製作，呈現的是地圓、五大洲、經緯度之世界地圖，然而這與傳統天下觀的華夏居於寰宇之中的內涵取向有很大的差異。因兩者是完全不同的價值系統，交會時自然產生不可避免的矛盾衝突。廖平在尋求如何為中國於地圓、五大洲上重新定位的使命感下，他首先對鄒衍的「大九州」說做新的詮釋，說明孔子有域外的眼光，並欲以《周禮》大疆域制度與〈禹貢〉的五服制度含攝《海國圖志》等世界地理書籍的內容，透露出他欲將西方地理新知，從傳統學識的立場予以吸納，並轉化成以經學價值為本位的思考模式。他重構的合於「經旨」之圖像，最基本的理念是整個地球或世界具有內、外的文化層次感，這是其所謂的「大禹貢」、「大五服」及「大九州」三個相通概念所傳達的最核心精神。

如果說第二章的主旨是闡述經學如何含攝整個地球、與海外世界打成一片，並預示未來世界即將合一的願景，那麼第三章「經學理想的世界文化空間藍圖」便是接續討論中國文化在世界

3　康有為，〈重刻偽經考後序〉，收入《新學偽經考》（香港：三聯書店，一九九八），頁四〇〇—四〇一。

大一統裡扮演何種角色。廖平以《尚書》為孔子昭示未來世界「大統」（大一統）的藍圖，這又與《尚書》中的靈魂人物：周公密不可分。歷史上的周公是平治周朝天下的人物，廖平在尊孔與經史有別的思路下，把「周公」視為孔子筆下寄託的一個符號，營建地球東、西兩京，肇開「大統」。在這個論述過程中，他一直在從新的出版品或報刊雜誌汲取西學新知並融入經典，包括建構一個具有東、西半球的世界圖像，最終還要由文化較高、具有孔子教化的東半球統一西半球。

「周公」在地球上肇開大統後所營建的「皇都」便是「明堂」，是世界萬邦來朝之處。廖平論朝會世界諸侯又特別強調所謂的「辨方正位」，四夷使節依其爵位、文化高低、與華夏的親疏遠近，班次序列，都有嚴格的規範。他如此重視朝會諸侯的禮序，原因是甲午戰後清王朝「撫有四夷」的局面被打破，藩屬國一一脫離中國；尤其光緒皇帝為了與外人互動上有所調適，也變更覲見禮儀，改變了昔日「天朝」皇帝的姿態，以便於在外交程序上更能與西方相接近。這些都使廖平覺得華夷已經失序，禮制無存了，因此他要宣說孔子已藉著「周公」這個符號，預示了一幅中國與世界關係的圖景，且將會在遙遠的未來實現，而中國永遠是處於「萬邦歸極」之處。最後，如何肯定中國必定能夠盟主天下，廖平則重新詮釋鄒衍的五德終始論，強調即使今日西方強盛，但世運輪轉，中國入居世界之中是必然的，這是一個傳統知識分子如何運用固有學理克服心理焦慮的表現。

第四章討論廖平的天學。傳統讀書人來自「天人合一」的信念，人事的價值必定有天道上的根源，這便可理解何以廖平在提出大統秩序的學說之際，還要架構一套屬「天」的理論。中國「天學」呈現的宇宙觀是政治、倫理等知識的基礎，但是清末哥白尼的日心地動說衝擊了天動地靜、天尊地卑的本來牢不可破之價值。廖平在甲午戰後幾年要重新詮釋天學，亦是深感人世秩序、意義世界逐漸的「崩解」，他要從「天」的源頭去詮說何種價值具有永恆性與不可撼動。他指出八大行星繞日正是符合經典昭示的秩序：以太陽比擬天子居中央，八行星如八伯，分布八方以「衛帝座」。透過日與君的比擬，大力發揮尊奉一君的理念。八大行星又都有各自的小星圍繞，這也如同〈王制〉所說的，每一州的方伯都有自己的屬國，各有疆域。而且圍繞各八大行星的小星甚多，較遠或不可見者，猶如地球中的夷狄，位處荒遠，天子所不治理，即是傳統所謂的「王者不治夷狄論」之天道展現。總之，這是一個以天子為中心，八伯環列，由內到外的結構是君主、華夏、夷狄的尊卑有序之天上世界。

廖平的天學建構隨著時間有其益加詳細與轉變的過程。光緒二十三年時只談到太陽系，光緒二十八年後從太陽系繼續擴及到整個宇宙星系的組成與運行。這期間最大的差異，是之前以太陽系中心的「日」表徵天子或皇帝，後期發展成以北辰為天的中心。雖然無論以「日」為尊或「北辰」為尊都是為了展示尊君為核心的價值，但中國古代北極崇拜遠超過太陽崇拜，[4]所以廖平後期的「以北辰為尊」較前期的「以日為尊」更具傳統天人思想的味道。足見他不斷的要為天上、人間「立極」或「立心」之目的，是要努力的回到傳統的政教秩序上；他對蘊含王化秩序的分野理論之重視與積極賦予新義，動機亦是如此，無非是要說明王化秩序已經體現於天道之中。

---

4 葛兆光，《七世紀至十九世紀中國的知識、思想與信仰》（上海：復旦大學出版社，二〇〇〇），頁四五二。福永光司，〈中國宗教思想史〉，收入長尾雅人等編，《中國宗教思想》（東京：岩波書店，一九九〇），頁八—一〇。

第五章討論《春秋》撥正下的世界秩序與中國。在弱肉強食的近代國際中，艱困的時代課題讓廖平反思要以經典重新架構不同於當世西方主導下《萬國公法》的國際關係圖景；他以《春秋》的制度設計了一套具體的國際新秩序模式，《春秋》的「二伯」正是這個秩序模式下的核心制度內容。廖平的思想所展現的，是另一種如何為中國在世界重新定位的典型。又他以全球大一統為終極理想的世界觀，也牽涉到中國當下、未來所應採行的政體型態，同時也反映了一己的倫理觀，這些都與晚清康有為主導的立憲，以及革命論者的主張有所歧異，並產生交鋒，深具時代性。最後，隨著時間與外在環境的變化，廖平對「二伯」的發揮開始走了完全不同的方向，透露了他世界觀視野的轉變與時局的聯繫。

第五章有許多的重點在說明廖平闡發《春秋》的意義。晚清質疑《公法》、寄情《春秋》的學人不少，但廖平可說是唯一一個曾經清晰結構一套以中國倫理為中心的新秩序模式，而且雄心壯志的希望將它推向全球的學者。他期待在世界重塑一個「大封建」的局面，各國家彼此之間以《春秋》諸侯國的禮序相互對待，成為大國保護小國、小國尊事大國的君子大同世界。這是對西方國際體系及其帶來的弊病所做的回應。但是封貢體制這種看似國際往來的完美關係，它在實際施行上卻很困難，即使中國歷史上的興盛朝代也不易徹底落實這套體制。廖平也很清楚封貢體系必須深植於固有的三綱倫理之上，然而西方國家間的交往與互信基礎是建立在「契約」，從日常人倫到國與國之間的對待講求的是「平等」；在認知大不相同的情況下，如何讓西方接受中國傳統的觀念呢？因此廖平的主張仍然止於理想的層面。但儘管施行有其困難，廖平企圖重構經典的新世界仍帶給今日的我們新的省思。蓋近代西方列強用船炮、條約體系衝撞中國的天下秩序，欲用西方的標準將世界各地納入其國際體系中，卻又不願對等的履行《萬國公法》所強調的尊重他人主權之原則。因為西方民族國家以追求各自富強利益為中心的本質，致使《公法》不但不足以維繫國際秩序，反而延續了強凌弱、眾暴寡的現實，從近代迄今日，我們認定的西方「文明」為主體的國際社會仍然難以改變「強權即公理」的政治現實。廖平用自己的語言，以經典詮釋的方式，讓我們體會到其實不同的國家制度、國際體系原生於各自不同的國族與文化背景，因文化的差異而創造出的國際秩序原理也各有其運作方式，[5]各有其價值，本不必有截然二分法的高下之分。如此可以讓我們看待整個世界歷史的發展與當代國際間的事物時有更寬闊的襟懷與視野。

最後，第五章也重視將廖平的改制思想與康有為互做比較，結果讓我們看到了晚清《公羊》學者內部主張的多元性。這可以從他們如何為當下的中國定位說起。近代中國思想史上有一個從「天下」到「世界」的進程。「世界」這個新詞彙的認知既是地理的，也蘊入了來自西方政治的和文化的價值觀念，它逐漸取代了過往以中國居於中心為基本框架下的「天下」觀念。然而對晚清人而言，該如何為中國在世界中尋求定位，卻是焦慮徬徨的過程。特別是甲午戰後中國處於被歐美欺凌歧視之列，被世界邊緣化甚至不曾「進入」世界的感受也日漸深刻。以晚清《公羊》家的代表性人物康有為為例，他內心的版圖中，屬「文明」的「諸夏」已成了歐美，中國則大致落於「夷狄」的一邊，因此如何讓中國進入世界以成新「諸夏」的一員是迫切的渴望。對康氏而言，

5 關於東、西方國際秩序原理的不同，參見張啟雄，〈東西國際秩序原理的差異——「宗藩體系」對「殖民體系」〉，《中央研究院近代史研究所集刊》，第七十九期（二〇一三年三月）。

政體的改變正是扭轉中國在世界中的位置相當重要的關鍵。然而廖平的思想所展現的，卻是另一種如何為中國重新定位的典型，有別於康有為。長久以來我們常有一種觀念，以為晚清《公羊》學者的政治立場往往是變政的主張。廖平的確在「新學偽經」、「孔子改制」的層面上啟發過康有為，但是孔子所改之「制」是什麼，以及如何為中國與世界提出一個理想的未來，廖、康兩人的觀點卻有很大的差異。廖、康同樣託於孔子的《春秋》以作為世界性的普遍真理，但價值觀上康有為可說是傾向於「變中國以從西方」，引西方民權的理念，先主張君民共主的立憲，認為惟有改變政體才不致於落入世界的邊緣與「夷狄」的命運，接著要過渡到民主，終極理想是無階級的大同。相對的，廖平可說是較接近於「變西方以就中國」，要將以三綱為精神、〈王制〉為架構的天子、諸侯體制普及於世，讓世界成為具傳統文化特色的、有禮序的倫理共同體。也因著中國有三綱倫理為主體的經教，故能成為世界的「諸夏」，本來就立足於中心地位，從來不曾被邊緣化。因此廖、康兩人的孔子改制內容並不同調，這是植基於倫理觀的差異有以致之，故本書的研究也點出了近代《公羊》學者內部思想、政治理念的多元面相。

在說明世界必可依照孔經的普世價值線性臻於大統的境地時，廖平也有一套支持自己想法的史觀，以及中國當下該如何實踐經典的方式，這就是第六章〈文質彬彬——大統理想的經學實踐進路〉所談的重點。首先是進化史觀對廖平的影響。晚清進化史觀的形成，是源於視西方歷史發展的歷程是世界的「公例」，對比西方文明這支計算尺上的刻度，便可看出各個文明目前的階段。但是廖平在接收這些概念時，把進化的座標，從西方文明整個的倒轉成孔子經典的文明，那麼世界便需要接受孔經才能進入真正的文明狀態。

然而怎麼達成那個理想的未來，雖然第六章也分析了他提到應該對外化導亞洲以外的各大洲，以及中國內部要致力於實學的努力，但這仍然不足以撐起他所構築的美麗新世界之有力實踐途徑。因此廖平的學說確實有空疏之弊，這與其所處的身分職位也有關聯。與晚清一些其他講求通經致用的經學家相較，他不同於魏源長期作為封疆大吏的幕僚有參與實務的經歷，對攸關國際民生之政策如鹽法、水利等都能提出具體的興利除弊之說，並與其經學著作如《詩古微》中力倡三統說的救弊更迭之理相呼應。廖平也不同於實際投入政治維新的康有為，能致力於具象提出一整套行政體制、經濟、教育、工業的改革與實踐的措施。相對的，廖平的志趣是授業與傳道，靠著寫作與講學盡力謀求讓經典的意義可以於現世有再生的機會。

以上是從廖平世界觀的角度所做的總結，接著我們再回顧本書所呈現的廖平學術在近代的特色與定位。他為了要讓「孔子走入世界」，使孔經能適應新時代，於是對經學為主體的傳統學術進行重釋，在這個過程中，也表現了廖平在近代過渡時期的學術特色。首先，從近代學術上的意義來說，廖平可說是第一個正式從傳統文本重新解釋、梳理五行理論的學者。他解釋「五行」的過程已經大力表現了對氣化的陰陽五行宇宙觀知識系統之質疑甚至否定。廖平已經感受到支撐經學的傳注及以經學為主體的本有學術思想體系在西學的刺激下已經逐漸失去知識上的說服力。但是站在發揚經學、以固有學術扶助經學的立場，他沒有如同後來的梁啟超、劉節一般的直接用學術流變的角度去批評先秦、漢代特別是董仲舒以後的學說「迷信」或不合理，而是重新解釋、轉化經學師法代表的董仲舒之說法，讓經說能適應當代的學理，藉以維護經學的永恆性。而他對五行的新解相較於之前兩千年人們的認知，已經擺落了很多不符合西方科學的質素。梁啟超及之後的顧頡剛、劉起釪等古史辨派學者會用學術史的眼光重新考辨陰陽五行學說的來歷，也是源於本有學術權威的崩潰，而這種對既定權威信任的鬆動早在廖平的著作中已經表現出明顯的端倪，他在西學影響下的五行新說在近代學術轉變過程中是不可忽視的過渡環節。

又傳統陰陽五行宇宙觀的天人關係被西學否定之際，廖平繼承本有的思維，要從天象尋求人間倫理政治的終極意義，於是建構了自己的一套天學系統。雖然在他的主觀意識上，「天」仍然是超越的價值根源，「天人合一」的秩序不可撼動。但是為了要讓孔子思想可以立足於當代，在將新知識如西方天文學、進化論，或其他諸如靈學、催眠術等近代思潮的引入天學與詮釋的過程裡，也使「天」的性質發生轉化。尤其受了西學影響，使他對原本今文學家所重視的天人感應、災異、占驗說完全的否定，更讓他所詮釋的「天」漸漸失去了本有的神祕性與神聖性，有朝著自然天發展的趨勢，天與人的關係逐漸的疏離也就是必然的走向。

透過本書也可以發現，從廖平一路到顧頡剛全面疑古的歷程中，廖平對經學的思考也同樣具有過渡的意義。廖平主要受了西方進化論以及日本疑古思潮的影響，不能相信上古有完備的文明與制度，這種想法表現在群經中，尤其大量的反映在他對《尚書》的解釋上。他以《尚書》為「俟後」的大統藍圖，除了要把孔子塑造成為萬世制法的聖者以外，背後還有一個學術上的信念，就是上古質樸未進文明，不可能有廣大的疆域與完備的制度。因此諸如禹治九州之水、周公制禮作樂的美備、明堂的盛大儀制等等，都被解釋成孔子預示未來的狀況。在古史辨時期，對《尚書》內容的考辨占了很大的成分，所討論的許多問題，在廖平的著作中已經注意到了，說明他已經能用歷史的思考看到經典與上古的不同，只是仍脫不去孔子的神聖性，這也是他的學術特色之一。

處在知識擴張與價值觀念轉變的晚清，廖平對經典內容的詮釋還呈現了極大的不穩定性，甚至出現價值觀的重塑。在經數與知識內容方面，廖平因為憂懼經教的流失，盡力援引西學新知進入孔經，「孔經」可以無限填充，而且經數也可以改變，例如為了強調實學的重要，便把孔經從「六經」擴大到「十二經」。就一個經學家的本位立場而言，自然可以說是相信孔經視野的寬廣與全面性；但是若從學術史的角度觀之，這也說明經學與原有的注疏系統在近代已經不能構成單獨的學術權威，因此廖平的「孔經」知識內容永遠不斷在新增，最終撐破了經學的極限。在經典的詮釋方面，例如廖平對「二伯」的解釋可以隨著世局與自己觀點的轉變而做完全不同的詮說；又儒家不曾重視、甚至貶抑的「譎而不正」也被解釋成經學推崇發揚的概念。這些都說明變動的時代，本應具有恆常性質的經學價值觀亦處在變動不穩定當中，這也是經學發展到近代的困境。廖平本欲尊聖，最終卻造成經學解構的弔詭，這是我們已經知悉的。[6]但是即使知道經學最終的命運是解體，仍然有必要措意於它中間慢慢轉變，與西學相互碰撞、矛盾來回的諸多過程。因為這個過程釋放出了重要的訊息，呈現了經學本身、經學家不同的個體與社會思潮的交會，以及與知識系統擴張之間相互作用的複雜性。實際上，傳統永遠在守舊、更新、創新不斷的運作之中發展與變化，因此絕不存在永恆不變的傳統。廖平擺盪在原有的信念與西學新知之間，他的學術代表

6　王汎森，〈從傳統到反傳統——兩個思想脈絡的分析〉，收入氏著，《中國近代思想與學術的系譜》（台北：聯經出版公司，二〇〇三），頁一一一—一二二。

一種轉型過渡時期的特殊性，體現了西潮蕩擊下的傳統學術、思想與信仰變遷的軌跡。

最後，一個學術人物之於後輩的傳承也是值得被彰顯的，廖平經學三變後的學術亦曾啟導後進，讓經學在往後的年代有機會用不同的形式來延續生命力。民國以後經學發展的道路，大家最熟悉的一種是轉向了史學研究。雖然經學逐漸落入邊緣、史學走向中心，是從清中葉以來多種原因逐漸造成的，但就近代來說，早期的康有為影響不容小覷；相當推崇康有為的崔適接續今古文的辨偽，而跟隨康有為、崔適學術理論繼續發展的顧頡剛、錢玄同等人，則是完全走入了史學的領域。[7] 真正有志透過學術以凸顯經學文化價值的，蒙文通可算是首數的一位，而廖平對經學價值的終身肯定護衛與治學方法，這兩方面都影響了蒙文通。蒙文通於一九一一—一九一三年從學於五變時期的廖平，他除了接續廖平經學一變的思想發展，有了「古史多元論」的提出；又廖平在光緒二十五年（一八九九年）三變時期以後開始研治諸子學與經學的關係，也啟發了蒙文通。在本書第六章曾提到廖平把所有先秦諸子學均當成經學的注腳，以此提高經學地位並充實孔經的內容，這一說法為蒙文通的研究創造了條件。蒙氏在廖平探討經學與先秦諸子關係的基礎上，打破了孔子的權威，他認為並非諸子出於六經，而是經說能薈集諸子以為經術之中心，因此經學乃是集中國古代文化之大成，經學的價值便自然得到彰顯。[8] 蒙文通的研究讓經學以另一種價值形式延續生命力，廖平的影響扮演了重要的角色。

廖平一生大多數的時間都在四川，他不同於康有為、梁啟超以及晚清的出使大臣，有遊歷國外的經驗，也不同於嚴復或後來的留學生，有直接置身於歐洲英美學習的域外視野。他的生命歷程，一邊是自幼年開始接受的傳統學術背景，另一邊是完全不同的新世界、西方的新思維，兩端的價值觀是難以跨越的落差，他熱切的要在兩者之間尋求對話，讓經學能面向世界。廖平自謂一生研治經學歷經六變，其實是他頗為自豪之語，認為自己不斷的汲取新知，求新求變，與梁啟超「不惜以今日之我向昨日之我挑戰」的經典之句意思是相同的。廖平的多變顯示他願積極擁抱新知（特別是西學）以求用世的精神，但始終堅持中國文化本位、不拋棄傳統的人文關懷則是他的不變。觀看這個人物的學思經歷、所處的身分環境與整個近代歷史進程及風潮的交互作用，他的變與不變都交織著深刻的時代性，頗有值得我們同情的理解之處。處在今日，或許「廖平」這個研究對象是舊的，但我們的視角可以是全新的。

7　或許有人會說，民國以後的康有為不也主張尊孔讀經嗎？其實康有為的學術影響主要是早期的辨偽今古文，就其個人生命的學思歷程來說，康氏稍晚期以後的著作，如《物質救國論》、《大同書》、《諸天講》等，可說幾乎沒有經學的語言了。

8　劉耀，〈經術與諸子——廖平、蒙文通的經史傳承與民國學術〉，《四川師範大學學報》（社會科學版），第三十九卷第五期（二〇一二年九月）。

重要參考資料

一、廖平著作

《六譯館叢書》，中央研究院傅斯年圖書館藏。

大學中庸演義　民國五年四川成都存古書局刊本

大統春秋公羊補證　光緒三十二年則柯軒再版

公羊解詁三十論　光緒二十三年刊本

左傳古義凡例　光緒十二年刊本

經學四變記　光緒三十二年四川成都存古書局刊本

經學五、六變記　民國七年四川成都存古書局刊本

春秋圖表　光緒二十七年刊本

易說　民國七年四川成都存古書局刊本

詩說　民國七年四川成都存古書局刊本

群經凡例　光緒二十三年尊經書局刊本

尚書宏道篇　民國七年四川成都存古書局刊本
尚書中候宏道篇　民國七年四川成都存古書局刊本
今古學考　光緒十二年尊經書局刊本
古學考　光緒二十三年尊經書局刊本
知聖篇　光緒二十七年尊經書局刊本
經學初程　光緒二十三年尊經書局刊本
王制訂　光緒二十三年尊經書局刊本
經話甲、乙篇　光緒二十三年尊經書局刊本
起起穀梁廢疾　光緒十一年刻本
釋范　光緒十一年刻本
易經古本　民國四年四川成都存古書局刊本
坊記新解　民國三年四川成都存古書局刊本
孝經凡例　民國三年四川成都存古書局刊本
分撰兩戴記章句　民國四年四川成都存古書局刊本
家學樹坊　民國三年四川成都存古書局刊本
禮說　民國七年四川成都存古書局刊本
四益館雜著　民國四年四川成都存古書局印行
王制集說　民國三年四川成都存古書局刊本

群經大義　民國六年四川成都存古書局刊本

周禮訂本注　民國六年四川成都存古書局刊本

六譯館雜著　民國四年四川成都存古書局刊本

六譯館文鈔　民國九年四川成都存古書局刊本

春秋三傳折衷　民國六年四川成都存古書局刊本

春秋左氏古經說　光緒三十四年四川成都中學堂刊本

書經大統凡例　民國五年四川成都存古書局刊本

尚書今文新義　民國七年四川成都存古書局刊本

皇帝疆域圖　民國四年四川成都存古書局刊本

世界哲理箋釋　民國十年四川存古書局刊本

四譯館外編　民國十年四川存古書局刊本

廖平，《莊子敘意》，台北：藝文印書館據民國十年刊本影印，一九七二年。

廖平，《地球新義》，一九三五年孟冬開雕版藏。

廖平，〈大同學說〉，《中國學報》，第八期，一九一三年六月。

廖平，〈與康長素書〉，《中國學報》，第八期，一九一三年六月。

李耀仙編，《廖平選集》（上）（下），成都：巴蜀書社，一九九八年。

二、經籍與史料

丁體良，《中國古世公法》，光緒二十三年，慎記書莊石印。

于寶軒編，《皇朝蓄艾文編》，台北：臺灣學生書局，一九六五年。

王充著，張宗祥校注，鄭紹昌標點，《論衡校注》，上海：上海古籍出版社，二〇一〇年。

王仁俊，《格致古微》，光緒二十二年，吳縣刊本。

王代功述，《清王湘綺先生闓運年譜》，台北：臺灣商務印書館，一九七八年。

王先謙編，《皇清經解續編》，台北：藝文印書館，一九六五年。

王栻主編，《嚴復集》，北京：中華書局，一九八六年。

王聘珍，《大戴禮記解詁》，台北：文史哲出版社，一九八六年。

王錫祺編，《小方壺齋輿地叢鈔》，上海：上海著易堂排印本，一八七七—一八九七年。

王韜，《弢園文錄外編》，北京：中華書局，一九五九年。

毛亨注，鄭玄箋，孔穎達正義，《詩經正義》，台北：藝文印書館，一九八九年。

孔安國傳，孔穎達正義，《尚書正義》，台北：藝文印書館，一九八九年。

中國革命博物館整理，榮孟源審校，《吳虞日記》，成都：四川人民出版社，一九八四—一九八六。

司馬遷原著，瀧川龜太郎著，《史記會注考證》，台北：藝文印書館，一九七二年。

皮錫瑞，《師伏堂日記》，收於《湖南歷史資料》，長沙：湖南人民出版社，一九五八年。

皮錫瑞，《經學通論》，北京：中華書局，一九九八年。

皮錫瑞，《經學歷史》，台北：藝文印書館，一九九六年。

平翰等修，鄭珍、莫友之纂，《道光遵義府志》，成都：巴蜀書社，二〇〇六。

朱彝尊，《經義考》，台北：中華書局，一九六〇年。

江藩，《國朝漢學師承記》，台北：華正書局，一九八二年。

伍肇齡輯，《尊經書院二集》，清光緒十七年，尊經書局刊本。

呂不韋編，楊堅點校，《呂氏春秋》，長沙：岳麓書社，一九八九年。

阮元，《疇人傳》，上海：商務印書館，一九三五年。

何休注、徐彥疏，《春秋公羊傳注疏》，十三經注疏本，藝文印書館，一九八五年。

沈欽韓，《漢書疏證》，光緒二十六年季孟冬，浙江官書局刊，收入《續修四庫全書》，上海：上海古籍出版社，一九九五—二〇〇二年。

阮元編，《皇清經解》，台北：藝文印書館，一九六二年。

志剛，《初使泰西記》，長沙：湖南人民出版社，一九八一年。

宋育仁，《采風記》，清光緒刊本。

周密，《癸辛雜識》，北京：中華書局，一九八八年。

邵懿辰，《禮經通論》，《皇清經解續編》，台北：漢京文化事業有限公司，一九八〇年。

侯失勒撰、偉烈亞力譯，李善蘭刪述、徐建寅續述，《談天》，上海：上海古籍出版社，一九九七年。

胡薇元，《公法導原》，出版地不詳，光緒二十六年。

胡薇元，《詩緯訓纂》，出版地不詳，清光緒至民國間刊本。

胡鈞，《張文襄公年譜》，北京：天華印書館校印本，一九三九年。

范曄撰，楊家駱主編，《新校本後漢書并附編十三種》，台北：鼎文書局，一九八七年。
班固撰，顏師古注，楊家駱主編，《新校本漢書并附編二種二》，台北：鼎文書局，一九八六年。
徐繼畬，《瀛環志略》，出版地不詳，道光三十年刊。
唐才常，《唐才常集》，北京：中華書局，一九八〇年。
桓寬撰，王利器校注，《鹽鐵論校注》，北京：中華書局，一九九二年。
袁宏點校，《逸周書》，濟南：齊魯書社，二〇〇〇年。
高承瀛等修，吳嘉謨等纂輯，《光緒井研志》，台北：臺灣學生書局，一九七一年。
陳亮著，鄧廣銘點校，《陳亮集》，北京：中華書局，一九八七年。
麥仲華編，《皇朝經世文新編》，台北：國風出版社，一九六五年。
張之洞，《書目答問》、《輶軒語》，收錄於《張之洞全集》第十二冊，石家莊：河北人民出版社，一九九八年。
張之洞，《四川省城尊經書院紀》，收入《叢書集成續編》，社會科學類六十二冊，台北：新文豐出版公司，一九八九年。
張德彝，《隨使英俄記》，長沙：岳麓書社，一九八六年。
崔述，《唐虞考信錄》，上海：商務印書館，一九三七年。
康有為著，姜義華、吳根樑編校，《康有為全集》，上海：上海古籍出版社，一九八七年。
康有為，《新學偽經考》，香港：三聯書店，一九九八年。
惠頓著，丁韙良譯，《萬國公法》，上海：上海書店出版社，二〇〇二年。

章太炎，《訄書》，台北：中國國民黨中央委員會黨史會，一九六八年。

章太炎，《國故論衡》，台北：廣文書局，一九七五年。

章太炎，《國學概論》，基隆：法嚴出版社，二〇〇〇年。

崔適，《史記探源》，北京：中華書局，一九八六年。

崔適，《春秋復始》，北平：北京大學一九一八年鉛印本。

曾紀澤，《曾紀澤日記》，長沙：岳麓書社，一九九八年。

黃宅中修，鄒漢勛纂，《道光大定府志》，成都：巴蜀書社，二〇〇六。

黎靖德編，《朱子語類》，台北：正中書局，出版年不詳。

廖幼平編，《廖季平年譜》，成都：巴蜀書社，一九八五年。

廖宗澤編撰，駱鳳文校點，《六譯先生年譜》，收入四川大學古籍整理研究所編，《儒藏·史部·儒林年譜》，成都：四川大學出版社，二〇〇五—二〇〇九年。

鄭玄注，賈公彥疏，《周禮注疏》，台北：藝文印書館，一九八九年。

鄭玄注，孔穎達疏，《禮記注疏》，台北：藝文印書館，一九八九年。

鄭玄注撰，《易緯乾鑿度》，台北：成文出版社，一九七六年。

劉安原著，何寧撰，《淮南子集釋》，北京：中華書局，一九九八年。

劉逢祿，《春秋公羊經何氏釋例》，據北京圖書館分館藏，清嘉慶養一齋刻本影印原書版。

劉逢祿，《左氏春秋考證》，台北：復興書局影印《皇清經解》本，一九七四年。

劉師培，《劉申叔先生遺書》，台北：大新書局，一九六五年。

蔣友仁譯，何國宗、錢大昕潤色，阮元補圖，《地球圖說》，上海：上海古籍出版社，一九九七年。

薛福成，《出使四國日記》，長沙：湖南人民出版社，一九八一年。

魏源，《魏源集》，台北：鼎文書局，一九七八年。

魏源，《海國圖志》，長沙：岳麓書社，一九九八年。

蕭吉著，錢杭點校，《五行大義》，上海：上海書店出版社，二〇〇一年。

譚嗣同撰，蔡尚司、方行編，《譚嗣同全集》，北京：中華書局，一九八一年。

蘇輿，《春秋繁露義證》，北京：中華書局，一九九六年。

蘇輿編，楊菁點校；蔣秋華、蔡長林校訂，《翼教叢編》，台北：中央研究院中國文哲研究所，二〇〇五年。

嚴復，《嚴復合集編年》（一），台北：財團法人辜公亮文教基金會，一九九八年。

龔自珍，《龔自珍全集》，北京：中華書局，一九五九年。

三、報刊雜誌

《中國白話報》，上海：中國白話報社，一九〇三年。（中研院全國報刊索引資料庫）

《浙江潮》，台北：中國國民黨黨史史料編纂委員會，一九六八年。

《清議報》，台北：成文出版社，一九六七年。

《教育雜誌》，台北：臺灣商務印書館，一九七五年。

中國學報社編輯，《中國學報》，北京：中國學報社，一九一二年。

林樂知主編，《萬國公報》，台北：華文書局，一九六八年。

國學扶輪社編，《國粹學報》，台北：文海出版社，一九七〇年。

四、專書

丁亞傑，《清末民初公羊學研究：皮錫瑞、廖平、康有為》，台北：萬卷樓圖書公司，二〇〇二年。

丁亞傑，《晚清經學論集》，台北：文津出版社，二〇〇八年。

尹德新主編，《歷代教育筆記資料・清代部分》，北京：中國勞動出版社，一九九三年。

支偉成，《清代樸學大師列傳》，長沙：岳麓書社，一九九八年。

王汎森，《古史辨運動的興起》，台北：允晨文化實業公司，一九八七年。

王汎森，《中國近代思想與學術的系譜》，台北：聯經出版公司，二〇〇三年。

王汎森等著，《中國近代思想史的轉型時代》，台北：聯經出版公司，二〇〇七年。

王汎森，《近代中國的史家與史學》，香港：三聯書店，二〇〇八年。

王林，《西學與變法：《萬國公報》研究》，濟南：齊魯書社，二〇〇四年。

王葆玹，《今古文經學新論》，北京：中國社會科學出版社，一九九七年。

王葆玹，《西漢經學源流》，台北：東大圖書公司，一九九四年。

王德威，《被壓抑的現代性：晚清小說新論》，台北：麥田出版社，二〇〇三年。

王家儉，《清史研究論藪》，台北：文史哲出版社，一九九四年。

王國維，《觀堂集林》，台北：河洛圖書出版社，一九七五年。

王爾敏，《中國近代思想史論》，台北：臺灣商務印書館，一九九五年。

王爾敏，《中國近代思想史論續集》，北京：社會科學文獻出版社，二〇〇五年。

王爾敏，《晚清政治思想史論》，桂林：廣西師範大學出版社，二〇〇五年。

王健文，《奉天承運：古代中國的「國家」概念及其正當性基礎》，台北：東大圖書公司，一九九五年。

王夢鷗，《鄒衍遺說考》，台北：臺灣商務印書館，一九六六年。

田漢雲，《中國近代經學史》，西安：三秦出版社，一九九六年。

甘懷真，《東亞歷史上的天下與中國概念》，台北：國立台灣大學出版中心，二〇〇七年。

朱維錚，《中國經學史十講》，上海：復旦大學出版社，二〇〇二年。

朱維錚，《求索真文明：晚清學術史論》，上海：上海古籍出版社，一九九六年。

朱維錚，《周予同經學史論著選集》，上海：上海人民出版社，一九九六年。

列文森（Joseph R. Levenson）著，鄭大華、任菁譯，《儒教中國及其現代命運》，桂林：廣西師範大學出版社，二〇〇九年。

艾爾曼著，趙剛譯，《經學、政治和宗族：中華帝國晚期常州今文學派研究》，南京：江蘇人民出版社，一九九八年。

安居香山、中村璋八輯，《緯書集成》，石家莊：河北人民出版社，一九九四年。

江曉原，《天學真原》，台北：洪葉文化事業有限公司，一九九三年。

那珂通世，《支那通史》，東京都：岩波書店，一九三九年。

余英時，《中國思想傳統的現代詮釋》，台北：聯經出版公司，一九九五年。

余英時著，程嫩生、羅群等譯，《人文與理性的中國》，台北：聯經出版公司，二〇〇八年。
余英時，《知識人與中國文化的價值》，台北：時報文化出版公司，二〇〇七年。
余定國著，姜道章譯，《中國地圖學史》，北京：北京大學出版社，二〇〇六年。
余英時，《人文與民主》，台北：時報文化出版公司，二〇一〇年。
吳雁南等主編，《中國近代社會思潮（一八四〇－一九四九）》第一卷，長沙：湖南教育出版社，一九九八年。
李澤厚，《中國近代思想史論》，台北：三民書局股份有限公司，二〇〇二年。
李耀仙，《廖平與近代經學》，成都：四川人民出版社，一九八七年。
李揚帆，《走出晚清：涉外人物及中國的世界觀念之研究》，北京：北京大學出版社，二〇〇五年。
李新霖，《春秋公羊傳要義》，台北：文津出版社，一九八九年。
李儼、錢寶琮，《科學史全集》，瀋陽：遼寧教育出版社，一九九八年。
汪榮祖，《中國大同思想資料》，北京：中華書局，一九五九年。
汪暉，《現代中國思想的興起》，北京：生活．讀書．新知三聯書店，二〇〇八年。
呂理政，《天、人、社會：試論中國傳統的宇宙認知》，台北：中央研究院民族研究所，一九九〇年。
沈玉成、劉寧，《春秋左傳學史稿》，南京：江蘇古籍出版社，一九九二年。
吳志攀、李玉主編，《東亞的價值》，北京：北京大學出版社，二〇一〇年。
房德鄰，《儒學的危機與嬗變：康有為與近代儒學》，台北：文津出版社，一九九二年。
林慶彰，《清初的群經辨偽學》，台北：文津出版社，一九九〇年。

林慶彰主編，《國際漢學論叢》第一輯，台北：樂學書局，一九九九年。
林慶彰主編，《經學研究論叢》，第一輯，台北：聖環圖書公司，一九九四年。
林慶彰主編，《經學研究論叢》第八輯，台北：臺灣學生書局，二〇〇〇年。
林慶彰、蔣秋華主持，陳讚華編輯，《晚清四川經學家研究論文》（初稿），台北：中央研究院中國文哲研究所，二〇〇六年。
林慶彰、蔣秋華主持，簡逸光編輯，《晚清四川經學家著作知見錄》（初稿），台北：中央研究院中國文哲研究所，二〇〇六年。
林慶彰、蔣秋華主持，洪楷萱編輯，《晚清四川經學家著作提要》（初稿），台北：中央研究院中國文哲研究所，二〇〇六年。
林慶彰、蔣秋華主持，倪瑋均編輯，《晚清四川經學家傳記資料》（初稿），台北：中央研究院中國文哲研究所，二〇〇六年。
林慶彰、蔣秋華主編，《李源澄著作集》，台北：中央研究院中國文哲研究所，二〇〇八年。
金德建，《司馬遷所見書考》，上海：上海人民出版社，一九六三年。
金觀濤、劉青峰，《觀念史研究》，香港：香港中文大學，二〇〇八年。胡楚生，《清代學術史研究續編》，台北：臺灣學生書局，一九九四年。
洪健榮，《西學與儒學的交融：晚明士紳熊人霖《地緯》中的世界地理書寫》，台北：花木蘭文化出版社，二〇一〇年。
茅家琦，《中國歷史上的分與合學術研討會論文集》，台北：聯經出版公司，一九九五年。

海野一隆著，王妙發譯，《地圖的文化史》，香港：中華書局，二〇〇二年。
孫春在，《清末的公羊想思》，台北：臺灣商務印書館，一九八五年。
孫廣德，《先秦兩漢陰陽五行說的政治思想》，台北：嘉新水泥公司，一九六九年。
孫喆，《康雍乾時期輿圖繪製與疆域形成研究》，北京：中國人民大學出版社，二〇〇三年。
孫隆基，《中國文化的深層結構》，桂林：廣西師範大學出版社，二〇〇四年。
徐復觀，《中國經學史的基礎》，台北：臺灣學生書局，一九九六年。
殷善培，《讖緯中的宇宙秩序》，台北：花木蘭文化出版社，二〇〇八年。
殷善培，《讖緯思想研究》，台北：花木蘭文化出版社，二〇〇八年。
唐晏，《兩漢三國學案》，北京：中華書局，一九八六年。
郭偉川編，《周公攝政稱王與周初史事論集》，北京：北京國家圖書館出版社，一九九八年。
郭雙林，《西潮激盪下的晚清地理學》，北京：北京大學出版社，二〇〇〇年。
耿素麗、胡月平選編，《三禮研究》，北京：國家圖書館出版社，二〇〇九年。
張一兵，《明堂制度研究》，北京：中華書局，二〇〇五年。
張仲民，《出版與文化政治：晚清的「衛生」書籍研究》，上海：上海世紀出版集團，二〇〇九年。
張枬、王忍之編，《辛亥革命前十年間時論選集》，香港：三聯書店，一九六二年。
張岱年，《國學今論》，瀋陽：遼寧教育出版社，一九九二年。
張勇主編，《中國思想史參考資料集．晚清至民國卷》（上），北京：清華大學出版社，二〇〇五年。
張壽安，《以禮代理：淩廷堪與清中葉儒學思想之轉變》，台北：中央研究院近代史研究所，一九九四年。

張灝著，崔志海、葛夫平譯，《梁啟超與中國思想的過渡（一八九〇—一九〇七）》，南京：江蘇人民出版社，一九九三年。
張灝，《時代的探索》，台北：聯經出版公司，二〇〇四年。
張灝，《危機中的中國知識份子：尋求秩序與意義》，北京：新星出版社，二〇〇六年。
梁啟超，《中國近三百年學術史（與《清代學術概論》合刊）》，台北：里仁書局，一九九五年。
梁啟超，《清代學術概論》，台北：臺灣商務印書館，一九九四年。
陳文豪，《廖平經學思想研究》，台北：文津出版社，一九九五年。
陳其泰，《清代公羊學》，北京：東方出版社，一九九七年。
陳尚勝主編，《中國傳統對外關係的思想、制度與政策》，濟南：山東大學出版社，二〇〇七年。陳學恂主編，《中國近代教育大事記》，上海：上海教育出版社，一九八〇年。
陳遵媯，《中國天文學史》，台北：明文書局，一九九八年。
陸寶千，《清代思想史》，台北：廣文書局，一九八三年。
黃彰健，《經今古文學問題新論》，台北：中央研究院歷史語言研究所，一九九二年。
黃克武，《一個被放棄的選擇：梁啟超調適思想之研究》，台北：中央研究院近代史研究所，一九九四年。
黃克武，《惟適之安：嚴復與近代中國的文化轉型》，台北：聯經出版公司，二〇一〇年十一月。
黃寬重主編，《基調與變奏：七至二十世紀的中國》，台北：國立政治大學歷史系，二〇〇八年。
黃時鑒、龔纓晏，《利瑪竇世界地圖研究》，上海：上海古籍出版社，二〇〇四年。
黃翠芬，《章太炎春秋左傳學研究》，台北：文津出版社，二〇〇六年。

黃開國，《廖平評傳》，江西：百花洲文藝出版社，二〇一〇年。
黃愛平、黃興濤主編，《西學與清代文化》，北京：中華書局，二〇〇八年。
黃復山，《漢代《尚書》讖緯學述》，台北：花木蘭文化出版社，二〇〇七年。
舒新城編，《中國近代教育史資料》，北京：人民教育出版社，一九六一年。
傅樂詩等著，《近代中國思想人物論保守主義》，台北：時報文化出版公司，一九八二年。
彭林主編，《清代學術講論》，桂林：廣西師範大學出版社，二〇〇五年。
彭明輝，《晚清的經世史學》，台北：麥田出版社，二〇〇二年。
湯志均等著，《西漢經學與政治》，上海：上海古籍出版社，一九九四年。
湯志鈞，《近代經學與政治》，北京：中華書局，一九八九年。
賀廣如，《魏默深思想探究：以傳統經典的詮說為討論中心》，台北：國立台灣大學出版中心，一九九九年。
渡邊信一郎，《中國古代的王權與天下秩序》，北京：中華書局，二〇〇八年。
葛兆光，《七世紀至十九世紀中國的知識、思想與信仰》，上海：復旦大學出版社，二〇〇〇。
葛兆光，《思想史研究課堂講錄》，北京：生活．讀書．新知三聯書店，二〇〇五年。
葛兆光，《西潮又東風：晚清民初思想、宗教與學術十講》，上海：上海古籍出版社，二〇〇六年。
葛兆光，《宅茲中國：重建有關「中國」的歷史論述》，台北：聯經出版公司，二〇一一年。
楊向奎，《清儒學案新編》，濟南：齊魯書社，一九九四年。
楊念群，《儒學地域化的近代型態：三大知識群體互動的比較研究》，北京：生活．讀書．新知三聯書店，一九九七年。
楊朝明，《周公事蹟研究》，鄭州市：中州古籍出版社，二〇〇二年。
路新生，《中國近三百年疑古思潮研究》，上海：上海人民出版社，二〇〇一年。
路新生，《經學的蛻變與史學的「轉軌」》，上海：上海古籍出版社，二〇〇六年。
鄒振環，《晚清西方地理學在中國》，上海：上海古籍出版社，二〇〇〇年。
鄒振環，《影響中國近代社會的一百種譯作》，北京：中國對外翻譯出版公司，一九九六年。
熊月之，《西學東漸與晚清社會》，上海：上海人民出版社，一九九四年。
熊月之，《向專制主義告別》，香港：中華書局，一九九〇年。
熊月之，《中國近代民主思想史》，上海：上海社會科學院出版社，二〇〇二年。
蒙文通，《經史抉原》，成都：巴蜀書社，一九九五年。
蒙文通著，蒙默編，《川大史學．蒙文通卷》，成都：四川大學出版社，二〇〇六年。
蒙默編，《蒙文通學記》，北京：生活．讀書．新知三聯書店，一九九三年。
趙伯雄，《春秋學史》，濟南：山東教育出版社，二〇〇四年。
趙沛，《廖平春秋學研究》，成都：巴蜀書社，二〇〇八年。
趙立新，《西晉末年至東晉時期的分陝政治：分權化現象下的朝廷與州鎮》，台北：花木蘭文化出版社，二〇〇九年。
潘吉星主編，《李約瑟文集》，瀋陽：遼寧科學技術出版社，一九八六年。
劉宗迪，《失落的天書：《山海經》與古代華夏世界觀》，北京：商務印書館，二〇〇六年。

劉起釪，《尚書學史》，北京：中華書局，一九八九年。
劉起釪，《尚書校釋譯論》，北京：中華書局，二〇〇五年。
劉鳳云、劉文鵬編，《清朝的國家認同：「新清史」研究與爭鳴》，北京：中國人民大學出版社，二〇一〇年。
蔣慶，《公羊學引論》，遼寧：遼寧教育出版社，一九九五年。
蔡長林，《崔適與晚清今文學》，台北：聖環圖書股份有限公司，二〇〇二年。
蔡樂芬主編，《中國思想史參考資料集．晚清至民國卷》（下），北京：清華大學出版社，二〇〇五年。
鄭大華、鄒小站主編，《思想家與近代中國思想》，北京：社會科學文獻出版社，二〇〇五年。
鄭大華、黃興濤、鄒小站主編，《戊戌變法與晚清思想文化轉型》，北京：社會科學文獻出版社，二〇一〇年。
鄭師渠，《國粹、國學、國魂：晚清國粹派文化思想研究》，台北：文津出版社，一九九二年。
鄭師渠，《思潮與學派：中國近代思想文化研究》，北京：北京師範大學出版社，二〇〇五年。
鄧星盈等著，《吳虞思想研究》，成都：四川教育出版社，一九九六年。
賴溫如，《晚清新舊學派思想之論爭：以《翼教叢編》為中心的討論》，台北：花木蘭文化出版社，二〇〇八年。
蕭公權著、汪榮祖譯，《康有為思想研究》，台北：聯經出版公司，一九八八年。
蕭功秦，《儒家文化的困境：中國近代士大夫與西方挑戰》，成都：四川人民出版社，一九八六年。
錢穆，《中國近三百年學術史》，台北：臺灣商務印書館，一九六六年。

錢穆，《兩漢經學今古文平議》，台北：東大圖書公司，一九八九年。
錢穆，《學籥》，台北：聯經出版公司，一九九四年。
盧建榮主編，《性別、政治與集體心態》，台北：麥田出版社，二〇〇一年。
薛化元，《晚清「中體西用」思想論（一八六一－一九〇〇）》，台北：稻鄉出版社，二〇〇一年。
鍾叔河，《走向世界：近代中國知識份子考察西方的歷史》，北京：中華書局，二〇〇〇年。
鍾彩鈞、楊晉龍主編，《明清文學中之主體意識與社會》（學術思想篇），台北：中央研究院中國文哲研究所，二〇〇四年。
顏健富，《從「身體」到「世界」：晚清新小說的新概念地圖》，台北：國立台灣大學出版中心，二〇一四年。
羅志田，《權勢轉移：近代中國的思想、社會與學術》，武漢：湖北人民出版社，一九九九年。
羅志田，《裂變中的傳承：二〇世紀前期的中國文化與學術》，北京：中華書局，二〇〇三年。
羅志田，《民族主義與近代中國思想》，台北：東大圖書公司，一九九八年。
羅志田，《變動時代的文化履跡》，香港：三聯書店，二〇〇九年。
羅檢秋，《近代諸子學與文化思潮》，北京：中國社會科學出版社，一九九八年。
顧頡剛，《顧頡剛讀書筆記》，台北：聯經出版公司，一九九〇年。
顧頡剛，《尚書研究講義》，台中：文听閣出版社，二〇〇八。
顧潮編，《顧頡剛學記》，北京：生活・讀書・新知三聯書店，二〇〇二年。
龔書鐸，《社會變革與文化趨向：中國近代文化研究》，北京：北京師範大學出版社，二〇〇五年。

五、學位論文

王璧寰，《漢代天文學與陰陽五行說之關係》，台北：國立政治大學中文所碩士論文，一九八〇年六月。
方彥傑，《蒙文通史學探析》，台北：國立政治大學歷史所碩士論文，二〇〇八年十二月。
王小紅，《從天下到民族國家：十九世紀末期中國世界秩序觀的空間重構》，蘭州：蘭州大學碩士學位論文，二〇〇六年。
江乾益，《前漢五經齊魯學之形成及其影響研究》，台北：國立台灣師範大學國文所博士論文，一九九〇年六月。
林登昱，《《尚書》學在古史辨思潮中的新發展》，嘉義：國立中正大學中文所博士論文，一九九九年六月。
林麗容，《民初讀經問題初探（一九一二—一九三七）》，台北：國立台灣師範大學歷史所碩士論文，一九八六年六月。
崔泰勳，《論康有為思想發展與廖平的關係》，台北：國立台灣大學中文所碩士論文，二〇〇一年六月。
張遠東，《廖平《詩經》研究述評》，重慶：西南大學高校教師碩士學位論文，二〇〇八年四月。
陳美錦，《反孔廢經運動之興起（一八九四—一九三七）》，台北：國立台灣大學歷史所碩士論文，一九九一年六月。
蔡長林，《常州莊氏學術新論》，台北：國立台灣大學中文所博士論文，一九九九年六月。

六、期刊論文

丁邦清，〈近代地理學思潮與中國傳統哲學觀念嬗變〉，《學術月刊》，一九九五年第八期。

王維誠，〈老子化胡說考證〉，《國學季刊》，四卷二號，一九三四年。

王爾敏，〈晚清實學所表現的學術轉型之過渡〉，《中央研究院近代史研究所集刊》，二〇〇六年六月。

王爾敏，〈總理衙門譯印《萬國公法》以吸取西方外交經驗〉，《台灣師大歷史學報》，第三十七期，二〇〇七年九月。

全漢昇，〈清末的西學源出中國說〉，《嶺南學報》，四卷二期，一九三五年刊。

江乾益，〈漢代詩經學齊詩翼氏學述評〉，《興大中文學報》，第七期，一九九四年一月。

朱浩毅，〈《春秋》三傳對「霸／伯」的理解及其詮釋問題〉，《史學彙刊》，第二十期，二〇〇五年。

村田雄二郎，〈康有為與孔子紀年〉，收入王守常主編，《學人》第二輯，南京：江蘇文藝出版社，一九九二年。

李久昌，〈周公「天下之中」建都理論研究〉，《史學月刊》，二〇〇七年第九期。

李紀祥，〈身在何處——明季以來東、西半球圖的入華與二元世界觀之成形〉，收入《基調與變奏：七至二十世紀的中國》，第二冊，台北：政治大學歷史系，二〇〇八年七月。

李霖燦，〈閻立本職貢圖〉，《大陸雜誌》，第十二卷第二期，一九五六年。

李智君，〈分野的虛實之辨〉，《中國歷史地理論叢》，第二十卷第一輯，二〇〇五年一月。

李勇，〈對中國古代恆星分野和分野式盤研究〉，《自然科學史研究》，第十一卷第一期，一九九二年。

李新霖，〈清代經今文學述〉，《國立台灣師範大學國文研究所集刊》，第二十二號，一九七八年六月。

伯希和，〈四天子說〉，收入氏著，馮承鈞譯，《西域南海史地考證譯叢（三編）》，蘭州：蘭州古籍書店，一九九〇年。

孟凡松，〈清代貴州郡縣志「星野」敘述中的觀念與空間表達〉，《清史研究》，二〇〇九年二月，第一期。

林金泉，〈詩緯星象分野考〉，《成功大學學報（人文．社會篇）》，二十一期，一九八六年十一月。

汪暉，〈從《海國圖志》到春秋國際公法〉，收入《思想史上的個人、社會與國家國際學術研討會會議論文集》，上冊，香港：香港中文大學中國文化研究所，二〇〇三年。

周妙齡，〈乾隆朝《萬國來朝圖》研究〉，《史物論壇》，第四期，二〇〇七年七月。

金觀濤、劉青峰，〈從「天下」、「萬國」到「世界」——晚清民族主義形成的中間環節〉，《二十一世紀》，第九十四期，二〇〇六年四月。

金觀濤、劉青峰，〈十九世紀中日韓的天下觀及甲午戰爭的爆發〉，《思想》，第三期，二〇〇六年十月。

茅海建，〈戊戌變法期間光緒帝對外觀念的調適〉，收入氏著，《戊戌變法史事考》，北京：生活．讀書．新知三聯書店，二〇〇五年一月。

祝平一，〈跨文化知識傳播的個案研究——明末清初關於地圓說的爭議，一六〇〇—一八〇〇〉，《中央研究院歷史語言研究所集刊》，第六十九本，第三分，一九九八年九月。

郜積意，〈漢代今、古學的禮制之分——以廖平《今古學考》為討論中心〉，《中央研究院歷史語言研究所集刊》，第七十七卷一期，二〇〇六年三月。

馬悅然（N.G.D.Malmqvist），〈從《大同書》看中西烏托邦的差異〉，《二十一世紀》，第五期，一九九一年六月。

徐公持，〈論詩緯〉，《求是學刊》，第三十卷第三期，二〇〇三年五月。

梅家玲，〈發現少年，想像中國——梁啟超〈少年中國說〉的現代性、啟蒙論與國族想像〉，《漢學研究》，第十九期卷，第一期，二〇〇一年六月。

張啟雄，〈中華世界秩序原理的源起——近代中國外交紛爭中的古典文化價值〉，收入吳志攀、李玉主編，《東亞的價值》，北京大學出版社，二〇一〇年一月。

張啟雄，〈東西國際秩序原理的差異——「宗藩體系」對「殖民體系」〉，《中央研究院近代史研究所集刊》，第七十九期，二〇一三年三月。

張壽安，〈打破道統·重建學統——清代學術思想史的一個新觀察〉，《中央研究院近代史研究所集刊》，第五十二期，二〇〇六年六月。

張壽安，〈龔自珍論「六經」與「六藝」——學術源流與知識分化的第一步〉，收入《史學與史識：王爾敏教授八秩嵩壽榮慶學術論文集》，台北：廣文書局，二〇〇九年七月。

張壽安，〈龔自珍論乾嘉學術——「說經」、「專門」與「通儒之學」：鉤沉一條傳統學術分化的線索〉，收入《中國學術思想論叢：何佑森先生紀念論文集》，台北：大安出版社，二〇〇九年三月。

曹建國，〈《詩》緯論《詩》〉，《中國文化研究所學報》，第四十四期，二〇〇四年。

章清，〈晚清「天下萬國」與「普遍歷史」理念的浮現及其意義〉，《二十一世紀》，九十四期，二〇〇六年四月。

陳熙遠，〈孔·教·會——近代中國儒家傳統的宗教化與社團化〉，收入林富士主編，《中國史新論·宗教史分冊》，台北：中央研究院·聯經出版公司，二〇一〇年。

郭樹勇、陳建軍，〈論「圈序認同」對中國外交理論與實踐的影響〉，《世界經濟與政治》，二〇〇九年第十二期。

許暉林，〈朝貢的想像——晚明日用類書「諸夷門」的異域論述〉，《中國文哲研究通訊》，第二十卷，第二期，二〇一〇年六月。

賀昌群，〈漢以後中國人對於世界地理知識之演進〉，《禹貢半月刊》，第五卷，第三、四合期，一九三四年。

黃銘崇，〈明堂與中國上古之宇宙觀〉，《城市與設計學報》，第四期，一九九八年三月。

黃克武，〈民國初年上海的靈學研究——以「上海靈學會」為例〉，《中央研究院近代史研究所集刊》，第五十五期，二〇〇七年三月。

童嶺，〈那珂通世、林泰輔與清末民初的中國學界〉，《文史知識》，二〇〇九年第五期。

葛兆光，〈天下、中國與四夷——古代中國世界地圖中的思想史〉，《學術集林》，第十六卷，上海遠東出版社，一九九九年。

葛兆光，〈山海經、職貢圖和旅行記中的異域記憶〉，收錄於鍾彩鈞、楊晉龍主編，《明清文學中之主體意識與社會》（學術思想篇），中央研究院中國文哲研究所，二〇〇四年十二月。

楊貞德，〈「天生人」與「天上人」——試析康有為民國時期的天論〉，發表於中央研究院文哲所「禮與倫理」研究群主辦，「造化與造物：現實與想望的交織」學術研討會，二〇一〇年十一月二十六日，會議論文。

楊勝榮，〈明末至晚清世界地圖在中國的傳播和影響〉，《思想戰線》，第二十八卷，二〇〇二年第二期。

楊義騰，〈試論齊詩「四始」說〉，《育達學報》，二〇〇八年十二月。

鄒振環，〈《泰西人身說概》與「腦主記憶說」〉，收入鄒振環，《晚明漢文西學經典：編譯、詮釋、流傳與影響》，上海：復旦大學出版社，二〇一一年。

蔡長林，〈論常州學派研究之新方向〉，《中國文哲研究集刊》，第二十一期，二〇〇二年九月。

劉禾著，陳燕谷譯，〈普遍性的歷史建構——《萬國公法》與十九世紀國際法的流通〉，收入《視界》，第一輯，石家莊：河北教育出版社，二〇〇〇年。

劉青峰、金觀濤，〈十九世紀中日韓的天下觀及甲午戰爭的爆發〉，《思想》，第三期，二〇〇六年十月。

劉毓慶，〈由人學到天學的《詩》學詮釋——《詩緯》詩學研究〉，《文學評論》，二〇〇五年六期。

劉巍，〈《教學通義》與康有為的早期經學路向及其轉向——兼及康氏與廖平的學術糾葛〉，《歷史研究》，二〇〇五年第四期。

劉芝慶，〈論康有為與廖平二人學術思想的關係——從《廣藝舟雙楫》談起〉，《中國歷史學會史學集刊》，第四十一期，二〇〇九期十月。

鄭吉雄、楊秀芳、朱歧祥、劉承慧，〈先秦經典「行」字字義的原始與變遷——兼論「五行」〉，《中國文哲研究集刊》，第三十五期，二〇〇九年九月。

糜文開，〈齊詩學的五際六情〉，《大陸雜誌》，第三十卷第十二期，一九六五年六月。

酈平樟，〈禮記王制及周官職方所言封國說之比較〉，《禹貢半月刊》，一九三四年三月。

羅志田，〈夷夏之辨與「懷柔遠人」的字義〉，《二十一世紀》，第四十九期，一九九八年十月。

羅志田，〈天下與世界——清末士人關於人類社會認知的轉變〉，《中國社會科學》，二〇〇七年第五期。

鍾月岑，〈科學、生物政治與社會網脈——近代中國優生學與比較研究取徑之反省〉，《古今論衡》，第二十二期，二〇一一年六月。

七、網路文章

余慧，〈我眼中的廖平先生〉，刊於二〇〇七年的四川《樂山日報》，http://www.jingyan.gov.cn/scjy/lswh.nsf/6d805a40234870cd482565d4002340d2/0e48eb7ca855cb65482573a800273048?OpenDocument
（檢索日期：二〇一二／三／五）

徐興无，〈儒家思想與近代國際法的「格義」——讀丁韙良《中國古世公法論略》與胡薇元《公法導源》〉，http://aiwk.sysu.edu.cn/A/?C-1-65.Html
（檢索日期：二〇一一／六／三十）

盛邦和，〈上世紀初葉日本疑古史學敘論〉，發表於二〇〇六年十二月二十九日「國學論壇」網站，http://bbs.guoxue.com/viewthread.php?tid=430691
（檢索日期：二〇〇九／十二／十五）

致謝

距離出版已近，回首多年來受到的幫助，我知道，如果我略過了這篇致謝，內心將彷彿著作尚未完成般的若有所失。

這是我博士論文改寫的專書，因此要特別感謝我當時的兩位指導教授：朱鴻老師與李紀祥老師。首先特別感謝朱鴻老師。一路以來，朱老師堪稱是學生最堅強的心靈的依靠，常不厭其煩的聆聽我所遇到的疑惑，給予支持慰藉，並多次找機會介紹我認識相關領域的海內外學者，拓寬我的視野；時時幫我解決困難、擋風遮雨，老師的恩情讓我銘感於心！我也要深為感謝李紀祥老師，本書的研究方向與題目、內容及新觀點的提出，多得自李老師的用心引導與啟發。同時我也謝謝李老師當時所領導的「人文書會」團隊諸學友們，多年間共同切磋，不但帶領我進入《春秋》、《尚書》經學的門徑，尤其對我的研究寫作無私的幫助，那時情景，在此誌之，願不沒師友曾經教諭的苦心。

感謝蔣秋華老師。我在博士候選人及博士後研究期間曾在文哲所學習，受到蔣老師多年的照顧，深刻感受到老師對學生的關懷之情無微不至。長年來老師多次引介我參與海內外各種學術活動，時常提供多方面的重要資料，幫我閱讀改正文章，關注我的研究方向與各方面的狀況，無時無刻不記掛著學生。對於蔣老師，我真的只能說「大恩難言謝」！

感謝黃克武老師。多年來最喜歡上黃老師的課，老師精心設計的課程每學期都是不同的內容，豐富又扎實，每上完一門都覺得滿滿的喜悅，無比的收穫。我就讀博士班後的近現代思想知識，甚多得力於黃老師的奠基。尤其讓人感動的是老師對學生的提攜，仔細引領閱讀寫作的要領、資料的尋找，循循善誘，嚴謹之間又充滿耐心。能有機會與黃老師學習，真的是難得的幸運。

感謝王汎森老師。老師學識淵博，深入淺出，無論是課堂上還是私下談論，總是機趣橫生又饒富啟發意義。寫論文時常常去找王老師請益，最感佩於心的是老師的器度襟懷與對學生的愛護，無論如何忙碌都願意熱誠的挪出寶貴時間與我做很多的討論，指點我未曾注意過的廖平研究面向、新的研究法等等，讓我當時的論文與口試能夠更順利的完成。

感謝張壽安老師。在學期間曾在近史所做過博士候選人培育一年，壽安老師擔任我的輔導老師。有時我把自己的單篇文章給她看，或是觀點方面的請益，老師常是一語中的，讓我獲益良多。記憶猶深的是每次到她的研究室，老師話匣子一開，談起清代學人與學術時的飛揚神采，對學問的興致之深令人感動。如今我仍然很懷念那段可以隨時親近她的日子。

感謝呂妙芬老師。與呂老師的緣分開始於參加她主持的「近世儒學工作坊」。呂老師安詳平易又溫馨，時而默默體察學生的狀況需要而給予具體助力，對我研究的建議或是未來的指引，總是中肯實際又很受用。同時也要謝謝呂老師主持的工作坊讀書會之學友們，對我畢業前的論文或是畢業後的專書文稿修改，都提出過很具建設性的意見。

感謝我的碩士論文指導教授李朝津老師。老師與我們相處怡然和樂，而對學生用心極深。即使我碩士畢業後這麼多年，老師的關照依舊，時時大力給予各方面的支持幫助。很珍惜每次與老師的見面，能毫無拘束的暢所欲言，與他分享讀書及生活內容，對我來說是很開心的時光。

感謝文哲所的林慶彰老師、楊晉龍老師、蔡長林老師，我在經學組學習的那段日子給了我豐富的知識饗宴。感謝陳恆嵩老師、劉季倫老師、陳熙遠老師、張啟雄老師對我真誠的鼓勵與幫助，有老師們的肯定，增加了我不少的自信。

感謝楊貞德老師、林月惠老師、楊濟襄老師、楊芳燕老師，她們都曾在文章發表會時提供我寶貴的意見。貞德老師日後在其他機緣還不只一次的介紹研究近代思想的同學與我認識，備感親切；月惠老師每次相見總是慈祥的垂詢、關懷我的近況；濟襄老師、芳燕老師也都給過我溫暖的鼓勵。感謝帶給我溫暖貼心的劉德美老師、陳惠齡老師，以及時常關心我生活的張季琳老師。

不能忘記的還有已故丁亞傑老師。在我剛研究廖平之初，丁老師熱忱的提供我一大套珍貴的一手資料。猶記得當時我帶著一個朋友當助手，前往中央大學丁老師的研究室搬書，共有兩大行李箱之多，臨去時我想著，待文章完成之際，必要再親自拜訪致謝。不意丁老師遽歸道山，傷感遺憾在所難免，僅以區區致敬並表達未及說出的感恩之意。

也謝謝聯經出版公司，以及匿名審查的學者委員給予的寶貴意見。

最要感謝的是父母家人長期的照顧呵護，以及弟弟楷哲對我的諸多幫助。

簡短的謝辭能表達的情感很有限，未盡的話語就留存心底了。此刻，耳際彷彿響起了著名詞人莊奴創作的歌〈春風滿小城〉：

小城多可愛，溫情似花開。
悠悠春風映桃李，雨露盡關懷。
根要往下生，花要向上開。
……
外面的世界雖美麗，小城更可愛。

我覺得自己一直住在一個小城，滿有春風的小城！

寫於二〇一八年十一月八日

經典秩序的重構：廖平的世界觀與經學之路

2018年12月初版　　定價：新臺幣650元

著者　魏綵瑩
叢書編輯　張擎
內文排版　極翔企業有限公司
封面設計　陳文德
編輯主任　陳逸華

總編輯　胡金倫
總經理　陳芝宇
社長　羅國俊
發行人　林載爵

出版者　聯經出版事業股份有限公司
地址　新北市汐止區大同路一段369號1樓
編輯部地址　新北市汐止區大同路一段369號1樓
叢書主編電話　(02)86925588轉5321
台北聯經書房　台北市新生南路三段94號
電話　(02)23620308
台中分公司　台中市北區崇德路一段198號
暨門市電話　(04)22312023
台中電子信箱　e-mail：linking2@ms42.hinet.net
郵政劃撥帳戶第0100559-3號
郵撥電話　(02)23620308
印刷者　世和印製企業有限公司
總經銷　聯合發行股份有限公司
發行所　新北市新店區寶橋路235巷6弄6號2樓
電話　(02)29178022

行政院新聞局出版事業登記證局版臺業字第0130號

本書如有缺頁，破損，倒裝請寄回台北聯經書房更換。　ISBN 978-957-08-5227-1 (精裝)
聯經網址：www.linkingbooks.com.tw
電子信箱：linking@udngroup.com

本書撰寫期間曾接受教育部人文及社會科學博士論文改寫專書暨
編纂主題論文集計畫補助並出版

國家圖書館出版品預行編目資料

經典秩序的重構：廖平的世界觀與經學之路/魏綵瑩著．
初版．新北市．聯經．2018年12月（民107年）．544面．14.8×21公分
ISBN 978-957-08-5227-1（精裝）

1.廖平 2.學術思想 2.經學

128.3 107020132